김종철 감독의 이스라엘 한 바퀴
남들은 모르는 구석구석 골목까지

김종철 감독의
이스라엘 한 바퀴

초판 발행	2021년 06월 01일
2쇄	2023년 10월 20일
지은이	김종철
발행인	이금선
발행처	브래드북스
편집	신승의
디자인	김다은
출판등록	2011년 5월 13일 (신고번호 제2011-000085호)
주소	경기도 고양시 일산동구 백마로 502번길 116-18 브래드TV
전화	031-926-2722
홈페이지	www.book.bradtv.net
이메일	bradfilm123@gmail.com
ISBN	979-11-973024-2-8(03230)

이 책의 저작권은 저자에게 있으며 판권은 브래드북스에 있습니다.
이 책은 저작권법에 의하여 보호를 받는 저작물이므로 무단 전재와 무단 복제를 금합니다.

이스라엘을 한 바퀴 돌아 볼까요?

　기독교 신앙을 가진 사람이라면 누구나 한 번쯤 꿈꾸어 보는 것이 이스라엘 여행입니다. 그 옛날 아브라함에서부터 이스라엘 왕들의 이야기가 펼쳐졌고 2천 년 전 예수님께서 제자들과 함께 사역하셨던 장소들을 내 발로 밟고 눈으로 확인하는 것이야말로 신앙생활에서 가장 흥미로운 일이기 때문이죠.
　특히 예수님께서 걸으셨던 길을 나도 걸을 때 예수님이 동행하시고 예수님께서 기도하셨던 장소에서 나도 묵상할 때 예수님의 음성을 듣는 일이야말로 얼마나 감동적인 경험일까?
　예수님께서 올라가셨던 올리브산에 나도 직접 올라가고 예수님께서 발을 담그셨던 갈릴리 호수에 내 발도 함께 담가 본다면 어찌 예수님 생각이 나지 않을 수 있을까?
　성경을 읽으며 이해가 가지 않았던 부분이 현장에 가면 비로소 이해가 되고 도무지 감을 잡을 수 없었던 부분이 확실하게 파노라마처럼 펼쳐지는 경험은 오직 이스라엘에서만 느낄 수 있는 일입니다.

그뿐만 아니라 이스라엘에서 유대인들을 직접 만나 보면 2천 년 전 예수님을 십자가에 못 박으라고 외쳤던 유대인들이 오랜 세월이 흘렀음에도 불구하고 대부분 그 마음이 변하지 않았다는 것을 알게 되고 그럼에도 불구하고 그 속에서 하나님의 약속대로 이스라엘이 어떻게 회복되어져 가는지를 확인할 수 있게 됩니다.

그러니 성경을 하나님의 말씀으로 믿고 있는 사람들 특히 예수님을 사랑하는 사람들에게는 그래서 더더욱 이스라엘 여행이 값진 일이 아닐 수 없습니다.

다른 나라는 얼마든지 여행을 하면서도 성경을 읽으며 이스라엘 역사를 통해 하나님이 하시는 일들을 알고 있는 기독교인들이 이스라엘을 여행해 보지 않는다는 것은 안타까운 일입니다. 더군다나 성경을 가르치는 목회자들의 이스라엘 여행은 필수나 다름없죠.

다행히 이스라엘은 성경과 관련된 고고학 유적지를 비교적 잘 관리하고 있으며 또 여행자들에게 잘 설명해 놓고 있으니 이런 목적으로 이스라엘을 여행하는 사람들에게는 부족함이 없는 나라입니다. 거기에다 이스라엘은 면적도 작아 비교적 오랜 기간이 아니더라도 한 번에 많은 곳을 여행할 수 있다는 장점도 있습니다. 그야말로 마음만 먹으면 한 번의 방문으로 충분히 한 바퀴 돌 수도 있는 나라가 이스라엘이죠.

그러나 현실적으로 이스라엘은 우리나라에서 너무 멀리 떨어져 있고 여행 비용도 만만치 않아 그야말로 큰맘을 먹지 않으면 찾아가기도 쉽지 않습니다. 더군다나 코로나 19 바이러스의 세계적 대유행으로 인해 해외 여행이 예전만큼 쉽지 않은 상황에서 이스라엘 여행은 더욱 어려워졌습니다. 또 만약에 해외 여행이 수월해진다 하더라도 여행자를 맞이할 이스라엘의 상황은 예전 같지가 않을 것입니다.

그렇다면 이제 이스라엘 여행은 불가능해질 것일까요? 안타깝지만 불가능해진다면 간접적으로 이스라엘을 여행할 수는 없을까요?

저는 지난 25년간 80여 차례 이스라엘을 방문했습니다. 처음에는 단순 여행으로 찾아갔지만 기독교 다큐멘터리 영화를 촬영하기 위해 찾아가기도 했고 최근에는 1년에 몇 차례씩 수십 명의 순례객들과 함께 가기도 했습니다. 브래드 TV의 인터뷰 프로그램을 위해 이스라엘 구석구석을 찾아가기도 했었습니다. 그때마다 이스라엘 현지인으로부터 설명을 듣기도 하고 나름대로 자료를 찾아 정리하기도 했습니다.

제가 늘 하는 말이 있습니다.

여행은 어디를 가느냐도 중요하지만 누구와 함께 가느냐가 더 중요하다구요.

제가 여러분을 이스라엘로 안내하겠습니다.

이스라엘을 갈 수 없으니 대신 책으로 안내를 하도록 하죠.

이 책은 저의 오랜 경험을 바탕으로 기록한 내용으로 마치 자동차를 타고 이스라엘 전체를 한 바퀴 돌며 여행하는 것처럼 구석구석을 관련 사진과 함께 소개하면서 이스라엘을 직접 가보지 않고도 간접적으로 경험할 수 있도록 구성했습니다. 만약에 이스라엘 여행이 가능해질 때가 되면 떠나기 전에 읽어도 좋고 또 여행을 하면서 읽어도 좋지만 이스라엘을 가지 못한다 하더라도 책상 위에서 그리고 손 안에서 이스라엘을 한 바퀴 여행하는 느낌을 가질 수 있을 것입니다.

이 원고의 일부는 원래 2005년부터 7년간 극동 방송에서 매주 30분씩 방송하기 위해 썼던 것으로 그때에도 라디오로 이스라엘을 소개하기 위해 마치 눈을 감고 들으면 예루살렘 골목골목을 따라서 걷는 느낌으로 썼습니다. 그 원고들 중에 잘못된 내용들을 바로잡고 또 여러 장소들을 추가하고 보완해서 『이스라엘 한 바퀴』라는 제목의 책으로 완성했습니다.

이스라엘을 직접 밟아 보지 못하는 대신 이 책의 글과 사진으로나마 이스라엘을 경험하기를 바랍니다.

여행은 아는 것만큼 보인다고 하지 않습니까?

자, 이제 슬슬 예루살렘부터 시작해서 이스라엘을 한 바퀴 돌아보도록 하죠. 여권이나 비행기표가 필요 없고 가방을 챙기고 운동화 끈을 묶을 필요 없이 선글라스와 모자와 생수병도 준비하지 않고 그저 페이지만 넘기면 됩니다.

이스라엘로 떠날 준비가 되셨나요?

김종철 감독

이스라엘을 한 바퀴 돌아 볼까요?　004

1　5천 년 역사의 타임캡슐 **예루살렘**

예루살렘은 거대한 타임캡슐 014 ｜ 다윗의 도시에서 십자군, 그리고 다시 이슬람의 도시로 017 ｜ 2천 년 만에 피로 되찾은 예루살렘 019 ｜ 이스라엘을 향한 국제 사회의 비난 024 ｜ 네 민족이 한 울타리에서 살고 있는 예루살렘 025 ｜ 올드시티의 유대인 이야기 029 ｜ 모든 것이 올 스톱, 안식일 이야기 032 ｜ 예루살렘의 까다로운 검문검색 035 ｜ 이스라엘 영주권을 가진 아랍 사람들 037

2　하나님이 준비한 산 그러나 지금은 **황금사원**

하나님께서 준비하신 모리아산 042 ｜ 그러나 무슬림의 산으로 045 ｜ 거짓말로 빼앗은 장소에 세워진 황금사원 048 ｜ 황금사원 안에서 맨발로 걷는 유대인 052

3　예수님의 마지막 발걸음 **비아 돌로로사**

시끄럽고 정신없는 십자가의 길 058 ｜ 고난의 현장 14지점 062 ｜ 예수님이 돌아가신 현장 성분묘교회 074 ｜ 엘리 엘리 라마 사박다니 076 ｜ 예수님이 3일 동안 묻혔던 무덤 077 ｜ 예수님의 고난을 묵상하며 십자가 행진 080

4　예수님이 하늘로 올라가신 **올리브산**

감람산이 아니라 올리브산이다 084 ｜ 올리브산 정상에서 꼭 해야 할 일 087 ｜ 지붕을 막아 버린 예수승천교회 090 ｜ 이렇게 기도하라고 가르쳐 주신 주기도문교회 092 ｜ 예수님이 눈물을 흘리신 눈물교회 095 ｜ 메시아가 오시는 그날를 기다리는 유대인 공동묘지 098 ｜ 예수님의 처절한 기도 소리가 베어 있는 겟세마네 동산 099

5 어둠의 골짜기 **기드론 계곡**

음산한 분위기의 기드론 골짜기 104 | 아버지를 향해 반역했던 압살롬의 무덤 106 | 밧세바와 솔로몬의 쿠데타 현장 기혼샘 109 | 공법을 알 수 없는 미스터리의 히스기야 터널 111 | 여부스를 공격하기 위해 뚫은 구멍 워렌 샤프트 113 | 소경이 눈을 뜬 실로암 연못 116 | 다윗의 첫 번째 도시 다윗성 118

6 제2성전의 흔적 **통곡의 벽**

유대인들에게 가장 소중한 제2성전의 흔적 122 | 통곡의 벽이 통곡의 벽인 이유 125 | 하나님, 이제야 이 벽 앞에 섰습니다 129 | 세월의 흔적이 차곡차곡 131

7 성령의 역사가 일어났던 **시온산**

설계 실수로 성 밖으로 밀려난 시온산 134 | 아쉬운 대로 만들어진 다윗의 무덤 136 | 성령의 역사가 일어난 마가의 다락방 139 | 예수님이 마지막 밤을 보내신 베드로통곡교회 141

8 성전의 회복을 꿈꾸며 모여든 **유대인 지구**

예루살렘의 부촌 146 | 고대 로마시대의 도로 카르도 148 | 2천 년 전에 불에 탄 집 번트하우스 151 | 헤롯이 건축한 신전 윌 고고학 박물관 154 | 유대인들의 오랜 소망을 담은 성전 연구소 156 | 두 번 무너지고 세 번째 세워진 후르바회당 158

9 5백 년이 지났어도 아직도 튼튼한 **예루살렘의 성**

5백 년이 지났어도 아직도 튼튼한 성 162 | 최초의 순교가 일어난 곳 스데반문 165 | 아랍인들을 위해 만든 헤롯문 167 | 예루살렘 성 문 중에 가장 아름다운 다메섹문 167 | 이름 그대로 새로 만든 새문 169 | 늘 새로운 이벤트가 열리는 자파문 170 | 6일 전쟁 당시의 총알 자국으로 가득한 시온문 172 | 성안의 오물을 밖으로 내갔던 분문 173 | 메시아가 오시면 문이 활짝 열리게 될 황금문 174

10 예루살렘 외곽 지역

성전 건축을 위해 돌을 파냈던 솔로몬의 채석장 178 | 예수님의 또 다른 무덤 정원무덤 181 | 예루살렘 역사 박물관이자 전시장인 다윗의 망대 185 | 기독교인이 만든 정통 유대인 마을 메아 쉐아림 187 | 유대인 서민들의 재래시장 마하네 예후다 190 | 예루살렘의 멋쟁이들이 모이는 마밀라 쇼핑몰 192 | 이스라엘의 정치 1번지 국회의사당 크네셋 194 | 요한의 고향 침례요한탄생기념교회 196 | 목을 적셔 준 마리아의 샘물 199 | 마리아가 3개월 동안 머문 마리아방문교회 200 | 6백만 명의 희생자를 추모하는 야드 바셈 203

11 인류의 역사를 나누었던 작은 마을 베들레헴

예수님이 태어난 곳 베들레헴 218 | 베들레헴이 가진 굴곡의 역사 220 | 점점 줄어드는 베들레헴의 기독교인들 225 | 베들레헴으로 가는 길에 만나는 콘크리트 장벽 228 | 마구간 위에 세워진 예수탄생기념교회 230 | 예수님을 만나기 위해서 통과해야 하는 겸손의 문 232 | 하나님의 아들이 아기로 태어난 동굴 235 | 2살 아래의 아이가 묻힌 성캐더린교회 238 | 예수님이 피난 가시기 전에 젖을 먹은 우유교회 239 | 잠자던 목자들을 천사들이 깨운 목자의 들판 241 | 예루살렘의 물을 책임졌던 솔로몬의 연못 243 | 헤롯의 또 다른 도피처 헤로디움 245 | 난산 끝에 숨진 라헬의 무덤 248

12 수천 년 동안 갈등이 끊이지 않는 헤브론

아브라함과 다윗의 도시 252 | 최초의 토지 거래가 있었던 헤브론 254 | 1994년에 일어난 비극 258 | 헤브론은 누구의 땅일까? 259 | 쉽지 않은 헤브론으로 가는 길 263 | 반으로 나뉘어진 아브라함의 무덤 막벨라 사원 265 | 사울왕의 충신 아브넬의 무덤 268 | 수명을 다한 토라가 묻혀 있는 토라의 무덤 270 | 다윗의 아버지 이새와 나오미의 며느리 룻의 무덤 272 | 아브라함이 단을 쌓았던 마므레 274

13 6천 년의 세월을 간직한 고대 도시 브엘세바

아브라함이 우물을 발견했던 브엘세바 278 | 6천 년의 세월을 간직한 고대 도시 텔 브엘세바 281 | 이스라엘 건국의 아버지 벤구리온의 집 285

14 아직도 그 사람들이 살고 있는 사마리아

야곱이 돌베개를 베고 꿈을 꾸었던 벧엘 292 | 성막이 처음 세워졌던 실로 295 | 세겜으로 가는 길 297 | 축복을 받은 그리심산과 저주를 받은 에발산 301 | 사마리아 사람들 304

15 세계에서 가장 오래된, 가장 낮은 곳의 도시 **여리고**

광야생활 40년 만에 도착한 첫 번째 도착지 308 | 세상에서 가장 오래된 도시 텔 여리고 311 | 더러운 물이 맑은 물로 변한 엘리사의 샘 314 | 예수님이 사탄에게 시험받은 유혹의 산 316 | 키 작은 삭개오가 올라갔던 뽕나무 319 | 예수님께서 침례를 받으셨던 장소 322

16 **사해, 네게브**

이스라엘 국토의 절반 이상을 차지하는 네게브 사막 326 | 사해, 죽음의 바다에서 돈을 버는 바다로 329 | 2천 년 동안 성경을 간직했던 쿰란동굴 331 | 다윗이 사울을 피해 숨어 있었던 엔게디 335

17 유대인 최후의 항전지 **마사다**

A.D. 67년에 일어난 반란 340 | 헤롯의 피신처로 가자 342 | 유대인들의 마지막 선택 345 | 다시는 이런 비극이 일어나지 않으리! 348 | 치열한 전투의 흔적들 351

18 **갈릴리 남쪽 지역**

사울의 시신이 매달렸던 벳샨 356 | 길보아산이 선물한 지상 낙원 샤흐네 360

19 예수님의 품속과 같은 **갈릴리**

예수님께서 사역하셨던 갈릴리 지방 364 | 역사에서 외면당했던 변방 도시 갈릴리 366 | 이스라엘의 생명수 역할을 하는 갈릴리 호수 368 | 갈릴리의 중심 도시 티베리아 371 | 갈릴리를 한눈에 내려다볼 수 있는 아르벨 373 | 일곱 귀신에 시달렸던 막달라 마을 375 | 예수님 당시의 배가 발견된 기노사르 키부츠 378 | 마태복음 5장의 현장 팔복교회 380 | 예수님의 설교 방식에 숨겨진 비밀 382 | 과학적이었던 예수님의 설교 385 | 기적을 베풀기 전 축사하셨던 오병이어교회 387 | 예수님이 베드로에게 질문하셨던 베드로수위권교회 390 | 예수님의 마을 가버나움 393 | 예수님의 제자 베드로의 집 396 | 돼지 떼가 죽었던 거라사 398 | 갈릴리 호수가 한눈에 보이는 골란고원 전망대 400

20 **갈릴리 북쪽 지역**

이스라엘 민족이 불태워 버린 하솔 404 | 2천 년 전 갈릴리의 모습을 그대로 간직한 카츠린 407 | 예수님께 책망받은 고라신 410 | 너희는 나를 누구라 하느냐 물으셨던 가이사랴 빌립보 413 | 여로보암의 제단이 있었던 텔 단 418

21 가난했던 동네 그러나 예수님의 동네 **나사렛**

가난했던 동네 그러나 예수님의 동네 424 | 마리아가 천사들을 만났던 가브리엘교회와 마리아의 우물 426 | 천사가 찾아왔던 마리아의 집 수태고지교회 428 | 예수님의 아버지 요셉의 작업장 요셉교회 433 | 2천 년 전 나사렛의 모습을 재현한 나사렛 민속 체험관 435

22 인류 최후의 전쟁이 일어날 **므깃도** 439

23 불의 심판이 있었던 **갈멜산**

하나님의 포도원 갈멜산 446 | 엘리야의 한판 승부가 벌어졌던 무흐라카 448

24 이스라엘 건국의 시작 **텔아비브**

이젠 시온으로 가자 454 | 1878년 만에 이뤄진 기적의 순간 460 | 현대 도시로 변모해 가는 텔아비브 466 | 세계 최대의 동성애 축제가 열리는 도시 469 | 베드로가 환상을 본 욥바 473 | 베드로가 본 환상이 그려져 있는 베드로기념교회 476 | 비행기 프로펠러까지 팔고 있는 벼룩시장 477

25 헤롯이 가이사라 황제에 바친 해안 도시 **가이사랴**

바울의 숨결이 담긴 도시 가이사랴 482 | 4천 명이 들어가는 2천 년 전의 로마식 원형극장 485 | 말들의 경주가 펼쳐졌던 전차 경기장 487 | 거친 파도를 막는 방파제 489 | 가이사랴에 물을 공급하는 수로 491

26 현대 항구 도시 **하이파** 495

27 십자군의 도시 **아코**

사연이 많은 고대 도시 500 | 십자군의 사령부와 오스만 제국 흔적 501 | 십자군의 본부였던 성 요한 기사단의 병원 504 | 현대 아랍인들의 재래시장 아랍 시장 506 | 아랍 상인들의 숙소 칸 알 움단 507 | 기사들의 비상 탈출구 기사단의 터널 509

① 5천 년 역사의 타임캡슐
예루살렘

예루살렘은 거대한 타임캡슐

예루살렘은 해발 750m에서 800m의 높은 지대에 위치해 있다. 우리나라의 경기도 성남에 있는 남한산이 해발 522m이고 경기도 가평에 있는 가덕산이 해발 858m이니 그 사이의 꽤 높은 곳에 도시가 있는 셈이다.

누가복음 10장 30절에 보면 '예수께서 대답하여 이르시되 어떤 사람이 예루살렘에서 여리고로 내려가다가 강도를 만나매'라는 구절이 나오는데 여기서 '내려가다'라는 말은 지방으로 내려간다는 뜻이 아니라 예루살렘에서 북동쪽으로 불과 24km 떨어져 있으면서 해발 -260m의 낮은 곳에 있는 여리고로 가기 위해서는 계속해서 내려가야 한다는 뜻이다.

반대로 어느 방향에서든지 예루살렘으로 가기 위해선 계속해서 올라갈 수밖에 없다. 이스라엘의 텔아비브 공항에 내린 다음 예루살렘으로 가다 보면 약 한 시간 동안 계속해서 차가 위쪽으로 달려가고 있다는 것을 느낄 수 있으며 어느 순간부터는 귀도 먹먹해지는 것을 경험하게 된다.

한여름인 7월에서 9월까지는 40도를 웃도는 무더위가 걸어 다니기도 힘들게 하지만 그래도 그늘 속이나 밤에는 선선함을 느낄 수 있고 여름 기간 내내 비 한 방울 내리지 않다가도 우기에 들어서는 11월부터 3월까지는 비가 내리기도 하고 또 몇 년에 한 번씩은 함박눈이 내려 장관을 이루기도 한다.

아마도 눈이 하얗게 내린 예루살렘을 상상해 본 사람은 그다지 많지 않겠지만, 겨울에 어쩌다 한 번씩 눈이 내리면 예루살렘의 사람들은 거리로 뛰어나와 눈싸움을 하기도 한다.

예루살렘은 이스라엘의 중간 위치에 있어서 북쪽의 사마리아, 갈릴리와 골란고원, 남쪽의 베들레헴과 헤브론, 그리고 네게브 사막과 항구 도시 에일랏 등 이스라엘 전 지역과 연결되어 있는 중심 도시이다.

예루살렘의 인구 901,300명 중에 60.5%의 유대인, 36.5%의 무슬림 인구가(2019년 기준) 살고 있으며, 이스라엘에서 가장 큰 도시인 것은 맞지만 날이 갈수록 높아져만 가는 물가와 주택 가격으로 인해 2012~2016년 사이에 1만 7천여 명의 유대인들과 이스라엘 시민권을 가진 아랍인들이 예루살렘을 떠나기도 했다.

현재 예루살렘은 크게 올드시티Old City와 뉴시티New City로 나뉘어져 있는데 뉴시티는 20세기에 들어서면서 새로 생긴 신도시로 각종 관공서 건물과 호텔, 상업용 빌딩, 고속버스 터미널, 유대인 거주지구

등이 자리 잡고 있어 도시로서의 기능을 잘 감당하고 있다. 특히 뉴시티 중에서도 토요일 밤이면 젊은이들로 북적이는 벤 예후다 거리와 마밀라 쇼핑가는 마치 우리나라의 대학로나 강남의 거리를 보는 듯한 착각을 준다. 그러나 예루살렘 도시 속의 또 다른 도시, 도시 속의 섬이라고 할 수 있는 올드시티는 총 길이 4km의 길이로 된 성벽으로 둘러싸인 4천 년 역사의 오래된 도시로 마치 도시 전체가 거대한 박물관이나 타임캡슐과도 같은 곳이다.

성벽 하나를 사이에 두고 올드시티 안에는 그 옛날의 풍광을 그대로 간직한 듯 전혀 개발되지 않아 복잡하게 느껴지기도 하지만 이 도시에는 예수님이 십자가를 지고 가신 비아 돌로로사Via Dolorosa, 예수님의 무덤이 있는 성분묘교회, 통곡의 벽 등 기독교, 유대교의 성지와

황금사원 같은 이슬람의 중요 성지가 함께 자리 잡고 있다. 그리고 올드시티는 가로 약 1km 세로 약 1km의 거리밖에 안 되는 아주 작은 도시이지만, 약 2만 명의 사람들이 살고 있으며 천여 개의 골목이 있고 3천여 개의 크고 작은 상점들이 빽빽하게 모여 있다. 이곳에는 전 세계에서 찾아온 수많은 성지 순례자와 여행자들에게 물건을 팔기 위해 장사를 하는 팔레스타인 사람들, 그리고 그 속을 비집고 성지를 찾아 몰려다니는 단체 순례자들, 황금사원으로 기도하기 위해 찾아가는 수많은 무슬림들, 한여름에도 검은 코트와 검은 털모자를 쓰고 통곡의 벽을 찾아가는 유대인들이 서로 어깨를 부딪히며 혼재해 살아가고 있다.

다윗의 도시에서 십자군, 그리고 다시 이슬람의 도시로

예루살렘은 지금으로부터 3천 년 전 여부스 민족이 모여 살고 있던 곳이었는데 이스라엘의 두 번째 왕인 다윗이 헤브론에서 이스라엘의 왕이 된 다음 제일 먼저 이곳을 점령한다.

다윗에 의해서 새롭게 건축되기 시작한 예루살렘 성은 현재의 예루살렘 성보다는 훨씬 작은 규모였다.

그 후 솔로몬이 왕이 된 후에 다윗성보다는 조금 더 큰 규모로 넓혀지게 되고 그 후에 예루살렘은 남유다의 수도로 명분을 유지하다가 바빌론에 의해서 파괴되면서 예루살렘 사람들이 모두 바빌론에 끌려가 노예 생활을 하는 이른바 바빌론 유수가 시작되었다.

그 후 B.C. 539년 바빌론이 멸망하면서 노예 생활을 하던 유대인들이 다시 고향에 돌아오지만 이미 이곳에는 아무것도 남아 있는 것이 없었다.

다시 예루살렘을 재건하기 시작한 이스라엘 백성들은 또다시 페르시아의 지배를 받게 되고 그 후에 알렉산더의 지배를 받다가 예수님 당시에는 로마의 지배를 받게 되고 결국 A.D. 70년엔 예수님이 예언하셨던 것처럼 돌 위에 돌 하나 남지 않을 정도로 파괴되고 만다.

이스라엘 백성 역시 예루살렘에서 쫓겨나는 신세가 되었고 그 주변에서 유목민으로 생활하고 있었던 베두인Bedouin들이 그때부터 찾아와 지금까지 살게 되었는데 그들이 바로 팔레스타인 아랍 사람들이다.

그 후 4세기경 예루살렘은 로마의 콘스탄티누스 대제의 어머니 헬레나의 방문에 의해 기독교적인 부흥기를 잠시 맞이하게 되지만 또다시 예루살렘은 이슬람의 도시로 변하게 된다.

A.D. 70년 당시 로마에 의해 파괴되는 예루살렘 성전

이슬람 종교의 창시자인 무함마드가 바로 이곳 예루살렘에 찾아와 하늘로 승천을 했다고 믿었기 때문이다.

이슬람의 성지, 이슬람의 도시가 되어 버린 예루살렘, 그것을 또 못마땅하게 여긴 것이 바로 유럽의 십자군이었다.

유럽 각지에서 출발한 십자군들은 예루살렘에 찾아와 이슬람 군대를 쫓아내고 잠시 기독교의 도시가 되기는 했었지만 이것 역시 오래가지는 못했다. 13세기 중반에는 이집트의 맘루크Mamluk가 이곳을 정복했고 16세기에는 오스만 제국이 이곳을 정복하여 20세기 초까지 예루살렘을 지배했었다.

현재 예루살렘의 올드시티를 감싸고 있는 그 성벽 역시 16세기 오스만 제국에 의해서 세워진 것이다.

이처럼 예루살렘은 예수님 이후로 2천 년 동안 20여 차례나 주인이 바뀌고 10여 차례나 완전히 파괴되는 등 비운의 역사를 갖고 있다. 1967년 6일 전쟁 이후 현재는 이스라엘의 영토가 되어 현재 유대인과 아랍인과 여러 민족이 같이 살고 있다.

2천 년 만에 피로 되찾은 예루살렘

예루살렘은 과연 누구의 땅일까? 다윗이 정복하기 전에 살고 있던 여부스 민족의 땅일까? 아니면 이스라엘의 두 번째 왕 다윗이 성을 세웠으므로 이스라엘의 땅일까?

그렇게 따지면 그 후로 예루살렘을 정복했던 바빌론의 땅이 될 수도 있고 로마의 땅일 수도 있고 터키의 땅일 수도 있다. 하지만 현재는 이스라엘의 땅이 되었다. 그것은 1967년에 있었던 6일 전쟁 이후에 이뤄진 일이다.

이스라엘 민족은 A.D. 70년에 로마에 의해서 멸망한 이후 그로부터 2천 년 동안 나라 없는 디아스포라 생활을 해 오면서 나라 없는 설움을 아주 톡톡히 겪어야만 했다. 특히 19세기 프랑스에서는 유대인 출신의 프랑스 장교 드레퓌스가 간첩이었다는 누명을 쓰고 감옥에 갇히는 사건이 일어나면서 유럽에 있던 유대인들은 시온으로 돌아가자는 시오니즘 운동이 일어나고 결국 1947년 UN은 팔레스타인 땅에서 유대인과 아랍인이 함께 살 수 있도록 영토를 분할해 주는 분할안을 채택한다. 하지만 이 분할안에는 예루살렘의 올드시티와 동쪽 지역(이 지역을 모두 동예루살렘이라고 부른다.)을 유대 국가에 포함시키지 않았다.

A.D. 70년에 이스라엘이 멸망한 이후 1878년 만에 꿈같은 이스라엘 건국을 했지만 여전히 예루살렘 올드시티 안에 있는 성전산은 이스라엘의 땅이 아니었다. 유대인들이 가장 가고 싶어 했고 되찾고 싶어 했던 핵심 도시가 빠져 있었던 것이다. 그런 상태에서 1948년 5월 14일 이스라엘 건국이 선언된다. 그리고 마침내, 1967년 6월 5일 새벽, 이스라엘은 이집트의 시나이반도를 공격하면서 이른바 6일 전쟁이 시작되었다.

텔아비브의 공군 기지에서 발진한 전투기들이 아무런 전쟁 준비를 하지 않고 있던 이집트를 선제공격해서 정확히 하루 만에 시나이반도를 접수하고 4일 만에 이집트의 항복을 받아 냈다.

그런데 문제는 이집트의 방송이 그 같은 사실을 감춘 채 이스라엘이 시나이반도를 침공했지만 곧바로 이집트의 용맹한 전차 부대가 이스라엘 군대를 상대로 용감하게 싸워 퇴각시켰다는 거짓된 내용을 내보낸 것이다. 이런 잘못된 방송은 시나이반도 구석구석에 있었던 이집트의 군사들이 잘못된 판단을 하게 하는 커다란 역할을 했다. 도주의 기회를 놓치고 있다가 느닷없이 밀고 들어오는 이스라엘 전차를 맞이하고 일부는 죽음으로 또 일부는 포로로 끌려가 버렸다.

어떤 벙커에서는 이미 이집트의 군인들이 모두 다 도망해 버려 본국에서 애타게 부르는 무전기 소리만이 지직거리며 들려왔고 그 무전기를 집어 든 이스라엘 군인들은 히브리어로 조롱까지 해 댔다. 시나이반도는 순식간에 거대한 묘지로 바뀌었다.

잘못된 방송은 이집트와 동맹 국가였던 시리아와 요르단에게 또 다른 잘못된 판단을 하게 했고 이스라엘의 이집트 시나이반도 침공과 이스라엘의 퇴각 방송을 들은 시리아와 요르단은 같은 아랍권의 우의를 앞세워 공격을 감행하면서 전쟁은 확전되었다.

안 그래도 이집트와 요르단과 시리아 사이에 끼어들어 늘 맘에 들지 않았던 이스라엘을 이번 기회에 이집트와 합세하여 반드시 팔레스타인 땅에서 내쫓아 버리겠다는 일념으로 제일 먼저 요르단이 공격해 왔다. 그때가 이스라엘이 이집트 공격을 시작한 뒤 6시간 만이었다. 단 하루 만에 그 넓은 시나이반도를 접수해 버린 이스라엘 군대는 이번에는 예루살렘의 올드시티에서 공격해 오는 요르단 군대를 향해 총구를 돌렸다.

그 당시만 해도 올드시티는 요르단의 영토였고 이스라엘로서는 그 옛날 솔로몬의 성전이 있던 자리와 통곡의 벽 등을 반드시 빼앗아야만 했던 터였는데 결국 요르단의 참전으로 인해 그 빌미를 잡아낸 것이다.

하지만 예루살렘의 올드시티는 시나이반도와는 물리적으로 분명히 다른 상황이었다. 수백 년 전에 지어진 성벽과 미로처럼 구불구불하고 언덕으로 이뤄진 예루살렘의 올드시티는 시나이반도처럼 전투기로 공격을 할 수도 없었고 골목이 너무 좁아 전차가 밀고 들어갈 수도 없는 상황이었다. 더군다나 이집트의 지리멸렬한 군인들과는 달리 미국제 무기와 잘 훈련된 요르단의 군인들이 골목 구석구석에서 숨어 사격을 해 대는 바람에 이스라엘 군인들의 예루살렘의 공격은 말처럼 쉬운 일이 아니었다.

이스라엘 군인은 장갑차와 탱크에서 뛰어내려 시가전을 벌이며 조금씩 조금씩 예루살렘의 올드시티 안으로 들어가 결국은 요르단의 공격 이후 30시간 만에 올드시티 역시 이스라엘의 수중에 들어가고 말았다.

결국 이스라엘의 공격이 시작된 이후 4일 만에 이집트는 UN의 중재안을 받아들이며 시나이반도를 이스라엘에게 내주는 조건으로 휴전에 합의하면서 이집트는 순식간에 군사력의 80퍼센트를 상실한 채 백기를 들고 만 셈이다. 오히려 이스라엘은 그 넓은 시나이반도를 영토로 확보한 것은 물론이거니와 시나이반도에서 노획한 소련제 탱크들을 끌어모아 외국으로 수출해 일거양득의 소득을 얻게 되었다.

그러나 요르단과 싸우는 예루살렘의 전투는 이스라엘로서도 죽음의 전투나 다름없었다. 그때 당시 얼마나 많은 이스라엘 병사들이 죽어 갔는지 예루살렘 올드시티의 경사진 골목마다 검붉은 피가 시냇물처럼 흘러내렸으며 전투가 끝난 후에도 몇 날 며칠 동안 피비린내

6일 전쟁 당시 통곡의 벽을 점령하고 주저앉은 이스라엘 군인

가 가시지 않았을 정도였다. 이스라엘 군인들이 마침내 통곡의 벽 앞에 섰을 때 그들은 철모를 벗고 하늘을 보며 기도했다.

'하나님, 이제야 우리가 성전 벽 앞에 섰습니다.'

예루살렘을 점령한 이스라엘 군대는 이번에는 예루살렘 탈환의 기세에 힘입어 방향을 바꿔 역시 요르단의 영토였던 나블루스와 베들레헴, 그리고 헤브론까지 진격해 들어갔다. 물론 이곳에서의 전투는 예루살렘만큼 치열하지는 않아서 개전 50시간 만에 이스라엘 군대가 점령할 수 있었다.

6월 5일 시작된 전쟁은 결국 10일 저녁, 개전 후 6일 만에 모든 것이 끝났다. 현대사에서 두 번 다시는 일어날 것 같지 않은 이 기적 같은 전쟁으로 이스라엘은 본토 면적의 6배에 달하는 4만 7천 평방마일의 새로운 영토를 획득했을 뿐만 아니라 시나이반도, 골란고원, 예루살렘 올드시티와 동예루살렘을 비롯한 서안지구를 완벽히 점령했다.

1. 예루살렘　　**023**

그러나 무엇보다도 이스라엘에게 있어서 가장 중요한 전과는 2천 년 전 로마에 의해서 철저하게 유린되었던 땅이자 민족의 성지, 예루살렘을 요르단으로부터 다시 되찾았다는 것이다. 그때부터 예루살렘은 지금까지 이스라엘의 영토이자 입법, 사법, 행정부가 자리하고 있는 수도가 되었다.

이스라엘을 향한 국제 사회의 비난

1967년 6일 전쟁을 통해 기적같이 동예루살렘을 되찾은 이스라엘 입장에서는 다행스럽고 당연한 일이었다고 생각하지만 UN과 국제 사회는 이스라엘의 동예루살렘 점령을 강력히 비난하고 인정하지 않았다. 그래서 일반적으로 국제 사회에서는 외국에 나가 있는 자국의 대사관을 그 나라의 수도에 설치하는데 유독 이스라엘에 있는 외국 대사관들은 예루살렘에 있지 않고 텔아비브에 두고 있었다.

하지만 이스라엘은 1980년 제정된 기본법을 바탕으로 예루살렘을 이스라엘의 수도로 지정하면서 한 나라에 예루살렘과 텔아비브 두 곳이 수도가 되는 기현상이 이어져 왔었다. 특히 미국의 버락 오바마 전 대통령은 이스라엘 정부를 향해 꾸준히 동예루살렘을 1967년 이전의 상황으로 되돌려 놓을 것을 요구해 왔는데, 유대인들은 모두 동예루살렘에서 철수하라는 것이다. 물론 이스라엘은 그런 요구에 전혀 꿈쩍하지도 않았다. 어떻게 해서 되찾은 예루살렘인데 이제 와서 1967년 이전으로 되돌려 놓을 수는 없는 일이었다.

그러는 과정에서 동예루살렘에 살고 있었던 팔레스타인 아랍 사람들과 이스라엘 사람들 사이엔 수시로 물리적 충돌이 일어났는데 1987년부터 7년간 이어진 첫 번째 아랍인들의 무장봉기인 인티파다 Intifada로 수많은 양쪽 민간인들이 희생을 당했고 2000년에 발생한 두 번째 인티파다에서도 또 다시 유혈 충돌이 일어났었다. 동예루살렘 문제는 그야말로 세계 정치권의 뜨거운 감자가 되었고 하루가 멀다 하고 세계의 뉴스를 장식했다.

그런데 2017년 1월 미국의 도널드 트럼프 대통령이 당선되고 난 후 2017년 12월 6일 예루살렘을 이스라엘의 수도로 인정한다고 선언하고 텔아비브에 있던 미국 대사관을 예루살렘으로 옮겨 오겠다고 약속하면서 그동안 잠시 가라앉았던 예루살렘 문제의 불씨에 기름을 끼얹게 된다.

이것은 1947년 UN에서 팔레스타인 분할안이 결정된 지 70주년이 되는 해였고 1967년 이스라엘이 예루살렘을 되찾은 지 정확히 50주년이 되는 시점이었다. 그리고 정말 2018년 5월 14일 이스라엘 건국 70주년을 맞이해서 예루살렘에 미국 대사관 개소식을 열었다. 세계 최강의 국가 미국이 예루살렘을 이스라엘의 수도로 인정했으니 이스라엘은 더더욱 동예루살렘을 포기할 수 없게 되었다.

네 민족이 한 울타리에서 살고 있는 예루살렘

1878년 만에 예루살렘으로 유대인들이 돌아온 것만큼이나 예루살렘은 기구한 역사를 갖고 있다. 유대인들이 되돌아왔다고 해서 이미 그곳에서 2천 년가량 살고 있었던 팔레스타인 아랍인들을 모두 쫓아낼 수도 없는 일이고 특히 예루살렘의 올드시티는 더욱 그렇다. 16세기에 오스만 제국에 의해 세워진 가로 세로 1km, 둘레 약 4km의 꽤 좁은 성안에 이뤄진 오래된 도시 안에는 아랍인들과 유대인 그리고 기독교인과 아르메니아 사람들까지 다양한 민족, 다양한 종교를 가진 사람들이 혼재해 살고 있는 아주 복잡한 곳이 되었다.

이들은 각자의 신앙과 각자의 사정 때문에 그 자리를 떠나지 않고 있다 보니 자연스럽게 올드시티는 구역이 나눠질 수밖에 없었다.

우선 팔레스타인 사람들이 모여 사는 아랍 구역 Arab Quarter과 크리스천들이 모여 사는 크리스천 구역 Christian Quarter 그리고 아르메니안 사람들이 모여 사는 아르메니안 구역 Armenian Quarter 유대인들이 모여 사는 유대인 구역 Jewish Quarter으로 나뉘어져 있는데 물론 이 구역들 간에는 특별한 경계선이나 담장 같은 것으로 나뉘는 것은 아니다. 그저 작은 골목 하나 사이로 이렇게 서로 다른 사람들이 모여 살면서 각기 다른 문화를 이뤄 가기 때문에 이방인들은 이런 상황을 그저 눈으로 보는 것만으로도 서로 다른 문화와 생활 모습을 알 수가 있다. 물론 그곳을 여행하는 관광객들은 아무런 제재 없이 자유롭게 드나들 수 있지만 현재 이곳에 사는 사람들은 적당한 거리를 두면서 충돌을 일으키지 않으려고 노력하며 살아가고 있다.

각 구역 간의 분위기는 사뭇 다르다. 아랍 구역에 가면 그야말로 전혀 개발되지 않은 흡사 타임머신을 타고 수백 년 전으로 날아가 역사 속의 도시를 걸어 다니는 느낌이 든다.

이곳은 복잡한 재래식 시장이 있고 골목마다 팔레스타인 어린아이들이 뛰어다니며 놀기도 한다. 그리고 떼를 지어 몰려다니는 성지

하늘에서 본
예루살렘 신도시

순례자들을 향해서 물건을 사라고 호객을 하는 아랍 상인들의 목소리로 정신이 없을 정도로 왁자지껄하다.

아랍 구역의 재래식 시장엔 가죽이 벗겨진 채 늘어져 있는 양고기를 볼 수가 있고 아랍 사람들이 그렇게도 좋아하는 젤리와 과자들 그리고 얼핏 보기에도 촌스러운 옷가지들과 중국 제품인 듯한 가전제품과 생활용품, 그리고 성지 순례객을 대상으로 십자가와 메노라를 파는 가게도 있다.

하지만 유대인 구역에 가면 얘기는 또 달라진다. 유대인 구역의 건물들은 아랍 지역의 건물들과는 다르게 예쁘게 건축된 건물들이 있고 거리도 깨끗하게 정돈되어 있어 마치 서울의 부촌 골목을 다니는 듯한 느낌이 들 정도이다.

이곳엔 아랍 동네에선 보기 힘든 현대화된 슈퍼마켓도 있고 깨끗한 공중화장실과 은행, 우체국, 보석 가게, 피자 가게, 햄버거 가게 등

패스트푸드 음식점도 있다.

　마치 유럽의 노천카페 거리와 같이 야외 파라솔이 즐비하고 그곳에서 한가롭게 그들이 즐겨 먹는 베이글과 팔라펠에 콜라와 커피를 마시고 있는 유대인들을 쉽게 만날 수 있다. 특히 유대인 구역의 오래된 거리 카르도Cardo에 가면 수준 높은 그림과 예술 작품을 파는 쇼핑 거리가 있는데 이곳은 올드시티 안에서 또 다른 느낌을 준다. 흔히 사진이나 영상에서 보았던 검은 모자와 검은 롱코트를 입은 정통 유대인들이 통곡의 벽을 향해 부지런히 걸어가는 모습도 이곳에서는 자주 목격할 수 있다.

　그런가 하면 크리스천 구역은 예수님께서 십자가에 달리신 골고다 언덕과 시신을 묻었다는 무덤이 있는 곳이라 전 세계에서 찾아온 성지 순례자들의 발걸음이 끊이지 않아 늘 북적대고 있으며 그 순례자들을 대상으로 기념품을 파는 아랍 상점들이 즐비한 곳이다. 여기저기서 여러 명의 단체 성지 순례객들이 모여 찬송가를 부르기도 하고 가이드의 설명을 듣기도 하며 커다란 나무 십자가를 등에 지고 걸어가며 예수님의 고난을 간접 체험하는 이들도 있다. 그런가 하면 아르메니안 구역은 찾는 사람이 그다지 많지 않아 늘 한적하여 마치 동유럽을 방문한 듯한 독특한 분위기가 나는 곳이다. 예루살렘의 올드시티에 나뉘어져 있는 네 구역을 돌아다니면 아랍 사람들의 생활하는 모습과 유대인들의 성지 통곡의 벽을 찾아가기 위해 부지런히 걸어가는 정통 유대인들 그리고 전 세계에서 찾아온 관광객들이 한데 뒤엉켜 정신이 없기는 하지만 그래도 아랍 가게에 들어가 아랍 사람들이 즐겨 마시는 진한 에스프레소 커피 한 잔과 유대인들이 즐겨 찾는 빵

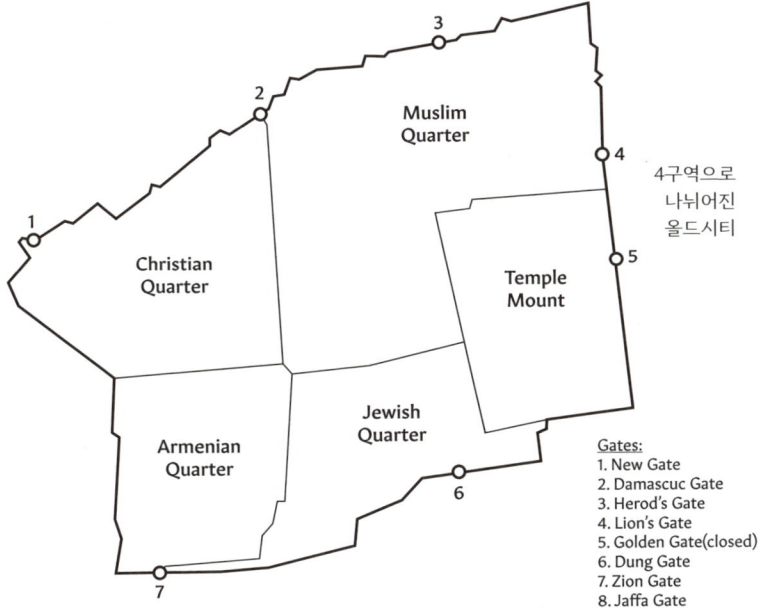

4구역으로 나뉘어진 올드시티

집을 두루 경험하는 것도 아주 독특한 시간이 될 수 있다.

그리고 예수님께서 겪으신 십자가의 피 흘림을 생각하며 묵상을 하고 싶다면 또다시 걸어서 몇 분 거리의 크리스천 구역을 찾으면 되고 혼자 조용히 오래된 도시의 골목길을 산책하며 세월의 저 건너편을 걷고 싶다면 아르메니안 구역을 찾아가면 되니 올드시티는 참으로 다양한 문화와 다양한 사람들이 한 곳에서 공존하고 있다는 것을 느낄 수 있다.

올드시티의 유대인 이야기

올드시티 안에서 살고 있는 유대인들은 단순한 시민이라고 보기보다는 모든 사람들이 종교인이라고 해도 다를 바 없다. 결코 저렴하지 않은 집값을 감수하고라도 유대교에서 가장 중요하게 생각하는 성지 통곡의 벽과 모리아산을 언제든지 찾아갈 수 있는 한 공간 안에 살고 있다는 남다른 자부심으로 가득 차 있다.

아침에 집 안에서 눈을 뜨자마자 옥상에 올라가서 또는 창문을 통해 예루살렘 성전산을 바라볼 수 있다는 것만으로도 이것은 그들에게 엄청나게 특별한 혜택이며 그것을 또한 자랑스러워한다.

남자들은 한결같이 머리엔 키파kippa라고 하는 모자를 쓰고 유대교 안에서도 약간의 종파적 차이로 복장이 조금씩 다르기는 하지만 그래도 대부분 검은색 긴 코트를 입는다.

어떤 사람은 한낮의 더위가 30도를 웃도는 한여름에 보기만 해도 숨이 턱턱 막힐 것 같은 두꺼운 털 코트에 무게도 꽤 나갈 것 같은 맷돌같이 생긴 검은색 털모자를 쓰고 다니기도 한다. 그런 복장을 하고 땀을 뻘뻘 흘리며 어디론가 걸어가는 유대인들을 보면 정말 안쓰러울 때도 있고 또 그들이 갖고 있는 신앙의 힘이 얼마나 대단한가 하는 생각을 하게 된다.

반면에 정통 유대인 여자들 중에 결혼한 사람은 유대인 남자들이 머리에 손바닥만 한 모자를 쓰는 것과 똑같이 항상 머리에 모자를 쓰거나 스카프를 이용해 머리카락을 가리고 역시 검은색 원피스나 투피스를 입는다. 결혼한 유대인 여자들 중에 가발을 쓰고 다니는 사람들이 많은데 그 이유는 여러 가지가 있지만 남편 이외에 머리카락을 보여 주는 것을 꺼려 하기 때문이라고도 하고 또 종교적인 이유로 삭발을 한 여자들이 그것을 가리기 위해 가발을 쓰기도 한다. 유대인들의 집 입구에는 문틀에 작은 나무 막대기 같은 게 붙어 있는데 이것을 메

정통
유대인

주자*mezuzah*라고 한다.

　옛날 이스라엘 백성들이 이집트에서 노예 생활을 하다가 모세에 의해 탈출을 시도할 때 하나님께서 이집트에 있는 모든 장자를 죽이는 재앙을 내렸고 그 재앙을 피하기 위해서 이스라엘 백성의 집에는 문설주에 양의 피를 발라 표시를 했던 것을 기념하기 위해 지금도 유대인의 집 입구에는 반드시 이 작은 메주자를 붙여 놓는데 메주자 속에는 '오늘 내가 네게 명하는 이 말씀을 너는 마음에 새기고 네 자녀에게 부지런히 가르치며 집에 앉았을 때에든지 길을 갈 때에든지 누

1. 예루살렘　　**031**

워 있을 때에든지 일어날 때에든지 이 말씀을 강론할 것이며 너는 또 그것을 네 손목에 매어 기호를 삼으며 네 미간에 붙여 표로 삼고 또 네 집 문설주와 바깥문에 기록할지니라(신 6:6~9)'는 말씀을 적은 작은 종이가 들어 있다.

가정집뿐만 아니라 사무실, 공공 기관, 백화점, 슈퍼마켓 등 유대인이 운영하는 모든 상점의 입구에도 반드시 메주자가 붙어 있어서 그 메주자만 봐도 '아, 이 집은 유대인의 집이구나' 하고 금방 알 수 있다.

그리고 유대인들은 집이나 상점이나 사무실에 드나들 때에는 반드시 메주자에 손을 댄 후 자기 입에 갖다 대고 기도를 하며 지나가는데 이것은 그 안에 들어있는 하나님의 말씀을 늘 상기하면서 살겠다는 의미이다.

모든 것이 올 스톱, 안식일 이야기

이스라엘에 가게 되면 가장 유의해야 할 것은 바로 요일 개념이다. 유대인과 아랍인 그리고 크리스천과 아르메니안 사람들의 휴일이 모두 제각각이기 때문이다.

아랍인들은 금요일이 휴일이고 유대인들은 금요일 저녁부터 토요일 저녁까지가 휴일이며 크리스천들은 일요일이 휴일이다. 그러니까 특히 예루살렘의 올드시티 안에서는 금요일, 토요일, 일요일 모두가 휴일이 되는 셈이다. 물론 그들이 모여 살고 있는 지역에 따라서 휴일이 적용되는 것이긴 하지만 만약에 요일 개념을 잊고 있으면 낭패를 보기가 십상이다.

그중에서도 유대인들의 안식일인 토요일에는 거의 모든 것이 올스톱이 된다고 보면 된다. 안식일에는 절대로 일을 하지 않기 때문이다.

그렇다면 이들이 이야기하는 일이란 뭘까? 내가 어떤 행동을 함으로써 주변 상황이 변화되는 것을 일의 개념이라고 생각한다. 그래서 안식일에는 전화를 걸지도 않고 걸려 오는 전화도 받지 않는다. 책을 읽을 수는 있지만 글을 쓸 수는 없으며 나무와 화분에 물을 줘서도 안 된다. 집으로 오는 우편물을 뜯어 봐서도 안 되고 휘파람은 불어도 되지만 악기를 연주해서는 안 된다. 집 안의 전등을 켜기 위해서 스위치를 작동해도 안 되는 것은 물론이고 텔레비전이나 라디오 같은 가전제품의 전원을 켜도 안 되고 주부들은 가스레인지나 세탁기, 청소기를 작동시켜도 안 된다. 아이들도 컴퓨터를 켤 수 없고 휴대폰을 들여다볼 수도 없다.

당연히 운전을 해도 안 되고, 버스나 트램 같은 대중교통이 전혀 운행을 하지 않을 뿐만 아니라 아파트나 호텔 같은 건물의 엘리베이터를 타도 버튼이 작동하지 않는다. 그래서 안식일에는 엘리베이터의 버튼을 누르지 않아도 되도록 각층마다 자동으로 엘리베이터가 멈춰 선다. 안식일에 엘리베이터를 이용해 15층으로 올라가려면 고스란히 15번 문이 자동으로 열리고 닫힌 후에 도착할 수밖에 없다. 걸어서 밖으로 나가도 회당 외에는 특별히 갈 곳도 없다. 멀리 갈 수 없으니 결국 회당이나 집으로 돌아갈 수 밖에 없다. 그냥 집에서 쉬라는 얘기다. 그래서 이스라엘에서의 안식일은 말 그대로 안식 그 자체이다.

안식일에 걸어서
회당을 가는
정통 유대인들

세상이 아무리 빠르게 변해 간다고 해도 이스라엘에서 안식일에는 모든 것이 멈춰진다. 무엇을 해야 하고 무엇을 하지 말아야 하는지 세상이 변해 갈수록 유대인들도 그 기준을 정해야 하는 것이 여간 피곤한 일이 아니지만 그래도 이스라엘의 유대인들은 비교적 안식일을 철저히 지켜 나가고 있다.

물론 모든 유대인들이 안식일을 철저히 지키는 것은 아니다. 그들 중에도 안식일에 자동차를 운전하는 사람이 있고 예루살렘에는 안식일에 영업을 하는 슈퍼마켓과 맥주집이 있다. 특히 텔아비브의 젊은 이들이 많이 찾는 카페거리나 해안가에는 안식일에도 사람들이 북적거린다.

하지만 예루살렘에선 비교적 안식일을 철저히 지킨다. 특히 올드 시티 안에서는 더욱 그렇다. 그것이 바로 예루살렘의 유대인들이 살아가는 방식이기에 그곳을 찾아간 여행자들도 어쩔 수 없이 따라야 한다. 안식일에는 회당이나 통곡의 벽으로 가서 기도하기 위해 혼자 또는 자녀들과 함께 부지런히 걸어가는 유대인들만이 보일 뿐이다.

예루살렘의 까다로운 검문검색

예루살렘의 거리를 걷다 보면 자주 만나게 되는 것이 바로 이스라엘의 보안 경찰들이다. 실탄이 장전되어 있는 총을 손에 들고 경계의 태세로 지나가는 사람들을 감시하는 경찰도 있고 또 각자의 근무 위치로 출근하는 군인들도 많이 볼 수 있다. 물론 이렇게 출퇴근하는 군인들도 실탄이 장전된 총을 소지하고 있다.

또 자주 볼 수 있는 장면은 아니지만 말에 올라탄 경찰도 가끔 마주칠 때가 있다. 특히 아랍 사람들이 살고 있는 올드시티의 아랍 구역 안에서는 곳곳에서 아랍인들을 대상으로 신분증을 확인하며 검문검색을 하는 군인들도 많이 볼 수 있다.

검문검색은 주로 아랍인들을 대상으로 하기 때문에 여행자들은 아주 특별한 경우가 아니면 검문검색을 받지는 않으니 총을 들고 있는 경찰이나 군인들을 만난다고 해도 그다지 겁먹을 필요는 없다. 심지어 그들에게 다가가 반갑게 인사하면서 함께 기념사진을 찍자고 하면 그들이 수줍게 웃으며 포즈를 취해 주기까지 한다. 하지만 이스라엘 보안 경찰과 아랍인들 사이에 목소리가 커지고 동작이 거칠어지면 빨리 그 자리에서 멀어지는 것이 좋다. 자칫하면 폭동으로 이어질 수도 있기 때문이다.

유대인과 관광객들이 많이 찾아가는 통곡의 벽을 갈 때에도 입구

올드시티에서
만날 수 있는
이스라엘 군인

에서 검문검색을 거쳐야 하는데 이때에는 본인의 가방을 검색대 위에 올려놓고 일일이 확인한 후에 통과된다.

뉴시티에서도 간혹 검문검색이 이루어지는 경우가 있다.

커다란 쇼핑센터나 고속버스 터미널 등 사람들이 많이 모이는 장소에 가면 입구에서 검문검색을 받아야 하고 이때에도 역시 가방을 일일이 열어서 그 안에 뭐가 들었는지 확인을 한다.

예루살렘 시내에서 트램을 타도 보안 요원들이 각 열차 안을 살피며 혹시 의심스러운 사람이나 물건이 있는지 살펴보기도 한다.

예루살렘을 여행하면서 만나게 되는 무장 경찰들 그리고 곳곳에서 이뤄지는 검문검색과 보안 요원들을 보게 되면 아직까지도 예루살렘에 흐르고 있는 민족 간의 갈등이 얼마나 심각한지를 알 수가 있지만 역설적으로 예루살렘에서만큼은 보안이나 치안 문제는 더욱 안전하다고 할 수 있다. 물론 그럼에도 불구하고 간혹 소매치기를 당하는 관광객도 있기는 하지만.

만약에 보안 요원이나 경찰이 신분증을 요구하더라도 두려워하지 말고 자연스럽게 그들의 요구에 응하면 된다. 본인이 국제경찰에 적색 수배된 상태가 아니라면 그리고 누군가를 향해 테러를 준비하고 실행하기 위해 예루살렘으로 간 것이 아니라면 1분 안에 신분증을 돌려주고 환하게 웃으며 '웰컴 투 예루살렘'이라는 소리를 듣게 될 것이다.

이스라엘 영주권을 가진 아랍 사람들

예루살렘 올드시티의 아랍 구역엔 2만 6천여 명의 아랍 사람들이 그들만의 종교와 문화를 갖고 살고 있다.

1967년 6일 전쟁 이전까지만 해도 요르단 영토였기에 그들은 요르단 국민으로서 요르단 시민권을 갖고 있었다. 6일 전쟁 이후 이곳을 점령한 이스라엘은 이들에게 이스라엘 시민권을 제안했지만 그들은 그것을 거부하고 지금까지도 요르단 시민권을 유지하면서 단지 영주권만을 갖고 있는 불안정한 신분을 유지하고 있다. 이들은 이스라엘의 영주권자로서 이스라엘에 세금을 납부하고 의료 및 사회보장 혜택을 받을 수 있기는 하지만 이스라엘 선거에서 투표하거나 이스라엘 여권을 신청할 수는 없다. 그들은 지방선거에서 투표할 수 있지만 대부분 이스라엘에 항의하는 차원에서 투표를 하지 않는다고 한다.

하지만 아랍 사람들 사이에서도 변화가 일어났다. 2009년 이후 매년 8백 건에서 1천 건의 이스라엘 시민권 요청이 생기기 시작했고 이스라엘은 이들에게 매년 4백 건 이상 시민권을 부여했다.

2020년에는 전례 없이 1,200명의 팔레스타인 사람들이 이스라엘 시민권을 획득했는데 이 수치는 2018년에 비해 3배나 된다. 이들이 이스라엘 시민권을 받기 위해서는 동예루살렘에 거주한다는 증명을 해야 하고 히브리어를 유창하게 하지 못하면 거부되기도 한다.

올드시티의 아랍 구역에 있는 좁은 골목들은 대부분 아랍인들을 위한 재래시장과 관광객들을 대상으로 각종 기념품을 파는 상점들이 즐비하다. 가게의 물건들은 그다지 품질이 좋지는 않지만 그래도 가격은 저렴한 편인데 마치 우리나라의 시골 장터같이 와자지껄한 분위기로 정신이 없을 정도이다. 거기에다 아랍 구역에 있는 베데스다 연못과 예수님이 십자가를 지고 걸어가신 비아 돌로로사가 있기 때문에 이곳을 찾는 전 세계의 순례객들까지 합류하다 보면 10m 앞을 전진하기 위해서는 몇 분이 걸릴 정도로 혼잡해진다.

좁은 골목길에 물건을 잔뜩 실은 수레와 트랙터 같은 것들이 인파의 발걸음을 더욱 더디게 만들고 물건 값을 흥정하는 아랍인들, 관광객들에게 영어, 불어, 일본어, 중국어, 또 한국어까지 동원해 가며 호객을 하는 아랍 장사꾼들의 목소리에, 나무 십자가를 등에 지고 찬송을 부르며 행진하는 단체 성지순례객까지 뒤엉키게 되면 그야말로 정신이 혼미해질 정도이다.

이곳의 아랍 장사꾼들에게 예수님은 단지 좋은 돈벌이 수단에 불과하다. 물건을 팔기 위해 세계 각국의 언어들을 습득하고 어설프지만 관광객들에게 그 나라 말로 호객을 하는 노력은 대단하지만 그들은 예수님의 얼굴이 그려진 그림과 십자가 목걸이를 팔아서 돈을 받

(위)
예루살렘
올드시티의
아랍구역

(아래)
아랍 구역의 골목은
밤이 되면
길을 잃을 만큼
모든 문이
굳게 잠겨있다

고 손님이 떠나가기 전에 옆에 있던 꾸란을 집어들고 읽는다. 그 아랍 장사꾼들은 예수님이 아니었으면 지금 뭘 하고 살며 뭘 해서 돈을 벌고 있었을까?

그런데 놀라운 것은 아랍인들이 모여 살고 있는 아랍 구역에도 소수이지만 예수님을 믿는 아랍 기독교인들이 있고 그들은 매주 일요일이면 함께 모여 예배를 드리고 있다.

하루 종일 정신이 없을 만큼 북적이던 아랍 골목은 저녁 6시쯤 되면 언제 그랬냐는 듯이 모든 상점들의 문이 굳게 닫히고 다니던 사람들이 사라져 버린다. 거의 모든 상점들의 문은 하나같이 똑같은 모양의 철문으로 되어 있고 총을 쏴도 절대로 뚫리지 않을 것처럼 아주 튼튼하게 생겼다. 그래서 초행길의 여행자들이 밤늦게 아랍 구역의 골목에 잘못 들어섰다가는 어디가 어디인지 분간을 못해 길을 잃을 수도 있을 정도이다. 그럼 그 많던 아랍인들, 그 많던 아랍 상인들은 어디로 간 것일까?

골목엔 사람이 살 것 같은 가정집이 보이질 않고 대부분 높은 돌담으로 가려져 창문 같은 것도 보이지 않는다. 하지만 골목 곳곳에 있는 아주 작은 철문을 통해서 그 안으로 들어가면 예루살렘 올드시티의 또 다른 세상이 나타난다. 그 안에 아랍인들의 생활 터전인 집이 나온다.

겉으로 보기엔 전혀 가정집이 있을 것 같지 않은 분위기이지만 그 안으로 들어가면 작은 정원도 있고 거실도 있고 주방도 있고 아이들 방도 있다. 그들은 자기들의 공간을 외부에서 볼 수 없도록 담을 높이 쌓아 올렸다. 그리고 작은 철문만 안에서 굳게 닫으면 절대로 외부인이 들어갈 수 없게 나름대로 폐쇄적인 생활을 하고 있다.

2. 하나님이 준비한 산 그러나 지금은 **황금사원**

하나님께서 준비하신 모리아산

예루살렘을 한눈으로 바라보기 위해서 방문자들이 꼭 찾는 곳이 바로 올리브산이다. 한낮에도 아름답기는 하지만 동이 틀 무렵이나 해 질 무렵에 올리브산 정상에 올라가서 예루살렘을 바라보면 그 모습이 얼마나 아름다운지 모두들 감탄사를 연발하며 사진을 찍게 된다.

그 예루살렘의 전경 가운데 유난히 중앙에서 황금색으로 반짝이는 돔 형태의 지붕이 보이는데 이것이 바로 황금사원이라 불리는 이슬람 사원의 지붕이다. 어떤 사람들은 예루살렘에 저 황금빛으로 아름답게 빛나는 황금사원이 없었다면 예루살렘의 파노라마가 꽤나 밋밋하고 별 볼 일 없었을 것이라고 이야기한다. 또는 예루살렘에 황금사원이 없었다면 노른자 빠진 계란 같았을 거라고 이야기하는 사람도 있을 정도이다. 심지어는 황금사원을 예루살렘을 상징하고 대표하는 랜드마크로서 예루살렘에 황금사원이 존재하는 그 자체만으로도 엄청난 가치가 있다고 생각하기도 한다.

그리고 실제로 500kg의 황금을 덮었다고 하는 그 돔이 새벽 여명이나 저녁 해 질 무렵에는 더욱 아름답다고 해서 굳이 그 시간에 올리브산에 올라가 바라보는 사람도 있다. 실제로 아랍 무슬림들은 이렇게 예루살렘의 중심에 황금사원이 세워져 있는 것이 무척이나 자랑스러운가 보다. 무슬림들 집에 가 보면 황금사원이 중앙에 있는 예루살렘 사진을 걸어 놓은 집과 사무실이 많기 때문이다.

그러나 유대인들의 생각은 다르다. 유대인들이 굳이 올리브산까지 올라와서 황금사원을 바라볼 일이야 없겠지만 예루살렘에 그것도 그 옛날 유대인들의 성전이 있었던 모리아산에 이슬람 사원인 황금사원이 떡하니 자리 잡고 있는 것을 좋아할 리가 없다.

관광객들에게는 카메라의 셔터를 누르고 싶을 만큼 아름다운 황금사원일지는 모르지만 유대인들에게는 눈엣가시와 같은 그리고 당장이라도 치워 버리고 싶은 흉물일 뿐이다. 오히려 유대인들이 운영하는 상점이나 서점에서 판매하는 예루살렘 파노라마 사진에는 황금사원 대신 그들의 성전을 그려 놓은 것들을 볼 수 있을 정도이다. 도대체 이슬람의 중요한 성지인 황금사원이 왜 예루살렘의 한복판에 세워져 마치 예루살렘의 랜드마크처럼 되었을까?

원래 모리아산은 이슬람과는 전혀 상관이 없고 하나님께서 유대민족을 위해 준비해 놓으신 장소이다.

모리아라는 말의 뜻은 '높은 곳' 또는 '하나님께서 준비하신 곳'이라는 의미도 있다.

창세기 22장 2절에 보면 하나님은 아브라함에게 아들 이삭을 바치라는 명령을 하실 때에 다른 곳이 아니라 분명히 '모리아 땅으로 가서'라고 말씀하셨고 아브라함은 그 명령에 따라 헤브론에서 출발하여 하나님께서 준비해 놓으신 이곳 예루살렘의 모리아산에 도착했던 것이다.

왜 하나님은 다른 곳도 아니고 모리아산으로 가라고 하셨을까? 모리아산은 예루살렘의 중심이고 예루살렘은 이스라엘의 중심이며 이스라엘은 세계의 중심이기 때문이다. 그래서 유대인들의 전승에 의하면 하나님께서 아담과 하와를 흙으로 지으신 곳도 바로 이곳 모리아산이며 에덴동산도 바로 이곳 모리아산이었다고 한다.

어쨌든 하나님께서 아브라함을 위해 미리 준비해 놓은 모리아산에서 아브라함이 아들을 바위에 눕히고 칼을 들어 죽이려 했을 때 하나님의 음성이 들려왔고 그때 이삭을 올려 놓았던 그 바위가 아직도 모리아산에 남아 있다.

그래서 헤브론에서 왕으로 기름 부음 받은 다윗은 여부스족이 살고 있던 예루살렘으로 올라와 다윗성을 만든 이후 다윗성에서 바로 보이는 모리아산에 하나님의 성전 건물을 건축하려고 했다. 이때 모리아산은 여부스 사람 오르난이 추수한 곡식 중에 알곡과 쭉정이를 나누는 타작마당이었지만 다윗은 오르난에게 상당한 값을 주고 구입하기까지 했다.

그뿐만 아니라 성전 건축을 위한 재료까지 많은 돈을 들여 준비했지만 하나님은 다윗보다 그의 아들 솔로몬이 성전 건축하기를 원하

올리브산에서
바라 본
모리아산

셨다.

결국 솔로몬이 아버지 다윗의 뒤를 이어 왕이 된 후에 아버지 다윗이 설계한 대로 모리아산 바위 위에 제1성전을 건축한다.

그것이 지금으로부터 3천 년 전의 일이다.

이때까지만 해도 이곳 모리아산은 이스라엘 백성들의 신성한 장소였고 자랑이었지만 그로부터 5백여 년 뒤 이곳 모리아산은 큰 시련을 맞게 된다.

그러나 무슬림의 산으로

B.C. 586년 느부갓네살왕은 이스라엘을 침공해서 그 화려했던 성전을 모두 파괴하고 이스라엘 백성들을 바빌론에 포로로 끌고 간다.

그 뒤 70년이 지난 후 그들은 다시 예루살렘으로 돌아오게 되었지만 성전은 이미 허물어지고 파괴되어 흔적도 찾아볼 수 없는 상태가 되었다. 이때 이스라엘 백성들은 스룹바벨이 중심이 되어 비교적 작은 규모로 제2성전을 다시 세우게 된다. 그리고 다시 4백 년 뒤, 예루살렘을 지배하게 된 로마는 헤롯을 분봉왕으로 앉혔다. 유대 민족 출신이 아닌 에돔 출신의 헤롯은 늘 유대인들의 반란을 두려워하였고 결국 유대인들의 환심을 사기 위해 스룹바벨에 의해 세워진 성전을 다시 크게 확장해서 건축하게 된다.

수만 명의 인부들이 동원된 엄청난 공사의 결과로 성전 내부의 길은 두 배나 넓어졌고 솔로몬 성전의 장엄하고 아름다운 모습을 되찾을 수 있게 되었다.

이 공사는 B.C. 20년에 시작되어 A.D. 64년에서야 비로소 준공되었으며 헤롯이 만든 이 성전은 예수님 생애의 배경이 되기도 했었다.

누가복음 19장 45~46절에 적혀 있는 것처럼 예루살렘에 입성한 예수님은 입성하자마자 바로 이 성전에 와서 장사하는 자들을 내쫓으며 화를 내셨고 요한복음 2장 19절에 적혀 있는 것처럼 유대인들에게 성전을 허물면 사흘 만에 다시 일으켜 세우겠다고 하셨다.

그리고 돌 위에 돌 하나도 남지 않고 다 무너질 것이라고 예언하셨던 것처럼 A.D. 70년 예루살렘 멸망 시 로마의 티투스Titus 장군은 예루살렘 성 안에 있던 유대인들을 잡아 죽였고 헤롯이 만든 성전을 정말로 돌 위에 돌 하나 남기지 않고 무너뜨렸다.

그때 당시 로마 군인들은 성전 벽의 일부분을 남겨 두었는데 그것이 바로 현재의 통곡의 벽이다.

그 후 2세기경 로마의 하드리아누스Hadrianus 황제는 하나님을 모독하기 위해 이 자리에 주피터Jupiter 신전을 세웠고 다시 비잔틴 시대에는 그 건물이 기독교에 의해 사용되다가 614년경에 페르시아에 의해 파괴되고 한동안 돌무더기 산으로 방치되어 있었다.

그러다가 A.D. 622년 이곳에 큰 사건이 일어난다.

아라비아반도에서 태어난 무함마드가 이슬람 종교를 만들고 그 세력을 부풀렸는데 그가 설교하는 내용은 주로 성경을 임의로 바꾼 것들이었다. 바꾼 내용 중에 하나가 아브라함이 모리아산에서 제물로 바치려 했던 아들이 이삭이 아니라 사라의 몸종 하갈에게서 난 이스마엘이라는 것이었는데 그에 따라 예루살렘의 모리아산이 이슬람 종교에서도 중요한 장소가 되었다.

결국 무함마드는 천사장 가브리엘의 인도를 받으며 아라비아반도에서부터 이곳 모리아산까지 날아와 말을 타고 하늘로 올라가서 모세와 엘리야 그리고 심지어는 예수님까지 만나고 내려왔다고 한다.

스룹바벨이 건축한 성전

물론 이 내용은 무슬림들의 주장이다. 그 이후 결국 예루살렘의 모리아산은 이슬람의 중요한 성지가 되었으며 A.D. 691년 이곳에 사원을 짓기 시작했는데 그것이 바로 지금의 황금사원이 된 것이다.

한때는 아브라함이 하나님의 음성을 직접 들었던 장소에 솔로몬의 성전이 세워졌고 예수님의 마지막 사역 장소였던 헤롯의 성전이 있던 자리가, 그리고 전 세계의 모든 유대인이 가장 소중하게 여기는 모리아산이 지금은 전 세계 무슬림들이 소중하게 여기는 이슬람의 중요한 성지로 바뀌어 있다.

거짓말로 빼앗은 장소에 세워진 황금사원

멀리 올리브산에서 황금사원Dome of Rock을 바라보는 것보다 직접 그 안으로 들어가고 싶다면 입장 시간을 잘 맞춰야 한다.

매일 오전 8시에 통곡의 벽 오른쪽에 있는 특별한 문을 통해서만 입장이 가능한데 그것도 금요일엔 무슬림이 아닌 사람은 입장이 절대로 불가능하고 또 이스라엘과 팔레스타인 간에 분쟁이 일어나거나 물리적인 충돌이라도 일어나는 날에는 그 안으로 들어가지 못할 때도 많을 정도로 변수가 많다. 그리고 아침 일찍 서둘러서 다행히 들어갔다고 해도 오전 11시에는 무슬림들의 기도 시간이기 때문에 그 전에 나와야 한다.

황금사원 안으로 들어가는 문은 여러 곳이 있지만 모두 무슬림만이 출입할 수 있고 관광객이 출입하는 문은 오직 한 군데뿐이다. 예루살렘의 성벽 문 중에 덩 게이트Dung Gate 또는 분문이라고 불리우는 문으로 들어가서 약 150m 정도 직진하면 통곡의 벽 안으로 들어가는 체크 포인트가 있는데 그 오른쪽 문이 황금사원 안으로 관광객이 들어갈 수 있는 유일한 출입구이다.

이곳은 황금사원 안으로 들어가려는 관광객들의 줄이 길게 늘어서 있는데 오전 7시 반부터 입장이 가능하지만 워낙 많은 사람들이 새벽부터 기다리고 있기 때문에 줄 서느라 시간을 낭비하지 않으려면 일찍 서둘러서 가는 것이 좋다.

황금사원 안으로 들어가기 위해서도 역시 까다로운 검문검색을 거쳐야 하는데 이때에는 작은 카메라는 상관없지만 상업용으로 보이거나 전문가용으로 보이는 커다란 카메라, 그리고 무슬림들이 싫어하는 성경책의 반입이 금지된다. 복장도 남녀 모두 짧은 바지나 어깨가 드러난 옷을 입어서는 입장이 안 된다.

검문검색을 마치고 나무로 된 긴 다리를 지나 황금사원 안으로 들어가면 넓은 마당이 나오는데 이곳엔 몇 그루의 커다란 나무들이

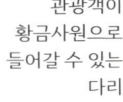
관광객이 황금사원으로 들어갈 수 있는 다리

있고 그 밑에는 파란 잔디가 잘 관리되어 있으며 곳곳에서 무슬림들이 플라스틱 의자에 둘러앉아 꾸란을 읽고 자기들끼리 대화하는 모습을 볼 수가 있다.

그리고 들어가자마자 오른쪽으로 보이는 커다란 건물이 알아크사 사원Al-Aqsa Mosque이다.

알아크사 사원은 '가장 먼 곳에 있는 사원'이라는 뜻으로 원래 비잔틴 시대 때 교회로 세워진 건물이었는데 이슬람의 두 번째 칼리프인 우마르Umar가 세운 작은 기도실로 사용되다가 칼리프 아바드 알말리크Abad Al-Malik가 재건축을 시작하여 A.D. 705년에 그의 아들 알왈리드Al-Walid에 의해 완공되었다.

그러나 이 사원은 746년에 지진으로 완전히 파괴되었고 754년에 다시 재건되었다가 1033년에 또 다른 지진으로 일부가 파손되었는데 1099년에 십자군이 예루살렘을 점령했을 때에는 교회로 사용하기도 했었다.

하지만 1187년 살라딘이 탈환한 후 더 많은 개조와 수리를 거쳐 다시 이슬람 사원으로 바뀌는 등 오랜 세월 동안 많은 사연을 가진 건물이 되었다.

사실 무슬림들에게는 황금사원보다는 이 알아크사 사원이 더 중요하게 여겨졌는데 그 이유는 앞서 설명한 것처럼 무함마드가 이 모리아산에서 하늘로 승천한 것을 기념하기 위해 건축한 사원이기 때문이다. 이곳도 역시 무슬림이 아닌 일반 관광객은 그 안으로 들어갈 수가 없고 그저 밖에서만 구경해야 한다.

그리고 그 넓은 마당의 이곳저곳엔 작은 수도꼭지들이 여러 개

부착되어 있는 작은 대리석들을 만나게 되는데 이것은 무슬림들이 이곳에서 기도할 때 발을 씻기 위해 만들어 놓은 것이다.

그리고 알아크사 맞은편 성전산 중앙에 우뚝 버티고 서 있는 황금색 돔 건물이 바로 황금사원이다.

황금사원의 건물은 비잔틴 양식으로 설계되어 있지만 장식은 동양적이다.

외형은 팔각형으로 되어 있는데 각 벽의 길이는 20m, 그러니까 전체 둘레를 계산해 보면 160m가 되는 셈이고 직경은 약 55m에 높이는 54m가 되는 아주 커다란 건물이다. 외벽의 모양은 지상으로부터 약 5.4m까지는 대리석판 이고 윗부분의 벽엔 화려한 페르시아풍의 타일로 되어 있는데 그 아름다움은 직접 보지 않고는 그 어떤 형용사로도 표현하기가 힘들 정도이다.

페르시아풍의 타일이란 어떤 걸까? 이슬람 종교에서는 그들의 율법에 따라 벽이나 바닥에 살아 있는 동물의 모양은 절대로 그리지 않고 그대신 적당한 곡선이 연속적으로 교차되거나 배열되어 있는 스타일의 디자인을 하는데 이것을 아라베스크arabesque 문양이라고 한다. 짙은 푸른색의 아라베스크 문양으로 조각된 타일은 가까이 가서 볼 때 그

황금사원 마당에
설치되 있는 발 닦는 장소

화려함이 더해진다.

이 건물은 원래 바위사원Dome of Rock이라고 불렸었다. 예전에는 지붕의 돔이 지금처럼 황금이 아니라 그저 검은색이었는데 요르단의 후세인 국왕이 죽기 전에 이 지붕에 약 500kg의 금을 입힌 이후 이름이 황금사원Golden Mosque으로도 불리게 되었다.

황금사원 안에는 무슬림이 아니면 문밖에서 슬쩍 들여다보는 것이 전부일 뿐 안으로 들어갈 수가 없다. 그 안에는 중앙에 길이 약 13.5m, 폭이 약 0.8m 그리고 높이는 약 1.8m의 크기의 바위가 있는데 이 바위가 바로 아브라함이 이삭을 바쳤다는 장소이다. 무슬림들은 이곳에서 아브라함이 이스마엘을 제물로 바치려 했으며 무함마드가 이 바위에서 하늘로 올라갔다고 믿고 있는데 바위의 중앙에 움푹 파여져 있는 것이 바로 무함마드의 발자국이라고 그들은 주장하고 있다. 결국 그들은 하나님께서 유대인들에게 지정해 주신 산을 거짓말로 빼앗고 차지하고 있는 셈이다.

황금사원 안에서
맨발로 걷는 유대인

로마에 의해서 나라를 빼앗기고 2천 년 만에 자기의 땅으로 돌아온 이스라엘 사람들이 마침내 예루살렘을 되찾았을 때 그들의 눈앞에 펼쳐진 이슬람 사원인 황금사원을 보는 그 참담한 심정은 어땠을까?

그 옛날 자신들의 조상인 아브라함이 하나님의 음성을 직접 들은 장소, 솔로몬이 온갖 값진 재료로 건축했던 성전, 그리고 헤롯이 다시 세웠던 그 성전은 온데간데없고 그 대신 초승달이 꼭대기에 매달려

무슬림들이
모리아산에
세운
황금사원

있는 황금사원이 자리를 차지하고 들어서 있는 그 모습을 보고 그들은 얼마나 가슴이 답답했을까?

당장이라도 그곳으로 달려가서 '하나님, 어서 빨리 이 황금사원이 허물어지고 2천 년 전에 위풍당당하게 세워져 있었던 성전을 다시 세워지게 하여 주옵소서' 이런 기도를 얼마나 하고 싶었을까?

하지만 황금사원으로 들어가는 입구의 한 편에는 '유대인들은 이곳으로 들어가지 마시오'라는 이스라엘 최고 랍비의 경고문이 붙어 있다.

그 이유는 과거 성전이 세워져 있었던 자리 중에서도 가장 중요한 자리이며 일 년에 단 한 차례 대제사장만 들어갈 수 있는 지성소

자리가 아직 정확하게 밝혀지지 않았으니 유대인이 함부로 성전 자리에 들어가서 지성소를 발로 밟는 잘못을 저지를 수가 있기 때문이다. 그래서 원칙적으로는 유대인들은 절대로 황금사원 안으로 출입할 수가 없게 되어 있다.

하지만 그런 경고에도 불구하고 우리의 성전 자리를 우리가 들어가지 못한다는 것이 말이 되느냐는 생각을 가진 유대인들이 간혹 황금사원 안으로 들어가기도 한다. 그 대신 유대인들은 황금사원 마당에 들어서는 순간 신발을 벗고 맨발로 걸어 다닌다.

유대인들이 황금사원 안으로 들어갈 때에는 이스라엘 경찰들의 보호 아래 들어가는데 그 이유는 현재는 어쨌든 무슬림들의 성지인 황금사원 안으로 유대인들이 들어오는 것을 무슬림들이 반길 리가 없기 때문이다.

황금사원 안으로 들어온 유대인들 중에 누군가가 황금사원을 손

유대인들은 황금사원에 들어오면 신발부터 벗는다

유대인 구역

으로 가리키며 저 자리가 예전에 성전이 있었던 자리라고 설명을 해 주다거나 혹시 유대인들이 눈을 감고 고개를 숙이며 하나님께 성전을 다시 짓게 해 달라는 자세만 취해도 어디선가 무슬림들이 달려와 강하게 항의를 할 수도 있다. 또 분위기가 안 좋아지면 무슬림들이 유대인들을 향해 돌을 던지고 위험한 행동을 하게 될지도 모르기 때문이다.

그래서 무슬림이 아닌 외국인 관광객이나 특히 유대인들은 이곳에서의 행동을 매우 조심해야 한다. 기념사진을 찍기 위해 남녀가 팔짱을 끼어도 안 되고 바닥에 주저 앉아도 안 되고 이슬람 종교 이외의 다른 종교적 행위를 해서도 안 된다. 옛날 성전이 세워져 있었던 그림이나 지도를 펼쳐 보고 있어도 안 되고 몰래 갖고 들어온 성경책을 가방에서 꺼내 읽어도 안 된다. 만약에 이런 행동이 무슬림들에 의해서 발각이 되면 곧바로 쫓겨난다.

하지만 그냥 황금사원을 둘러보고 기념사진을 찍는 것은 아무런 문제가 없다.

겉으로 보기에는 평온한 공원 같고 이슬람의 성지인 것 같지만 이곳은 사실 말할 수 없는 긴장감과 언제 무슨 일이 생길지 모르는 잠재된 뇌관을 갖고 있는 곳이나 다름없다.

지금은 매주 금요일이면 수천 명의 무슬림들이 한꺼번에 몰려와 줄지어 엎드려 기도하는 이슬람 사원으로 바뀌어 버린 모리아산, 그리고 그 중앙에 우뚝 선 황금사원, 이곳은 17억 명의 전 세계 무슬림들이 꼭 한 번 방문하고 싶어 하는 이슬람의 성지가 되었고 또 수많은 유대인들은 이 황금사원이 사라지고 그곳에 그들의 새로운 성전이 세워지기만을 바라는 그야말로 뜨거운 감자가 되어 있다.

3

예수님의 마지막 발걸음
비아 돌로로사

시끄럽고 정신없는
십자가의 길

예루살렘 올드시티 안 그중에서도 아랍 지역의 좁고 복잡한 시장 골목엔 늘 아랍 사람들로 북적거려 이 복잡한 골목을 지나가는 데만 꽤나 오랜 시간이 걸린다.

갖가지 야채와 과일을 파는 가게, 그리고 양고기가 갈고리에 걸려서 매달려 있는 정육점과 시끄러운 아랍 음악이 흘러 나오는 가전제품 가게, 그리고 색색의 아랍 의상이 걸려 있는 옷 가게들이 양옆으로 줄지어 있는 골목길, 이곳에 들어오면 팔레스타인 아랍인들이 현재 어떤 모습으로 살아가고 있는지를 한눈에 볼 수 있다. 장사꾼들이 손뼉 치며 손님을 부르는 소리와 여기저기서 들려오는 사람들의 시끄러운 소리 때문에 잠시 정신을 잃을 정도이다.

그러나 이 골목길이 바로 2천 년 전 예수님께서 무거운 십자가를

십자가를 들고
행진하는 순례객

지고 골고다 언덕을 향해 올라가셨던 십자가의 길, 라틴어로 고난의 길이라는 뜻의 비아 돌로로사 Via Dolorosa이다. 그래서 대개의 여행자들이나 순례자들에게 바로 이 길이 십자가의 길이라고 설명해 주면 놀라지 않는 사람이 없을 정도이다.

기독교 역사에서 그리고 성경의 내용 중에서 가장 중요한 부분을 차지하는 예수님의 고난의 현장이 이렇게도 복잡하고 정신없는 시장통으로 변해 있다는 사실에 모두들 의아해지는 것이다.

우리가 생각하기에는 예수님께서 십자가를 지고 걸어가신 길이라 하면 그 현장이 깨끗하게 보존되어 있고 여기저기 그에 따른 안내문이 각국의 언어로 자세하게 설명되어 있는 그야말로 유적 보호시설이 잘 되어 있을 거라고 생각할 것이다.

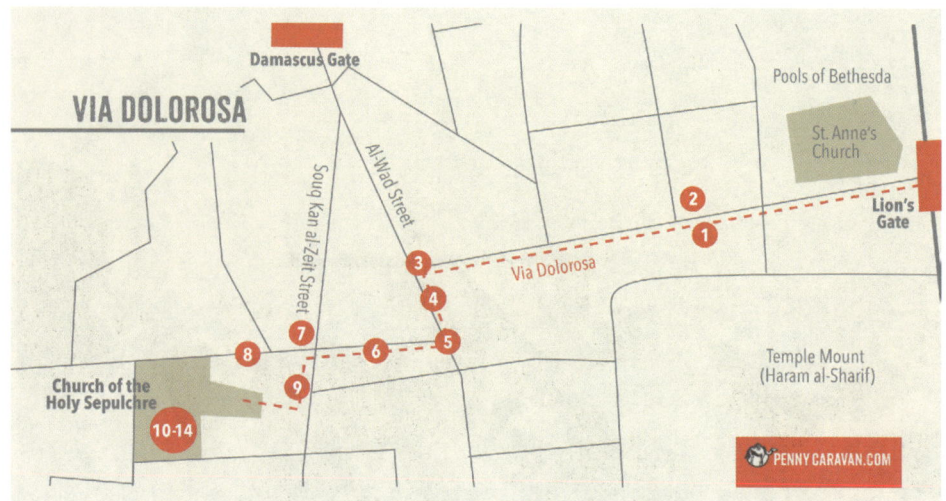

예수님의 십자가 여정을 번호로 표시한 지도

그러나 그곳에는 그 어디에도 그런 설명이 되어 있지 않다. 그저 그곳을 잘 아는 누군가가 데리고 가서 친절하게 설명을 해 주기 전에는 그 누구도 전혀 그곳을 십자가의 길이라고 상상할 수가 없다. 한마디로 전혀 보존되지 못하고 보호받지 못하고 있다는 얘기이다.

그러나 더 중요한 사실은 현재 이 길이 2천 년 전에 진짜로 예수님이 십자가를 지고 가신 길은 절대 아니라는 것이다. 아마도 이쯤에서 예수님이 십자가를 지고 가셨을 거라고 예상을 하는 것이지 실제 그 길은 아니다. 하기야 예루살렘은 예수님이 십자가를 지신 후 2천 년 동안 수많은 전쟁을 겪었으며 그때마다 도시는 파괴되고 불태워지고 흙으로 덮이지 않았던가?

그런데 어떻게 예수님이 십자가를 지고 가신 길이 지금 그대로 남아 있을 수 있단 말인가? 더군다나 예수님이 십자가의 무게 때문에 쓰러지고 벽을 손으로 짚어서 단단한 대리석 기둥에 움푹 패인 자국까지 나 있다는 것을 실제로 믿는 사람이 얼마나 될까?

진짜 예수님께서 이 골목길을 십자가를 지고 가셨을까?

이 복잡하고 사람도 많고 장사꾼의 떠드는 소리로 귀가 멍멍한 이곳에 예수님이 십자가를 지고 올라가셨을까? 물론 그렇지 않다. 모르긴 몰라도 예수님께서 진짜로 십자가를 지고 걸어가신 길은 지금의 그 땅바닥이 아닌 지하 2~3m 밑에 파묻혀 있을 것이다.

그래서 지금도 예루살렘의 곳곳에 있는 예수님 당시의 유적지를 찾아가 보면 대개가 계단을 통해 아래로 내려가야 볼 수 있는 곳이 많다.

이런 얘기가 있다.

'지금도 예루살렘 올드시티의 어느 지역이든지 땅바닥을 약 2m만 파 내려가도 예수님 당시의 유적들이 나올 수 있을 것이다.'

그렇다. 현재 순례자들이 찾아가는 비아 돌로로사는 예수님께서 진짜로 걸어가신 길은 아니다. 하지만 그 지점과 거리는 수많은 고고학자들이 밝혀낸 사실에 가깝다는 것이다. 그래서 예루살렘을 찾는 수많은 기독교인과 순례자들은 반드시 이 십자가의 길을 찾아 묵상을 하고 예수님의 고난에 동참한다.

그렇다면 현재 예루살렘 올드시티에 비아 돌로로사라고 알려진 이 길은 누가 왜 만들어 놓은 것일까? 현재 이 코스는 14세기경 성지를 유난히 소중하게 여기는 가톨릭의 프란체스코Francesco 수도사들에 의해 코스가 정해졌고 18세기에 코스 중에서도 의미 있는 장소 14군데를 선정해 기념교회를 만들었다고 한다.

비아 돌로로사는 예루살렘 올드시티 안에 예수님이 빌라도에게 사형 선고를 받은 이후 십자가를 지고 십자가가 세워지는 골고다 언덕까지 이르는 약 800m의 길로 형성되어 있다.

고난의 현장 14지점

제1지점 • 예수님이 빌라도에게 심문을 받고 사형 선고를 받은 장소이다. 원래 이곳은 헤롯의 친구 안토니오Antonio를 위해 지었다고 해서 안토니오 성채라는 이름으로 불렸는데 빌라도는 원래 지중해변에 있는 가이사랴에 집무실이 있었지만 유월절 기간에는 예루살렘에서 시위가 자주 일어나 그것을 진압하기 위해 예루살렘에 와서 안토니오 요새에서 잠시 머물렀다가 제사장들에 의해 불려 온 예수님을 심문하게 된 것이다. 원래 빌라도는 예수님을 몇 대 채찍질하고 내보내려 했지만 밖에서 기다리고 있던 군중들의 예수님을 십자가에 매달라는 아우성 때문에 어쩔 수 없이 사형 선고를 내리고 피투성이가 된 예수님에게 홍포를 입힌 후 머리에는 가시 면류관을 씌우게 되는데 바로 그 장소가 제1 지점이다. 제1 지점은 현재 아랍 초등학교의 운동장이 되어서 평소에는 순례객들이 들어갈 수가 없다. 아랍 아이들은 2천 년 전 그 장소가 예수님의 피로 범벅이 되었던 땅인 줄도 모르고 신나게 뛰어놀고 있다.

제2지점 • 초주검이 되어 제대로 서 있을 수도 없었던 예수님을 이끌고 군중들 앞에 세운 뒤 빌라도는 이렇게 이야기한다. '봐라, 바로 이 사람이다.'(요 19:5)

그러자 예루살렘 백성들은 두 손을 높이 들고 환호하기 시작한다.

(좌)
제1지점
지금은 아랍
초등학교
운동장이다

(우)
제2지점

불과 며칠 전 나귀를 타고 올리브산을 넘어 예루살렘으로 입성할 때만 해도 '호산나 다윗의 자손이여, 찬송하리로다 주의 이름으로 오시는 이여'라고 외치던 그들이 피를 흘리며 서 있던 예수님을 향해 조롱하던 장소가 바로 제2지점이다.

제1지점인 아랍 초등학교 정문으로 올라가는 입구 맞은편에 있는 교회의 문으로 들어가면 아래로 내려가는 계단이 나오고 그 계단을 따라 내려가서 왼쪽으로 보이는 이 교회 안이 바로 그 장소이다. 이 교회의 바닥엔 크고 넓은 돌이 깔려 있는데 이 돌들이 바로 예수님 당시의 바닥 돌이라고 한다. 진짜 예수님이 피를 흘리며 서 있었던 바로 그 돌이라고 한다.

제3지점 • 교회를 나와 다시 골목길을 따라 130m 정도 걸어가면 삼거리를 만나게 되는데 오른쪽 길모퉁이가 제3지점으로 이곳은 예수님께서 십자가를 지고 골고다를 향해 가시다가 처음으로 힘에 부

3. 비아 돌로로사

쳐 넘어지신 것을 기념하는 곳이다. 제2지점에서부터 이곳까지는 겨우 100m 조금 넘는 거리라서 천천히 걸어오면 1분이고 뛰어온다면 불과 몇초 만에 올 거리이지만 예수님은 십자가의 무게를 견디지 못하고 결국은 이 자리에서 돌바닥에 쓰러지고 말았던 것이다. 어쩌면 예수님은 겉 표면이 다듬어지지 않은 거친 나뭇결의 형태 그대로인 40kg이 넘는 무거운 십자가 밑에 깔리셨을지도 모른다. 안 그래도 채찍질로 등가죽이 다 찢어지고 살갗이 너덜너덜해진 상태에서 짓누르는 십자가에 깔리신 예수님을 보고 군중들은 '저렇게 힘없이 쓰러지는 자가 우리의 메시아라고?' 낄낄대며 웃었을지도 모른다. 그 조롱을 들으며 힘에 부쳐 일어나지 못하고 있을 때 로마 군인들의 채찍이 요란한 소리를 내며 또 다시 예수님의 등을 후려쳤을 장면을 생각하면 눈물이 나지 않을 수 없는 장소이다. 현재는 이 장소에 기념교회가 있는데 입구 위에 예수님께서 넘어지시는 모습이 조각되어 있다.

예수님이 십자가를 지고 쓰러지셨던 제3지점

제4지점 • 골목길의 삼거리에서 예수님은 왼쪽으로 돌아가서 또다시 힘에 겨운 고난의 길을 가신다. 예수님이 온갖 채찍질을 당하고 머리에 가시관을 쓴 채 무거운 십자가를 지고 간다는 소식을 들은 어머니 마리아의 심정은 어땠을까? 대놓고 '저 사람이 바로 내 아들입니다'라고 말도 할 수 없었을 것이고 예수님에게 달려가 얼굴을 만지며 통곡하고 싶은 마음이 왜 없었을까? 하지만 마리아는 너무나 기세가 등등한 군중들 뒤에 밀려나 이러지도 못하고 저러지도 못하고 있을 때 골고다를 향해 비틀거리며 기어가듯 걸어가는 예수님이 드디어 자신의 앞을 지나게 되었다. 이 순간 마리아는 더 이상 앞뒤 가릴 것 없이 무조건 군중들 틈을 헤집고 나아가 예수님을 붙잡고 풀려가는 예수님의 눈과 마주쳤다. 어머니 마리아와 눈이 마주쳤던 예수님은 그 순간 무슨 말씀을 하셨을까? '죄송합니다 어머니!'였을까? 아니면 '왜 오셨어요?'였을까? 아마도 예수님과 마리아는 아주 짧은 시간 동안 서로를 응시하며 많은 대화를 나눴을 것이다. 소리를 내지 않고… 그곳이 바로 제3지점 바로 옆 20m 떨어져 있는 제4지점이다. 역시 그곳엔 아르메니안 교회가 있으며 입구에는 마리아와 예수님이 만나는 장면을 조각해 놓았다.

제5지점 · 무거운 십자가를 지고 거친 숨을 몰아쉬던 예수님이 더 이상 앞으로 나아가지를 못하자 로마 군인들은 인파 속에서 이 장면을 구경하고 있던 사람 중에 건장한 남자 구레네 사람 시몬을 강제로 끌어내어 예수님 대신 십자가를 지게 한다. 구레네는 아프리카의 북부 해안 도시인데 구전에 따르면 아마도 시몬은 아프리카에서 예루살렘으로 와서 계란을 팔던 상인으로 예수님을 따라다니던 자였다고 한다.

그도 예수님이 십자가 사형 선고를 받았다는 소문을 듣고 침통한 마음으로 그 현장을 찾았다가 로마 군인들이 예수님의 십자가를 대신 지고 갈 수 있을 만큼 건장해 보여 강제적으로 지목당했을 것이다. 이 장소에서 로마 군인들이 예수님 대신 구레네 시몬을 지목하여 십자가를 대신 지게 한 것은 그나마 다행스러운 일이었다. 왜냐하면 예수님께서 십자가를 지시고 출발하신 제2지점부터 이곳까지는 평지였지만 이곳에서부터 골고다까지는 그야말로 가파른 언덕길이 펼쳐지기 때문이다. 아마도 시몬이 아니었다면 예수님은 더 고통스러웠을 것이며 골고다에 도착하기도 전에 혼절했을지도 모르는 일이다.

얼떨결에 예수님 대신 십자가를 등에 멘 시몬은 그래도 무겁기는 하지만 성큼성큼 골고다를 향해 걸어 올라갔다. 자신이 빨리 골고다에 도착해야 예수님의 고통이 줄어들 것이라고 생각했기 때문이다. 비록 자의가 아니라 타의에 의해 십자가를 대신 지기는 했지만 시몬은 분명히 인류 역사상 가장 큰 역할을 한 것이다. 예수님이 돌아가신 이후 그는 마가의 다락방에 모인 사람들이 성령의 은사를 받을 때 그 자리에 함께 있었으며 나중에 바울이 회심한 이후 그를 도와주기까지 했으니까. 예수님의 어깨에 있던 십자가가 시몬에게 옮겨진 장소가 제5지점이다.

제6지점 · 드디어 무거운 십자가를 시몬에게 넘겨준 예수님은 지금까지 온 힘을 다해 걸어왔던 터라 또다시 다리에 힘이 풀렸고 그 자리에 주저앉고 만다. 그 장소는 바로 베로니카Veronica라는 이름의 여인의 집 앞이었다. 베로니카라는 여인의 이름이 성경에 등장하지는 않지만 전설에 따르면 마가복음 5장에 등장하는 12년 동안 피가 멈추지

(좌) 구레네 시몬이 십자가를 대신 진 제5지점

(우) 울고 있는 여인을 만났던 제6지점

않는 혈루증으로 고생하다가 예수님으로부터 치료를 받은 여인의 이름이 베로니카라고 전해진다. 12년 동안 피가 멈추지 않는 질환 때문에 얼마나 많은 의사를 찾아갔고 얼마나 많은 약들을 먹었으며 얼마나 많은 돈을 썼을까? 그런데도 12년 동안 병이 낫지를 않는 이 여인을 두고 주변 사람들이 얼마나 냄새가 나고 불결하다고 손가락질하며 비난했었을까?

몸은 쇠약해져갔고 갖고 있던 돈마저 모두 소진해서 더 이상 그 어떤 희망도 찾을 길 없었던 이 여인은 예수님에 대한 소문을 듣고 예수님 주변에 몰려 있던 사람들 뒤에서 쭈뼛대다가 드디어 예수님의 옷자락을 잡게 되었을 때 주변 사람들은 또다시 이 여인을 비난하기

3. 비아 돌로로사

시작했다. 더럽고 냄새나는 여인이 어찌 감히 예수님께 다가와 옷을 붙잡느냐며 면박을 줄 때 예수님의 반응은 달랐다. 오히려 예수님은 고개를 돌려 그 여인에게 따뜻한 눈빛으로 말씀하셨다. '딸아 네 믿음이 너를 구원하였으니 평안히 가라 네 병에서 놓여 건강할지어다.'

그렇게 12년 동안 주변 사람들로부터 비난을 받고 외면을 받으며 살아왔던 여인을 향해 따뜻한 눈빛을 보여 주셨던 예수님, 그뿐만 아니라 12년 동안 지겹게도 고쳐지지 않던 병을 한순간에 고쳐 주셨던 예수님이 십자가를 지고 자기 집 앞으로 지나간다는 말을 듣게 된 여인의 심정은 어땠을까?

이 여인 역시 웅성거리는 소리에 놀라 집 밖으로 나왔을 때 자신의 집 앞에 주저앉아 거친 숨을 몰아쉬고 계신 예수님을 발견하고는 할 수 있는 것이 아무것도 없었다. 비난하고 조롱하던 군중들을 향해 소리를 지를 수도 없었고 이미 구레네 시몬이 대신 지고 가는 십자가를 넘겨받을 수도 없었다. 그저 안타깝고 애절한 마음으로 자신의 손에 들려 있었던 작은 천으로 예수님의 이마에서 흘러내린 피와 땀을 닦아 줄 수밖에 없었다. 바로 그 장소가 제6지점이다.

제7지점 · 제6 지점에서 제7 지점까지 가는 길은 가파른 언덕길이다. 예수님께서 이 길을 걸어가셨다는 생각을 하며 순례자들이 따라 걷기에도 숨이 가쁠 만큼 가파른 언덕길을 채찍질과 발길질로 이리저리 나뒹굴 수밖에 없었던 예수님이 걷기에는 얼마나 더 힘들었을까? 더군다나 이제 눈앞에 보이는 성벽 문을 통과해서 나가게 되면 자신의 두 팔과 두 발에 커다란 못이 박혀 십자가에 매달리게 될 텐데 그것을 생각하면 얼마나 더 고통스러웠을까?

결국 예수님은 성문을 나가시기 전에 또 다시 발에 힘이 풀려 주저앉고 만다. 제6 지점에서 80여 m 가다 보면 복잡한 아랍 시장의 사거리를 만나게 되는데 바로 이 자리에서 예수님은 두 번째로 주저앉으신 것이다. 그때에도 이 길은 성문 바로 안쪽에 있었기 때문에 복잡했었겠지만 지금도 역시 복잡하기는 마찬가지다. 예수님의 고난에는 아무런 관심도 없으면서 오히려 예수님의 고난의 길에 동참하기 위해 찾아온 수많은 순례객들을 대상으로 나무로 된 십자가와 가시 면류관을 쓴 예수님의 조각상을 팔고 있는 야속한 아랍 상인들의 호객하는 소리가 뒤엉켜 있다.

그 장소에서 잠시 머물러 기도하고 말씀을 읽을 수도 없을 만큼 장을 보러 나온 아랍 사람들과 짐을 잔뜩 실은 수레꾼이 순례객들을 향해 길을 비키라고 소리를 지를 뿐이다. 그때나 지금이나 예수님의 고난이 외면받는 것은 변함이 없다. 단지 그 장소를 기념하는 작은 교회가 있는데 그때 당시 로마 군인들이 예수님에 대한 사형 선고문을 성문에 붙였다고 해서 이 교회의 문을 심판의 문이라고도 부른다.

예수님에 대한
사형선고문이
게시되었던 제7지점

제8지점 • 제7지점의 바로 왼쪽에 있는 골목길을 따라 20m 정도 올라가면 오른쪽에는 역시 아랍 상인들의 가게들이 즐비하고 바로 맞은편에 8지점을 알리는 표지판과 함께 그 밑에 작은 십자가가 그려져 있는 원형의 돌이 벽에 붙어 있는 것을 볼 수 있다.

골고다를 향해 가시는 예수님의 뒤를 따르던 자들 중에는 사형 집행을 하기 위해 따라가던 로마 군인도 있었고 비난과 조롱을 하며 사형 장면을 구경하고자 따라가는 자도 있었지만 이 상황이 너무나 기막혀 슬피 울며 따라가던 여인들도 있었다. 이 여인들의 울음소리와 통곡의 소리가 얼마나 컸던지 예수님은 가던 길을 멈추고 여인들을 향해 말씀하신다.

'가슴을 치며 슬피 우는 여자의 큰 무리가 따라오는지라 예수께서 돌이켜 그들을 향하여 이르시되 예루살렘의 딸들아 나를 위하여 울지 말고 너희와 너희 자녀를 위하여 울라(눅 23:27~28)'

예수님이 당하는 고통 때문에 슬피 우는 것은 고마운 일이지만 예수님은 그것보다도 예수님이 운명하신 이후 다가올 예루살렘의 멸망을 예언하시며 그것을 더 슬퍼하라고 말씀하신 것이다.

'보라 날이 이르면 사람이 말하기를 잉태하지 못하는 이와 해산하지 못한 배와 먹이지 못한 젖이 복이 있다 하리라 그 때에 사람이 산들을 대하여 우리 위에 무너지라 하며 작은 산들을 대하여 우리를 덮으라 하리라 푸른 나무에도 이같이 하거든 마른 나무에는 어떻게 되리요 하시니라(눅 23:29~31)'

예수님께서 돌아가시기 직전까지 예루살렘의 운명을 예언하셨던 그 장소가 바로 8지점이다.

(좌) 예수님의 운명을 예언하셨던 제8지점

(우) 예수님이 세 번째로 쓰러진 제9지점

제9지점 · 제8지점에서 제9지점으로 가기 위해서는 올라갔던 길을 다시 되돌아 내려와야 한다. 예수님 당시에는 이곳에 그 어떤 집도 건물도 없었다. 왜냐하면 골고다 언덕은 범죄자들을 십자가에 매달아 죽이는 사형 장소였기 때문이다. 그러나 지금은 그곳에 워낙 많은 집들과 건물이 들어서서 제10지점으로 가기 위해서는 되돌아 내려와 제7지점이었던 아랍 시장 사거리에서 우회전해 또다시 복잡한 아랍 시장 골목길을 가야 한다. 제9지점으로 가기 위한 안내 표지판이 따로 되어 있지 않기 때문에 자칫하면 그냥 지나칠 수 있는데 제7지점에서 약 30m 정도 인파를 헤치고 가다 보면 오른쪽으로 올라가는 작은 경사로를 만나게 된다. 이 경사로를 따라 올라가 골목길을 가다 보면 막다른 곳에 제9지점을 알리는 표지판을 만나게 된다.

지금까지 약 700m 정도 걸어오신 예수님은 드디어 황량한 언덕 골고다에 도착하게 되고 또다시 다리가 풀려 세 번째로 쓰러지게 된다. 이곳이 바로 그 지점이다.

제10지점 • 예수님의 고난의 현장을 알리는 제1지점에서부터 제9지점까지의 표지판은 제10지점부터는 더 이상 보이지 않는다. 그 대신 제9지점에서 왼쪽으로 들어가는 작은 문이 보이는데 이 문안으로 들어가면 넓은 마당이 나오고(사실은 마당이 아니라 건물의 옥상이다.) 정면에는 그야말로 한 사람이 고개를 숙여 겨우 들어갈 수 있는 작은 문이 나온다. 이곳은 이집트의 기독교인들이 예배를 드리는 콥틱교회인데 이 안은 겨우 사물을 확인할 수 있을 만큼 어두컴컴하다. 작은 촛불이 켜져 있는 교회 안에는 검은 피부의 이집트 기독교인이 기도하고 있기도 하다. 이 교회 내부의 한쪽으로 나 있는 좁은 길을 따라 반대편 출입구로 나가면 가파른 계단이 나오는데 바로 이 장소가 제10지점이 된다.

겨우 골고다까지 오신 예수님은 거칠게 떠미는 로마 병사들에 의해 강제로 옷이 벗겨지고 그야말로 속옷 차림의 벌거숭이가 된다. 예수님 바로 옆에는 구레네 시몬이 지고 왔던 십자가가 내동댕이쳐져 있다.

이제 십자가에 못 박힐 순서만 남아 있다. 제11지점부터 제14지점까지는 성분묘교회 안에 있다.

제11, 12지점 • 계단을 따라 내려오면 넓은 광장이 보이고 오른쪽에는 또다시 교회 안으로 들어가는 문이 나오는데 이 교회가 바로 예수님께서 십자가에 매달려 돌아가신 그 장소 위에 세워진 성분묘교회

(좌)
예수님의 옷이
벗겨진
제10지점

(우)
예수님이
못박힌
제11지점

이다. 성분묘교회에 대해선 잠시 후에 자세히 소개한다. 문을 통해 안으로 들어가면 들어가자마자 오른쪽에 계단이 있는데 이 계단으로 올라가면 예수님께서 십자가에 못 박히신 제11 지점과 예수님의 십자가가 세워졌던 제12지점이 나란히 있다.

제13지점 • 올라갔던 계단으로 다시 내려오지 말고 반대쪽에 있는 계단으로 내려오면 직사각형의 넓다란 바위가 보이는데 이 바위가 바로 예수님께서 십자가에서 운명하신 이후 시신을 내려 누이고 염을 한 바위라고 알려져 있다. 이 바위가 있는 곳이 바로 제13지점이다.

제14지점 • 예수님이 묻힌 무덤이다. 이곳은 가장 신성한 장소이고 성분묘교회의 가장 중심에 자리 잡고 있다.

(좌)
예수님의
시신을 염했던
13지점

(우)
예수님이 묻힌
제14지점

예수님이 돌아가신 현장
성분묘교회

예수님의 무덤 자리에 세워진 성분묘교회 Holy Sepulcher Church 는 현재 올드시티를 감싸고 있는 성안에 있다.

분명히 예수님은 십자가를 지시고 예루살렘 성 밖에 있는 골고다 언덕으로 향해 가신 것으로 알고 있는데 왜 성분묘교회는 성안에 있는 것일까?

그것은 현재 예루살렘의 올드시티를 둘러싸고 있는 성벽이 예수님 당시에 세운 것이 아니라 지금으로부터 약 500여 년 전 오스만 제국에 의해 세워진 것인데 예루살렘 성의 크기를 넓게 잡고 성벽을 쌓는 과정에서 이미 1,700년 전에 만들어진 성분묘교회가 성안으로 들어오게 된 것이다.

그러니까 예수님 당시의 예루살렘 성벽 규모는 현재의 크기보다 훨씬 작았기 때문에 골고다 언덕은 성 밖에 있었다.

그리고 현재 비아 돌로로사의 지난 지점들은 모두 한결같이 예루살렘 올드시티의 아랍 구역에 위치하고 있지만 성분묘교회가 자리 잡고 있는 이곳은 크리스천 구역이다. 그래서 다른 곳과는 조금 분위기가 다르다.

지금까지 시끄럽고 복잡한 아랍 골목을 지나왔다면 이곳 성분묘교회의 앞은 마치 어느 유럽의 작은 도시처럼 중앙에 대리석으로 된

 성분묘교회 입구

조형물이 서 있으며 아주 작은 광장도 있다.

물론 그 주위엔 크고 작은 기념품 가게들로 즐비하기는 하다.

그 기념품 가게를 양옆에 두고 작은 광장을 거쳐 골목길을 돌아서면 드디어 성분묘교회의 입구가 나온다.

이 건물이 지금으로부터 약 1천 년 전에 지어진 것이지만 사실은 천7백 년 전부터 이곳에 건물이 세워졌다가 페르시아의 침공에 의해 무너진 후 다시 십자군에 의해서 세워진 건물이다. 이 건물 안에 예수님의 십자가가 세워지고 묻힌 장소가 있다.

엘리 엘리 라마 사박다니

성분묘교회 안으로 들어가면 들어가자마자 바로 앞에 커다랗고 넓적한 바위가 하나 놓여져 있다. 그 바윗돌이 바로 예수님이 십자가에서 운명하신 후 내려져 시신을 올려 놓고 염을 한 다음 세마포로 감쌌던 바위라고 한다.

성분묘교회 안으로 들어간 순례자들은 왠지 모르는 장엄함과 엄숙함에 숨소리조차 내지 못하다가 그 바위를 보고는 조용히 다가가 그 앞에서 무릎을 꿇고 기도를 하고 어떤 사람들은 그 바위에 입을 맞추기도 한다. 그 바위가 있는 곳에서 오른쪽으로 보면 한 사람이 겨우 이층으로 올라갈 수 있는 좁다란 돌계단이 나온다. 이 돌계단으로 올라가면 약 열 평 정도의 공간이 나오고 그곳엔 예수님이 십자가에 매달려 있는 커다란 프레스코화가 걸려 있다.

그 그림의 아랫부분엔 투명한 유리로 보호해 놓은 바위가 있는데 이 바위가 예수님의 십자가가 세워졌던 바로 그 자리라는 것이다. 물론 그 바위엔 작은 전등을 밝혀 놓아 바위의 모습을 자세히 들여다볼 수가 있다. 그러니까 그곳의 위치가 이층으로 올라와야 할 정도라면 예수님은 골고다 언덕 중에서 가장 높은 위치에서 많은 사람들이 쉽게 볼 수 있는 정상에서 십자가에 매달리셨다는 것을 알 수가 있다.

이곳에서는 떠드는 사람이 없다.

예수님께서 돌아가신 현장, 그곳에서 예수님은 로마 병사의 무거운 망치로 손바닥과 발바닥에 못이 박혔으며 그곳에서 예수님은 '엘리 엘리 라마 사박다니'를 외치셨다.

그러고는 '다 이루었도다'라고 마지막 말씀을 하셨다.

그러자 하늘엔 먹구름이 몰려오고 천둥 번개가 치며 소낙비가 쏟아지기 시작했으며 골고다 언덕엔 갑자기 쏟아지기 시작한 빗물이 무서운 속도로 흘러내리자 구경하던 사람들은 어디론가 사라져 버렸다.

십자가에서 숨을 거두고 몸이 늘어진 예수님의 머리는 빗물로 엉켜 버렸다. 그 밑에서 예수님의 어머니 마리아는 늘어진 아들의 시신을 바라보며 커다란 못이 박혀 있는 아들의 발등을 부여잡고 통곡을 했다.

그 현장이 이곳이다. 순례자들은 이곳에 서면 예수님의 그 마지막 절규 소리를 듣게 되며 마리아의 통곡 소리를 들을 수 있게 된다. 모두들 경건해지고 숙연해지지 않을 수 없는 현장이다.

예수님이 3일 동안 묻혔던 무덤

그곳에서 다시 반대쪽 돌계단을 통해 내려오면 예수님의 시신을 염했던 바위를 다시 만나게 되고 그곳을 지나 오른쪽으로 가면 커다란 돔 형태의 높은 지붕을 볼 수 있게 된다. 그 둥그런 지붕 아래 자리 잡고 있는 작은 방, 바로 예수님의 시신을 묻었던 아리마대 요셉의 무덤이다.

물론 우리가 영화에서 봐 왔던 형태의 동굴이나 지하 무덤 같은 개념은 아니고 예수님의 시신을 묻었던 동굴도 아니다. 단지 동굴이 있던 자리가 바로 그곳이며 그곳을 보호하기 위한 작은 방을 만들어 놓은 것이다. 이 방 안으로 들어가면 한두 사람이 들어갈 정도의 아주 작은 공간이 있으며 그 안에는 무릎 꿇고 기도할 수 있는 자리가 마련되어 있다.

이곳이 바로 예수님의 무덤이다.

이 안이 너무 좁아서 한꺼번에 여러 사람이 들어갈 수가 없다 보니 안으로 들어가기 위해 항상 많은 사람들이 줄 지어 서서 기다리고 있다. 그렇기 때문에 정작 그 안에 들어갔다 하더라도 '아, 이곳이 바로 예수님의 무덤이구나' 하는 생각을 할 겨를이 없다. 왜냐하면 다음 순례자를 위해서 빨리 자리를 비켜줘야 하기 때문이다.

그렇다면 이 무덤이 과연 진짜 예수님의 무덤일까? 예수님이 돌아가신 후 1세기경, 초기 기독교인들이 예수님의 무덤을 찾아와 기도를 했었다는 기록이 있다.

그러나 그 당시 로마 황제는 기독교를 말살하기 위해 기독교인들이 모여 기도하는 곳에 로마의 신 제우스 신상을 세우게 된다. 그런 다음 A.D. 313년 콘스탄티누스 황제에 의해 기독교가 로마의 국교로 공인된 후 콘스탄틴 대제의 모친 헬레나 여사가 제우스 신상이 세워져 있던 예수님의 무덤을 찾아와 기념교회를 크고 화려하게 건축하게 되는데 그것이 성분묘교회이다.

그러나 이 성분묘교회는 백여 년 만에 페르시아에 의해 완전히 파괴된 다음 6백 년이 지난 뒤에 십자군에 의해 다시 재건되었는데 현재의 이 건물이 바로 그때 십자군에 의해서 세워진 건물인 셈이다.

현재 이곳은 로마 가톨릭, 그리스 정교, 이집트 콥틱, 러시아 정교, 아르메니안, 기독교 등 여섯 개의 종파가 서로 일정한 구역을 나눠서 관리하고 있는데 그 이유는 예수님의 무덤과 같은 중요한 성지를 어느 한 종파만 독점해서 관리할 수가 없기 때문이다. 하지만 이 성분묘교회로 들어가는 문의 열쇠는 현재 아랍인이 관리하고 있다.

예수님께서 운명하시고 묻히시고 부활의 기적을 일으켰던 성분묘교회, 그러나 그 교회로 들어가는 문의 열쇠를 이방인이 쥐고 있다는 것이 무척이나 아이러니한 현실이다.

예수님의 고난을 묵상하며
십자가 행진

매주 금요일 오후 3시, 비아 돌로로사의 출발 지점인 제1지점, 그러니까 2천 년 전 예수님에게 사형 선고를 내린 빌라도의 법정이 있었던 자리, 지금은 아랍 초등학교 운동장인 그곳엔 수많은 사람들이 모여든다. 평소에는 초등학교의 문을 일반인들에게 개방하지 않아 들어갈 수 없지만 매주 금요일 오후엔 순례객들을 위해 문을 개방하기 때문에 그 안으로 들어갈 수가 있다.

이곳에 사람들이 모이는 이유는 매주 금요일 오후 3시에 프란체스코 수도회가 이끄는 십자가의 행렬에 동참하기 위해서다.

십자가의 행렬은 누군가가 나무로 된 십자가를 어깨에 메고 출발하면 사람들이 그 뒤를 따라가면서 프란체스코 수도회가 지정한 비아 돌로로사의 14군데 지점마다 멈춰 서서 그 장소와 관련된 성경 말씀을 읽고 기도하는 것으로 진행된다.

지금은 별로 무겁지도 않은 나무 십자가를 메고 가지만 2천 년 전 예수님은 감당하기조차 어려울 만큼 무거운 십자가를 메고 800m의 긴 거리를 가셨다. 행렬을 따르는 전 세계에서 찾아온 순례객들은 모두 진지한 표정으로 십자가 뒤를 묵묵히 따른다. 피부색이 다르고 언어가 다르지만 예수님의 고난에 동참하려는 마음은 모두가 똑같다.

하지만 그 시간에 황금사원에서 기도를 마치고 한꺼번에 쏟아져 나오는 수많은 아랍 무슬림들과 십자가를 높이 들고 고난의 길을 찾아가는 한 무리의 순례자들이 뒤엉켜 아비규환이 되는 불상사가 일어나기도 한다.

오늘날 그곳에 살고 있는 아랍인들은 예수님 때문에 찾아온 순례객을 대상으로 돈을 벌지만 그래도 십자가를 지고 가는 순례객들의 행렬을 짜증과 불만 섞인 표정으로 바라볼 뿐이다.

아마도 2천 년 전 예수님이 십자가를 지고 골고다를 향해 올라가실 때에도 그랬을 것이다.

금요일 오후 3시에 진행되는 이 행렬에 동참할 수 없는 사람이나 개별 단체가 따로 십자가 행렬을 할 수는 있지만 프란체스코 수도회가 진행하는 것처럼 제1 지점부터 출발하지는 못한다. 그 대신 제2 지점에 있는 아랍 사람에게 이야기하면 돈을 받고 나무 십자가를 빌려준다. 십자가를 메고 비아 돌로로사를 행진하는 것만으로도 이스라엘을 찾아온 보람은 충분하다.

나무 십자가를 메고 성분묘교회 근처 제9 지점에 이르면 이미 다른 순례객들이 메고 온 나무 십자가가 여러 개 보이는데 그곳에 십자

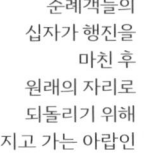

순례객들의 십자가 행진을 마친 후 원래의 자리로 되돌리기 위해 지고 가는 아랍인

3. 비아 돌로로사

가를 내려놓으면 하루에도 수십 번씩 비아 돌로로사를 왕복하며 십자가를 원위치에 되돌려 놓는 일을 아랍인이 담당한다. 아랍인들에게 십자가는 예수님 고난의 상징이 아니라 단순히 돈벌이에 필요한 소품일 뿐이다.

유대 광야의 새벽 일출

④ 예수님이 하늘로 올라가신
올리브산

감람산이 아니라
올리브산이다

예수님은 예루살렘에 오시기 위해 감람산을 넘어가셨고 감람산에서 제자들과 함께 기도했고 감람산에서 말씀을 나누셨다. 그리고 지구에서의 마지막 발걸음을 감람산에서 마치셨고 마침내 많은 사람들이 보는 앞에서 감람산 정상에서 하늘로 올라가셨다. 그리고 예수님은 다시 감람산 정상으로 오신다고 하셨다.

하지만 이 산은 감람산이 아니라 올리브산이 정확한 표현이다. 우리가 읽고 있는 성경에는 올리브나무가 감람나무라고 표현되었는데 이것은 잘못된 번역이다. 감람나무 Canarium album 는 올리브과에 속하는 것은 맞지만 원래 중국이 원산지이고 아시아의 열대 지방의 산야에서 20m까지 자라기 때문에 키 작은 올리브와는 전혀 다른 나무이다. 아마도 중국에서 성경을 중국어로 번역하면서 올리브나무 열매와 감람나무 열매가 서로 비슷하여 올리브나무를 감람나무로 잘못 번역했는데 우리나라가 중국어 성경을 한국어로 번역하면서 그대로 감람나무라고 표현한 것으로 여겨진다.

원래 올리브산의 높이는 해발 816m이지만 실제로 올리브산에 가 보면 그다지 높아 보이지는 않는다. 왜냐하면 워낙 예루살렘 올드시티가 해발 740m의 높은 곳이다 보니 올리브산도 예루살렘보다는 약 70여 m 정도 높은 낮은 언덕에 불과하기 때문이다.

예수님께서는 예루살렘에 입성하실 때 나귀를 타고 이 산을 넘으셨으며 십자가에 돌아가시기 전 예수님은 이곳을 찾아 제자들에게 기도하는 법을 가르쳐 주셨다. 가롯 유다의 배신으로 인해 성전 병사들에게 잡히시기 전 제자들과 함께 마지막으로 하나님께 기도를 하셨던 겟세마네 동산도 역시 올리브산 밑자락에 있다. 이 산을 올리브산이라고 부르는 이유는 당연히 이 산에는 올리브나무가 많기 때문이다.

물론 올리브나무는 강수량은 아주 작지만 이슬이 자주 내리는 중동의 기후에 잘 자라는 나무이기 때문에 사마리아를 포함한 이스라엘 전역에 걸쳐 자라고 있으며 이곳 올리브산은 거의 올리브나무로 뒤덮여 있다고 해도 과언이 아닐 정도이고 심지어는 수령이 2천 년이 넘은 오래된 나무도 있을 정도이다.

이스라엘 사람과 올리브나무는 떼려야 뗄 수가 없이 생활에 아주 밀접한 관계를 갖고 있다. 농부들은 야생 올리브나무가 약 2m 자라면 그 줄기를 베고 그곳에 좋은 올리브나무 가지를 접붙여 우수한 수종으로 개량한다.

하지만 생장이 느려 10~14년이 경과해야 열매 맺고, 30년 이상

하늘에서 본 왼쪽의 올리브산 정상과 오른쪽의 기드론 골짜기

지나야 비로소 수확다운 수확을 할 수 있게 된다. 그래서 제대로 된 올리브나무 열매를 얻는다는 것은 열매를 수확하기까지의 긴 세월 동안 누군가의 공격이나 약탈이 없어야 가능하기 때문에 올리브나무는 평화의 상징이 되었다.

    히브리어로 자이트라고 불리는 올리브나무 열매는 우선 식용으로 많이 사용된다. 마치 우리의 고추나 깍뚜기처럼 이스라엘 사람들의 거의 모든 음식에 들어간다. 올리브 열매의 씨를 빼서 절여 먹기도 하고 쪄 먹기도 한다. 그리고 예수님 당시에 사용되었던 모든 가정의 등잔에 사용되는 기름 역시 올리브기름이었고 착한 사마리아 사람이 강도 만난 사람에게 응급 처치로 상처 부위를 씻어 준 것도 역시 올리브기름이었을 만큼 이스라엘 사람의 생활 구석구석 아주 깊숙한 곳에 자리 잡고 있다.

올리브산에 가면 이런 올리브나무를 배가 부르도록 감상할 수가 있다.

올리브산 정상에서 꼭 해야 할 일

예루살렘을 찾은 여행자들이 꼭 한 번 찾는 곳이 올리브산 정상이다. 이곳에 올라가서 예루살렘을 내려다보면 황금사원을 중심으로 올드시티가 한눈에 내려다보이고 또 왼쪽엔 시온산과 베드로통곡교회 건물이 보이며 올드시티 뒤편으로 보이는 신도시의 높은 빌딩들도 보인다. 그리고 정상 바로 앞에 보이는 유대인들의 공동묘지와 기드론 골짜기 건너편의 예루살렘 성벽이 파노라마처럼 펼쳐진다. 정상에서 동쪽으로 내려다보면 날씨가 좋은 날에는 멀리 유대 광야와 여리고, 사해 그리고 요르단 계곡 건너편의 요르단이 어슴푸레 보이기도 한다. 물론 이런 곳들을 잘 찾아볼 수 있도록 전망대 곳곳에 안내 표지판과 동전을 넣고 보는 망원경도 준비되어 있다.

바로 눈앞에 보이는 예루살렘 성에서부터 불어온 바람이 정상에 심겨져 있는 올리브나무 잎을 흔들 때 들리는 소리와 여기저기서 기념사진을 찍으며 왁자지껄한 여행자들의 소리 그리고 작은 마이크를 들고 열심히 설명하는 가이드들의 목소리로 뒤엉킨다.

전 세계에서 찾아온 순례자들을 태운 대형 버스들이 수시로 올라와 사람들을 쏟아 내고 이곳에서 유턴을 하기 위해 시끄러운 경적소리를 낼 때 승용차까지 이 복잡한 행렬에 가세하면 그야말로 전쟁터가 따로 없다.

2천 년 전 예수님도 역시 갈릴리 지역에서 사역을 하시다 예루살렘으로 오실 때 바로 이곳 올리브산을 넘어오셨으며 올리브산 정상에서 많은 사람들이 바라보는 앞에서 하늘로 올라가셨다. 지금 그 산에 올라가 고개를 들어 하늘을 올려다본다면 2천 년 전 예수님의 승천을 목격하며 제자들이 올려다보았던 그 하늘을 똑같이 올려다보는 것과 같다. 이토록 올리브산은 예수님과 깊은 관계가 있는 곳이다.

그러나 지금은 그 올리브산 정상에 낙타 등에 사람을 태우고 기념사진을 찍은 뒤 돈을 받는 아랍 장사꾼과 예루살렘의 파노라마 사진과 작은 십자가가 매달려 있는 묵주 같은 기념품을 파는 장사꾼들이 터줏대감처럼 자리를 차지하고 있다. 그들 중에는 물건을 파는 척하면서 지갑을 훔쳐 가는 아주 솜씨 좋은 어린 소매치기도 여럿 있다. 그 소매치기는 20년 전에도 있었고 지금도 대를 이어서 하는 것 같다. 자기들을 먹여 살리는 여행자들에게 감사할 줄을 모르고 대를 이어 소매치기를 하는 올리브산 정상의 불청객들이 날파리처럼 달라붙을 수 있으니 조심해야 한다.

인적이 드문 새벽이나 밤중에 이곳을 찾을 때 시끄럽게 떠드는 아랍 청년들이 없다면 더욱 좋지만 이때는 위험할 수도 있으니 혼자 가는 것보다 몇 사람이 함께 가야 한다. 예수님이 하늘로 올라가셨고 다시 오시겠다고 하신 올리브산 정상에서 안 좋은 일을 굳이 경험할 필요가 없으니까.

올리브산에 갔다면 꼭 해야 할 일이 있다. 시간적 여유만 있다면 계단식 전망대에 주저앉아 예루살렘 성을 바라보면서 기도하자. 사람

올리브산
정상에서 촬영된
영화 회복의
마지막 장면

들이 없는 새벽 시간이라면 더욱 좋고 해가 진 저녁에 올라가서 내려다보면 예루살렘 성에 비쳐지는 조명으로 인해 아름다운 야경이 펼쳐지니 그것도 좋다.

눈앞에 보이는 예루살렘의 황금사원이 현재 이스라엘과 팔레스타인 간의 갈등의 핵심이고 그 갈등으로 인해 전 세계 여기저기서 테러가 일어나고 전쟁이 일어나는 불씨가 되어 있다. 제3차 세계대전이 일어나게 된다면 바로 예루살렘의 황금사원으로 인해 일어나게 될 것이다. 그런 것을 생각하게 된다면 당연히 예루살렘을 위해 기도하게 되지 않을까?

'예루살렘을 위하여 평안을 구하라(시 122:6)'

마지막 전쟁은 피할 수 없다. 평안을 어떻게 구하란 말일까?

예루살렘의 평안은 전쟁이 없는 것이 아니다. 전쟁이 없다고 평안한 것이 아니며 건강하고 부유하다고 해서 평안한 것이 아니라 예

4. 올리브산

수님이 없으면 평안한 것이 아니다. 올리브산에서 예루살렘을 바라보며 그곳에 살고 있는 유대인과 아랍인과 기독교인과 아르메니안과 모든 관광객들이 예수님을 믿고 한목소리로 호산나를 외치게 해 달라고, 바로 그 올리브산 정상에서 기도해야 한다. 그러기 위해서 이스라엘을 가는 것이 아닌가? 물론 올리브산 정상에서 기념사진을 촬영하고 낙타도 타고 기념품을 사는 것도 좋지만 그것만 하고 돌아오기에는 너무너무 아쉬운 일이다.

지붕을 막아 버린 예수승천교회

올리브산으로 가는 길 입구에는 아랍인 마을이 있다. 순례자들을 대상으로 기념품을 파는 가게가 하나 있지만 그것 말고는 여느 아랍인 마을과 마찬가지로 작은 구멍가게와 초등학교 건물이 있고 아랍인들의 2, 3층짜리 주택들이 다닥다닥 붙어 있는 것을 볼 수 있다. 그 아랍인 마을 속에 기독교 역사에서 가장 환상적인 기적이 일어난 현장이 숨어 있다. 그 안을 들여다볼 수 없을 정도의 높다란 돌담 벽에 굳게 잠긴 철문을 열고 그 안으로 들어가면 예수님께서 하늘로 승천하셨다는 바로 그 현장이 자리 잡고 있다.

사도행전 1장 9절에서 12절에 보면 예수께서 제자들을 이끌고 올리브산 위에 가셔서 축복하시고 승천하신 것을 말해 주고 있다. 사도행전에 보면 제자들은 예루살렘을 떠나 안식일에 여행을 했다고 기록하고 있다. 그 당시 안식일 여행은 약 900m에 한정하는데, 이 거리가 예루살렘 성에서 승천 장소까지의 거리이기도 하다.

현재 이곳은 아랍인 마을이라서 이 승천 장소를 아랍인 개인이 관리하고 있으며 이 안으로 들어가려면 입장료를 내야 한다. 그것도 아랍인 주인의 기분에 따라서 입장을 시키기도 하고 개인적인 볼일이 있으면 그나마 문을 열어 주지도 않는다.

다행히 아랍인 주인이 문을 열어 주어 그 안에 들어가게 되면 작은 원형의 건물을 만나게 되고 그 안의 중앙 바닥엔 아주 작은 바위가 자리 잡고 있으며 그 바위엔 예수님이 승천하실 때 남겨 놓았다는 발자국 같은 흔적이 있다. 물론 그 흔적이 정말 예수님이 만들어 놓은 발자국인지는 확인할 길이 없지만 그들은 그렇게 주장을 하고 있을 뿐이다.

이곳이 정말 예수님이 승천하신 장소가 맞는 것일까?

예수님의 승천을 막기 위해 아랍인들이 지붕을 덮은 승천교회

4. 올리브산

이 원형의 건물 역시 4세기경에 만들어졌다가 다른 건물과 마찬가지로 614년에 페르시아에 의해서 파괴되었고 12세기에 십자군에 의해서 다시 세워진 곳이다.

그러니까 어느 정도 역사적인 사연을 갖고 있는 곳이니까 전혀 근거가 없는 곳이라고도 할 수가 없다. 일설에 의하면 원래 이 원형의 건물엔 지붕이 없었다고 한다. 왜냐하면 예수님이 하늘로 승천을 하신 곳이니까 지붕은 오히려 승천과는 어울리지 않았던 것이다. 그러나 십자군에 의해 건물이 세워진 이후 무슬림이 둥근 지붕을 덮어서 예수님의 승천을 무의미하게 만들어 놓았다고 한다.

이렇게 기도하라고 가르쳐 주신 주기도문교회

베다니 마을에서 올리브산 정상을 향해 다시 올라가다 보면 올리브산 정상으로 가는 길 초입 부분에 또 하나의 간판을 만나게 된다. '컨벤트 오브 패터 노스터 The Convent of Pater Noster' 라틴어로 '우리 아버지여!'라는 뜻의 이 건물은 바로 예수님께서 제자들에게 기도하는 법을 알려 주셨던 바로 그 장소에 지어진 교회 건물이다.

누가복음 11장 1절에 보면 예수께서 어느 한 곳에서 기도하고 계셨는데 기도를 마치자 제자 중 하나가 질문을 한다.

"주여, 요한이 자기 제자들에게 가르쳐 준 것처럼 주께서도 저희에게 가르쳐 주십시오."

그러자 예수님께서 제자들에게 말씀하셨다.

"너희는 이렇게 기도하라. '아버지여, 이름이 거룩히 여김을 받으

주기도문교회

시오며 나라가 임하시오며 우리에게 날마다 일용할 양식을 주시옵고 우리가 우리에게 죄 지은 모든 사람을 용서하오니 우리 죄도 사하여 주시옵고 우리를 시험에 들게 하지 마옵소서'"

　예수님께서 제자들에게 기도하는 방법을 알려 주셨던 그 장소가 바로 패터 노스터 주기도문교회이다. 313년 로마의 콘스탄티누스 황제가 기독교를 공인한 다음 그의 모친 헬레나가 이곳 예루살렘을 방문해 예수께서 기도를 가르쳐 주신 이 동굴에 교회를 세웠다.

　그러나 이 교회는 614년 페르시아에 의해 파괴되고 1192년 십자군에 의해 복원되지만 또다시 회교도에 의해 파괴된 후에 역시 오랜 세월 동안 방치된다. 그리고 1874년, 프랑스 황녀인 아울레리아^{Aurelia}

4. 올리브산

는 이 버려진 교회 터를 사서 새롭게 교회와 수녀원을 건축하게 되는데 지금의 건물이 바로 그때 지어진 건물이다.

이 교회 안에 들어가면 히브리어와 아람어로 된 주기도문이 벽에 부착되어 있고 80여 개의 세계 각국 언어로 된 주기도문이 타일에 적혀 회랑과 야외의 벽에 붙어 있는데 우리나라의 언어로 된 주기도문도 발견할 수 있다. 이런 식으로 이스라엘의 몇몇 성지에는 한국어 성경 말씀을 타일에 적어 다른 언어와 함께 벽에 부착한 곳이 있다. 그런데 매번 볼 때마다 어쩜 저렇게 글씨를 촌스럽게 썼을까 하는 생각이 들었다. 여기 주기도문교회도 마찬가지다. 아마도 한국의 가톨릭에서 제작해서 가져다 부착한 것 같은데 제발 글씨 좀 잘 쓰는 사람에게 부탁하든가 아니면 요즘은 컴퓨터로 잘 프린트해 주는데 말이다. 그런데 얼마 전에 먼저 부착되어 있는 주기도문보다 조금 더 나은 주기

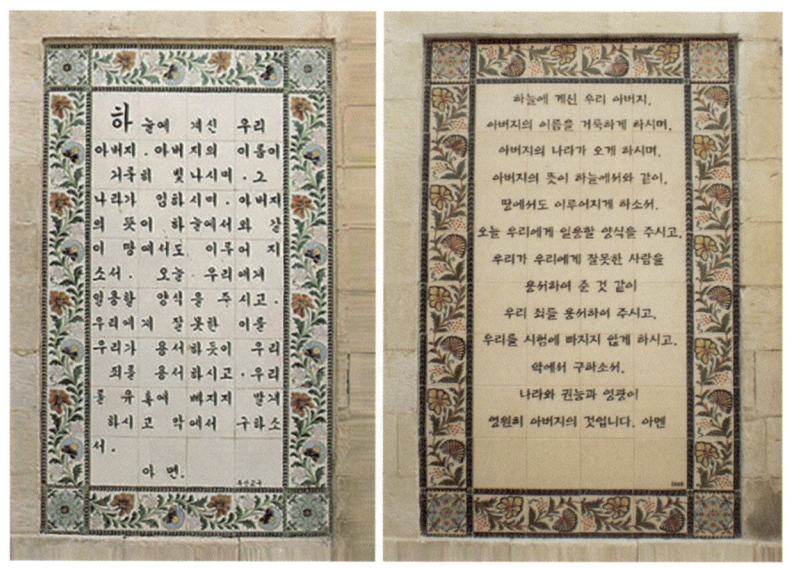

(좌)
원래 천주교에서 부착한 주기도문

(우)
최근 개신교에서 다시 부착한 주기도문

도문이 또 하나 부착되었다. 그래서 올리브산의 주기도문교회의 주기도문은 전 세계에서 유일하게 우리나라만 두 개가 부착되어 있다. 나중에 붙은 것은 개신교에서 부착했다고 한다. 두 개의 한글로 된 주기도문… 이걸 보고 좋아해야 할지 아니면 부끄러워 해야 할지 잘 모르겠다.

예수님께서 제자들에게 주기도문을 알려 주셨던 그 동굴은 아직도 깨끗하게 보존되어 있다.

예수님이 눈물을 흘리신 눈물교회

올리브산 정상에서 아래쪽으로 뻗은 경사진 길을 따라 내려가면 오른쪽으로 작은 간판을 하나 보게 된다. '도미누스 플레빗Dominus Flevit'. 이 말은 라틴어로 '주께서 우셨다'는 뜻이다.

누가복음 19장 41절에서부터 44절에 보면 예수님께서 나귀를 타고 올리브산을 넘어 예루살렘으로 오시다가 예루살렘 성을 바라보며 눈물을 흘리셨다는 이야기가 나온다. 아마도 예수님께서는 지금 눈앞에 보이는 아름다운 예루살렘 성이 약 40년 뒤에 로마에 의해 파괴되고 무너지게 될 것을 미리 아시고 안타까워하며 눈물을 흘리신 것이다.

이곳이 바로 그 장소이며 이 장소에 세워진 교회를 눈물교회라고 부른다. 이 교회의 건물은 눈물의 모양을 형상화했다고 한다. 얼핏 보기엔 전혀 눈물 같아 보이지는 않지만 지붕의 네 기둥에 예수님의 눈물을 상징하는 장식이 매달려 있어서 눈물교회라고 이름을 붙였다는 것이다.

이 교회 역시 비교적 최근에 세워진 교회이다. 원래는 6세기경에 초기 기독교인들에 의해 비잔틴 양식으로 건물을 지었는데 십자군이 퇴각한 이후 무슬림에 의해서 완전히 파괴되어 약 1,400여 년 동안 폐허로 방치되어 있다가 1955년에 이탈리아 건축가에 의해 새로 지어진 교회가 바로 현재의 건물이 된 것이다. 이 교회의 건물 안으로 들어가면 커다란 창문이 있는데 이 창문엔 아름다운 스테인드글라스가 장식되어 있고 이 창문을 통해서 내다보면 예루살렘 성을 한눈에 바라볼 수 있게 된다. 특히 해 질 무렵 이곳에서 바라보는 예루살렘 성의 모습은 너무나 아름다워 눈물이 날 지경이 된다. 아마도 예수님 역

예수님의 눈물
네 방울이
매달려 있는
눈물교회

눈물교회 안에서 바라 본 모리아산

시 2천 년 전 바로 이곳에서 예루살렘 성을 바라보시며 눈물을 흘리셨을 것이다.

교회의 건물에서 나와 다시 출구 쪽으로 가다 보면 왼쪽에 작은 굴이 보이고 그 속에서 여러 개의 석관을 발견할 수 있게 된다. 이 석관들은 현재의 교회 건물을 지을 당시 현장에서 발굴된 석관들인데 이 석관 속엔 이름 모를 사람들의 유골이 보관되어 있다. 특이한 것은 이 석관들이 분명히 유골이 들어 있는 석관인데도 보통 우리가 알고 있는 관의 크기보다 훨씬 작다는 것이다.

이것은 구약 시대에는 없던 육체의 부활이라는 사상이 바리새파를 통해 유대교에 들어온 후에 살이 다 썩고 난 시체의 뼈를 추려서 유골함에 보관하게 된 것들이다.

메시아가 오시는 그날을 기다리는 유대인 공동묘지

눈물교회를 나오면 맞은 편에는 아주 넓게 펼쳐져 있는 석관들의 무리를 발견하게 되는데 이것은 유대인들의 공동묘지이다.

이스라엘의 여러 지역에 걸쳐서 자리 잡고 있는 유대인들의 공동묘지 중에서도 이곳의 공동묘지는 그 자릿값이 가장 비싸다고 하는데 그만큼 유대인들에게는 죽어서 이곳에 묻히는 것이 가장 큰 영광이자 또 가장 큰 소망이라고 한다.

유대인들은 왜 이곳 올리브산 중턱에 묻히는 것을 가장 큰 영예로 여기는 것일까? 유대인들은 우리가 모두 알고 있듯이 아직까지도 자신들의 영혼을 하나님께로 인도해 줄 메시아가 오지 않았다고 믿고 있다. 그 날이 언제일지는 모르지만 반드시 메시아는 오게 될 것이며 그때에는 자신들의 육신이 다시 살아나서 메시아를 처음으로 맞이하

이스라엘에서 제일 자리값이 비싼 유대인의 공동묘지

게 될 것이라고 믿고 있다.

메시아는 이곳 올리브산으로 오게 될 것이며 이 기드론 계곡을 통해 예루살렘 성 안으로 들어가게 될 것이라고 믿고 있다.

그때 예루살렘 성 안으로 들어가게 될 문은 예루살렘 성에 있는 문 중에 하나인 황금문이라고 한다. 황금문은 예루살렘 성 안으로 들어가는 8개의 문 중에서 유일하게 붉은 벽돌로 막혀 사용하지 않는 문이지만 메시아가 오게 되면 그 문이 열리게 되고 메시아가 그 문을 통해 예루살렘 성 안으로 들어가게 된다는 것이다.

그 황금문으로 들어가는 메시아를 가장 가까이에서 가장 잘 볼 수 있는 곳이 바로 이 유대인들이 잠들어 있는 공동묘지의 터가 되는 것이다.

현재 이곳 공동묘지에는 약 3천여 개의 석관들이 안치되어 있고 유가족들은 유대인의 명절이나 기일이 되면 이곳에 찾아와 기도하며 석관 위에 돌멩이를 올려 놓는 것으로 망자에 대한 예를 갖춘다.

예수님의 처절한 기도 소리가 베어 있는 겟세마네 동산

올리브산 정상에서 경사진 길을 따라 내려오다가 끝부분 지점 즈음 왼쪽에 초록색 문을 발견할 수 있는데 이 건물이 바로 겟세마네 동산이 있는 겟세마네교회, 공식 명칭으로는 만국교회이다.

이 교회 건물은 예루살렘에 있는 수많은 유적지들과는 달리 가장 최근에 건축한 교회 건물로 1924년에 16개 나라의 가톨릭에서 재정을 후원해 완성한 건물이라서 만국교회라는 이름이 붙여졌다. 그래서

만국교회

그런지 다른 유적지의 교회에 비해서 비교적 새 건물이라는 느낌이 들기도 하다.

우선 이 교회의 건물 안으로 들어가면 특별한 조명이나 전등이 없어서 실내가 무척 어둡다. 이것은 예수님께서 성전 병사들에게 붙잡히실 때의 그 순간, 그 어두운 밤을 의미하기 위해서 일부러 실내를 어둡게 하고 있는 것이라고 한다. 그래서 순례자들은 이곳에 들어가는 순간, 왠지 모를 엄숙함에 저절로 고개를 숙이게 되고 발뒤꿈치를 들 수밖에 없게 된다.

교회 건물 앞쪽으로 조심스럽게 걸어 들어가면 맨 앞쪽에 예수님의 머리 위에 씌워졌던 가시 면류관의 가시를 상징하는 울타리가 있고 그 울타리의 귀퉁이에는 성령을 의미하는 청동으로 만든 비둘기 몇 마리가 고개를 숙이고 있다. 그리고 그 울타리 안에는 작은 바위들이 있다. 바로 이 바위가 예수님께서 제자들과 마지막 성찬식을 하고 오셔서 하나님께 눈물로 기도했던 겟세마네 동산의 바위라고 한다.

순례자들은 그 바위 앞에 무릎 꿇고 앉아 조용히 묵상을 한다. 2천 년 전 바로 이 바위에서 예수님께서는 땀방울이 핏방울이 될 정도로 하나님께 간절히 기도하셨다.

'하나님, 이 잔을 내게서 피할 수만 있다면 피할 수 있게 하여 주옵소서. 그러나 내 뜻대로 마시고 주의 뜻대로 하옵소서.'

이곳에서 눈을 감고 묵상을 하면 그 당시 예수님께서 마지막으로 처절하게 기도하시던 그 음성이 가슴에 메아리치는 것을 경험하게 된다. 그리고 그 교회 건물을 나오면 작은 정원이 있는데 이 정원에는 둘레가 약 3m 정도 되는 크기의 오래된 올리브나무 20여 그루가 자라고 있는 것을 볼 수 있다. 아마도 이스라엘에서 가장 오래된 올리브나무가 아닐까 싶은데 어떤 고고학자들은 이곳의 올리브나무의 수령이 약 2천 년 정도 되었다고 한다.

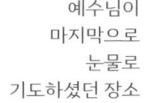
예수님이 마지막으로 눈물로 기도하셨던 장소

그렇다면 이 올리브나무들은 2천 년 전 바로 이곳에서 눈물로 기도하던 예수님의 음성을 직접 들은 유일한 목격자들이 아닐까? 이곳은 겟세마네 동산이라는 말보다 겟세마네 정원이라고 하는 것이 더 어울릴 듯하다.

겟세마네 동산의 수령 2천 년의 올리브나무

5 어둠의 골짜기
기드론 계곡

음산한 분위기의
기드론 골짜기

만국교회 앞에는 '어두운' 또는 '혼탁한'이라는 뜻을 가진 기드론 골짜기 Kidron Valley 가 펼쳐진다.

기드론 골짜기는 왜 이렇게 어둡고 암울한 이름을 갖게 된 것일까? 그것은 바로 예루살렘 성 안에서 살던 사람들이 죽게 되면 바로 이 골짜기를 지나 올리브산 중턱에 있는 유대인들의 공동묘지에 이르게 되기 때문이다. 그리고 예루살렘 성 안에서 살던 사람들이 전염병에 걸리거나 치료가 될 수 없는 병에 걸리면 이 골짜기를 지나 올리브산 뒤쪽에 있는 베다니 마을로 가서 살아야 하기 때문에 아마도 그 당시 사람들은 이 골짜기를 이렇게 어둡고 음산한 골짜기라고 생각을 했나 보다.

사람들이 북적거리던 예루살렘 성 안에서 스데반의 문을 통해 밖으로 나와 기드론 골짜기에 이르는 순간, 그리고 인적도 드물고 분위기가 음산한 골짜기를 마주하는 순간, 아마도 그 당시 사람들은 등골이 오싹해지고 모골이 송연해지는 느낌을 가졌던가 보다.

이 기드론 골짜기를 따라 내려가다 보면 예루살렘 성 안에서 시작된 치즈 골짜기와 만나게 되고 더 내려가다 보면 다른 쪽에서 예루살렘 성을 감싸며 내려오는 힌놈의 골짜기와 만나게 된다.

결국 이 골짜기는 유대 광야를 거쳐 사해로 들어가게 된다. 그러니까 한마디로 말해서 예루살렘 성은 기드론 골짜기와 힌놈의 골짜기 사이에 있는 성이다. 그래서 외부의 세력들이 예루살렘 성을 공격하기 위해선 이 골짜기들을 지나야 하는 어려움을 겪게 되고 따라서 예루살렘은 자연이 만들어 준 천혜의 요새 역할을 할 수가 있었던 것이다.

오죽하면 다윗이 예루살렘을 정복할 때 이미 그곳에서 살고 있던 여부스 사람들이 다윗을 향해 '소경과 절름발이가 지켜도 이 성을 지킬 것이다'라고 얘기했을 정도였으니까.

성경에서도 이 기드론 골짜기는 여러 번 소개된다. 다윗은 아들 압살롬의 반역을 피해 이 기드론 골짜기를 통해 도망할 수밖에 없었고 예수님은 갈릴리에서 예루살렘으로 오실 때 베다니를 거쳐 이 기드론 골짜기를 건너 예루살렘 성 안으로 들어오셨고 며칠 뒤 다시 제자들과 함께 이 기드론 골짜기를 통해 겟세마네 동산으로 가셔서 마지막 기도를 하셨다.

기드론 골짜기의 시작 지점에는 예수님을 증거 하다가 순교한 스데반기념교회가 있고 예수님의 모친 마리아의 무덤이 있으며 겟세마네 정원이 있다.

그 옛날엔
분위기가
음산했을
기드론 계곡

　기드론 골짜기를 따라서 걸어가다 보면 왼쪽에 압살롬의 무덤과 선지자 스가랴의 무덤, 헤실 자손들의 무덤이 있으며 또 그 밑으로 내려가다 보면 기혼샘과 실로암 연못을 만나게 된다. 기드론 골짜기야말로 구약성경과 신약성경의 중요한 역사적 사건의 배경이 되는 곳이다.

아버지를 향해 반역했던
압살롬의 무덤

　기드론 골짜기의 푸석푸석하고 먼지 날리는 골짜기를 따라 내려가다 보면 왼쪽에 지상에서부터 8m까지는 네모난 형태의 이오니아Ionia식 기둥이 반각으로 조각되어 있는 특이한 모양의 거대한 석조 건축물을 만나게 된다. 그 건축물 위에는 마치 깔대기를 거꾸로 엎어 놓은 듯한 형태의 지붕이 있는데 이것은 이집트의 건축 양식으로 약간은 이상하고 조화롭지 못한 건축물이다.

　이것이 바로 이스라엘 역사의 가장 비극적인 왕자 압살롬의 무덤이다. 압살롬은 이스라엘의 두 번째 왕인 다윗과 그술의 왕 달매의 딸 마아가 사이에서 태어난 다윗의 아들이었다. 압살롬은 사무엘하 14장 25절에 기록되어 있는 것처럼 발바닥부터 정수리까지 흠이 없을 정도로 완벽한 아들이었고 키도 크고 얼굴 또한 미남형이었다. 특히 그의 헤어스타일은 많은 여성들이 보고 반할 정도로 아름다웠다고 한다. 그뿐만 아니라 아버지 다윗왕으로부터 여러 명의 자녀들 가운데서도 사랑을 한몸에 받고 있었다.

그러나 그런 압살롬에게도 일순간 비극은 찾아왔다. 압살롬의 이복형제인 암논이 압살롬의 누이인 다말을 겁탈했다는 소식을 듣고 그만 암논을 죽이고 만다. 비록 이복형제이긴 하지만 그래도 아버지 다윗왕의 아들인 암논을 죽였다는 사실 때문에 아버지로부터 엄한 꾸지람을 듣게 될 것을 두려워한 압살롬은 결국 헤브론으로 도망갔다. 그러고는 그곳에서 4년간 시간을 끌며 군사를 조직하여 아버지 다윗을 죽이고 이스라엘의 왕권까지 빼앗을 음모를 꾸며 그것을 실행에 옮기게 된다. 이 과정에서 그동안 다윗으로부터 미움을 받게 된 다윗의 신하 아히도벨이 압살롬을 충동질하여 이 같은 역적모의를 하게 된 것이다.

그러나 압살롬의 이 같은 쿠데타 시도는 실패로 돌아가고 결국 다윗왕의 충직한 신하 요압으로부터 쫓기다가 상수리나무에 그 아름답다던 머리카락이 걸려 그 자리에서 죽게 된다. 한마디로 아버지를 향해 칼을 들이댔다가 결국 자신이 어이없이 죽게 되는 불효자가 된 셈이다.

다윗이 그렇게도 사랑하고 기대했던 아들 압살롬의 반역과 죽음,

그 소식을 듣게 된 다윗은 차갑게 식어 버린 아들 압살롬의 시신을 끌어안고 땅 위를 뒹굴며 울부짖게 된다. 그러고는 그 아들의 무덤을 만들어 주는데 그 무덤이 바로 기드론 골짜기에 있는 압살롬의 무덤이다.

이스라엘 역사상 가장 불효막심했던 아들 압살롬, 그래서 그런지 옛날에는 이 무덤 앞에 돌들이 많이 쌓여 있었다고 한다. 그 무덤 앞을 지나던 사람들이 불효자 압살롬의 행실을 생각하며 돌을 던졌는데 그 돌이 얼마나 많이 쌓였는지 작은 언덕을 이룰 정도였다고 한다. 그리고 그 당시의 사람들은 자식들이 말을 듣지 않거나 말썽을 피우게 되면 이곳 압살롬의 무덤 앞으로 데려가 그 앞에 쌓여 있는 돌 언덕을 보여 주며 훈계를 했다는 이야기가 있다.

물론 지금은 그 돌들은 찾아볼 수가 없고 아무도 관리하지 않는

예전에는 돌무더기가
잔뜩 쌓였었지만
지금은 깨끗이 치워진
압살롬의 무덤

그냥 폐허처럼 방치되고 있을 뿐이다.

밧세바와 솔로몬의
쿠데타 현장 기혼샘

압살롬의 무덤에서 다시 약 100m 정도 골짜기를 내려가다 보면 오른쪽에 영어로 'Gihon Spring'이라고 적힌 작은 간판을 하나 만나게 되는데 이곳이 기혼샘이다.

예전에는 이 기혼샘의 입구를 아랍인이 관리하고 입장료를 받았었는데 지금은 이스라엘 문화재 관리청에서 관리하면서 그 입구의 위치도 바뀌었다.

이 입구를 통해 들어가면 약 20개의 계단이 나오고 어두운 이 계단을 따라 내려가면 듣기만 해도 시원한 콸콸거리는 물소리가 들린다. 아마도 예루살렘에선 유일하게 수천 년 전부터 들려 나오는 시원한 물소리일지도 모른다. 왜냐하면 예루살렘에 이곳 말고는 전혀 샘물이 발견되지 않았기 때문이다. 수천 년 전부터 샘솟기 시작한 물이 지금도 하루에 수천 톤의 물이 샘솟고 있다니 그야말로 놀라운 일이다. 기혼이라는 말도 '넘쳐 난다' 또는 '뿜어 나온다'는 뜻이다.

지금이야 갈릴리 호수에서 끌어온 물로 예루살렘의 모든 사람들이 사용하는 식수를 대신하고 있지만 예전에는 예루살렘의 모든 백성들이 예루살렘에서 유일한 이 샘물을 길어다 식수로 사용했었다. 아마도 고대 예루살렘의 백성이었던 여부스 민족도 이 기혼샘의 바로 위에 있는 예루살렘을 중심으로 그 터전을 잡았을지도 모르는 일이다. 모든 도시에서 식수는 그만큼 중요한 법이니까. 그래서 고대 예루

5. 기드론 계곡   **109**

(좌)
기혼샘 입구

(우)
지금도 차가운
물이 솟구치는
기혼샘 안쪽

살렘 사람들은 이곳 기혼샘을 굉장히 중요하고 성스러운 곳으로 생각했다. 생명의 근원이라고 할 수 있는 물이 나오는 유일한 곳이니까 그럴 만도 하다.

만약에 기혼샘이 오염되거나 적의 손에 넘어가게 되면 예루살렘 사람들의 생명과 건강은 포기할 수밖에 없게 되는 것은 당연한 일이기도 하다. 그리고 예루살렘 사람들은 이 기혼샘을 식수로 사용한 것뿐만 아니라 성전 의식용으로도 사용했었다. 그래서 다윗이 자신의 아들 솔로몬에게 이스라엘의 세 번째 왕으로 기름을 붓는 의식을 행하기 위해 이곳 기혼샘으로 찾아왔었다.

다윗이 너무 늙어 왕으로서의 역할을 제대로 할 수 없게 되자 다윗의 또 다른 아들 아도니아는 제사장 아비아달의 도움을 받아 자기 스스로 왕권을 이어받으려는 음모를 꾸미고 있었다.

결국은 기드론 골짜기의 끝부분에 있는 에느로겔이라는 곳에서 많은 사람들을 불러 모아 자신의 세력을 규합하는 잔치를 열게 된다. 그 사실을 알게 된 다윗의 아내 밧세바는 침대에 누워 있는 다윗을 찾아간다. 예전부터 이스라엘의 세 번째 왕권은 밧세바의 아들 솔로몬에게 넘겨주기로 약속했는데 어서 빨리 솔로몬에게 왕의 자리를 넘겨주라고 채근하기 위한 것이었다. 그러자 다윗은 당장 제사장 사독과 함께 솔로몬을 데리고 기혼샘으로 찾아가서 솔로몬에게 이스라엘의 세 번째 왕권을 넘겨주는 의식을 거행하게 된다.

지금 생각해 보면 아도니아가 바로 이 기혼샘에서 세력을 규합하는 일을 하지 않고 기혼샘에서 조금 멀리 떨어진 기드론 골짜기의 끝자락에서 그런 모임을 한 것이 결정적인 실수가 아니었을까 하는 생각을 하게 된다.

공법을 알 수 없는 미스터리의 히스기야 터널

하루에도 수천 톤가량 솟아나온 기혼샘의 샘물들은 과연 어디로 흘러가는 것일까?

기혼샘에서 흘러나온 물들은 실로암 연못으로 연결된 좁고 길다란 터널을 향해 흘러가는데 그 터널이 히스기야 터널Hezekiah Tunnel이다.

히스기야 터널은 기혼샘과 실로암 연못으로 연결된 533m의 결코 짧지 않은 암반 터널이다. 말이 533m이지 이 기혼샘으로 들어가 실로암 연못까지 터널을 걸어서 통과하는 데는 약 30분에서 40분 정도 소요되는 결코 짧지 않은 길이다.

물의 깊이는 곳곳에 따라 약간씩 차이가 있지만 어떤 곳은 무릎까지 물이 차오르는 곳도 있고 또 어떤 곳은 허벅지까지 물이 차오르는데 터널의 높이는 약 2m 정도이며 그 폭은 한 사람이 겨우 지나갈 수 있을 정도로 좁다. 히스기야 터널은 바로 유다의 왕 히스기야의 지시에 의해서 파 놓은 인공 터널이다.

기원전 7세기경 히스기야가 유다를 다스리고 있을 당시 유다는 북쪽의 앗시리아의 지배를 받고 있었으며 매년 앗시리아에 조공을 바치고 있었다. 그래서 히스기야왕을 비롯한 유다 백성들은 늘 앗시리아에 대한 불만을 가질 수밖에 없었다. 그러다가 앗시리아의 왕이 산헤립으로 바뀌게 되자 히스기야왕은 기회는 이때다 하고 더 이상 앗시리아에 조공을 바치지 않겠다고 통보한다. 물론 산헤립의 보복성 공격을 충분히 예상했었다. 그러면서 히스기야왕은 예루살렘 성벽을 더욱 튼튼하게 건설하면서 전쟁에 대비했다. 그러나 문제는 예루살렘 성 안의 백성들이 유일하게 사용하던 식수원인 기혼샘이었다. 산헤립이 앞장선 앗시리아의 군사들이 예루살렘을 포위하게 되면 예루살렘 백성들은 성 밖에 있는 샘물을 길어다 먹을 수가 없게 되고 그런 상태라면 3개월 이상을 버틸 수가 없었다. 그러자 히스기야왕은 아주 중요한 결정을 하게 된다. 성 밖에 있는 기혼샘의 물을 성안에 있는 실로암 연못으로 끌어들이는 것이다. 물론 성 밖에 있는 기혼샘과 성안에 있는 실로암 연못까지는 500m가 넘는 거리였고 그 사이엔 작은 틈도 없는 단단한 암반으로 가로막혀 있었다.

그러나 공사는 시작되었고 주어진 시간도 많지가 않았다. 기혼샘과 실로암 연못, 양쪽에서 파고 들어가는 터널 공사는 말 그대로 죽음의 공사였다. 말 그대로 엄청난 노력과 땀을 흘려야만 하는 작업이었다.

언제 앗시리아의 군사들이 쳐들어올지 모르는 절체절명의 순간, 암반을 깨는 둔탁한 소리가 들리기 시작했고 워낙 시간에 쫓기는 공사이다 보니 터널의 넓이도 한 사람이 겨우 통과할 정도로 좁게 파 들어갈 수밖에 없었다. 여기저기서 공사장의 인부들이 부상을 당하고 돌에 깔려 죽는 일도 발생했다. 그러다가 겨우 3규빗 그러니까 약 1m 30cm를 사이에 두고 반대쪽에서 파고 들어온 석공들의 목소리를 들을 수 있게 되었고 마침내 마지막 암반이 뚫리는 순간 기혼샘의 물이 실로암 연못 쪽으로 쏟아져 들어왔다. 드디어 기적처럼 533m의 터널이 완성된 것이다. 이런 수로 공사는 일정한 경사를 이뤄야 물이 한쪽으로 흐르는 법이다.

그런데 히스기야 터널은 시작과 끝이 겨우 30cm의 고저 차를 유지하여 완만하게 흐르게 만들어 놓았다. 그뿐만 아니라 2,700년 전, 나침반이나 내비게이션, GPS도 없었는데 어떻게 양쪽에서 암반을 파고 들어가 정확히 중간에서 상대방과 만날 수 있었을까? 그것은 아직도 그 비법을 알 수가 없는 미스터리로 남아 있다.

좁고 높은 히스기야 터널

여부스를 공격하기 위해 뚫은 구멍 워렌 샤프트

기혼샘에서 시작된 533m 길이의 히스기야 터널을 걷는 체험은 예루살렘 여행의 색다른 묘미를 선사한다.

그동안 뜨겁고 건조한 예루살렘의 기후, 그리고 오르락내리락 걸어야 하는 예루살렘의 독특한 지형을 돌아다니다 보면 뭔가 시원한 그늘이나 시원한 물을 찾을 수밖에 없게 된다.

그런데 히스기야의 터널 안으로 들어가는 순간, 무릎까지 차오르는 시원한 물에 발바닥으로 느껴지는 거칠한 바위 바닥의 느낌, 그리고 끝이 보이지 않는 캄캄한 터널 속은 시원하면서도 왠지 모를 공포감이 몰려온다.

히스기야 터널은 한 사람이 겨우 지나갈 정도의 폭으로 좁고 기혼샘에서 출발할 때의 높이는 그다지 높지 않다가 히스기야 터널의 끝부분인 실로암 연못쯤에 가면 높이가 약 2~3m 정도 높아진다. 이것은 아마도 처음 공사할 때 높낮이를 잘못 계산해서 그런 것이 아닐까 하는 생각이 드는데 어쨌든 기혼샘에서 시작된 물줄기가 실로암 연못까지 흘러가게 하는 데는 터널 바닥의 경사 각도가 정확하기 때문에 물이 흘러 들어가게 되는 것이다.

그런데 기혼샘에서 시작된 이 터널을 걸어 들어가서 약 100m 정도 지나면 갑자기 터널의 윗부분에 뚫린 작은 구멍을 하나 발견할 수 있다. 터널 속이 너무 어둡기 때문에 굳이 누가 설명을 해 주거나 가르쳐 주지 않으면 그런 구멍이 있는지조차 모를 정도이다. 히스기야 터널에 왜 이런 구멍이 있는 것일까?

그 구멍은 다윗이 예루살렘을 수도로 삼기 전에 이미 그곳에서 살고 있었던 여부스 사람들이 기혼샘의 물을 긷기 위해 땅 위에서부터 이곳 터널까지 파 놓은 구멍이었다. 그런데 이 구멍을 다윗이 예루살렘을 공격할 때 아주 적절하게 사용했던 것이다.

다윗은 왕이 된 후 7년간 예루살렘에서 남쪽으로 약 30km 떨어진 헤브론에서 이스라엘을 다스리다가 예루살렘으로 수도를 옮기고 싶어 했다.

그런데 예루살렘엔 이미 여부스 민족이 살고 있었고 그들이 쌓아 올린 성벽 또한 난공불락이었다. 더군다나 예루살렘 성 주변은 기드론 골짜기와 힌놈 골짜기로 둘러싸여 있기 때문에 공격을 하기에도 쉬운 곳은 아니었다. 도무지 여부스 민족이 살고 있는 예루살렘 성을 공격할 방법이 없었다. 바로 그때 다윗은 이런 생각을 했다. 전투 경험이 많고 힘이 센 특수 요원 몇 명을 히스기야 터널 안의 구멍을 이용하여 여부스 민족의 성안으로 들어가게 한 다음 안에서 성문을 열어 다윗의 군사들이 성안으로 들어가 여부스 민족을 내쫓으면 어떨까?

이 작전은 정확히 맞아떨어졌고 마침내 성공을 했다. 그래서 그때부터 예루살렘은 여부스 족속의 땅이 아닌 이스라엘 백성의 땅이 되었다. 하지만 역사책에 기록되어 있는 그 구멍은 아무도 찾지 못했었

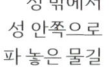
성 밖에서
성 안쪽으로
파 놓은 물길

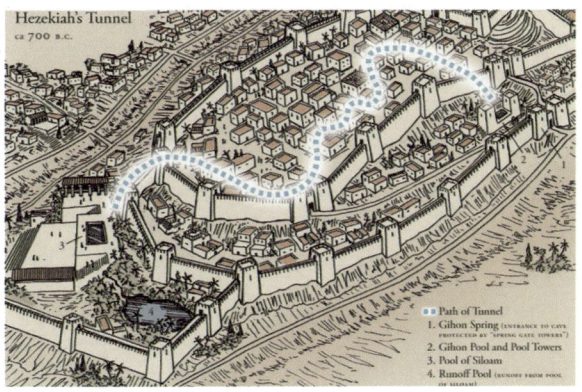

다. 마침내 1867년 찰스 워렌Charles Waren이라는 고고학자가 이 구멍을 발견하였고 그때부터 이 구멍을 워렌 샤프트Waren Shaft, 워렌의 수직 갱도라고 부르고 있다.

소경이 눈을 뜬 실로암 연못

워렌 샤프트의 구멍을 지난 뒤 아무리 걸어도 끝이 보이지 않는 어둠의 터널, 숨소리조차도 먼 곳까지 울려 퍼지는 밀폐된 공간, 그런 터널 속을 약 40분에 걸쳐서 지나오면 드디어 먼 곳에서 밝은 빛이 비쳐 온다. 드디어 히스기야 터널이 끝나는 순간이다. 그 끝에 다다르면 몇 개의 커다란 돌기둥이 아무렇게나 쓰러져 있는 작은 연못이 나오는데 이곳이 바로 실로암 연못Siloam Pool이다. 기혼샘의 물을 받는 곳 실로암. 그래서 실로암이라는 뜻은 '보냄을 받았다'는 뜻이다.

히스기야왕이 기혼샘의 물을 성안에 있던 이곳 실로암까지 끌어들이는 데 성공하면서 이제 예루살렘 성 안에 살던 사람들은 성문이 완벽하게 닫힌 이후에도 마음 놓고 식수를 사용할 수 있게 되었다. 그리고 실로암은 겨울철 우기에 내리는 빗물을 담아 두기도 했었다. 구약 시대에는 제사장들이 성전에서 제사를 드릴 때 필요한 물을 정결한 물이라 해서 실로암 연못에서 길어다가 제단에 뿌렸고 헤롯왕은 이곳에 목욕탕을 만들기도 했다. 실로암 연못은 신약성경에서 크게 두 번 정도 소개가 된다.

첫 번째로, 예수님 당시 실로암에 있던 망대가 무너져서 그 돌들에 18명이 깔려 죽는 사건이 발생했다. 망대를 세운 돌들이라면 엄청난 크기와 무게였을 텐데 그 돌에 깔려 죽었으니 죽은 사람들의 주검은 처참하기 이를 데 없는 상황이었다. 이때 죽은 사람들은 이곳 실로암 망대에서 일하던 일꾼이라고도 하고 망대에 있는 죄수들이라고도 한다. 아마도 그 당시에 망대의 밑부분에 죄수를 가두는 감옥이 있었던가 보다.

어쨌든 시신을 수습하지도 못할 정도로 처참하게 죽은 18명을 두고 어떤 사람들은 그들이 죄를 많이 지어서 돌에 깔려 죽었다는 얘기를 하기도 했고 또 어떤 사람들은 하나님이 그들을 심판했다는 얘기도 했다. 그러나 예수님은 그렇게 생각하지 않으셨다.

'그렇게 죽은 사람들이 예루살렘에 있는 모든 사람보다 죄가 더 있는 줄 아느냐? 아니다. 만일 누구든지 회개하지 않으면 다 이처럼 죽게 될 것이다.'

그리고 두 번째 이야기는 잘 알다시피 예루살렘 성을 찾은 예수님께서 태어날 때부터 소경이었던 사람에게 진흙을 눈에 바르신 다음 실로암 연못에 가서 씻으라고 시키신 이야기이다. 태어날 때부터

실로암 연못

전혀 앞을 보지 못했던 소경이 비로소 눈이 뜨이고 세상을 보게 된 곳 실로암, 그래서 그 소경에게는 실로암이 제2의 탄생의 장소가 되거나 다름없었다.

이곳 실로암 연못에 가면 돌기둥이 뒹구는 것을 볼 수 있는데 이것은 실로암 연못의 자리에 5세기경 교회가 세워졌었지만 페르시아 침략 때 무너져 오늘날까지 그냥 방치되어 있는 것이다. 2006년부터 5년간 실로암 지역에 대대적인 고고학 발굴이 진행되어 약 3m의 진흙 더미 속에 파묻힌 실로암 유적들을 더 발굴했다. 실로암 연못이 있는 그 마을은 지금도 실완Silwan이라고 부르며 아랍인들이 거주하고 있다.

다윗의 첫 번째 도시 다윗성

다윗성City of David은 여부스 민족으로부터 예루살렘을 빼앗은 뒤에 세운 예루살렘 성이다. 그러니까 다윗이 예루살렘을 점령하고 제일 먼저 자리를 잡은 곳은 현재의 예루살렘 성이 아니고 성 밖에 있는 기드론 골짜기의 아랫부분이다. 그런데 이곳이 골짜기이다 보니 다윗의 성은 지형적으로 아주 독특한 모습을 하고 있다. 마치 경사가 높은 골짜기에 세워진 듯한 형태이다.

그러나 이곳에서 바라보면 멀리 모리아산이 보이고 또 자신의 집 무실 옥상에 올라가면 다른 집의 앞마당이 내려다 보이는 식이다. 아마도 이런 지형적 특색으로 바로 다윗의 찬란하기도 하고 암울하기도 한 개인의 역사가 시작된 것이 아닐까 하는 생각이 든다.

우선 다윗은 저 멀리 아니 그다지 멀지도 않은 곳, 달려가면 5분 정도밖에 걸리지 않을 거리에 있는 모리아산을 보면서 지금도 아비나답의 집에 보관되어 있는 모세의 법궤를 제대로 된 장소에 모셔야겠다는 생각을 하게 된다. 그 생각은 곧바로 성전 건축으로 이어지게 되고 크고 웅장하며 화려한 성전의 모양을 구체적으로 구상하며 설계를 하게 된다. 그리고 결국엔 그의 아들 솔로몬에게 그 역할을 넘기게 된다. 이스라엘 백성이 하나님께 제사를 드리는 성전, 하나님의 영이 거하는 장소, 그곳을 다윗이 바로 모리아산을 보며 구상하게 된 것이다.

지금도 이곳 다윗의 도시에 서면 저 멀리 보이는 모리아산, 지금은 무슬림의 성지 황금사원의 황금색 지붕이 손에 잡힐 듯 보인다.

그리고 다윗은 눈을 반대쪽으로 돌려 저 멀리 보이는 유대 광야와 사해, 그리고 요단강 건너 암몬과 에돔 땅을 바라보며 정복의 꿈을 키웠을 것이다.

그런가 하면 다윗은 이곳에 있던 자신의 집무실 옥상에 올라갔다가 아래쪽에 있는 남의집 앞마당을 보게 된다. 이것은 굳이 찾아서 보지 않아도 그냥 눈만 돌리면 보일 수밖에 없는 지형적 특성이 아주 제대로 드러나는 것이다.

다윗은 이곳에서 봐서는 안 될 장면을 목격하게 된다. 바로 남편이 있는 여인 밧세바의 목욕 장면이다. 이 장면을 목격한 이후 다윗은 그의 일생일대에 큰 변화를 갖게 하는 중요한 사건을 저지르게 된다. 그 사건 이후 다윗은 나단 선지자의 경고와 예언처럼 아들 간에 피비린내 나는 살육과 보복의 잔치가 벌어졌고 끝내는 아들 압살롬에 의해 도망가게 되는 신세가 된 것이다.

현재 이곳에 가면 놀랍게도 다윗이 세웠던 성벽과 건축물들의 일부가 남아 있는 것을 볼 수가 있다. 그런데 나중에 솔로몬이 세운 성전에 비해 다윗의 도시가 너무나 규모가 작고 검소했다는 것을 느끼게 된다. 그만큼 다윗은 자신의 성보다도 하나님의 성전을 더 크고 화려하게 짓고 싶어 했던 마음이었다.

이곳엔 기원전 586년에 바빌론에 의해 파괴되기 전까지 사용하던 화살촉과 가구, 불에 탄 흔적들이 발굴되어 전시되고 있는 것을 볼 수 있다. 다윗성, 기혼샘, 히스기야 터널, 실로암 연못을 보기 위해서는 다윗의 도시 City of David로 가야 한다. 예루살렘의 성문 중에 하나인 덩 게이트 Dung Gate를 나와 왼쪽으로 100여 m 내려가다가 맞은 편에 보이는 골목길로 또다시 내려가면 왼쪽에 커다란 하프가 장식되어 있는 다윗의 도시 공원 입구가 나온다.

(위)
다윗의 도시로
들어가는 입구
히스기야 터널도 여기서
들어갈 수 있다

(아래)
3천 년 전에 쌓아올린
다윗성의 일부

❻ 제2성전의 흔적
통곡의 벽

유대인들에게 가장 소중한
제2성전의 흔적

서쪽 성벽Western Wall 또는 통곡의 벽Wailing Wall이라 불리는 이곳은 365일, 24시간 유대인들의 발걸음이 끊이질 않는다. 눈이 와도 비가 와도 한낮의 뜨거운 태양이 내리쬐어도 이곳에 가면 검은 모자와 검은 롱 코트를 입고 머리에는 탈릿을 뒤집어 쓴 정통 유대인들이 앞뒤로 머리를 흔들며 열심히 기도책을 읽고 있다.

꼭 정통 유대인들만 있는 것은 아니다. 긴 총을 어깨 뒤로 둘러맨 군인에서부터 청바지에 티셔츠를 입은 젊은이들, 그리고 나이가 어린 아이들까지도 통곡의 벽에 머리를 기대고서 마치 사랑하는 연인과 헤어져 슬픔에 빠져 있는 듯 아무 말이 없다.

통곡의 벽은 가운데 담장을 사이로 왼쪽은 남자 구역, 오른쪽은 여자 구역으로 나뉘어져 있다. 벽에 기대거나 그 앞에서 시드루siddru

라고 하는 작은 기도책을 읽고 있는 사람들이 많기는 여자 구역도 마찬가지다.

통곡의 벽으로 가기 위해서는 3군데의 입구에 있는 검문검색대를 통해 들어가는데 이들은 마치 배고픈 사람들이 식당을 향해 달려가듯 넓은 광장을 가로질러 부지런히 통곡의 벽 쪽으로 걸어간다. 그러고는 쇳덩어리가 자석에 달라붙듯이 통곡의 벽에 기대어 기도한다.

그들의 손에 작은 책이 들려 있다면 그것은 기도책이고 손에 아무것도 들려 있지 않다면 각자의 기도들을 하겠지만 한 가지 분명한 것은 그들의 한결같은 기도는 바로 2천 년 전 이곳에 세워졌던 성전이 다시 세워지게 해 달라는 것만은 틀림없을 것이다. 왜냐하면 통곡의 벽은 유대인들이 가장 소중하게 여기는 제2성전의 흔적이자 새로운 성전의 재건 의지를 다지는 곳이기 때문이다. 유대인들은 마음 같아서는 통곡의 벽이 아니라 당장이라도 통곡의 벽 넘어 제2성전 자리 그러나 지금은 황금사원 자리로 들어가서 기도하고 싶겠지만 그렇게 할 수 없으니 통곡의 벽 앞에서만이라도 아쉬워하며 기도할 수밖에 없는 것이다.

유대인들은 2천 년 전 로마에 의해 예루살렘이 파괴되고 그 후 전 세계로 뿔뿔이 흩어져 살면서도 언젠가 이스라엘로 돌아가 무너진 성전을 다시 재건하겠다는 열망으로 그 고난의 시간들을 견뎌 왔었다. 그리고 마침내 1967년 6일 전쟁을 통해 예루살렘을 되찾고 통곡의 벽까지 되찾았는데 유대인들이 생각할 때 한 가지 가장 아쉬운 점은 그때 당시 얼마든지 황금사원 자리도 차지하고 허물어 버릴 수 있었음에도 불구하고 그렇게 하지 못한 것이었다.

실제로 6일 전쟁 당시 이스라엘 군인들은 황금사원 안에까지 진격해 들어갔었다. 군인들 중에는 하나님을 믿지 않는 자들도 있었지만 그들은 황금사원 안으로 들어서는 순간 모두들 눈물을 글썽였다. 드디어 예루살렘의 중심 모리아산에 들어왔다는 감격이었을 것이다. 그 당시 군인들과 함께 황금사원 안으로 들어온 유대인 랍비도 있었는데 그는 눈앞에 보이는 황금사원을 보고 이스라엘 군인들에게 당장 폭파할 것을 강력히 요청했지만 이스라엘군 지휘관은 이 말을 듣지 않았다. 만약에 황금사원을 폭파한다면 이 전쟁은 전 지구에 있는 수많은 이슬람 국가들과 더 큰 전쟁을 치르게 될 것이 분명했기 때문이다. 결국 이스라엘 군인들은 황금사원 밖으로 나왔다.

만약에 그때 이스라엘 군인들이 황금사원을 폭파했었더라면 아마 지금쯤 이곳엔 통곡의 벽이 아니라 그들의 자랑스러운 제3성전이 세워져 있을지도 모르는 일이다. 물론 이스라엘 군 장교의 말대로 더

통곡의 벽에
모여든
유대인들

큰 전쟁을 치르고 그 전쟁에서 승리했을 때에만 가능한 일이지만.

결론적으로 이스라엘 군인들은 겨우 통곡의 벽 한쪽만을 되찾았을 뿐이었고 오늘날의 유대인들은 아마도 그런 상황이 통탄스러워 이곳에서 통곡을 하고 있는 것은 아닐까? 어쨌든 이스라엘에 살고 있든지 아니면 해외에서 살고 있든지 유대인이라면 누구나 가로 57m, 높이 19m(땅속에 묻힌 것까지 포함하면 32m)의 통곡의 벽을 소중하게 생각하지 않는 사람은 없을 것이다. 그래서 이스라엘에 살고 있는 유대인들은 시간만 허락한다면 늘 통곡의 벽을 찾아오고 또 해외에 살고 있는 유대인들이 이스라엘을 방문하게 된다면 반드시 통곡의 벽을 찾아간다.

통곡의 벽에 가려면 남자들은 반드시 머리에 키파를 써야 한다. 만약에 키파가 준비되지 않았다면 통곡의 벽 입구에 누구나 가져다 쓸 수 있도록 1회용 키파를 준비해 놓고 있으니 이거라도 머리에 써야만 통곡의 벽으로 다가갈 수 있다. 여자들은 통곡의 벽 쪽에 가까이 갈 때에는 그냥 들어가지만 나올 때는 돌아서서 나오지 않고 뒷걸음질로 나와야 한다.

통곡의 벽의 돌과 돌 사이 작은 틈 속에 수많은 종이들이 구겨져 들어가 있는 것을 볼 수 있는데 이것은 유대인들과 방문객들이 각자 기도 제목을 적어 이곳에 꽂아 놓은 것이다. 기도 제목이 적힌 종이들은 일 년에 한 번씩 수거해 불에 태워 버린다고 한다.

통곡의 벽이 통곡의 벽인 이유

왜 유대인들은 이곳에서 눈물을 흘리며 기도를 하고 통곡의 벽이라는 이름으로 부르게 된 것일까?

　통곡의 벽의 기원은 2천 년 전부터 시작된다. 예수님 당시 이스라엘의 왕은 헤롯이었고 그는 유대인이 아닌 에돔 사람이었다. 에돔은 지금의 요르단 남부 지방을 말하는데 그 당시 이스라엘을 지배하고 있던 로마 정부에 의해 유대인이 아닌 이방인이 이스라엘의 왕으로 임명받은 것이다. 그래서 그는 자신이 유대인이 아님에도 불구하고 이스라엘의 왕으로 있다는 사실에 늘 불안해했다. 언제 어디서 어떻게 유대인들이 봉기를 일으킬지 몰랐던 것이다. 그래서 헤롯은 유대인들에게 큰 환심을 불러일으킬 만한 일을 하게 되는데 그것은 그 옛날 솔로몬 성전이 있던 자리에 다시 크고 화려한 성전 건물을 60년의 긴 세월에 걸쳐 건축하는 일이다.

　성전 벽의 둘레가 모두 합쳐서 485m로 그 당시의 건축물 치고는 어마어마한 규모라고 할 수 있었다. 이렇게 큰 건물이 돌로 만들어졌을 때 다소 딱딱하고 경직된 느낌을 가질 수 있다는 것도 예상하여 성전의 벽을 이루는 돌들의 크기를 일정하게 하지 않았다.

　물론 높이는 1m에서 1.1m 정도로 일정하게 맞췄지만 양옆의 길이를 2.5m에서 10m나 되도록 다양하게 다듬어서 쌓도록 했다. 그래서 어떤 돌의 무게는 400톤이나 되었고 평균 2톤에서 5톤까지 무게도 다양했다. 이런 성전이 완성되었을 때 유대인들의 감동과 감탄은 컸다. 너무나 견고하고 튼튼하고 아름다웠기 때문에 그 어떤 재난이 와도 더 이상 성전은 무너지지 않을 것만 같았다.

　이 성전은 예수님께서 예루살렘에 입성하시고 나서 곧바로 찾아가 장사꾼을 내쫓으셨던 바로 그 성전이다.

통곡의 벽 앞을 지나는 고양이는 색깔도 검다

그러나 A.D. 67년 마침내 예루살렘을 포함한 이스라엘 전 지역에서 로마에 항거하는 봉기가 발생했고 다급해진 로마 정부는 강력한 군대를 이스라엘로 파견해 예루살렘을 포함한 이스라엘 전 지역을 멸망시키는 작전에 들어간다. 이 작전은 3년이라는 긴 세월이 걸렸다. 그리고 마침내 이스라엘 전 지역이 로마 군인에 의해 유린되고 이제 남은 곳은 예루살렘뿐이었다.

결국 A.D. 70년 예루살렘도 로마 군인에 의해서 완전히 파괴되는데 이때 헤롯이 건축했던 그 크고 아름답고 견고했던 예루살렘 성전도 완전히 파괴되고 말았다.

40여 년 전 예수님께서 올리브산에서 예루살렘 성을 바라보면서 돌 위에 돌 하나 남지 않을 정도로 파괴될 거라고 예언하셨던 일들이 현실로 일어난 것이다.

모든 이스라엘 백성들의 정신적 중심지였던 성전은 지구상에서 그리고 예루살렘에서 사라졌다. 하나님께 제사를 드릴 장소가 사라져 버렸다. 하나님께 바칠 희생양을 잡는 장소가 사라져 버렸다. 이스라엘 백성들은 절망에 빠지고 희망을 잃게 되었으며 삶의 의욕도 목적도 상실해 버리게 된다.

그런데 다행스럽게도 그 당시 로마 군인들은 헤롯이 건축했던 성전을 완전히 파괴하면서 성전의 서쪽 부분의 석축을 남겨 놓았다. 그래서 이곳을 통곡의 벽 말고도 서쪽 성벽이라고 부르게 된 것이다. 이렇게 성벽의 일부를 남겨 놓은 이유는 로마 군인이 이렇게 크고 웅장했던 성전 건물을 파괴했다는 것을 증거로 남겨 놓기 위해서였다.

성전이 무너져 버리고 그 흔적이 겨우 남은 성전의 서쪽 벽, 이스라엘 백성들은 이 서쪽 성벽으로 달려가 무너진 성전을 애통해하면서 눈물로 하나님께 기도할 수밖에 없었다. 그러나 로마는 그것마저도 허락하지 않았다. 예루살렘에 살고 있던 모든 유대인들을 예루살렘에서 쫓아내고 그 당시 유대인들이 가장 싫어하던 블레셋Philistines 사람들의 이름을 따서 이곳을 팔레스타인Palestine이라 부르게 된다. 그 뒤에 예루살렘은 쓰레기와 먼지만 날리는 폐허로 방치된다. 그리고 그 주변을 맴돌면서 방랑자처럼 살던 아랍의 유목민들이 슬금슬금 들어와 살게 되었지만 다행스럽게도 이스라엘 백성들에게 일 년에 단 하루만 성전의 서쪽 흔적에 가까이 접근할 수 있도록 허락된다. 일 년에 단 하루. 예루살렘에서 쫓겨난 이스라엘 백성들은 이곳 서쪽 성벽에 가까이 가서 그 성벽의 일부분을 보면서 통곡을 한다.

'하나님, 성전이 무너져 이렇게 벽의 일부만 남아 있습니다. 어서 빨리 우리가 힘을 갖춰서 이 벽을 바탕으로 성전을 다시 건축할 수 있게 하옵소서.'

그래서 이 벽이 통곡의 벽이 된 것이다.

하나님, 이제야
이 벽 앞에 섰습니다

1948년 5월 14일, 팔레스타인 땅에 유대인들이 이스라엘 국가를 건설했을 때에도 통곡의 벽을 포함한 예루살렘의 올드시티와 동쪽 지역은 여전히 요르단 영토였었다.

그러나 1967년 6월 5일, 드디어 이스라엘은 6일 전쟁을 통해 이곳 올드시티를 포함한 동예루살렘을 점령하기 위한 치열한 전투에 들어가는데 이스라엘 군인들의 최대 목표는 통곡의 벽을 확보하는 것이었다. 그 전투는 참으로 치열했다.

6일 전쟁이 처음 시작되었던 시나이반도와 같은 넓은 사막 지역에선 이스라엘 군인들이 전투기와 장갑차를 앞세워 이집트 군대를 섬멸했고 북쪽의 골란고원에서도 시리아 군인들과 싸워 쉽지는 않았지만 그래도 땅을 차지할 수가 있었다.

그러나 예루살렘의 올드시티는 그곳과는 상황이 달랐다. 왜냐하면 올드시티 안에는 좁고 복잡한 골목길로 이루어졌고 계단으로 된 경사가 많았기 때문에 장갑차가 쉽게 드나들 수도 없었다. 게다가 좁은 골목길의 구석구석에서 대항하는 요르단 군인들의 산발적인 공격은 이스라엘 군인들의 많은 희생을 내기에 충분했다.

그러나 이스라엘 군인들의 투철한 목적 의식은 그 좁은 예루살렘의 스데반 성문과 시온문으로 탱크를 강제적으로 진입시키에 이른다. 그래서 현재도 예루살렘의 이 두 성문에 가면 6일 전쟁 때 탱크가 문의 양옆을 긁으며 들어갔던 흔적과 그 당시 격렬하게 오고 간 총탄 자국이 깊게 패여 있는 것을 발견할 수가 있다. 그 당시 예루살렘의 경사진 골목길엔 이스라엘과 요르단 군인들의 검붉은 피가 하수처럼 흘렀으며 며칠 동안 피비린내가 진동했다는 기록이 남아 있을 정도이니 전투가 얼마나 치열했었는지를 알 수 있다.

드디어 이스라엘 군인들이 통곡의 벽에 이르렀고 군인들의 눈앞에 통곡의 벽이 들어오는 순간, 머리에 썼던 무거운 전투모를 벗고 총을 땅에 내려놓은 채 통곡의 벽에 기댔다. 그러고는 눈물의 기도를 했다.

'하나님, 이제야 이 벽 앞에 섰습니다.

로마로부터 강제로 빼앗긴 이 땅을 2천 년 만에 우리 손으로 되찾았습니다.'

2천 년이 지난 지금, 성전이 있던 자리에는 서쪽 성벽 일부만 남았을 뿐 찬란했던 성전은 어디론가 사라지고 그 자리에는 이슬람의 사원인 황금사원이 자리를 잡고 있다.

통곡의 벽을 되찾고 그 앞에서 춤을 추는 이스라엘 군인

세월의 흔적이 차곡차곡

현재 유대인들이 머리를 기대고 기도하고 있는 그 통곡의 벽은 그러니까 지금으로부터 2천 년 전에 쌓아 올린, 예수님 당시의 성전 벽돌이다. 참으로 오랜 세월을 지내 오면서 그 흔적을 유지하고 있는 예수님 당시의 유적들이다.

그런데 통곡의 벽을 자세히 들여다보면 특이한 점을 발견할 수가 있다. 분명히 헤롯이 만든 성전 벽돌의 크기는 높이가 1m에서 1.1m 라고 했는데 현재 통곡의 벽에 가서 보면 맨 아랫부분부터 7단까지는 벽돌의 높이가 일정하다가 어느 순간부터는 그 크기가 작아지고 또 맨 윗부분에선 크기가 현재 우리가 사용하는 벽돌의 크기보다 조금 더 큰 정도로 아주 작아진다는 것을 발견할 수가 있다.

그것은 바닥에서부터 7단까지만 헤롯 시대의 성전 벽돌이고 그 위부터 4단까지는 로마가 다시 쌓아 올린 벽돌이며 그 위에 제일 작은 벽돌은 오스만 터키 시대에 덧붙여서 쌓아 올렸기 때문이다. 그리고 더 놀라운 사실은 지금 현재 사람들이 발을 딛고 서 있는 땅 밑으로 헤롯 성전의 벽돌이 17개 단으로 더 묻혀 있다는 것이다.

지난 2천 년 동안 수많은 전쟁과 전투를 치러 오면서 도시가 파괴되고 또다시 흙으로 메우는 작업들을 반복해 왔는데 그러면서 도시의 지표면이 점점 높아졌고 예루살렘의 성전 벽도 일부가 흙에 묻혀 버린 것이다.

통곡의 벽 왼쪽에 보면 약 2, 3m 높이의 아치를 볼 수가 있다. 이 안으로 들어가면 현재 지표면 아래로 묻혀 있는 성전의 밑부분을 볼 수 있도록 땅을 파 놓았기 때문에 이곳에 가면 그 당시 성전의 규모가 얼마나 크고 대단했었는지를 알 수가 있다. 이 아치를 윌슨 아치라고 부르는데 이 아치 역시 그 당시 성전 안으로 들어가는 다리의 일부분이다.

현재 예루살렘엔 통곡의 벽을 기준으로 벽 바깥쪽은 유대인의 거룩한 성지이지만 성벽 안쪽으로는 이슬람의 최대 사원인 황금사원이 자리 잡고 있기 때문에 벽 하나를 사이에 두고 유대인의 거룩한 성지와 이슬람의 거룩한 성지가 공존하고 있는 셈이다. 성벽엔 유대인의 기도 소리가, 성벽 위의 사원에선 무슬림의 기도 소리가 동시에 울려 퍼지는 역사의 아이러니가 이곳에선 일어나고 있다.

유대인의 거룩한 성지, 통곡의 벽, 전 세계 모든 유대인이 반드시 찾아가서 기도하고 싶은 거룩한 장소, 그래서 이곳은 이스라엘 군인이 최대로 보안과 안전에 신경쓰고 있는 중요한 장소이며 이곳으로 들어가기 위해서는 엄격하고 까다로운 검문검색을 거쳐야 한다.

통곡의 벽 앞에서 성인식을 치르는 유대인 아이

7

성령의 역사가 일어났던
시온산

설계 실수로
성 밖으로 밀려 난 시온산

시온산은 예루살렘 남서쪽 해발 764m의 언덕에 자리 잡고 있는 산으로 예루살렘을 사이에 두고 올리브산과 마주 보고 있는 산이다.

예루살렘을 둘러싸고 있는 예루살렘 성의 시온문을 통해 밖으로 나오면 바로 이곳이 시온산 지역이 된다.

예수님께서 열두 제자와 함께 유월절 식사를 하셨던 마가의 다락방, 그리고 예수님 당시 예루살렘의 제사장이었던 가야바의 집이 있고 또 예수님 당시의 왕이었던 헤롯왕의 거처도 역시 이쪽에 있다.

시온 지역은 2천 년 전 당시 예루살렘의 위쪽 지역으로 권력과 재산이 있는 사람들이 모여 살던 일종의 고급 주택 지역이었다. 가야바 역시 그 당시 최고의 종교적 권력자였고 헤롯은 정치적 권력자였다. 그런데 놀라운 것은 예수님의 제자 중에 한 명이었던 마가도 역시 이

동네에서 살았다는 것인데, 그걸 보면 아마도 마가는 그 당시 꽤나 부자였던 것 같다.

그런데 시온산에 가면 한 가지 좀 의아스러운 것을 발견하게 된다. 그 당시 분명히 제사장 가야바의 집이나 헤롯왕의 거처 역시 성안에 있었을 텐데 왜 시온산이 예루살렘 성 밖에 자리 잡고 있을까? 물론 예수님 당시엔 시온산 역시 예루살렘 성 안에 포함되어 있었다.

A.D. 70년에 로마에 의해서 예루살렘이 모두 파괴되면서 예루살렘을 둘러싸고 있던 성벽도 모두 허물어졌고 한동안 예루살렘은 폐허가 되고 말았다.

그 뒤에 15세기 중엽 오스만 터키 제국의 슐레이만 황제는 이곳에 다시 성벽을 쌓는 것을 명령했고 공사는 이뤄졌다.

그 당시 성벽 공사를 할 때 공교롭게도 시온성을 밖으로 빼고 성을 쌓아서 현재는 시온산이 예루살렘 성 밖에 있게 되었다. 물론 의도

적으로 그런 것은 아니었다.

성벽을 설계한 담당자의 아주 단순한 실수에 의한 것이었는데 이같은 사실을 나중에 안 슐레이만 황제는 몹시 분노했으며 그 설계 담당자를 참수형에 처했다는 이야기가 전해져 온다. 그러나 어쨌든 시온산은 단순한 언덕이 아니고 단순한 지명이 아니다.

이스라엘 백성들이 바빌론으로 포로로 끌려갔을 때 그들은 바빌론의 강가에 앉아 자신들의 고향인 이스라엘, 다시 말해 시온을 생각하며 눈물을 흘렸다고 했다. 성경에서도 '시온의 딸들아 시온에 거하시는 하나님'이라고 표현한 것처럼 시온은 이스라엘을 상징하는 것이었고 나라를 잃은 이스라엘 백성들이 고향을 지칭할 때 시온을 이야기했다.

이스라엘 건국 초기에 세계 곳곳에 뿔뿔이 흩어져 있는 유대인들을 이스라엘로 한데 모으는 운동을 바로 시오니즘^{Zionism}이라고 표현하기도 했다. 그래서 시온산은 더 의미가 있는 곳이며 아마도 예루살렘에서 가장 아름다운 언덕이 아닐까?

아쉬운 대로 만들어진 다윗의 무덤

자동차가 드나드는 시온문을 통해 성 밖으로 나오면 좁고 작은 주차장을 만나게 되고 그 주차장 옆으로 나 있는 골목길로 가면 오른쪽에 작은 문을 하나 만나게 된다. 그리고 그 문에는 파란색 타일에 'Tomb of David'라고 적혀 있는 작은 문패를 발견하게 되는데 이곳이 바로 이스라엘의 두 번째 왕, 다윗왕의 무덤이다.

이스라엘 최고의 왕 다윗이 묻힌 곳이라고 하기엔 입구에서부터 너무나 좁고 볼품이 없다는 것을 느낄 수 있고 안으로 들어가도 역시 그런 느낌은 변함이 없다.

이집트의 쿠푸왕의 무덤인 피라미드나 우리나라의 조선 시대 왕들의 무덤의 규모가 어마어마하다는 것을 생각한다면 정말 다윗왕의 무덤은 초라하기 짝이 없다.

우선 안으로 들어가면 어두컴컴하다. 한쪽 구석엔 책들로 벽면을 채우고 있지만 벽이 검게 그을린 것으로 보아 이곳 역시 그동안 세월의 풍상을 많이 겪은 곳이라는 것을 알 수 있다. 페르시아 침공 때 이곳에 불을 질러 건물 내부가 검게 그을렸는데 무슨 이유인지는 모르지만 아직도 그 검게 그을린 벽에 색칠을 하지 않고 있다. 그래서 내부는 더욱 음산하기까지 하다. 이곳에서도 통곡의 벽과 마찬가지로 반드시 키파를 써야 한다. 여자들은 어깨가 드러난 옷을 입거나 짧은 치마를 입고는 들어갈 수가 없으니 그만큼 성스러운 곳이라는 얘기다.

안으로 들어가면 좁은 공간 안에 많은 유대인들이 서로 뒤엉켜 율법책을 들여다보며 읽기도 하고 또 기도하는 모습을 볼 수 있다. 그들 틈을 비집고 들어가면 드디어 거대한 크기의 다윗왕의 관이 눈앞에 나타난다.

그렇다면 다윗왕의 관은 어떻게 생겼을까? 검은 천으로 덮여 있기 때문에 실제 관의 모습은 볼 수 없다. 그 대신 관을 덮은 검은 천에는 다윗의 별이 중앙에 자수로 새겨져 있으며 양옆에는 이스라엘의 왕 다윗이라는 글이 히브리어로 적혀 있다.

그렇다면 그 관은 정말 다윗의 시신을 보관했던 진짜 관일까? 그리고 이 장소도 진짜 다윗왕의 무덤일까? 물론 아니다. 다윗왕의 무덤은 아직까지도 그 정확한 위치를 발견하지 못했다. 실제로 이스라엘의 역사에 나오는 41명의 왕들 가운데 지금까지 그 무덤이 발견되거나 확인된 왕은 헤롯왕 말고는 아무도 없다.

왜 그랬을까?

이스라엘의 역사에서는 아무리 위대한 왕이라 할지라도 죽은 후에 무덤을 거대하게 만들어 영웅시하는 전통이 없기 때문이다. 그래서 왕의 무덤이라는 표시가 제대로 되어 있지 않기 때문에 쉽게 발굴되지도 않는 것이다. 다윗이 시온산에 묻혔다는 성경의 기록에 의해 12세기부터 이곳을 다윗의 무덤이라고 가정하고 기념관을 만들어 놓았다고 한다.

그로부터 수많은 세월 동안 수많은 순례자들이 아쉬운 대로 이곳

진짜 무덤이 아닌 가짜 다윗의 무덤

다윗 기념 무덤을 찾아와 기도하고 다윗왕을 생각하게 된 것이다.

성령의 역사가 일어난 마가의 다락방

다윗의 기념 무덤에서 나와 옆에 있는 계단을 이용해 2층으로 올라가면 가로 15.3m, 세로 9.4m의 넓은 공간이 나온다. 이곳이 바로 예수님께서 제자들과 함께 마지막 성찬을 하셨던 마가의 다락방이다. 이곳은 레오나르도 다빈치가 그린 최후의 만찬이라는 그림에서 본 그런 모습과는 좀 다르다. 그림에서는 그 장소가 무척이나 넓어 보였고 식탁 역시 양옆으로 길게 늘어진 형식으로 되어 있지만 아마도 예수님 당시에 식탁은 그다지 크지 않았을지도 모른다.

어쨌든 이곳의 내부는 우리가 머릿속에 그리고 있는 다락방의 모습이나 또는 레오나르도 다빈치의 그림에서 봐 왔던 그런 공간과는 다소 거리가 있는 모습이다.

그 이유는 이 장소가 14세기 천주교에 의해서 세워진 건물이기 때문이다. 물론 예수님이 마지막으로 제자들과 성찬을 하셨던 바로 그 자리에 로마의 콘스탄티누스 황제의 모친인 헬레나 왕후가 기념 교회를 세웠지만 A.D. 614년 페르시아에 의해서 파괴되어진 후 다시 세워진 건물이 현재의 건물이 된 것이다.

건물 내부는 고딕 양식을 갖추고 있지만 놀랍게도 그 안에는 이슬람 사원에서만 볼 수 있는 제단이 자리 잡고 있는데 그것은 이 건물이 한때는 무슬림의 사원으로 사용되었다는 증거가 되는 것이다.

어쨌든 갈릴리에서 사역하시던 예수님은 제자들을 이끌고 이곳

오순절 성령의 바람이 불었던
마가의 다락방

예루살렘에 올라오셨고 이 자리에서 제자들과 함께 마지막 유월절 성찬식을 하셨다.

제자들이 예수님의 입을 바라본다.

그때 예수님은 손에 작은 떡을 하나 들고 드디어 입을 여신다.

"이 떡을 받아먹으라. 이것이 내 몸이니라."

제자들이 그 떡을 돌려 가며 한 조각씩 떼어 입에 넣었다.

이번에는 포도주 잔을 주시며 말씀하신다.

"이것을 마시라. 이것은 죄 사함을 얻게 하려고 많은 사람을 위하여 흘리는 나의 피, 곧 언약의 피니라."

예수님께서 놀라운 말씀을 하신다.

"이 중에 나를 팔 자가 있느니라…"

그 말에 유다는 슬금슬금 자리를 피했고 성찬을 마치신 예수님은 제자들과 함께 겟세마네 동산으로 자리를 옮기셨다.

그렇게 제자들과 함께 마지막 성찬식을 하셨던 장소가 바로 이곳이다. 마가의 다락방은 그 후에 놀라운 역사가 일어나는 현장이 된다. 십자가에서 돌아가신 예수님께서 사흘 만에 부활하시고 40일 뒤에 승천하신 다음 제자들이 바로 이 자리에 다시 모여 눈물로 기도할 때 드디어 성령의 불길이 임한 것이다.

세계 기독교 역사에서 가장 길이 남을 위대한 성령의 역사가 일어난 곳, 교회의 시초가 되었던 역사적인 현장이 되었다.

예수님이 마지막 밤을 보내신 베드로통곡교회

다윗의 무덤과 마가의 다락방이 있는 시온산 위쪽에 서서 남쪽 밑으로 내려다보면 파란색으로 칠해진 둥근 지붕으로 된 교회를 하나 볼 수 있다.

이곳이 바로 예수님 당시의 대제사장이었던 가야바의 집터에 세워진 교회, 영어로는 'Church of St. Peter in Gallicantu'라고 한다.

'갈리칸투'라는 말은 '닭이 운다'라는 뜻인데 직역을 하면 닭이 울었던 장소에 세워진 성베드로교회이다. 하지만 우리나라에선 이 교회를 보통 베드로통곡교회라고 한다.

이 교회는 예수님이 제자들과 함께 마가의 다락방에서 마지막 성찬을 하시고 겟세마네 동산으로 가셔서 기도를 하시다가 가룟 유다가 앞장서서 데려온 성전 병사들에 의해 붙잡혀 이곳 제사장 가야바의 집으로 끌려온다.

그때 이 상황이 걱정이 되었던 베드로가 이곳까지 따라오게 되고 사람들 속에 파묻혀서 이를 지켜보던 베드로를 알아본 여자아이가 아는 척을 하자 베드로는 이곳에서 예수를 모르는 사람이라고 세 번씩이나 부인하게 된다.

바로 그 순간 예수님께서 마가의 다락방에서 예언하셨던 것처럼 어디선가 닭이 우는 소리가 들려오고 그제서야 자신의 잘못을 깨달은 베드로는 통곡을 하게 된다. 그래서 이 교회의 파란 지붕 꼭대기엔 닭이 한 마리 조각되어 올려져 있다.

베드로통곡교회의 지붕엔 닭이 장식되어 있다

예수님이 하룻밤 갇혀있었던 지하의 방

　　교회 건물 옆에는 아주 오래된 돌계단이 있는데 이것은 2천 년 전에 만들어진 것으로 예수님께선 겟세마네 동산에서 붙잡히신 다음 이 계단을 따라 걸어 올라가서 제사장 가야바 앞에 섰을지도 모른다. 이 교회의 지하실에서는 함께 발굴된 여러 개의 감옥도 볼 수 있는데 죄수를 밧줄로 묶었던 구멍 뚫린 돌기둥을 볼 수 있고 그중에서도 가장 큰 감옥은 그 깊이가 5m에, 천장으로만 죄수를 내려놓고 끌어올려야 하는 출입 구조로 되어 있다.

　　이곳은 아무리 힘이 센 죄수라 해도 혼자 힘으로는 도저히 올라올 수가 없는 곳이다.

　　아마도 예수님께선 제사장 가야바에게 온갖 모욕적인 심문을 받으시고 이 감옥에 갇히셨을 것이다.

A.D. 457년에 이곳에 교회를 세웠으나 파괴되었다가 십자군 시대에 다시 세워졌고 1931년 현재의 모습으로 깨끗하게 단장이 되어 순례객들을 맞이하고 있다.

이 교회 앞에 서 있노라면 그 당시 예수님을 부인했다가 결국엔 닭의 울음소리와 함께 통곡하던 베드로의 거친 울음소리와 예수님이 밤새 이 지하 감옥에 갇혀서 신음하셨던 그 소리가 여러분의 귓가에 맴돌 것이다.

예수님이 걸으셨던 길

8 성전의 회복을 꿈꾸며 모여든 유대인 지구

예루살렘의 부촌

올드시티의 아랍 구역은 정리되지 않고 복잡하며 어수선한 분위기이다. 하지만 유대인 구역은 아랍 구역과는 다르게 나름대로 정리되어 있고 깨끗한 분위기이다. 골목은 유럽의 주택가같이 창문에는 예쁜 꽃이 있는 화분들이 있고 또 어떤 집은 이스라엘 국기가 자랑스럽게 꽂혀 있기도 하다.

좁은 골목길의 바닥도 역시 다른 지역과는 다르다. 다른 지역의 골목 바닥은 그저 블록 크기만 한 돌들을 깔아 놓았지만 이곳엔 친절하게도 골목길의 중앙 쪽으로 기울어지게 깔아 놓고 그 가운데에는 물이 흘러갈 만한 작은 홈을 만들어 놓았다. 한마디로 나름대로 골목길을 물청소한 다음에 물이 잘 빠져나갈 수 있도록 배수 시설을 해 놓았는데 이 작은 차이에서 다른 지역과는 다른 유대인들만의 치밀하고 깔끔한 성격들을 엿볼 수 있다.

아랍 구역과 유대인 구역을 구분하는 작은 골목만 하나 넘어가도 이런 분위기는 확연히 달라진다. 유대인 구역에는 베이글 빵집과 파라솔이 있는 커피숍에 한가하게 앉아서 대화를 나누는 유대인과 관광객들이 있다. 복잡한 것은 아랍 구역과 유대인 구역 모두 마찬가지이지만 분위기는 분명히 다르다. 올드시티의 유대인 구역은 통곡의 벽 광장 앞에서부터 시온문 안쪽까지인데 올드시티 안에서도 비교적 높은 지역에 자리 잡고 있다.

이 지역에서는 예루살렘 올드시티의 다른 곳에선 절대 볼 수 없는 또 다른 것을 발견할 수 있다. 유대인들이 거주하거나 일하는 건물의 입구에는 반드시 작은 나무토막 같은 것이 달려 있는데 이것이 바로 메주자mezuzah이다.

메주자는 그 옛날 이스라엘 백성들이 이집트에서 노예 생활을 하

— 유대인 구역에서 성전산을 내려다 보는 유대인들

8. 유대인 지구

다가 모세에 의해서 가나안 땅으로 나오기 직전 이집트 전역에 내려진 장자를 죽이는 재앙을 피하기 위해서 이스라엘 백성의 집 문설주에 양의 피를 발랐던 것을 상징하는 것이다. 지금도 유대인들은 자신의 집이나 일하는 건물에 들어가고 나올 때 꼭 한 번씩 손을 갖다 대곤 한다. 이스라엘에 갔을 때 건물의 입구에 이런 메주자가 붙어 있는 것을 본다면 그 건물은 분명히 유대인의 건물이라고 보면 된다.

그렇다면 왜 유대인 지역은 예루살렘의 올드시티 안에서도 가장 높은 지역에 자리를 잡고 있을까? 이곳은 그 옛날 예수님 당시에 형성된 예루살렘 성 안에서도 그 시대의 권력자들이나 부유한 사람들이 살던 부촌이었기 때문이다.

고대 로마시대의 도로
카르도

유대인 지역의 한가운데를 북쪽에서 남쪽으로 가로지르는 넓은 길이 나온다. 원래 이 도로는 예루살렘 성의 다메섹문에서부터 시온문까지 이어지는 도로였지만 지금은 그 중에 일부분인 약 180m만 발굴되었다.

이 길에는 양쪽으로 커다란 돌기둥들이 여러 개 서 있는 것을 볼 수 있다. 이 돌기둥들은 예루살렘 다른 지역의 유적지와 마찬가지로 지상에서 약간 아래쪽에 자리 잡고 있어서 분명히 오래된 유적들이라는 것을 알 수가 있다.

이 돌기둥들은 무엇이며 왜 이곳에 서 있는 것일까? 이 돌기둥은 6세기 즈음 비잔틴 시대에 만들어진 것들이며 그 당시 예루살렘의 중

메다바의
모자이크 지도

심 도로의 양옆에 서 있었던 것으로 이 도로의 이름은 카르도Cardo라고 불렸다.

이 도로에 대해서 좀 더 자세히 설명을 하기 위해선 요르단의 메다바Madaba라는 곳을 소개해야 한다. 이스라엘의 옆에 있는 요르단의 수도 암만에서 약 30km 정도 떨어진 곳에 메다바라는 마을이 있는데 이곳에 가면 성조지교회가 있다. 이 교회의 안으로 들어가면 교회의 벽면에 세계에서 가장 오래되고 가장 큰 모자이크로 된 세계 지도가 장식되어 있다.

이 모자이크 세계 지도는 약 6세기경에 만들어진 것으로 크기도 가로 15m, 세로 5m의 엄청난 규모이다. 물론 세계 지도라고는 하지만 아메리카 대륙과 오세아니아 대륙 그리고 유럽 대륙까지 그려지지는 않았다. 이스라엘의 남쪽에 있는 이집트의 델타 지역과 북쪽의 레바논, 시리아, 그리고 동쪽의 요르단 정도만이 그려져 있다. 그러나 그 당시의 지도 제작 기술로 봤을 때 이렇게 넓은 지역을 하나의 모자이크 그림 속에 담았다는 것은 대단한 일이 아닐 수 없다.

그런데 놀랍게도 이 지도의 중심은 바로 예루살렘이다. 그리고 그 예루살렘 성의 중심을 가로지르는 커다란 도로가 표시되어 있는데 이 도로가 바로 현재 예루살렘 올드시티 안 유대인 지역에 있는 카르도이다. 현재도 예루살렘의 카르도에 가면 요르단 메다바에 있는 그 세계 지도 모자이크의 복사본이 그대로 바닥에 전시되어 있는 것을 볼 수 있다. 지금으로부터 1,400년 전에 만들어진 세계 지도의 중심이 된 도로가 바로 이곳 카르도이다.

그렇다면 예루살렘의 중심 도로 카르도는 누가 만든 것일까? 예루살렘의 본격적인 대형 석조 건축물들은 비잔틴 시대에 만들어진 것이다. 도로의 바닥은 석판으로 포장되었고 중앙에는 마차와 동물들이

십자군의 도로 카르도에서 교육받고 있는 이스라엘 군인들

다니고 양옆의 돌기둥 안쪽으로는 사람들이 걸어다녔었다. 돌기둥 안쪽으로는 작은 아치로 된 공간들을 여러 개 볼 수 있는데 이곳은 그 당시 상점들이 자리 잡고 있었다.

그 당시 도로의 일부분만이 남아 있는 이곳 카르도에 가서 아직도 버티고 서 있는 돌기둥의 규모를 보면 비잔틴 시대 때 이곳 예루살렘이 얼마나 대형 도시로 번성했었는지를 가늠할 수가 있다. 지금은 세월의 때를 잔뜩 입고 있는 그 돌기둥들을 보면 한때 폐허로 변했던 그곳에 새로운 도시를 건설하려 했던 고대 로마인들의 노력이 얼마나 대단했었는지 알 수 있다.

카르도의 북쪽은 12세기 십자군들이 지은 시장이 발굴되었고 지금 그곳은 현대적인 고급 쇼핑가로 변화되어 있는데 이스라엘의 유명한 화가들이 그린 그림과 수백 가지의 모양으로 디자인된 메노라, 그리고 양의 뿔로 만든 나팔과 유대인들이 머리에 쓰는 키파들을 팔고 있다. 물론 가격은 다른 지역에 비해서 무척 비싼 편이지만 그 품질은 최상급이라고 할 수 있다. 이곳은 예수님 당시나 십자군 시대나 지금이나 예루살렘 안에서 가장 번화하며 부촌으로 그 명성을 이어오고 있다.

2천 년 전에 불에 탄 집
번트하우스

예루살렘 올드시티의 유대인 지역에 가면 반드시 들러야 할 곳이 있다. 물론 이곳은 일반 성지 순례 여행사에서 패키지로 방문하는 여행객들은 찾지 않는 곳이다. 그 어떤 성지 순례 여행사에서 만든 여행

일정에도 포함되어 있지 않기 때문이다. 하지만 예루살렘 여행에서 꼭 한번 방문해 보라고 권하고 싶은 곳이 바로 유대인 지역 안에 있는 불에 탄 집이라는 뜻의 번트하우스 Burnt House 이다.

예루살렘은 예수님이 돌아가신 이후 약 40년 뒤에 로마에 의해서 완전히 파괴된다. 물론 그 전에 유대인들이 로마에 항거하는 대규모의 봉기를 일으켰고 그에 따른 대가로 로마는 예루살렘을 포함한 이스라엘 전역을 약 3년에 걸쳐 서서히 파괴시킨다.

마침내 A.D. 70년에 예루살렘은 헤롯이 세운 성전을 포함해서 돌 위에 돌 하나 남지 않을 정도로 철저히 파괴되었다. 그때 예루살렘 성 안의 모든 건물들은 불바다가 되고 이스라엘 백성들은 죽거나 로마에 노예로 끌려가는 대혼란을 겪게 된다.

번트하우스는 그 당시 불에 탔던 어느 성직자의 가정집이 최근에 발굴된 곳으로 2천 년 전, 예수님 당시의 예루살렘의 가정집의 구조가

2천 년 전에
불에 탄 집

어떠했는지를 조금이나마 엿볼 수 있는 곳이다. 그 당시 성직자의 가옥 구조, 특히 거실과 주방, 그리고 식기와 음식은 어떤 것들로 만들었는지를 알 수 있도록 그대로 보존되어 전시되고 있으며 예루살렘 최후의 그 순간들이 얼마나 끔찍했었는지도 알 수 있다.

번트하우스는 마치 타임머신을 타고 2천 년 전 예루살렘으로 날아간 듯한 착각에 빠지기도 한다. 이곳에 전시되어 있는 발굴 당시의 사진을 보면 주방에서 뭔가를 하다가 불에 타 죽은 유대인의 유골이 흙 속에서 발견되었다는 것도 알 수 있다.

그 끔찍하고 혼란스러웠던 A.D. 70년의 예루살렘의 현장, 여기저기서 비명 소리가 들리고 시뻘건 불길이 성안 전체를 휘감았던 그 순간, 한마디로 아비규환의 그 현장이 아직도 그대로 남아 있으며, 특히 주방에서 음식을 만들다가 불길에 휩싸여 죽었을지도 모르는 그 유대인의 유골 사진까지 보게 되면 어느덧 숙연한 마음이 든다.

이곳은 현재 유대인이 관리하고 있는데 현대식 건물로 되어 있는 입구를 통해 들어가면 건물의 중앙에 유적지가 자리 잡고 있고 그 주변으로 관람객들이 앉아서 설명을 들을 수 있는 계단식 의자가 있다. 이 의자에 앉으면 실내의 조명이 꺼지고 그때부터 약 20분에 걸쳐서 영어로 된 자세한 설명의 안내 방송이 나오고 그 설명에 맞춰서 중요한 곳을 조명으로 비춰 주는 일종의 전시 이벤트가 벌어진다.

작은 유적지를 발굴하고 그 유적지를 전 세계에서 찾아온 관광객들에게 자세하게 설명해 주려는 유대인들의 그 놀라운 노력에 또 한 번 감탄하게 되는 순간이다.

헤롯이 건축한 신전
월 고고학 박물관

예루살렘 올드시티의 유대인 지역을 여행하면서 반드시 들러야 할 곳이 더 있는데 그곳은 바로 월 고고학 박물관Wohl Acheological Museum 이라는 곳이다. 번트하우스의 맞은편에 자리 잡고 있는 이 박물관은 우리가 생각하는 큰 규모의 박물관은 아니다. A.D. 70년에 로마에 의해서 예루살렘이 불에 타고 파괴될 당시 함께 파괴되었던 헤롯 대왕의 신전 자리이다.

헤롯은 우리가 알다시피 그 당시 이스라엘을 통치하던 에돔 출신의 왕으로 에돔 땅에서 자신이 섬기던 신의 신전을 이곳 유대인 지역에 세웠었다. 그러니까 헤롯은 유대인들의 환심을 사기 위해 솔로몬의 성전이 있던 자리에 또다시 엄청난 크기의 성전을 건축하면서 그와 동시에 예루살렘 성 안에 자신의 신을 모시는 신전까지 건축했던

것이다.

　그 당시 최고의 정치적 권력자인 헤롯이 건축한 신전이라면 그 규모나 화려함은 굳이 설명을 하지 않아도 될 만큼 상상이 가지만 그러나 이 신전 역시 로마에 의해 철저히 파괴되고 불에 타 버렸다. 그리고 2천 년의 세월 동안 그 신전의 흔적은 흙 속에 파묻혀 빛을 보지 못하였지만 1967년에 있었던 6일 전쟁 당시, 모두가 빠져나간 그 유적지 터가 고고학자들에 의해 발굴되기 시작했고 서서히 그 흔적이 햇빛에 드러나기 시작했다. 2천 년 동안 딱딱하게 굳어져 버렸던 땅을 걷어 내고 흙을 파헤치자 고고학자들은 자신들의 눈을 의심하지 않을 수 없었다.

　말로만 듣던 그 화려한 신전, 그리고 그 신전에 살던 관리자들의 거처가 이처럼 화려하고 웅장할 줄은 미처 몰랐던 것이다. 그곳에서 건져 낸 역사의 작은 파편들, 등잔과 그릇, 주전자와 여러 가지 식기들이 고스란히 모습을 드러냈다.

우선 이 박물관의 내부로 들어가면 역시 다른 유적지와 마찬가지로 계단을 통해서 아래로 내려가게 된다. 그곳엔 조명 빛에 웅장하게 자리 잡고 있는 건물의 잔해들이 나타난다. 이곳엔 아름답고 섬세하게 만들어져 있는 모자이크 바닥이 있어 그 당시 건물의 로비가 얼마나 화려했었는지를 알 수가 있다. 그리고 방마다 하나씩 작은 욕실이 딸려 있는 것으로 보아 물이 귀한 그 지역에서 그 당시의 사람들이 얼마나 호사스럽게 살았는지를 알 수가 있다.

또 어떤 건물은 2층으로 되어 있는 곳도 있고 또 어떤 부분은 지하실이 있는데 그곳엔 그 당시 포도주를 담아 두었을 항아리가 깨지지 않고 지금도 보존되어 있는 것을 볼 수 있다. 그리고 벽면에 그려져 있는 프레스코화는 오랜 세월이 흘렀음에도 불구하고 그 선명도가 뛰어나 색채 감각과 그림 수준을 알 수 있다. 그리고 곳곳에 전시되어 있는 도자기와 보석들 그리고 화장품들을 보면 역시 번트하우스에서 느꼈던 것처럼 타임머신을 탄 시간 여행의 감동을 느낄 수가 있다.

유대인들의 오랜 소망을 담은
성전 연구소

정통 유대인들은 솔로몬 성전, 스룹바벨 성전과 헤롯 성전 이후로 똑같은 장소에 그들의 미래 성전 즉, 제3성전을 건축하고 싶은 열망을 갖고 있다. 성전에서 동물 제사를 드려야만 자신들의 죄가 하나님 앞에서 용서를 받고 구원을 받을 수 있다는 믿음 때문에 유대인들은 지난 2천 년 동안 전 세계를 떠돌아다니며 살면서도 어려움을 참아 낼 수 있었고 마침내 그들은 이스라엘로 돌아온 것이다. 그리고 유대인들은 새로운 성전을 건축하기 위해 많은 것들을 준비하고 있는데 무엇을 어떻게 준비하고 있는지를 한눈에 볼 수 있는 곳이 바로 성전 연구소Temple Institute이다. 통곡의 벽 광장에서 유대인 구역으로 가기 위해 검문소를 지나 계단을 따라 올라가면 왼쪽에 성전 연구소를 알리는 간판이 있는 건물이 보인다.

성전 연구소 안으로 들어가 입구에서 입장료를 내고 한국 사람이라는 것을 알려 주면 한국어 안내 방송을 준비해 준다. 이런 절차를 거치고 전시장 안으로 들어가 첫 번째 방의 계단식 관람석에 앉으면 조명이 꺼지면서 스피커를 통해 유대인들에게 있어서 성전이란 어떤 의미가 있으며 그들이 왜 제3성전을 세워야 하는지를 설명해 주는 시간을 갖는다. 이렇게 기초적인 설명이 끝난 후 다음 방으로 이동하라는 안내 방송이 나오고 그 안내에 따라 여러 개의 방을 다니면 그들이

성전 연구소에 전시되어 있는 법궤의 모형

만들어 놓은 성전 기물들을 향해 조명이 비춰지고 하나씩 친절하게 설명해 준다. 제3성전 안에서 실제로 사용하게 될 각종 기물들과 제사장 의복을 소개하고 마지막 방에서는 모세가 하나님께 받았다는 법궤가 커튼 뒤에서 등장한다. 약 1시간 정도의 관람 시간을 통해 유대인들이 얼마나 제3성전 건축을 위해 준비하고 있는지를 나름대로 구체적으로 소개하고 있어서 지루하지 않고 어렵지 않게 설명하는 특별한 장소이기 때문에 마지막 때에 예루살렘에서 어떤 일들이 일어나게 될지를 알 수 있는 의미 있는 곳이다.

두 번 무너지고 세 번째 세워진 후르바회당

유대인 구역 중앙에 하얀색 건물이 있는데 이곳이 바로 유대인들에게는 아주 의미가 있는 유서 깊은 후르바회당Hruva Synagogue이다. 이 회당은 원래 18세기에 유럽에서 건너온 유대인들에 의해 1700년 당시 통치하고 있던 오스만 제국에 뇌물을 주고 세웠지만 1720년 오스만 제국에 의해 파괴되었고 이 장소는 '파멸된'이라는 뜻의 히브리어로 후르바Hruva라고 불리게 되었다.

1864년 유대인들에 의해 재건되기는 했지만 1948년 이스라엘 독립 전쟁 당시 또다시 파괴되는 비운을 겪게 되고 1977년 이 장소에 과거 회당이 있었다는 것을 의미하기 위해 아치만 세워 놓았다. 그러다가 2002년에 또다시 재건축에 들어가려고 했지만 공사를 하기 위해 바닥 공사를 하는 과정에서 제1성전, 제2성전 시대의 유물이 출토되는 바람에 건축은 또다시 잠시 미뤄지게 되었고 결국 8년 만인

2010년 3월 15일 건축이 완성되어 봉헌식을 하고 현재의 모습을 갖추고 있다.

　유대인들에게 후르바 시나고그가 중요한 의미를 갖게 된 데는 18세기에 활동하던 랍비 빌나 가온의 예언 때문이었다. 랍비 빌나 가온은 생전에 후르바회당은 두 번 허물어질 것이지만 두 번 재건축될 것이고 세 번째로 재건축될 때에는 제3성전도 함께 재건될 것이라는 예언을 했기 때문이다. 그래서 유대인들은 과연 후르바 시나고그가 언제 재건축이 될 것이며 과연 그때 랍비 빌나 가온의 예언대로 그들이 바라는 제3성전이 모리아산에 건축될 것인지 손꼽아 기다려 왔다. 하지만 후르바 시나고그가 세 번째로 완공된 지 10여 년이 지난 지금까지도 제3성전 건축은 이루어지지 않고 있는 상황이다.

　외국인이나 관광객이 회당 안으로 들어가려면 역시 입구에서 입

장료를 내야 하는데 회당의 지하에 내려가면 과거 1세기 당시 유대인들이 정결 의식을 행하던 미크베가 발굴되어 있는 모습을 볼 수 있을 뿐만 아니라 지금도 회당 안에서 그들이 바라는 제3성전이 속히 건축되기를 간절히 기도하는 정통 유대인의 모습을 볼 수 있고 계단을 따라 올라가면 전망대에서 멀리 통곡의 벽도 볼 수 있다.

후르바 시나고그의 내부

9 5백 년이 지났어도 아직도 튼튼한
예루살렘의 성

5백 년이 지났어도
아직도 튼튼한 성

전체 둘레 약 4km 정도, 높이는 평균적으로 12m 정도 되는 예루살렘 성은 지금으로부터 약 4백 년 전인 1537년에서부터 1542년 사이 오스만 터키의 슐레이만 대제에 의해서 건축된 것으로 예루살렘의 오래된 역사에 비해 그다지 오래되지는 않았다.

그러나 예루살렘 성의 역사는 다윗왕 때부터 시작된다. 헤브론에서 이스라엘의 왕이 된 다윗은 그 당시 여부스 민족이 살던 예루살렘을 정복하고 그곳에 다윗성을 쌓았다.

그러나 그 성은 현재 예루살렘 성의 위치와는 전혀 다른 곳이었다. 기드론 골짜기가 있는 예루살렘의 분문 아래쪽 예루살렘 성 밖 동쪽에 현재의 예루살렘 성에 비해선 훨씬 작은 규모로 자리 잡았다. 그러다가 다윗왕의 아들인 솔로몬이 왕이 된 후 현재의 황금사원이 자리 잡고 있는 모리아산까지 포함해서 성의 크기는 조금 더 커지면서 성안에 제1성전을 건축한다. 그러니까 다윗왕 시대에 예루살렘 성 안에는 약 2천 명 정도가 거주하고 있었지만 솔로몬왕 시대엔 약 5천 명 정도가 거주하는 제법 큰 규모의 도시가 된 것이다.

이후 히스기야왕 때에는 성의 크기가 조금 더 커지다가 헤롯왕 시대, 즉 예수님 당시에는 규모가 훨씬 더 커진다. 그리고 예루살렘 성 안의 인구 역시 약 4만 명 정도로 꽤 많아진다.

헤롯왕의 다음 왕인 아그립바왕이 다스리던 A.D. 41년경에는 현재의 예루살렘 성보다도 훨씬 더 큰 규모로 발전하다 다시 비잔틴 시대인 A.D. 324년경에는 현재의 예루살렘 성 정도의 규모로 줄어들게 된다. 그리고 인구도 역시 약 6만 명 정도로 늘어나면서 이때부터 예루살렘 성은 완벽한 하나의 도시로 자리잡게 되고 16세기에는 오스만 터키에 의해서 현재의 모습이 되었다.

B.C. 1천 년 전부터 지금에 이르기까지 약 3천 년 동안 수많은 전쟁과 파괴로 무너지고 다시 세워지면서 이렇게 예루살렘 성은 위치와 크기 그리고 규모가 조금씩 변해 온 것이다. 물론 그 당시에도 그랬지만 지금도 예루살렘은 이 성으로 둘러싸여 있으며 성에 있는 8개의 문을 통해서만 안으로 들어가고 또 나올 수가 있다.

그 옛날엔 적의 공격으로부터 방어하기 위해 세워졌을 성이지만 지금은 예루살렘의 뉴시티와 올드시티를 구분하는 하나의 경계 역할을 하고 그 성 안에 들어서는 순간 모든 순례자들은 수백 년 전으로 들어가는 착각을 일으키게 된다.

비록 오스만 터키의 슐레이만 대제에 의해서 세워진 예루살렘 성

(위)
예루살렘 성벽

(아래)
예루살렘 성벽에
투사되는
프로젝트 영상

이지만 지금도 그 고색창연한 예루살렘 성벽은 특히 새벽 미명 햇빛을 받아 빛나는 모습과 해 질 무렵 석양을 받아 황금빛으로 변하는 그 모습이 너무나 아름다워 보는 이로 하여금 감탄과 감동을 자아내게 하기에 충분하다. 특히 한밤중에는 조명을 받아 환상적인 분위기를 일으키기도 하고 성문 중 하나인 자파문Jaffa Gate 왼쪽 벽에는 밤마다 빔 프로젝트로 각종 영상을 비춰 또 다른 볼거리를 선사하고 있다.

최초의 순교가 일어난 곳
스데반문

　예루살렘 성에는 모두 8개의 문이 있고 이 문을 통해야만 안으로 들어갈 수 있다. 그 8개의 문 중에서 단 하나의 문, 황금문은 돌로 꽉 막혀 있으며 지금은 전혀 사람이 왕래할 수가 없게 되어 있다. 그러나 나머지 7개의 문은 지금도 사람들이 왕래하고 있으며 특히 자파문Jaffa Gate과 시온문Zion Gate, 그리고 분문Dung Gate, 스데반문Stephen Gate으로는 자동차도 드나들 수가 있는 규모이다.

　예루살렘 성에서 기드론 골짜기를 지나 올리브산으로 가기 위해서는 스데반문을 통과해서 나가야 하는데 예수님의 부활 승천 이후 예수님을 증거 하다가 사울과 그의 무리들로부터 비난을 받고 결국 돌에 맞아 순교한 스데반을 기념하기 위한 문이다. 그리고 실제로 이 문밖에 있는 작은 광장이 바로 스데반이 돌에 맞아 순교한 현장이라는 이야기가 있고 문밖에 교회가 하나 있는데 이곳이 스데반순교기념교회이다. 이 스데반문Stephen Gate에는 바깥쪽에 네 마리의 사자가 조각이 되어 있어서 사자문Lion Gate이라고도 불리운다.

　전설에 따르면 팔레스타인 땅을 정복한 오스만 터키의 슐레이만 황제가 예루살렘에서 잠을 잘 때 네 마리의 사자들이 덤비는 악몽을 꾸었다고 한다. 이 꿈의 내용을 들은 신하들이 '사자는 예루살렘의 상징이고 예루살렘은 이스라엘의 수도인데 오랫동안 방치되어 있었으니 이제 황제가 예루살렘을 재건하지 않으면 큰 화를 입게 될 것'이라고 이야기했다고 한다. 그 말을 들은 슐레이만 황제는 예루살렘을 보호할 수 있는 성벽을 재건하라고 지시했고 꿈에서 봤던 네 마리의 사자를 스데반문에 조각해 놓아 그때부터 이 문을 사자문이라고 부르게 되었다고 한다. 문 위에는 성벽으로 들어오는 사람들을 감시하는 감시탑이 있는데 과거에는 침입자가 발생했을 때 이곳에서 뜨거운 기름을 쏟아부었다고 한다. 이곳 스데반문에 가서 눈여겨 보면 문의 안쪽 양옆이 심하게 긁힌 자국을 발견할 수 있는데 이것은 지난 67년 6일 전쟁 당시 이스라엘의 낙하산 부대와 장갑차가 이 문을 통해 예루살렘 성 안으로 진입할 때 그 당시 문의 넓이가 좁아 탱크가 겨우 들어가게 되면서 만들어진 자국이다. 벌써 40년 전의 일인데도 불구하고 그 당시 치열하고 긴박했던 전투의 흔적들이 그대로 남아 있는 것을 볼 수 있다.

그러나 2천 년 전에는 베다니 마을에서 죽은 나사로를 살리신 이후 벳바게와 기드론 골짜기를 거쳐 예수님이 이곳을 통해 예루살렘

(좌) 스데반문

(우) 헤롯문

성 안으로 들어오셨을 것이다.

아랍인들을 위해 만든 헤롯문

스데반문과 다메섹문 사이엔 또 하나의 문이 있다. 다른 문에 비해서 그다지 크지는 않고 모양도 소박하기까지 한데 이 문을 헤롯문 Herod Gate이라고 한다.

1875년, 오스만 제국은 올드시티의 북쪽에 늘어나는 아랍 주민들을 위해 헤롯문을 만들었다. 이 문을 통해서 들어가면 예수님 당시 헤롯왕의 거처가 있었기 때문에 헤롯문이라고 하는데 이 문의 윗부분에 꽃 모양의 조각이 있다고 해서 꽃문이라고도 불린다.

헤롯문을 통해서 안으로 들어가면 아랍인이 운영하는 규모가 작은 문구점에서부터 양고기를 파는 집, 야채를 파는 집, 그리고 작은 구멍가게도 있다. 그리고 특이한 것은 옛날 우리나라의 다방과 같은 곳이 있는데 이곳에선 아랍의 남자들이 모여서 물 담배를 하나씩 입에 물고 앉아서 한가롭게 이야기를 나누는 모습을 볼 수 있다는 것이다. 아주 오래전에는 이 문 앞에 양을 사고 파는 시장이 있었다고 해서 양의 문이라고도 불린다.

예루살렘 성 문 중에 가장 아름다운 다메섹문

예루살렘 성문 중에서 가장 아름다운 모양을 한 문은 단연 다메섹문 Damascus Gate이다. 현재도 이곳 다메섹문에 가면 수많은 아랍인들이 야채와 과일 그리고 중국산으로 보이는 값싼 전자 제품 등 갖가지 생활용품을 늘어놓고 장사를 하고 있으며 물건을 사기 위해 몰려드는 사람들, 그리고 예루살렘 성 안의 아랍 구역으로 들어가기 위해 왕래하는 사람들로 그야 말로 인산인해를 이루고 있다.

문 바로 앞에는 계단이 있어서 아랍 청년과 노인들이 앉아 잡담을 나누고 오가는 사람들을 구경하고 있다. 아마도 예루살렘 성문 중에서 가장 복잡하고 생활의 활력을 느낄 수 있는 곳이라고 할 수 있다.

성문의 크기도 크지만 외양도 제일 아름답다. 요르단의 메다바에서 발견된 오래된 모자이크 지도에도 이 성문이 표현되어 있을 만큼 중요했으며 로마 시대에는 이곳에 포장된 넓은 광장이 있었고 그 가운데에는 황제의 석상이 세워져 있었다고 한다. 특히 성문의 양옆에 있는 지금은 사용하지 않는 작은 문이 있는데 이것은 6일 전쟁 이전까지만 해도 흙 속에 파묻혀 있던 것을 발굴한 로마 시대의 문이다.

다메섹문

예루살렘에서 지금은 나블루스라고 하는 세겜 지역이나 시리아의 다메섹으로 가기 위해선 이 문에서부터 시작하기 때문에 다메섹문이라고 불렸다. 반대로 이 성문을 통해 올드시티로 들어가면 또다시 복잡한 아랍 시장 골목이 나온다. 약 100m 정도 안으로 들어가면 두 갈래 길이 나오는데 왼쪽 길로 가면 통곡의 벽이 나오고 오른쪽 길로 가면 성분묘교회가 나온다.

아랍인들이 이 성문을 통해 많이 왕래하다 보니 이곳에서는 크고 작은 시위가 벌어지기도 한다. 그래서 다메섹문 앞에는 몇 개의 이스라엘 경찰들을 위한 초소가 있고 이곳을 지키는 이스라엘 군인들은 늘 행동이 수상한 아랍인들을 향해 눈동자가 움직이고 있다. 그러다가 아랍인과 이스라엘 경찰들 간에 충돌이 일어나곤 한다. 만약에 이런 충돌이 일어날 때에는 가까이 있는 여행자들도 위험할 수 있기 때문에 피하는 게 상책이다.

이름 그대로 새로 만든 새문

다메섹문을 정면으로 바라보고 오른쪽을 보면 그곳에는 적어도 7~8m는 될 것 같은 종려나무들이 수십 그루 자라고 있고 그 밑에는 푸른 잔디 언덕이 이어진다. 이 길을 따라가면 왼쪽에 작은 문을 하나 만나게 되는데 이 문이 바로 새문 New Gate 이라고 한다. 이 문 역시 헤롯문과 마찬가지로 오스만 제국이 예루살렘 성을 쌓을 때 만든 문이 아니라 1887년에 막혀 있던 곳을 새로 뚫어서 문을 만들었다고 해서 새로운 문이라고 이름이 붙여진 것이다.

이 문을 통해서 안으로 들어가면 예루살렘의 크리스천 지역으로 통하게 되어 있다. 매년 크리스마스가 다가오면 이스라엘의 다른 곳에선 절대로 찾아볼 수 없는 장식물들이 골목길을 아름답게 치장한다. 특히 밤에 가면 색색의 전등불과 네온사인을 잘 설치해 놓아서 관광객들이 몰려와 사진을 찍고 즐기는 모습들을 볼 수 있다. 하지만 크리스마스가 아닌 평일 낮에 이 골목으로 들어가면 별다른 특징이 없어 길을 잃을 수도 있다. 이 문을 통해 들어가면 성분묘교회로 연결된다.

늘 새로운 이벤트가 열리는
자파문

자파문 Jaffa Gate은 예루살렘 성에서 서쪽 해안 지방에 있는 욥바라는 항구 도시로 가기 위해 이 문으로 나와야 해서 붙여진 이름이다. 욥바와 자파는 같은 말이다. 오스만 터키의 슐레이만 대제가 성벽 건축을 지시하고 마침내 완성된 이 문을 통해 예루살렘 성 안으로 들어왔다는 이야기가 전해진다. 자파문은 예루살렘의 다른 성문들과는 다른 형태로 되어 있는데 성문을 만들었을 때 평상시에는 정면의 문을 닫으면 옆문으로 사람들을 출입할 수 있도록 L자 형으로 만들어 적의 공격으로부터 보호할 수 있게 했다.

자파문은 아랍어로 바브 엘 칼릴 Bab El-Khalil이라고 하는데 '친구의 문'이라는 뜻이다. 여기서 이야기하는 친구는 이브라힘(이브라함)을 가리키는 것으로 아브라함의 무덤이 있는 헤브론의 이름을 따서 아랍인들은 이 문을 '헤브론문'이라고도 부른다. 자파문 바로 앞은 넓은 광장과 연결되어 있는데 이곳에선 늘 크고 작은 공연이 이뤄지고 있고

(좌) 새문

(우) 자파문

수많은 관광객들로 장사진을 이루고 있다.

문을 통해서 예루살렘 성 안으로 들어가면 왼쪽은 크리스천 지역, 직진하면 아랍 구역, 오른쪽으로 가면 아르메니안 구역이 된다. 성문 바로 오른쪽과 붙어 있는 커다란 건물은 4천 년 이스라엘의 역사를 한눈에 볼 수 있도록 전시해 놓은 박물관 'Tower of David'이다. 그리고 정면에 있는 좁은 골목길 안에는 아랍 상인들이 기념품을 파는 가게들이 수없이 줄지어 있다. 예루살렘 성 문 중에서 다메섹문과 함께 사람들과 자동차의 통행이 많고 특히 많은 택시들이 이곳에서 기다리고 서 있다.

예루살렘 성벽을 따라 도보로 하는 여행의 시작 지점도 이곳이고 자파문 안쪽에 무료로 올드시티 투어 안내를 시작하는 곳도 이곳이다.

6일 전쟁 당시의
총알 자국으로 가득한 시온문

앞서 설명한 것처럼 원래는 예루살렘 성 안에 있었던 시온산을 오스만 터키가 성벽을 새롭게 쌓을 때 설계자의 실수로 빼고 그 안쪽으로 성벽을 쌓아 올렸다. 그래서 지금은 시온산이 예루살렘 성 밖에 위치하고 있는데 예루살렘 성에서 시온산으로 가려면 바로 이 시온문 Zion Gate 을 통해서 나가야 한다.

시온문의 구조도 자파문처럼 L자 형으로 만들어져 있는데 이것도 역시 적의 공격으로부터 보호하기 위한 목적이다.

19세기 말, 시온문 근처에는 나병 환자 마을, 양과 염소를 잡는 도축장과 가축 시장이 많았었는데 20세기 초, 영국의 위임 통치 기간 동안 이곳을 정리하고 순례객을 대상으로 하는 상점들이 들어섰다고 한다.

이 시온문을 통해서 나가면 그곳에 마가의 다락방, 마리아 영면 교회, 또 다윗 기념 무덤이 있고 제사장 가야바의 집과 베드로통곡교회가 있다. 시온문의 둘레에는 수많은 총알 자국이 있어서 이곳에도 가슴 아픈 사연이 많다는 것을 알 수 있다. 1967년 6일 전쟁 당시에 이곳을 점령하고 있던 요르단 군인들과 전투를 벌이는 과정에서 시온문 안으로 진입하려는 이스라엘 군인과 쉴 새 없는 총격전이 벌어졌고 그 결과로 시온문에는 지금도 선명한 수많은 총알 자국이 남아 있는 것이다. 지난 수백 년을 잘 버텨 오던 튼튼한 예루살렘 성 문이 전

(좌) 시온문
(우) 분문

쟁을 벌이는 현대인들에 의해서 결국 이렇게 보기 흉한 자국이 만들어진 것이다.

성안의 오물을 밖으로 내갔던 분문

B.C. 420년경, 페르시아의 아닥사스다왕의 술 시중을 드는 일을 하던 느헤미야는 고국 예루살렘 성이 황폐화되었다는 이야기를 듣고 고통스러워했다. 그리고 그가 왕의 허락을 받고 예루살렘으로 돌아와 무너진 성을 재건하는 장면이 느헤미야서에 자세히 나오는데 당시의 성은 10개의 문과 4개의 망대가 성벽으로 서로 연결되어 있었다. 그

성문 중의 하나가 3장 13절에 나오는 분문Dung Gate이었다. 이 문은 성전에서 나온 분뇨를 성 밖 힌놈의 골짜기로 퍼 날랐다고 해서 붙여진 이름이다.

성경에 등장하는 분문과 똑같은 이름의 분문이 시온문에서 약 800m 떨어진 곳에 지금도 있다. 현재의 분문은 1537년부터 1542년 사이에 오스만 터키의 슐레이만 황제에 의해 세워진 것이기 때문에 구약 시대의 문도 아니고 위치도 똑같지 않다. 물론 지금도 구약시대 때처럼 이 문을 통해 분뇨를 실어 나르는 것은 아니고 통곡의 벽과 유대인 구역으로 가려는 유대인과 관광객들이 가장 많이 이용하는 문이다. 특히 이 문으로는 유대인들이 이용하는 버스가 들어가서 유대인 구역에 거주하는 유대인들을 실어 나르고 있어 매우 분주한 곳이다. 이 문을 통해 통곡의 벽으로 들어가기 위해서는 무장을 한 군인들이 모든 통행객들의 몸과 짐을 검색하는 검색대를 통과해야 한다.

메시아가 오시면
문이 활짝 열리게 될 황금문

예루살렘 성벽에 있는 8개의 문들 중에 7개의 성문은 지금도 사람들이 드나들 수 있지만 단 하나의 문, 황금문Goden Gate은 지금 벽돌로 굳게 닫혀 있고 동쪽 벽에 있는 문이라고 해서 동문이라고도 부른다. 올리브산이나 만국교회의 겟세마네 동산에서 보면 정면으로 보이는 성벽의 한 가운데에 보이는 성문이다.

제2성전 시대에는 성전의 지성소에서 동문을 통해 기드론 골짜기를 지나 올리브산까지 직선으로 이어지는 길이 있었고 예수님을 비롯한 많은 유대인들이 성전 뜰로 가기 위해 이 문을 이용했었다. 겉모양은 가로 20m, 높이 20m, 깊이 10m의 직사각형의 석조 구조물 속에 두 개의 반원형 아치가 받치고 있는데 하나는 '자비의 문' 다른 하나는 '회개의 문'이라고 불리는 두 개의 출입구가 있었다. 그러나 오스만 터키 시절 슐레이만 황제는 메시아의 예루살렘 입성을 염원하는 유대인들을 억압하기 위한 정책의 일환으로 이 문을 벽돌로 막아 버렸다고 한다.

그런가 하면 일설에는 황금사원이 세워진 이후 이 성문이 황금사원과 너무 가까운 거리에 있어서 이 문을 통해 사람들이 들어오면 곧바로 사원 마당이 되기 때문에 막았다는 이야기도 있다.

하지만 유대인들은 에스겔서 44장 1절에서 2절에 '그가 나를 데리고 성소의 동쪽을 향한 바깥 문에 돌아오시니 그 문이 닫혔더라 여호와께서 내게 이르시되 이 문은 닫고 다시 열지 못할지니 아무도 그

황금문

리로 들어오지 못할 것은 이스라엘 하나님 나 여호와가 그리로 들어왔음이라 그러므로 닫아 둘지니라'고 기록되었기 때문에 지금까지 황금문이 닫힌 것으로 여기며 유대인들은 언젠가 오게 될 그들의 메시아가 입성하게 될 문이라고 믿고 있다. 그리고 마지막 심판의 날이 이곳에서 일어나게 되고 그때에는 황금문 가까이에 있는 무덤부터 죽었던 영혼이 부활한다고 믿는다. 그래서 이 문의 건너편에선 수많은 유대인들이 무덤 속에서 기다리고 있는 것이다.

황금문은 무슬림들에게도 중요한 의미를 갖고 있다. 이슬람에서도 마지막 때에 자기들을 구원해 줄 메시아가 올 것을 기다리고 있는데 그들의 메시아 역시 이 문을 통해 올 것이라고 믿고 있다. 그날을 기다리며 무슬림들 또한 황금문의 바로 앞에 공동묘지를 이루고 있다.

그러니 황금문은 황금사원 못지않게 유대인들에게나 무슬림들 모두에게 중요한 종교적 의미를 갖고 있다.

10 예루살렘 외곽 지역

성전 건축을 위해 돌을 파냈던
솔로몬의 채석장

예루살렘의 성문 중에 하나인 다메섹문을 나와 오른쪽 길을 따라 걸어가다 보면 지금은 쇠창살 문으로 굳게 잠긴 동굴을 하나 만나게 된다. 전에는 이곳에 관리인이 있어서 돈을 받고 입장을 시켜 주었는데 언제부터인가 관리인도 없어졌고 문도 굳게 잠겨서 순례자들이 그 안으로 들어갈 수가 없게 되었다.

그러나 쇠창살 틈으로 안을 들여다보면 그 안은 어마어마한 규모의 커다란 동굴이 있다는 것을 알 수 있다. 이곳은 그 옛날 솔로몬이 예루살렘의 모리아산 정상에 아버지 다윗으로부터 명령을 받은 성전을 건축하기 위해 돌을 캐내던 솔로몬의 채석장 Solomon's Quarries이다. 예루살렘은 어마어마한 크기의 커다란 바위 위에 세워진 도시라고 볼 수 있다. 그래서 예루살렘 성벽의 일부분은 단단하고 거대한 암반 위

솔로몬의 채석장 입구

에 돌들로 쌓은 것을 볼 수 있다. 실제로 예루살렘에는 참으로 돌이 많다. 그래서인지 도로의 바닥도 돌로 되어 있고 예루살렘의 모든 건축물의 외장은 전부 돌로 되어 있다.

'예루살렘에서 건물을 신축하려면 무조건 외장을 돌로 마감하라'고 예루살렘의 건축법으로 아예 정했다고 한다. 그래서 예루살렘을 돌의 도시라고 해도 틀린 말은 아닐 것이다.

솔로몬이 이스라엘의 세 번째 왕으로 있으면서 한 일 중에 가장 위대한 일은 바로 아버지 다윗이 준비해 준 성전을 건축한 일이었다. 물론 다윗은 솔로몬이 아주 어렸을 적부터 성전을 건축하기 위한 준비를 착실하게 했다. 금 100달란트와 은 백만 달란트를 준비했으며 성전 건축에 필요한 삼나무와 상수리나무 같은 것은 두로에서 뗏목을 이용해 실어 왔다. 두로는 그 당시 공업이 발달했고 특히 조개에서 채취한 염료를 개발해서 수출하는 등 무역이 활발한 곳이었다. 두로는 현재의 이스라엘의 바로 위쪽에 있는 레바논의 한 항구 도시이다.

성전을 건축할 기술자나 나무와 같은 것은 외국에서 수입을 하면 되었지만 다윗은 성전 건축에 가장 많이 필요한 돌만큼은 수입하지 않았다. 예루살렘 성 안에 세우는 하나님의 성전은 바로 예루살렘의 바위로 만들자는 것이 다윗의 생각이었다. 물론 뗏목으로 실어 올 수 있는 나무와 달리 돌은 그렇게 쉽게 옮길 수 있는 것은 아니다. 더군다나 현재 통곡의 벽에 쌓여 있는 헤롯 성전에 사용된 돌의 크기를 보면 이 말이 어느 정도 이해가 갈 것이다. 어떤 돌의 크기는 가로의 길이가 무려 15미터나 되는 정말 어마어마한 규모의 돌이라서 아무리 좋은 돌이라 해도 멀리서 갖고 오는 것이 쉬운 일은 아니었을 것이다. 그래서 다윗이 생각하고 솔로몬이 파낸 돌이 바로 이곳 다메섹문 옆에 있는 솔로몬의 채석장이었다.

안타깝게도 현재는 그 안으로 들어가서 확인할 수는 없지만 안에 들어가게 되면 그야말로 입을 다물지 못할 정도의 크기라는 사실에 놀란다. 입구는 그다지 크지 않았지만 일단 그 안으로 들어가면 웬만한 축구 경기장만 한 정도로 넓고 높이도 족히 10m는 된다. 그리고 아직도 그곳을 파내다가 남겨 놓은 돌들도 볼 수 있다.

그런데 여기서 또 한 가지의 의문이 든다. 세계 문명 발상지를 포함해서 수많은 고고학 유적지를 가 보면 고대 유적지의 건축물에 사용된 돌들을 채석하기 위한 채석장은 한결같이 밖에 있다. 돌산을 깎거나 바위를 잘라서 성벽을 쌓고 건축물을 만들기도 한다. 이곳은 특이하게도 광산처럼 안으로 파고 들어갔으며 그것도 산의 중턱을 파고 들어가는 것이 아니라 도시의 밑을 파고 들어갔다. 물론 성전과 가장 가까운 곳에서 돌을 채석하는 것이 좋기도 했지만 더 중요한 것은 바로 소음과 먼지를 최대한 없애기 위해서였다.

솔로몬은 하나님의 성전을 건축하는 것은 결코 짧지 않은 시간이 걸리는 대공사인데 성전 건축 때문에 소음이 나거나 먼지가 나는 것은 성전 건축과는 어울리지 않는다고 생각했던 것이다. 그만큼 성전 건축은 큰 의미와 엄청난 노력 그리고 정성을 들인 솔로몬의 대업적이었던 것이었다.

최근까지 이 솔로몬의 채석장의 존재를 아는 사람이 없었다. 다만 역사적으로 그런 기록이 있었을 뿐이라는 것만 알고 있었는데 1852년 영국에서 온 바클레이라는 사람이 개와 함께 이곳을 산책하다가 개가 동굴로 떨어져 드디어 이 채석장이 사람들에게 알려지게 된 것이다. 또한 B.C. 587년 이스라엘의 분열 왕국 당시 남유다의 마지막 왕 시드기야가 바빌론에 반기를 들고 대항하다 결국 이 굴을 통해 여리고로 도망했다고 해서 시드기야 터널이라고도 부른다.

예수님의 또 다른 무덤
정원무덤

다메섹문을 나오면 자동차들이 다니는 넓은 도로가 나온다. 이 도로를 건너서 맞은편에 있는 골목길을 따라 들어가면 아랍인들을 위한 시외버스 터미널을 만나게 되고 이곳에서 팔레스타인 사람들이 베들레헴, 헤브론, 여리고, 세겜, 기브온 등으로 가기 위해 버스를 기다리고 있는 모습을 볼 수 있다. 그저 성경 속에서만 읽어 왔던 지명, 그리고 설교 시간이나 성경 공부 시간에만 들어 왔던 성경 속의 지명들이 버스 유리창에 써 붙여 있고 입간판에 써 있는 것을 보면 기분이 참으로 묘하다는 생각이 든다. 그리고 여유롭지는 않지만 뭔가 목적을 갖고 열심히 살아가려는 아랍인들의 모습을 잠시 볼 수 있다.

이 버스 터미널을 지나 약 30m 정도 직진하다 보면 오른쪽에 자동차 한 대가 겨우 지나다닐 만한 골목길이 나온다. 이 골목길을 따라 가면 정원무덤Garden Tomb이라는 간판과 녹색 철문을 만나게 된다. 그 철문을 열고 들어가는 순간 '아니 이곳도 예루살렘이란 말인가?'라는 생각이 들 정도로 푸른 나무들이 울창하고 아름답게 꾸며진 정원이 눈에 들어온다. 놀랍게도 현재 예루살렘엔 예수님의 무덤으로 알려진 곳이 두 군데 있다.

성분묘교회는 지금으로부터 1,700년 전에 로마 황제 콘스탄티누스의 모친 헬레나에 의해서 건축되었고 지금까지 그곳이 예수님이 돌아가신 골고다 언덕이자 예수님의 무덤이 있는 곳으로 알려져 왔다. 그래서 수많은 기독교 고고학자들과 수많은 순례자들은 그곳을 진짜 예수님의 무덤으로 여겨 왔었다.

그러나 1883년 영국의 찰스 고든Charles G.Gordon 장군이 성지를 찾아와 연구하다가 예수님의 무덤이 현재의 성분묘교회 자리가 아니라 다른 곳에 있을 것이라고 생각을 했다. 아무래도 성경에서 기록한 골고다 언덕과 현재의 성분묘교회와는 공통점을 찾을 수가 없었기 때문이다. 그러다가 예루살렘의 성문인 다메섹문 건너편에 작은 암반 언덕

(위)
예수님의 무덤 입구

(아래)
마치 해골과 같이 생긴 절벽

을 발견하는데 절벽의 모습이 해골 모양을 하고 있었고 그 언덕 이름을 아랍 사람들은 해골이라고 부른다는 점을 알고는 그때부터 이곳을 집중적으로 조사하기 시작했는데 놀랍게도 이곳에서 2천 년 전에 사용했을 것 같은 3~4평 정도 되는 작은 공간의 무덤이 발견되었다. 그 무덤의 모습은 현재 예루살렘 성 안에 있는 성분묘교회의 무덤과는 확실히 다른 모양이다. 정말 동굴로 만든 무덤이고 누군가 그 동굴무덤 속에 누워 있었을 것 같다. 어른 한 사람이 누우면 꽉 찰 만한 공간이었고 머리 쪽 부분에 약간 턱이 있어서 머리를 받칠 수 있도록 해 놓은 것도 같았다. 그것뿐만이 아니라 이곳은 성경에 기록되어 있는 예수님의 무덤과 일치하는 부분이 많이 발견되었던 것이다.

우선 성경에선 예수님이 돌아가신 골고다 언덕과 무덤은 아주 가깝다고 되어 있다. 이곳이 바로 그렇다. 그리고 예수님의 무덤은 정원 안에 있고 바위를 깎아서 만든 부자의 무덤이었으며 돌을 굴려서 입구를 막았다고 했다. 역시 이곳은 이름이 정원무덤이듯이 나무가 우거져서 숲을 이루고 있다. 그리고 이곳의 무덤은 분명히 바위를 깎아서 만든 동굴 무덤이고 그 곁에서 동그란 돌문과 바로 옆에 물 저장소와 포도즙 틀도 함께 발견되었다.

그런데 또 특이한 것은 예수님이 무덤 안으로 들어가셨을 때 제자들이 무덤 안을 들여다볼 수 있었다고 했다. 정말 놀랍게도 이 무덤엔 작은 창문이 하나 있다. 그래서 돌문이 닫혀 있다고 해도 그 안을 들여다볼 수 있는 구조로 되어 있다.

고든 장군은 이곳이 진짜 예수님의 무덤이라고 주장했고 그로부터 백 년이 지난 현재는 영국의 정원무덤 협회가 이곳을 잘 관리하고 있으며 예루살렘의 그 어떤 성서 유적지를 찾아가도 볼 수 없는 영국인 관리인들의 친절하고 따뜻한 안내와 밝은 미소를 만날 수 있어 편안함을 느낄 수 있는 곳이다.

항상 많은 사람들로 북적거려 예수님의 죽음에 대해서 깊이 묵상을 할 여유가 전혀 없는 성분묘교회와는 달리 조용하고 한가로우며 정원의 시원함이 있어서 예수님의 죽음에 대해서 묵상을 할 수가 있는 곳이다. 이곳이 과연 진짜 예수님의 무덤인지 아닌지 그것은 별로 의미가 없는 것 같다. 어쨌든 이곳 정원무덤에 있는 예수님의 무덤 입구의 나무 문에는 이런 내용의 간판이 걸려 있다.

"He is not here! He is risen!"

"그는 여기에 없습니다. 그는 하늘로 올라갔습니다"

현재 그곳엔 빈 무덤만 있다. 왜냐하면 예수님은 이미 2천 년 전에 부활하셨고 하늘로 올라가셨기 때문이다.

예루살렘 역사 박물관이자 전시장인 다윗의 망대

예루살렘 성의 자파문Jaffa Gate 안쪽으로 들어오면 바로 오른쪽에 커다란 성채가 보이는 데 이곳이 바로 다윗의 탑Tower Of David 또는 시타델Citadel이라고 한다. 이 다윗의 탑은 약 5백 년 전에 오스만 제국이 예루살렘 성을 건축하면서 함께 세운 요새였다. 그러나 사실은 예수님 당시 헤롯이 예루살렘을 방어할 목적으로 이곳에 요새를 건설했었는데 A.D. 70년 로마에 의해서 예루살렘이 파괴될 때도 이곳은 다행히 무너지지 않았다.

그 후에 십자군이 예루살렘을 공격할 때 이곳을 작전 본부로 사용하기도 했었고 그 후 오스만 터키의 슐레이만 황제에 의해서 지금의 모습으로 보수되고 증축된 것이다. 현재 이곳은 예루살렘의 과거와 현재를 한눈에 볼 수 있는 박물관으로 사용되고 있다. 다소 입장료가 비싸긴 하지만 역시 예루살렘에 가서 이곳을 방문하지 않는다는 것은 아쉬운 일이다.

여부스 민족으로부터 다윗이 예루살렘을 빼앗을 때의 상황, 그리고 솔로몬이 성전을 건축하는 과정, 그 뒤에 로마에 의해서 파괴되는 과정, 무슬림에 의해서 예루살렘이 이교도의 도시가 되는 과정, 다시 십자군 시대의 상황과 최근 6일 전쟁을 통해서 다시 이스라엘이 예루살렘을 점령하기까지의 과정을 여러 가지 형식의 전시물로 자세하게 설명해 주고 있다. 아마도 이곳에 가서 그런 전시물을 보게 되면 '아 박물관은 이래야 하는구나. 이렇게도 관람객에게 친절하고 즐겁게 역사 이야기를 설명할 수가 있구나' 하는 것을 느낄 수 있을 것이다.

그리고 이곳에선 늘 새로운 전시와 이벤트가 열리고 있다. 특히 4월부터 10월까지는 밤마다 특별 이벤트가 펼쳐진다. 이름하여 음향과

(위)
밤이 되면 환하게 조명이 밝혀진 다윗의 망대

(아래)
다윗의 망대 내부

조명 쇼인데 탑 안에 있는 광장에서 예루살렘의 역사를 최첨단 음향과 레이저 조명을 이용하여 영상 쇼가 펼쳐지는데 정말 볼 만하다. 하지만 밤에 이루어지기 때문에 옷을 따뜻하게 입고 가는 것이 좋다.

기독교인이 만든
정통 유대인 마을 메아 쉐아림

메아 쉐아림Mea Shearim은 예루살렘 올드시티의 외곽 북쪽에 있는 정통 유대인들의 마을 이름이다. 유럽에서 팔레스타인 땅으로 돌아온 유대인들 중 아쉬케나짐 유대인들에 의해 1875년에 처음 세워진 이 마을은 창세기 26장 12절의 '이삭이 그 땅에서 농사하여 그 해에 백 배나 얻었고 여호와께서 복을 주시므로'라는 구절에서 유래한 것으로, 이 마을은 원래 100개의 주택으로부터 시작했다고 한다. 처음에는 공동으로 사용할 수 있는 우물이 있는 중앙의 큰 마당을 중심으로 100개의 주택들이 지어졌고 밖에서 봤을 때는 오직 두 개의 입구만 있는 모습이었다.

마을이 형성된 이후 추첨에 의해 입주가 시작되었는데 그 뒤로 점점 주택이 늘어나면서 오늘날의 모습이 되었다. 흥미로운 사실은 이 정통 유대인 집성촌은 독일의 기독교 건축가인 콘래드 쉭크Conrad Schick에 의해 1874년 처음으로 구상되었다는 것이다.

정통 유대인들의 삶은 일반적이지 않다. 이들은 직업을 갖고 있지 않고 국가에서 주는 기본 생활비만으로 오직 기도와 성경 읽기, 토라 공부에 집중한다. 피임을 하지 않아 자녀들도 평균 5명 이상이다. 복장도 남성은 흰 셔츠와 검은 상하의를 입는데 이들의 종교적 지위에 따라 옷을 입는 스타일이 달라진다고 한다. 머리에는 검은 중절모를 쓰고 수염을 길러야 하며 여성은 긴팔의 상의와 무릎 아래까지 내려오는 치마를 입어야 하고 일 년 내내 두꺼운 검은색 스타킹을 착용한다. 결혼한 여자는 머리에 스카프 또는 모자를 쓰거나 가발을 써야 한다. 이들의 복장은 그들만의 세계에서 어느 종교 그룹에 속했는지 또 공동체에서 어떤 위치에 있는지를 나타낸다고 한다.

메아 쉐아림의 정통 유대인들은 TV나 신문을 보지 않는다. 그래서 세상이 어떻게 돌아가고 무슨 일들이 일어나는지 실시간으로 알 수가 없다. 그 대신 뉴스와 정보는 주요 랍비들에 의해 걸러진 후 큰 종이에 깨알같이 적어 길거리의 벽에 붙여 놓고 지나가던 유대인들은 그것을 유심히 본다. 만약 어떤 사람이 긴급 행사나 시위를 위해 공동체 사람들을 모집해야 하는 경우 그 관련 정보를 담은 포스터가 거리마다 붙게 된다. 이렇게 메아 쉐아림의 거의 모든 도로와 골목에는 포

정통 유대인들의
마을 메아 쉐아림

스터들이 많이 붙어 있는 것을 볼 수 있는데 이것이 그들의 소통 방식이라고 한다.

메아 쉐아림의 골목을 다니다 보면 곳곳에서 작은 상자를 발견할 수 있는데 이것은 자선을 위한 쩨다카Tzedakah 모금함이다. 사실 유대인들에게 자선과 쩨다카는 의미가 조금 다르다. 일반적으로 자선은 자발적인 선의의 행동이라고 할 수 있지만 쩨다카는 유대인들에게 '의무'의 개념이다. 조금이라도 여유 있는 사람이 어려운 사람을 의무적으로 도와야 한다는 것이다. 쩨다카는 공의, 공평 또는 '정의'를 의미하는 히브리 단어 쩨덱Tzedek을 어원으로 하는데 메아 쉐아림뿐만 아니라 거의 모든 정통 유대인 마을에는 쩨다카 상자가 큰길을 따라 곳곳에 있으며 특히 회당 주변에 많이 있다. 쩨다카 상자는 그 모양과 색깔, 크기, 심지어 목적까지도 다양하고 모금된 돈은 개인이나 마을 전체의 필요를 돕는 데에 사용되며 그 용도는 대개 상자 위에 적혀져 있다. 더 화려한 색깔과 눈에 띄는 디자인일수록 더 많은 돈을 모금하게 된다.

중요한 것은 이들이 고립되어 살고 있기 때문에 외부인들의 방문을 극히 꺼려 한다는 것이다. 2007년에는 경찰과 공무원을 가로막고 돌을 던진 일로 이스라엘의 뉴스에 화제가 된 적이 있었고 2010년에는 이곳을 방문한 이스라엘의 정치인에게 침을 뱉는 일도 있었다.

외부에서 찾아온 여행자들에 대해서 특별히 거부감을 보이지는 않지만 그래도 이곳을 방문할 때에는 여자들은 무릎 위로 올라오는 짧은 치마와 목덜미와 어깨가 드러나는 옷을 입어서는 안 된다. 남자들도 반바지나 소매가 없는 셔츠를 입지 말아야 한다. 특히 안식일에는 이곳에서 사진을 찍거나 운전을 하거나 휴대 전화를 사용해서는 안 된다. 그래도 이스라엘의 정통 유대인들의 살아가는 모습을 보기 원한다면 메아 쉐아림의 방문을 추천한다.

유대인 서민들의 재래시장
마하네 예후다

서울에는 남대문 시장, 동대문 시장이 있고 대구에는 무슨 시장이 있듯이 예루살렘도 그와 같다. 예루살렘의 유대인들이 가장 많이 이용하는 재래시장이 바로 마하네 예후다 Mahane Yehuda이다.

오스만 제국의 통치 시절인 1885년 유대인 상인 예후다에 의해서 처음 시장이 형성되었다고 해서 마하네 예후다라고 부르는데 그 이후에 이라크에서 살던 유대인들이 몰려오면서 가게가 늘어났지만 그때는 시장의 형태가 아니라 우후죽순처럼 가게들이 난립한 상태였다. 그러다가 1920년 영국이 이 가게들을 정리하고 지붕을 씌우면서 오늘날의 시장 형태가 형성되었고 드디어 2000년 인프라 공사가 시작되면서 도로 보수 등 대규모 리노베이션을 거쳐 현재의 시장 모습으로 되었다.

마흐네 예후다 재래시장에는 약 250여 개의 상점이 있는데 과일과 야채, 말린 대추야자, 견과류, 생선, 치즈, 닭고기와 양고기 등을 팔고 관광객들을 위한 기념품 가게도 있으며 장을 보다가 다리가 아프고 허기진 관광객들을 위한 작은 노천카페와 먹거리 식당도 있다. 평일에도 늘 장을 보러 나온 유대인들과 관광객들로 북적이지만 특히 안식일이 시작되는 금요일 오후가 되면 그야말로 이곳은 발 디딜 틈

마하네 예후다
시장에는
늘 유대인들로
북적인다

도 없이 수많은 유대인들이 장을 보기 위해 쏟아져 나온다. 거리 곳곳에는 악사들이 연주하고 있고 인형극과 각종 퍼포먼스도 열리는 등 현대 유대인들의 살아가는 모습들을 여과 없이 확인할 수 있는 아주 특이하고 흥미로운 곳이다.

이스라엘 정부에서도 이 시장에 현지 주민들뿐만 아니라 이스라엘을 찾아온 관광객들을 유치하기 위해 많은 노력을 해와서 지금은 그야말로 예루살렘의 중요한 명소가 되어 있다. 평일에는 오전 8시부터 저녁 7시까지 영업을 하지만 안식일이 시작되는 금요일에는 오전

8시부터 오후 3시면 거의 모든 상점들이 문을 닫는다. 하지만 안식일이 시작하는 시간이 매일매일 다르기 때문에 여름에는 오후 5시쯤 겨울에는 오후 3시쯤 문을 닫는다.

예루살렘의 멋쟁이들이 모이는
마밀라 쇼핑몰

예루살렘 성 자파 게이트를 나와 넓은 광장을 지나 계단 아래로 내려가면 610m의 긴 거리 좌우로 약 140여 개의 고급스러운 상점들이 늘어선 쇼핑몰 거리가 나오는데 이곳이 예루살렘 유일의 현대식 쇼핑몰 마밀라 거리 Mamila Mall 이다.

예루살렘의 유일한 현대식 쇼핑몰을 만들자는 계획은 1970년대에 처음 제안되었지만 여러 가지 이유 때문에 37년 만인 2007년 드디어 완공하여 관광객들을 맞이하게 된 마밀라 몰에는 Zara, Topshop, Tommy Hilfiger, H.stern, Pandora, Swarovski, Padani, Timberland, The North Face, GAP, Adidas, Nike, Columbia, Replay, Mango, Diesel, American Eagle 등 다양한 브랜드의 상점들이 밀집해 있어서 예루살렘의 젊은이와 관광객들이 즐겨 찾는 핫 스팟이다.

특히 상점 앞에 설치되어 있는 세계적인 작가들의 조각품들도 또 하나의 볼거리이며 이곳저곳 작은 광장에서 벌어지는 소규모 버스킹과 각종 퍼포먼스 또한 이곳을 찾는 사람들을 흥겹게 해 준다. 현대적인 디자인의 건축물과 19세기경 예루살렘의 다른 지역에 세워져 있었던 건축물의 벽을 해체한 뒤 돌멩이 하나하나에 번호를 매겨 그대로 마밀라 몰에 가져온 뒤 다시 쌓은 독특한 건축물을 구경하는 것도 재

명품 쇼핑가
마밀라 거리

있다. 한마디로 과거와 현재 그리고 미래가 공존하는 독특한 콘셉트의 쇼핑몰 거리인 셈이다.

곳곳의 식당들은 전망 좋은 곳에 위치하고 있으며 파스타와 샐러드, 스테이크, 스프 등 맛있는 메뉴로 관광객을 맞이하지만 가격은 결코 저렴하지 않다. 맨 아래층에는 1,600여 대의 승용차와 대형 버스를 주차할 수 있는 주차 공간이 있지만 주차 요금 역시 비싼 편이다.

이스라엘의 정치 1번지
국회의사당 크네셋

자동차로 예루살렘 시내를 다니다 보면 어느 도로를 지나든 반드시 볼 수 있는 언덕 위에 마치 아테네의 파르테논 신전처럼 한눈에 들어오는 특별한 건물이 있다. 그것이 바로 이스라엘 국회의사당 크네셋Knesset이다. 이스라엘은 1948년 독립을 한 이후 텔아비브에 있는 오페라 타워 건물의 케셈 시네마라는 곳에서 120명의 국회 의원들이 모인 국회가 처음 열렸다. 이스라엘의 국회 의원 숫자가 120명인 이유는 제2성전 시대 당시 예루살렘에서 서기관, 랍비, 선지자 120명이 소집되어 회의를 한 적이 있었는데 그 회의의 이름을 Great Assembly라는 뜻의 안쉬 크네셋 하그돌라Anshe Knesset HaGedolah라고 해서 그 전통을 이어받아 현재 국회를 크네셋이라고 부르며 전체 국회 의원의 숫자는 120명이라고 한다.

1950년 이스라엘 정부는 독립적인 국회의사당 건물을 건축하기 위해 5년 동안 전 세계 건축 디자이너를 향해 공모전을 열었다. 마침내 요셉 클라윈Yosef Klarwein이라는 폴란드 출신의 유대인 건축가가 선정되고 1966년에 완공되어 지금의 모습을 갖추게 되었다. 건축 비용은 유대인 대부호 로스차일드가 국가 독립을 기념하여 선불로 지원했다고 한다.

까다롭고 엄격한 검문검색을 거쳐 로비로 들어가면 러시아 태생의 유대인 예술가 마크 샤갈의 대형 그림 세 개가 벽에 걸려 있고 발로 밟고 다니기에는 조금 부담스러울 정도의 모자이크 작품이 있다. 그래서 이 홀을 샤갈 홀Chagall Hall이라고 부른다.

샤갈의 작품 중 오른쪽 그림은 '예언적인 최후의 구원적인 비전'을 의미하고 가운데 그림은 '출애굽'을 그리고 왼쪽의 그림은 '시온으로 귀환'을 의미한다. 샤갈 홀의 한쪽 구석엔 1948년 5월 14일 벤구리온 초대 총리가 읽어 내려갔던 독립 선언문이 전시되어 있다.

본회의장으로 들어가면 120석의 의원 좌석이 일곱 촛대 메노라의 모습으로 배열되어 있다. 천장은 16개의 창문을 통해 자연광이 들

(위)
크네셋의 전경

(아래)
대회의장 내부의
의원석과 관람석

10. 예루살렘 외곽 지역   195

어올 수 있게 해 놓았는데 이것은 이곳에서 오고 가는 모든 대화를 하늘의 하나님이 모두 보고 듣고 계신다는 것을 의미한다고 한다. 본회의장 1층은 회의실이고 이곳을 둘러싼 2층과 3층은 외부인들이 1층의 회의장을 내려다볼 수 있도록 관람석을 만들어 놓았다.

2층의 맨 왼쪽 구석에는 유리 칸막이로 된 작은 공간이 있는데 이곳은 대통령이 회의 모습을 지켜볼 수 있도록 마련된 공간이다. 본회의실 옆에 있는 의원 회관 건물 로비에는 현재 120명의 국회 의원들 중에 어떤 국회 의원이 의원 사무실에 들어와 있는지를 알 수 있도록 표시해 놓은 대형 화면이 있고 본회의실 내부는 CCTV 카메라로 24시간 생중계되고 있어 이스라엘 국민들은 지금 국회에서 누가 입장해서 무슨 일을 하고 있는지를 생생하게 지켜볼 수 있다.

관광객을 위한 크네셋 투어는 일요일과 목요일에 히브리어, 아랍어, 영어, 프랑스어, 스페인어, 독일어 및 러시아어로 오전에 진행되는데 인터넷을 통해 사전에 미리 예약을 해야 하고 입구에 있는 검색대를 거쳐 출입 스티커를 받아 가슴에 부착을 해야만 입장을 할 수가 있다. 입장을 하게 되면 국회의사당 전문 안내원이 처음부터 끝까지 약 2시간 동안 투어를 안내해 준다.

요한의 고향
침례요한탄생기념교회

누가복음 1장 31절에 보면 아직 결혼하지 않아서 남자와 잠을 잔 적이 없는 동정녀 마리아에게 하나님의 천사 가브리엘이 찾아와 당신은 성령으로 잉태하였고 그 아이의 이름을 예수라 하라고 이야기해 주는 구절이 나온다. 그러자 마리아는 자신의 귀를 의심한다.

'그게 어떻게 가능할 수 있습니까?'

그러자 가브리엘 천사는 이렇게 대답한다.

'너의 친척 엘리사벳도 나이가 들어서 모두가 아기를 가질 수 없다고 했지만 그녀도 역시 잉태하여 벌써 6개월이나 되었다.'

그 아이는 스가랴와 엘리사벳 사이에서 예수님보다 6개월 먼저 태어난 선지자 침례 요한이다. 그러자 마리아는 엘리사벳을 만나기 위해 나사렛으로부터 예루살렘의 산골 마을까지 찾아간다. 그 당시 마리아가 찾아간 곳이 바로 포도원의 샘이라는 뜻의 에인 케렘Ein Kerem 이다. 그래서 그런지 이곳은 예루살렘의 다른 곳에선 볼 수 없을 만큼의 우거진 숲으로 이루어진 마을이다. 이 마을의 전경은 마치 침엽수림이 울창한 유럽의 어느 깊은 산골 마을을 보는 것처럼 아름답기까지도 하다.

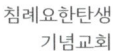
침례요한탄생 기념교회

에인 케렘 마을에 도착하면 높다란 시계탑이 있는 교회를 볼 수 있는데 이 교회가 바로 침례 요한이 탄생한 동굴에 지어진 침례요한 탄생기념교회Church of st.John이다. 이 교회는 약 1,500년 전인 5세기경에 세워진 교회 위에 1674년에 다시 세워졌다. 약 350년이나 된 교회임에도 불구하고 교회의 건물은 아주 아름답고 깨끗하다. 교회 안으로 들어가면 바닥에 5세기경에 만든 모자이크를 발견할 수 있고 교회 내부에는 예수님께서 침례 요한에게 침례를 받으시는 장면을 그린 그림이 있다.

교회 내부의 맨 앞쪽에 제단이 있고 제단의 뒤쪽엔 아래로 내려가는 계단이 있는데 계단의 입구엔 대리석으로 된 작은 아치에 '주 이스라엘의 하나님이여 그 백성을 돌보사 속량하시며'라는 누가복음 1장 68절의 말씀이 라틴어로 적혀 있다. 그 아치를 지나 아래로 내려가면 이곳이 바로 침례 요한이 태어난 동굴이다. 이런 식의 건물 형태는 베들레헴에 있는 예수탄생기념교회와 비슷하다.

베들레헴에 있는 예수탄생기념교회 역시 교회 내부 중앙 제단의 옆부분에 동굴로 내려가는 계단이 있는데 이 동굴이 바로 예수님께서 태어나신 마구간이다.

어쨌든 침례 요한이 태어난 이 동굴 역시 정면에 조그마한 제단이 있는데 그 옆의 작은 대리석 판에는 누가복음 1장 17절의 말씀 '여기에 구주보다 앞서 온자가 태어났다'라고 역시 라틴어로 적혀 있다.

예수님보다 6개월 먼저 태어나고 나중에 오실 메시아를 소개하며 예수님에게 침례를 베풀었던 요한의 탄생지가 에인 케렘이다.

목을 적셔 준 마리아의 샘물

침례요한탄생기념교회를 나오면 에인 케렘을 가로지르는 왕복 2차선의 도로가 나온다. 이 도로엔 이곳을 방문하는 순례객들을 대상으로 물과 차와 음식을 파는 몇 개의 아름다운 음식점이 있다. 그 길을 건너서 맞은편으로 나 있는 작은 길을 따라서 조금만 걸어가면 바로 왼쪽에 대리석으로 만든 샘물을 하나 만나게 된다. 샘물이라면 우리는 흔히 깊은 산속에서 만나게 되는 옹달샘을 머리에 떠올릴 수 있겠지만 이곳의 샘물은 옹달샘과는 조금 다른 모습이다.

대리석을 쌓아서 만든 높이 3m, 가로 4m 크기의 벽 아랫부분에 작은 구멍을 통해서 물이 끊임없이 나오고 있는데 이 샘물이 바로 마리아의 샘물이다.

나사렛에서 살고 있던 마리아는 천사 가브리엘의 이야기를 듣고

마리아의 샘물

엘리사벳을 만나기 위해 곧바로 나사렛을 출발하여 이곳 에인 케렘까지 한걸음에 달려온다. 그러나 교통편이 발달하지 않았던 그 당시, 나사렛에서 이곳 에인 케렘까지 오는 길은 쉽지 않다. 왜냐하면 나사렛에서 에인 케렘까지는 약 200km나 되는 먼 거리이고 이스라엘의 지형은 평야가 별로 없기 때문이다.

나사렛이라는 동네도 워낙 언덕과 계곡이 많은 지역이고 나사렛에서 이곳 에인 케렘까지 오려면 그늘 한 점 없는 요르단 계곡의 들판을 거쳐야 한다. 더군다나 마리아가 나사렛을 출발할 당시는 초여름이었기 때문에 이스라엘의 들판과 언덕을 내리쬐는 태양이 뜨겁게 달아올라 연약한 여자의 몸으로 먼 거리를 이동하기에는 최악의 상황이었다. 그러나 마리아는 엘리사벳을 만나겠다는 일념 하나로 나사렛에서 이곳 에인 케렘까지 장장 200km의 먼 거리를 달려왔던 것이다.

엘리사벳의 집은 산 중턱에 있었다. 엘리사벳을 만나겠다는 일념으로 이곳까지 한걸음에 달려왔지만 정작 에인 케렘에 도착했을 때 또다시 산을 올라가야 한다는 사실을 알고 마리아는 아마도 그 자리에 주저앉았을 것이다. 여태 달려왔는데 또다시 산을 올라야 한다니 얼마나 힘이 들었을까? 바로 그때 그 자리에 샘물이 있었다. 마리아는 그 샘물에 가서 마지막으로 목을 적시었고 잠시 휴식을 취한 다음에 엘리사벳이 살고 있는 산 중턱을 향해 걸어 올라갔다.

마리아가 3개월 동안 머문
마리아방문교회

마리아의 샘물에서 물을 마신 다음 다시 그 앞에 나 있는 언덕길을 따라서 올라가야 하는데 이 언덕길은 조금 가팔라서 한 번에 올라가기가 쉽지 않다. 아무리 건강한 남자라 하더라도 중간중간에 쉬어야만 올라갈 수 있을 정도이다.

그 길을 따라서 약 15분 정도 올라가다 보면 한눈에 보기에도 아름답게 장식된 철문을 만나게 된다. 그 철문 안으로 들어가면 이곳이 바로 그 옛날 제사장 스가랴와 엘리사벳이 거주하던 집이다. 엄밀히 말하자면 스가랴의 집이라고 하기보다는 여름철에만 머물며 지내던 일종의 여름 별장과도 같은 곳이다. 그러니까 이곳이 제사장 스가랴와 엘리사벳이 일 년 내내 살던 집은 아니었지만 어쨌든 마리아가 이곳을 방문할 당시 엘리사벳은 이곳에 머물고 있었다. 마리아가 이곳에 도착하자 마리아가 온다는 소식을 듣고 마중 나온 엘리사벳과 드디어 손을 잡고 반가워한다.

이때 엘리사벳이 마리아에게 이런 이야기를 한다.

"당신은 여자들 중에서 복 받은 자입니다. 당신의 배 속에 있는 아기도 축복받은 분이십니다. 주님의 어머니께서 내게 오시다니 이게 어찌된 일입니까? 마리아께서 제 손을 잡고 인사를 하는 순간 제 배 속의 아기가 얼마나 기뻐서 노는지요."

나이가 들도록 임신이 되지 않아 거의 포기하고 있을 때 기적처럼 아기를 갖게 된 엘리사벳, 그녀 역시 이 놀라운 기적을 베푸신 분이 바로 하나님이고 그 하나님께서 이번에는 결혼하지도 않은 처녀 마리아에게 성령으로 아기를 잉태하게 하셨다는 것을 마리아에게 확인시켜 준다.

마리아 역시 천사 가브리엘의 말을 듣고 임신 6개월의 엘리사벳의 불러 온 배를 보고 다시 한번 하나님의 기적과 그 기적의 주인공이 자신이 되었다는 것을 확인하게 된다. 그리고 마리아는 이곳에서 약 3개월을 머물다가 다시 나사렛으로 돌아가게 된다. 그 장소가 지금은 교회로 바뀌었고 마리아방문교회 Church of the Visitation라 부른다.

이 건물의 마당엔 누가복음 1장 46~55절의 마리아의 노래가 세계의 여러 나라 말로 적혀서 벽에 붙어 있는데 한쪽 구석에 한글로 된 성경 구절도 볼 수 있다. 건물의 입구엔 지름이 약 80cm 정도 되는 작은 돌이 하나 전시되어 있다.

이 돌은 예수님이 태어날 당시 헤롯왕이 2살 이하의 유대인 남자 아이를 모두 죽이라고 했을 때 이곳에서 태어난 어린 요한이 병사들의 칼을 피해 숨어 있던 동굴을 막은 돌이라고 한다. 물론 그 돌이 진짜 요한을 살려 낸 돌인지는 확인할 길은 없지만 현재 이곳에 전시되

마리아방문교회

어 있다. 그리고 건물 안으로 들어가면 벽과 천장에 아름다운 벽화가 그려져 있는데 이 그림들은 침례 요한의 아버지인 제사장 스가랴가 하나님께 제사를 드리는 모습과 마리아와 엘리사벳이 서로 손을 잡고 반갑게 인사하는 그림, 그리고 로마 병사들이 손에 칼을 들고 어린 아이들을 찾아 다닐 때 어린 요한이 숨어 있는 모습을 형상화한 그림도 그려져 있다. 이 건물은 2층으로 되어 있는데 2층으로 올라가면 제단이 있고 예배를 드릴 수 있는 공간이 있어서 조용히 묵상을 할 수도 있다.

6백만 명의 희생자를 추모하는 야드 바셈

예루살렘의 거리를 걷다 보면 유난히 눈에 많이 띄는 것이 바로 이스라엘 국기이다. 하얀색 바탕에 위아래로 파란색의 줄이 가로로 나란히 그어져 있고 그 사이엔 다윗의 별이 그려져 있는 이스라엘 국기, 거리 곳곳에도 가정집의 창문에도 그리고 조금 넓다 싶은 담벼락에도 어김없이 국기가 그려져 있거나 게양되어 있다.

이런 모습을 보면 이스라엘 사람들은 정말 국기를 좋아하는 것 같다는 느낌을 갖지 않을 수 없다. 실제로 이스라엘 사람들의 국기 사랑은 정말이지 유별나다. 아니 이스라엘 국기만 사랑하는 것이 아니라 그들의 조국 이스라엘도 무척이나 사랑한다.

물론 자기 나라를 사랑하지 않는 국민이 어디 있을까마는 아마도 전 세계에서 애국심이 지대하기로 치자면 이스라엘만 한 나라도 없을 것 같다.

전쟁이 나면 이스라엘 국민들은 외국으로 도망가지 않고 모두 다 앞다퉈 전쟁터에 나가는 것뿐만 아니라, 외국에 체류하고 있던 국민들까지도 전쟁에 참여하기 위해 조국으로 찾아가는 나라가 바로 이스라엘이다. 이스라엘에서 정치인으로서 각종 선거에 나서기 위해서는 자신의 경력란에 반드시 어떤 군대에서 어떤 근무를 했었는지를 표시해야 한다.

자신의 군대 경력뿐만 아니라 후보자의 아들이나 손주가 어디서 근무를 했었고 또 지금 어디서 근무를 하고 있는지를 기록해야 한다. 그래서 얼만큼 위험한 부대에서 근무했었고 또 위험한 전투에 참전했었는지가 유권자들의 표심에 큰 영향을 미친다.

이스라엘 국민들의 조국을 향한 이런 애국심은 도대체 어디에서 나오는 것일까? 어떤 교육을 하길래 이스라엘 국민들은 이토록 나라를 위해서 몸을 바치고 또 그것을 자랑스럽게 여기는 것일까. 이스라엘 국민들에게 있어서 조국은 무엇이며 유대 민족은 어떤 것일까?

마리아방문교회를 둘러보고 에인 케렘에서 나와 다시 예루살렘 성으로 돌아가기 위해 차를 타고 약 5분 정도 나오다 보면 야드 바셈 Yad Vashem이라는 표지판을 만나게 된다.

이 표지판을 따라 왼쪽 길로 들어가면 아름드리 높은 가로수가 양옆에 도열해 있는 길이 있고 그 한적한 길을 따라 들어가면 조각품이 전시되어 있는 조각 공원 그리고 야트막한 건물 몇 채를 만나게 된다.

야드 바셈이란 이름은 기념한다는 뜻으로 2차 세계 대전 당시 유럽에서 독일 나치에 의해 희생된 6백만 명 유대인의 영혼을 기리는 곳이다. 그래서 그런지 이곳은 늘 유대인의 발길이 끊이지 않으며 분위기 또한 엄숙하기도 하다. 알다시피 2차 세계대전 당시 유럽에서 살고 있던 많은 유대인들은 그곳의 원주민들과 독일 나치들에 의해 말도 못하는 핍박과 설움을 당하게 된다. 특히 히틀러의 유대인 말살 정책에 의해 수많은 유대인들은 강제 노역과 학살을 당하게 된다. 이런 상황은 유대인 출신의 영화감독 스티븐 스필버그가 만든 『쉰들러 리스트』라는 영화에 아주 자세하게 묘사되어 있다.

지금이야 이스라엘이라는 독립 국가를 형성하긴 했지만 오늘날 이스라엘이 있기까지 힘없이 희생당해야 했던 과거 조상들의 그 처절하고 끔찍했던 역사적 사건들을 이스라엘 국민들은 잊지 못할 것이다.

이곳에 가면 그 당시 유대인들이 얼마나 핍박을 당하고 고통을 당했는지를 온몸으로 느낄 수 있게 된다. 건물도 아우슈비츠에 있던 가스실 건물의 모양을 그대로 본떠서 디자인했다고 하는데 거대한 콘크리트 구조물로 되어 있는 기념관은 마치 대형 천막을 세워 놓은 듯

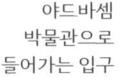
야드바셈 박물관으로 들어가는 입구

한 모양으로 되어 있다.

이 기념관 안으로 들어가면 들어가자마자 정면에는 대형 화면에 죽음을 눈앞에 둔 유대인 포로들의 슬픈 표정들이 흑백 영상으로 눈앞에 펼쳐진다. 물론 음악도 장엄하고 슬픈 분위기이다.

밝은 표정과 가벼운 발걸음으로 들어가게 된 관람객들도 입구에서부터 시작되는 비장하고 엄숙한 분위기에 저절로 목소리가 작아지고 마음가짐도 숙연해질 수밖에 없게 된다. 이 안은 수백만 유대인 희생자들의 원한과 신음 소리가 잠들어 있는 곳이라는 느낌이 시작부터 관람객을 맞이한다. 이렇게 시작한 입구에서부터 관람객은 지그재그 동선을 따라 각 전시장을 돌아다닐 수 있게 된다.

야드 바셈 기념관에는 유대 민족이 지난 2천 년 동안 나라를 잃고 남의 나라에서 눈칫밥을 먹으며 얹혀 살아야 했던 상황, 그리고 20세

중앙통로는
안으로 들어갈수록
좁아진다

전시물을
바라보는
유대인들

기에 들어서면서부터 러시아와 폴란드 유럽 등에서 본격적으로 시련과 고난을 겪어야 했던 상황들 그리고 2차 세계대전 당시 독일의 히틀러에 의해서 수백만 명이 학살을 당해야 했던 그 끔찍하고도 힘들었던 역사적 사건들이 마치 한 편의 장대한 다큐멘터리 영화처럼 파노라마로 펼쳐진다.

특히 독일 나치에 의해서 고난을 당했던 시절의 사진들 속에 뼈만 앙상하게 남은 수용소에서의 유대인의 모습이 끔찍할 정도로 적나라하게 담겨 있는 코너에 가면 관람객들은 그야말로 숨을 죽일 수밖에 없게 된다. 잠시 후면 가스실로 들어가게 되는 유대인들의 두려움을 넘어선 공포의 모습은 사진 속에서조차 그 신음과 탄식이 들려 나올 듯하다. 젊은 여성이건 나이든 여성이건 모두 머리카락이 잘려 나간 채로 독일군에 의해 질질 끌려가는 모습과 이미 시체가 되어 산더미처럼 쌓여 있는 모습들은 보는 이로 하여금 경악을 금치 못하게 한다.

마치 닭장처럼 좁은 수용소에서 목만 빼꼼히 내놓고 독일 감시 군인들의 점호를 받고 있는 모습에서는 사람으로서 존중받아야 할 기본적인 권리를 찾아볼 수가 없다.

　　각 방에서는 이렇게 고통받는 유대인들의 적나라한 모습들이 흑백 사진 속에서 울부짖고 있으며 각 전시장의 곳곳에 설치된 평면 모니터에선 당시 살아남은 생존자들의 끔찍하고도 공포스러웠던 그날의 상황들을 하나도 빠짐없이 낱낱이 증언하고 있다.

　　그 생존자들이 수명을 다해 이 땅을 떠나기 전에 그 당시의 상황이 어땠었는지를 그들의 입으로 반드시 남겨 두기 위한 노력으로 보인다. 관람객들은 그 모니터 앞에 앉아 증언자들의 생생한 인터뷰를 보고 들으며 눈물을 흘리고 있다.

　　그 생존자들의 인터뷰 육성은 분명히 스피커를 통해서 들리는데 그 스피커의 위치가 어디에 있는지 잘 파악되지 않는다. 방 안을 자세히 살펴보면 바로 관람객의 머리 위에 설치된 동그란 스피커를 볼 수 있다. 이 스피커에서 들려 나오는 생존자들의 육성은 스피커에서 나오는 것 같지 않고 그저 어디선가 영혼의 소리처럼 들리도록 설계가 되어 있는 것 같다. 이것도 일종의 특수한 스피커 설치에 의한 효과라고 할 수가 있다. 그래서 방 안 곳곳에선 생존자들이 담담하게 증언하는 목소리와 그 장면을 보고 있는 관람객들의 흐느끼는 소리가 한데 어우러져 메아리친다.

　　유대인들의 그런 노력은 전시물에서도 드러난다. 벽에 걸린 사진 속에는 가스실로 들어간 유대인들이 벗어 놓은 신발들이 산더미처럼 쌓여 있다. 주인을 잃은 신발이 이렇게 처참하게 보일 수가 있을까…

(위)
그때 당시 참상을
영상으로 지켜보는
유대인들

(아래)
수용소에서
희생당하는 모습을
미니어처로 현실감있게
재연해 놓았다

    그런 생각을 하면서 그 전시실을 나서면 관람객은 순간 비명을 지르게 된다. 사진 속에서 보았던 그 신발들이 그대로 바로 관람객의 발밑에 깔려 있기 때문이다.

    아무런 예상도 하지 못한 상태에서 밟게 되는 희생자들의 실제 신발들. 그저 역사 속의 한 장면에서 그리고 전시실에 걸려 있는 흑백사진 속에서만 존재한 줄 알았던 그 신발들이 수많은 세월을 지나 바로 내 발밑에 깔려 있고 내가 그 신발을 엉겁결에 밟고 서 있다는 그 느낌은 뭐라고 설명하기조차 힘들다.

    독일 군인들이 유대인의 시신에서 추출했다는 금니들이 산더미처

10. 예루살렘 외곽 지역 **209**

럼 쌓여 있는 사진 앞에는 실제 그 금니들이 수북히 쌓여 있어서 아직까지도 시신을 태우던 비릿한 냄새가 전시실 안에 진동하기도 한다.

그 방 안에서 들려 나오는 음악은 또 어떨까? 인간의 목소리와 가장 닮았다는 첼로의 연주가 방 안을 가득 채우고 있으며 그 첼로 연주 소리는 그저 단순한 악기의 울림이 아니다. 죽음을 눈앞에 두고 처절하게 울부짖는 희생자들의 울음소리와도 같다. 사진과 각종 전시물, 그리고 어디서 들려 나오는지 그 방향을 가늠할 수 없는 증언자들의 끊어질 듯 끊어지지 않고 들려 나오는 목소리, 슬프고 참담했던 그 시절의 상황을 말이 아닌 굵은 현의 울림으로 들려주는 음악 소리… 그야말로 전시실에 들어가게 되면 한 편의 대하 다큐멘터리의 한가운데로 들어온 듯한 느낌을 지울 수가 없다.

이곳을 찾는 관람객들의 연령층도 다양하다. 학교에서 현장 학습 차원으로 참여해서 강제적으로 찾아온 사람들은 찾아볼 수가 없다. 엄마 아빠의 손에 이끌려 찾아온 이제 막 걸음마를 배웠을 꼬마 아이들에서부터 지금쯤 한창 대학교 앞의 주점이나 극장에서 시간을 보내고 있을 젊은이들, 그리고 자신도 죽음의 수용소에서 간신히 살아 나왔을 것 같은 노인들에 이르기까지 혼자서 또는 삼삼오오 모여서 찾아온다.

이들은 모두 주말도 아닌 평일에 찾아와서 이 모니터 앞에서 생존자들의 증언을 들으며 눈물을 닦아 내고 있다. 사람들은 많지만 그 어디에서도 시끄럽게 떠드는 소리는 들을 수가 없다. 핸드폰을 꺼내서 누군가와 통화를 하며 수다스럽게 떠드는 사람도 없고 음식을 먹는 사람도 껌을 씹는 사람도 없다. 마치 예배당에서 예배를 드리듯이 경건하고도 엄숙한 분위기 속에서 이 장대한 역사의 다큐멘터리 속으로 빠져들어 가고 있는 것이다.

각 전시실에는 전시된 내용들을 관람객들에게 자세히 설명해 주는 자원봉사 안내원들이 배치되어 있는데 이들의 설명은 그야말로 일품이다. 어떤 장면에서는 아주 담담하게 그리고 또 어떤 장면에선 격정적으로 목소리의 억양과 톤을 바꾸어 가면서 설명하는 그들의 음성은 심오하기까지 하다. 상황에 따라서는 마치 연극 배우들처럼 얼굴에 표정을 지어 가면서까지 그 당시의 아픈 상황을 설명하며 마치 지금 자신에게 그 일이 닥친 것 같은 목소리와 표정으로 진지하게 그리고 숙연하게 설명을 해 준다.

자원봉사자 안내원의 설명을 듣고 있는 사람들의 얼굴은 금방이라도 눈물이 나올 것 같은 표정이 되고 안내원의 이야기를 잘 알아듣지 못하는 외국인이라 하더라도 그 안내원의 표정과 목소리 톤만으로

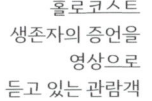
홀로코스트 생존자의 증언을 영상으로 듣고 있는 관람객

10. 예루살렘 외곽 지역　211

도 지금 어떤 상황을 설명하는지 대충 알아들을 수 있을 정도이다.

그렇게 전시실은 2차 세계대전 당시 유대인들이 독일 나치들에 의해서 고난을 당하고 난 다음 러시아를 비롯한 유럽에서 이스라엘 땅을 되찾기 위한 노력이 시작되고 여러 가지 어려운 난관을 이겨 내며 마침내 1948년 팔레스타인 땅에 이스라엘 국가를 재건하기까지의 과정도 아주 자세하게 설명해 주고 있다.

이 기념관의 맨 마지막 코스는 'The Hall of Names'라는 방이다. 이 방 안의 천장에는 지난 2차 세계대전 당시 독일 나치에 의해 희생된 유대인의 이름과 사진이 하나도 빠짐없이 기록되어 부착되어 있다. 물론 한쪽 면은 아직도 비워져 있는데 이 공간은 아직까지 제대로 파악되지 않은 또 다른 희생자가 나타나면 언제든지 그의 이름을 적어 놓기 위한 것이다. 그만큼 이스라엘 국가와 민족은 단 한 사람의 희생자도 잊지 않고 기억하고 있다는 것을 상징하는 것이다.

희생자들의 사진이 전시되어 있는 이름의 방

(위)
이름의 방

(아래)
홀로코스트 희생자들의 이름이 기록되어 있는 방

　약 한 시간에서 한 시간 반 동안 야드 바셈 홀로코스트 기념관의 전시장을 둘러본 관람객들은 이 이름의 방 앞에서 마침내 그동안 참았던 눈물을 왈칵 쏟아 낸다.
　그들의 울음소리는 통곡은 아니지만 가슴속 깊은 곳에서 한 시간여 동안 꾹 참았던 울음을 조심스럽게 꺼내어 눈물을 흘리는 것이다. 이곳에 도착하게 되면 유대인이 아니라 하더라도 아무리 먼 지구의 반대편에서 찾아온 여행자라 할지라도 저절로 희생자들의 그 처절한 아픔을 생각하지 않을 수 없게 되며 자유와 인권과 생명의 소중함을 다시 한번 느끼게 된다.

　그러고는 드디어 그 이름의 방을 나서게 되면 관람객들은 또 한번 놀라게 된다. 동선에 따라 이름의 방을 나서게 되면 갑자기 눈앞에 아름다운 예루살렘 외곽 도시의 모습이 한눈에 파노라마처럼 들어오게 되기 때문이다.

　마치 영화의 대단원처럼, 또는 클라이맥스를 막 지난 듯한 상황에서 한눈에 보게 되는 아름다운 예루살렘 외곽 도시의 모습은 사진이나 영화의 스크린 속에 등장하는 모습이 아니라 지금도 바람에 나뭇잎이 흔들리고 저 멀리서 자동차와 사람들이 오가는 실제 예루살렘이 내 눈앞에 펼쳐지는 것이다.

　관람객들은 이렇게 느닷없이 거대한 파노라마처럼 펼쳐지는 예루살렘 도시의 모습을 보면서 자연스럽게 주먹을 움켜쥐게 된다.

　'그래, 그동안 우리 조상들이 그토록 목숨을 바치고 희생당하면서 되찾은 우리의 땅 예루살렘, 지금은 이렇게 아름다운 도시가 되었지만 이 도시를 되찾기 위해서 그동안 우리의 조상들이 우리의 부모들이 얼마나 고통을 당하고 고난을 당해 왔었던가…'

　유대인들은 그 예루살렘의 도시를 바라보면서 이런 생각을 하지 않을 수 없는 것이다.

　야드 바셈 홀로코스트 기념관을 설계한 건축 디자이너 그리고 그 내부 공간을 연출한 박물관 큐레이터들은 이토록 관람객의 심리와 정서를 자극하기 위한 전시물과 관람객의 동선을 거의 완벽에 가까울 정도로 잘 연출해 놓았다. 하기야 창의력이나 구성력이 세계 어느 민족보다 뛰어난 유대인들이 민족 정체성을 일깨우기 위한 기념관을 오죽 잘 꾸며 놓았을까?

　야드 바셈 홀로코스트 기념관은 유대인이 아니더라도 그곳을 지나다 보면 자유와 인권과 평화가 얼마나 소중한 것이며 그 어떤 상황 속에서라도 반드시 지켜 나가야 할 것이라는 것을 생각하지 않을 수 없게 된다. 한 시간 반 동안의 길고 긴 터널을 지나면서 갖가지 전시물과 생존자들의 인터뷰 영상 그리고 분위기를 도와주는 여러 음악과 효과 음악들을 들으며 통과하게 되면 아무리 유대인에 대한 반감과 부정적인 생각을 가졌던 사람이라 할지라도 어느새 유대인의 고난을 이해하게 되며 이스라엘이라는 민족과 국가를 사랑하지 않을 수 없게 된다. 외국인이 이렇게 느낄진데 자국민들은 오죽할까? 이런 표현을

관람을 마치면
마지막으로 보이는
예루살렘 전경

하면 너무 극찬일까? 아니면 과대 칭찬일까?

야드 바셈 홀로코스트 기념관을 들어갔다 나오면 그 어떤 나라에서 찾아온 관람객이라 할지라도 한 시간 반 만에 어느새 몸속에 흐르는 피가 유대인의 피로 완전히 바뀌어서 나오는 듯한 착각이 들 정도이다.

고난과 시련 속에서 민족성을 잃지 않고 마침내 되찾은 땅 이스라엘을 누구라도 지키고 보호하고 싶다는 생각이 저절로 들게 만든다는 것이다.

이스라엘 사람들이 나라와 민족을 사랑하고 지키려는 애국심은 바로 이런 기념관 한 곳에서부터 키워 나가는 것이라고 생각한다.

11
인류의 역사를 나누었던 작은 마을
베들레헴

예수님이 태어난 곳
베들레헴

역사의 시계는 B.C.와 A.D.로 나뉜다. B.C.는 Before Christ, 예수님이 태어나기 전, 그리고 A.D.는 Anno Domini 그리스도의 해라는 뜻의 라틴어로 인류의 역사는 예수님이 태어나기 전과 태어난 이후로 크게 나뉘고 그 인류의 시계를 반으로 나눈 역사적인 순간, 역사적인 사건이 발생한 장소, 그곳이 바로 이스라엘의 베들레헴이다.

베들레헴은 예루살렘에서 남쪽으로 약 8km 떨어진 곳에 위치하고 해발 890m의 비교적 높은 곳에 자리 잡고 있다. 해발 740m의 예루살렘보다도 훨씬 높은 곳이라고 할 수 있는데 특히 겨울엔 비도 많이 내려서 강수량이 꽤 높고 추운 날에는 눈까지도 내린다.

비가 별로 오지 않는 이스라엘 땅에서 겨울철에 비가 내리고 눈이 내린다는 것은 그만큼 땅을 비옥하게 만들며 나무와 숲들이 많이 우거져 있고 따라서 농작물이 잘 자랄 수 있는 곳이라는 의미이며 농작물이 많이 자랄 수 있는 환경은 양과 염소들이 먹을 수 있는 풀들이 많은 곳이라는 얘기이기도 하다. 그래서 그런지 이곳은 이스라엘 전역에 걸쳐 헤브론과 마찬가지로 푸른 나무와 푸른 숲을 비교적 많이 볼 수 있는 지역이다. 이런 지리적 환경 때문에 기원전 3천 년경 다윗의 아버지 이새가 이곳에서 양을 키우기도 했고 또 예수님 당시엔 이곳에 많은 목동들이 양을 키우기도 할 정도였다.

그뿐만 아니라 다윗의 고향이 이곳이라는 것은 그만큼 베들레헴이라는 도시가 오래전부터 사람이 촌락을 이루고 살 만큼 살기 좋은 곳을 의미하고 군사적으로도 굉장히 중요한 곳이기도 하다. 그래서 다윗왕 시대에는 블레셋이 이곳을 군사적 요충지로 여기고 점령하는 데 노력을 아끼지 않았었던 것이다.

예루살렘이나 다른 지역에 비해서 이곳은 비교적 전쟁이나 난리를 겪지는 않았다. 물론 역사적으로 볼 때 몇 건의 작은 전투가 벌어지긴 했지만 서로가 뺏고 빼앗기며 수많은 사람들이 죽어 갔던 예루살렘에 비하면 평온한 도시였다.

베들레헴이라는 뜻이 빵의 집이라는 것처럼 이곳 사람들은 풀들이 자라는 들판에서 양 떼를 키우고 밀을 재배하며 빵을 만들고 생활할 정도로 평온하게 살아온 말 그대로 평화의 마을이었다.

사무엘이 이곳 베들레헴까지 달려와 양 떼를 돌보고 있던 어린 다윗을 불러 이스라엘의 왕이 되리라고 이야기하며 기름을 부었는지도 모르는 일이다. 그리고 그것은 곧 인류의 역사를 크게 나누는 거대한 사건, 다시 말해서 이 땅의 인류를 죄악에서 구원하시기 위해 오시는 메시아가 이 땅에서 태어나게 될 것이라는 것을 미리 암시했는지도 모른다.

이스라엘의 두 번째 왕, 그러면서 이스라엘의 영토를 확장하고 주변 국가들로부터 완벽한 국가로 인정받게 만든 왕 다윗이 태어난 동네, 그리고 하나님의 독생자 예수님이 태어난 동네, 이곳이 바로 베들레헴이다.

베들레헴이 가진 굴곡의 역사

유대인의 왕, 만왕의 왕이신 예수님께서 태어나신 베들레헴은, 그때 당시에도 다윗의 도시였고 다윗이 이스라엘 왕으로서 왕위에 올랐던 곳도 베들레헴이었다.

하지만 A.D. 70년 이스라엘이 로마에 의해 멸망한 이후 2세기경에는 바르 코크바 반란으로 인해 하드리아누스 황제에 의해 파괴되어 베들레헴은 폐허로 변한다. 이때부터 이전에도 그랬듯이 팔레스타인 전 지역을 두고 주변 여러 나라와 부족들이 서로 뺏고 빼앗기며 주인이 여러 차례 바뀌게 되는데 그것은 예수님이 태어나신 장소가 있는 베들레헴이라고 해서 예외가 될 수는 없었다.

A.D. 326년부터 328년에 콘스탄티누스 대제의 모친인 헬레나 황후에 의해 예수님께서 태어나신 동굴 위에 예수탄생기념교회가 세워지지만 그 이후에 교회는 529년 사마리아인들에 의해 큰 손상을 입게 되고 다시 유스티니아누스 황제에 의해 예수탄생기념교회가 재건되지만 A.D. 637년 무슬림에 의해 정복되었다가 1099년 십자군에 의해 다시 정복되고 13세기엔 이집트의 맘루크가 점령하는 등 질곡의 역사

를 가진다.

16세기 초에는 오스만 제국에 의해 관리되는데 이 기간 동안 교회의 관리권을 두고 가톨릭 교회와 그리스 정교회 사이에서 심한 충돌이 일어나기도 했다.

16세기 말에는 베들레헴이 예루살렘 인근 지역에서 가장 큰 마을 중 하나가 되었다. 하지만 오스만 제국의 통치 아래 베들레헴의 주민들은 실업, 의무적 군 복무 및 무거운 세금에 직면하여 특히 남미로 대거 이주했다.

1914년, 1차 세계 대전이 발발하면서 팔레스타인에서의 4백 년간의 오스만 제국의 점령 시대는 끝이 나면서 베들레헴은 영국으로 넘어갔고 1948년 이스라엘의 독립 전쟁 당시 또다시 요르단의 관할로 넘어갔다.

예수님의 고향 베들레헴

1차 대전이 한창일 때 영국은 오스만 제국과 맞서 싸우면서 그 당시 팔레스타인 땅에 살고 있는 팔레스타인 사람들과 주변 아랍 국가들에게 터키와 맞서 싸우면 팔레스타인 땅에 아랍 국가 건설을 할 수 있도록 돕겠다고 맥마흔 선언을 통해 약속했다.

영국은 아랍 국가를 자기편으로 끌어들였음에도 불구하고 전세가 유리해지지 않자 이번에는 유대인들이 개발해서 갖고 있는 무기와 거대 자본을 활용하기 위한 수를 쓰게 된다. 만약에 유대인들이 이 전쟁을 도와준다면 팔레스타인 땅에 유대인 국가를 건설할 수 있도록 하겠다는 밸푸어 선언으로 또 다른 약속을 하게 된다. 한마디로 영국은 아랍 민족과 유대인들에게 이중 계약을 한 셈이다.

1차 대전 이후 전 세계에 있던 유대인들은 영국의 약속대로 팔레스타인 땅으로 밀려오기 시작했고 이미 그곳에서 살고 있었던 아랍인들은 당황하게 된다. 도대체 이게 어떻게 된 일인가?

영국이 저질러 놓은 이중 계약으로 인해 팔레스타인 문제가 복잡해지자 영국은 이 문제를 UN에게 떠넘기고 만다. 결국 UN은 1947년 11월 29일에 열린 총회에서 팔레스타인을 아랍과 유대의 두 개의 나라로 분리하는 결정을 내리게 되는데 팔레스타인 땅 면적의 43.53%를 아랍 민족에게 주고 네게브 사막 등 살기 어려운 척박한 땅이 대부분이었던 56.47%를 유대인들에게 나눠 주었다.

당연히 아랍인들은 UN의 이런 결정을 따를 수가 없었고 국제 사법 재판소에 제소를 하는 등 반대 시위를 하며 유대인들과 크고 작은 충돌을 일으켰다. 하지만 UN으로부터 정식으로 유대 국가 건설에 대한 허락을 받아 놓은 이상 유대인들은 더 이상 기다릴 수가 없었다.

베들레헴에서 다른 도시로 가기 위해 새벽부터 줄을 서고 있는 베들레헴 사람들

영국의 위임 통치가 끝나는 1948년 5월 14일 밤 12시 이전에, 유대 국가의 건국을 전 세계에 선포해야만 했다. 하지만 이때에도 베들레헴은 이스라엘의 영토가 아니었다. 오히려 UN이 이스라엘의 영토로 할당해 준 지역에 살고 있는 팔레스타인 사람들이 불과 며칠 사이에 베들레헴으로 몰려들었다. 이것은 주변 아랍 국가들이 팔레스타인 아랍인들에게 만약에 이스라엘 국가가 선포된다면 전쟁을 벌일 것이고 이 전쟁은 며칠 안에 아랍 국가의 승리로 끝날 것이니 그때에는 각자 고향으로 돌아갈 수 있을 것이라고 판단했기 때문이다. 팔레스타인 아랍인들은 이 말만 믿고 아무런 가재도구도 가져오지 못한 채 몸만 겨우 빠져나와 베들레헴에 마련된 임시 수용소로 거처를 옮겼지만 1948년 5월 14일 이스라엘의 건국 선언과 함께 동시에 일어난 1차 중

동 전쟁에서 아랍 국가들은 속수무책으로 패배하고 말았다.

고향으로 돌아갈 수 없는 피난민들은 그때부터 베들레헴의 원주민들과 함께 난민 캠프에서 복잡하게 뒤엉켜 살아가야만 했다. 그리고 1967년 6일 전쟁이 벌어지면서 이스라엘은 그나마 요르단의 관리하에 있던 동예루살렘과 베들레헴을 점령하게 된다. 하지만 1993년 오슬로 협정대로 베들레헴에 주둔하고 있던 이스라엘 군부대가 철수하면서 그때부터 팔레스타인 당국이 행정 및 치안을 관리하고 있는 상황이었다.

2000년부터 5년 동안 팔레스타인 아랍인들에 의해 벌어진 저항운동 제2차 인티파다Intifada 기간 동안 베들레헴의 인프라 및 관광 산업은 크게 손상되었다. 특히 2002년에는 자살 폭탄 테러로 시작된 분쟁으로 팔레스타인 무장 세력이 베들레헴의 예수탄생기념교회로 숨어 그곳에 있던 사제와 주민 250여 명을 인질로 붙잡자 이스라엘 군부대는 교회를 포위하고 39일 동안이나 대립했었다. 이 충돌로 팔레스타인 무장 세력 중 많은 인원이 사망했고 나머지 13명의 무장 세력은 외국으로 추방하기로 합의했다.

오늘날 베들레헴은 약 17만 명이 거주하고 있는 이스라엘 정착민을 위한 2개의 우회 도로로 둘러싸여 있으며, 예루살렘과의 접경 지역 일부에 설치한 8m 높이의 분리 장벽에 의해 둘러싸여 있다. 베들레헴 수공예품, 중동 향신료, 보석류와 특히 올리브나무로 만든 조각품들은 순례객들에게 큰 인기를 끌고 있다. 다른 산업으로는 석재 및 대리석 절단, 직물, 가구 등을 만들어 팔고 있다. 베들레헴에도 공장이 있는데 주로 페인트와 플라스틱 합성 고무, 건축 자재들을 만드는 공장이다.

1997년 팔레스타인 중앙 통계국의 발표에 따르면 베들레헴 인구의 약 84%가 글을 읽지 못하는 것으로 나타났다. 2006년 기준으로 베들레헴에는 135개의 학교가 있지만 학생들 중에 약 14%만 졸업장을 받았다.

베들레헴은 해발 약 890m로 덥고 건조한 여름과 온화하고 습한 겨울을 가진 지중해성 기후로 12월 중순부터 3월 중순까지는 기온이 1도까지 내려갈 정도로 춥고 비가 오는 우기이며, 5월부터 9월까지는 날씨가 따뜻하고 화창하다.

점점 줄어드는
베들레헴의 기독교인들

오스만 제국의 지배 시절에는 베들레헴의 인구 중에 기독교인의 숫자가 약 60%가 되고 1947년에는 85%를 차지했지만 그 이후에 베들레헴의 기독교인들은 남미 등으로 이주하면서 1998년에는 40%로 감소하고 2016년에는 16%로 감소하는 등 20세기 이후 기독교인의 숫자는 꾸준히 줄어들었다.

물론 이들은 개신교인들이 아니라 거의 그리스 정교나 러시아 정교인들이었고 베들레헴에는 이렇게 기독교인과 무슬림들이 한데 어울려 살던 곳이었다. 하지만 1947년 UN의 팔레스타인 분할 계획에 따라 1948년 이스라엘 국가가 세워지고 팔레스타인 자치지구도 세워지면서 팔레스타인 지역에 살고 있는 아랍인들에게 신분증을 발급하기 시작했다.

팔레스타인 아랍인들의 신분증에는 개인의 종교를 표시하게 했다. 부모의 종교가 이슬람이면 부모와 함께 자녀들의 신분증에도 종교를 이슬람이라고 적게 했고 부모의 종교가 기독교이면 당연히 부모와 함께 자녀들의 신분증에도 종교를 기독교라고 적게 했다. 그래서 신분증을 보면 그 사람의 종교를 알 수 있게 했던 것이다. 물론 이때만 해도 베들레헴 지역에 같이 살고 있는 무슬림과 기독교인들은 서로의 종교를 인정해 주고 존중해 주는 분위기였다. 비록 기독교의 주인공인 예수님이 태어난 지역이기는 하지만 오랜 세월 동안 이슬람 종교가 이 지역을 장악해 왔고 무슬림들이 지역 사회 전체를 차지하는 분위기 속에서 기독교인들의 입지는 좁아질 수밖에 없었다. 더군다나 이스라엘 국가가 생기면서부터 시작된 팔레스타인 아랍인들과 유대인들 간의 크고 작은 충돌 속에서 베들레헴의 무슬림들은 기독교인을 향한 곱지 않은 시선을 갖기 시작했다.

겉으로는 무슬림들과 기독교인들이 별 탈 없이 잘 지내는 것 같지만 사실은 두 종교 간에 눈으로 보이지 않고 해결될 수 없는 깊은 골이 있을 수밖에 없었다. 이들은 각자의 삶의 방식이 다르다. 무슬림들은 어디서 무슨 일을 하고 있든지 상관없이 하루에 다섯 번씩 메카를 향해 땅바닥에 엎드려 기도를 하지만, 기독교인들은 그렇지 않다. 무슬림들은 라마단 기간인 30일간 해가 떠 있는 동안 물과 음식을 먹지 않지만 그렇다고 해서 함께 일하는 기독교인들이 같이 금식을 할 수는 없는 일이었다. 한 도시에서 그리고 한 마을에서 서로 이웃하고 있는 사람들끼리 종교가 이슬람이냐 기독교냐에 따라 생활 방식이 너무나 달라 좀처럼 마음을 섞을 수가 없는 일이었다.

이런 간극은 분명하게 수면 아래 존재해 있다가 이스라엘 군인들과의 충돌이 일어나게 되면 무슬림들은 베들레헴의 기독교인을 향한 불만을 여지없이 겉으로 표현하였다. 무슬림들에게는 베들레헴의 기독교인들은 미국과 이스라엘의 원조를 받고 스파이 노릇을 하는 배신자들이라는 인식도 분명히 존재했다.

이런 분위기 속에서 베들레헴의 기독교인들은 더 이상 살기가 힘들어졌고 결국엔 베들레헴을 떠나 남미로 이주해 가는 일들이 많아졌다. 특히 2000년에 일어난 2차 인티파다 이후로 기독교 인구의 10%가 베들레헴을 떠나 지금은 기독교인들의 숫자는 현저히 줄어들었고 인류를 구원하기 위해 어린 아기로 태어난 예수님의 고향 베들레헴은 이제 이슬람의 도시가 되었다.

그럼에도 불구하고 매년 전 세계에서 베들레헴을 찾는 기독교 성지 순례자들의 숫자가 2백만 명이나 되고 이들이 사용하는 관광비는 베들레헴 경제의 약 65%를 차지하고 있는 것으로 볼 때 무슬림들은

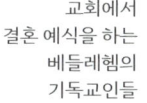

교회에서 결혼 예식을 하는 베들레헴의 기독교인들

예수님 덕분에 먹고사는 것이라고 볼 수 있다.

베들레헴으로 가는 길에 만나는 콘크리트 장벽

예루살렘 성의 다메섹문 건너편에 가면 아랍인들이 이용하는 시외버스 정류장이 있는데 이곳엔 베들레헴으로 가는 버스들이 많이 있다.

요즘은 이스라엘을 여행할 때 자동차를 렌트하는 경우가 많지만 예전에는 주로 시외버스를 이용하여 베들레헴이나 헤브론 등지를 찾아가고는 했었다. 버스 요금이 비싸지 않기도 했지만 버스 안에서 만나는 아랍인들의 모습을 보면 그들이 어떤 옷을 입고, 어떤 가방을 들고 있으며 그들의 짐들은 어떤 것들인지 이것저것 구경하면서 가는 맛이 또 하나의 재미이기 때문이다.

예루살렘을 떠나서 베들레헴으로 가는 길은 그다지 멀지가 않다. 하기야 예루살렘에서 8km 떨어진 곳이니 걷기 좋아하는 사람은 걸어갈 수도 있는 거리이다. 예루살렘을 떠난 버스는 기분 좋게 달리다가 거대한 콘크리트 장벽 앞에서 멈춘다. 이스라엘 입장에서는 보안 장벽이라고 부르고 팔레스타인 입장에서는 분리 장벽이라고 불리는 높이 8m의 콘크리트 벽이다. 이스라엘 국민들 입장에서 본다면 이 장벽과 검문소로 인해 팔레스타인 테러리스트가 이스라엘 쪽으로 넘어오지 못하게 하는 보안의 큰 역할을 하는 장벽이지만 팔레스타인 입장에서 본다면 자유로운 왕래를 제약하고 있으니 여간 불편한 장벽이 아닐 수 없을 것이다.

장벽을 세울 수밖에 없는 이스라엘의 입장도 이해가 안 가는 것이 아니고 또 이 장벽을 통과하기 위해서 이스라엘 군부대에서 발급한 통행증을 들고 새벽부터 줄을 서는 불편을 감수해야 하는 팔레스타인 입장도 안타깝다. 아마도 이 콘크리트 장벽을 보는 순간 대부분의 순례객들은 많은 생각을 하지 않을 수 없을 것이다.

이 장벽의 아랫부분에 겨우 뚫려 있는 문을 지나가면 바로 이곳이 다윗의 고향, 예수님의 탄생지 베들레헴의 시작이다. 베들레헴의 바깥쪽 장벽은 그야말로 콘크리트 색깔 그 자체이지만 일단 안쪽으로 들어가서 장벽을 보면 그곳에 살고 있는 팔레스타인 사람들이 자유를 갈망하며 그려 놓은 그림들과 애절한 글귀들이 낙서처럼 또는 예술 작품으로 표현되어 있다.

장벽의 문을 통과해서 안으로 들어가면 이곳에서부터 베들레헴 시내로 운행하는 노란 택시들이 여러 대 서 있는 것을 볼 수 있는데

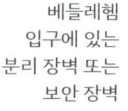
베들레헴 입구에 있는 분리 장벽 또는 보안 장벽

그들은 뜨거운 태양 아래서 택시를 세워 놓고 그 옆에 서서 기다리다가 장벽의 문을 통해 나오는 사람들이 있으면 소리치며 호객을 한다. 베들레헴에 살고 있는 팔레스타인 사람들의 자유로운 이동을 가로막기 위해 이스라엘이 만들어 놓은 장벽이 또 하나의 새로운 직업군을 만들어 놓은 아주 특이한 모습이다. 장벽을 통해 베들레헴 안으로 들어가는 것은 그다지 어렵지 않지만 반드시 여권을 소지해야 하고 반대로 베들레헴에서 나올 때에는 검문소에서 여권을 제시하고 이스라엘 군인들이 질문하는 몇 가지 내용에 대답을 해야 한다.

마구간 위에 세워진
예수탄생기념교회

베들레헴에 살고 있는 사람들은 이 예수탄생기념교회Church of Nativity 때문에 먹고사는 사람들이 태반일 정도로 1년에 이 곳을 찾는 관광객들은 어림잡아 수십만 명이 넘는다고 한다.

실제로 크리스마스 당일이 되어 찾아오면 예수탄생기념교회 앞의 넓은 광장은 발 디딜 틈도 없이 많은 사람들이 빽빽하게 들어차기도 한다. 그만큼 베들레헴은 전 세계의 크리스천들에게는 꼭 한 번 가고 싶은 곳이며 또 이스라엘에 가면 반드시 들러야 하는 곳이기도 하다.

예수님이 탄생하신 곳에 세워진 예수탄생기념교회를 감격적인 마음으로 찾아가 보면 우선 그 교회 건물을 보고 놀라게 된다. 왜냐하면 우리가 알고 있었던 허름한 여관의 마구간이 아니기 때문이다. 그것을 이해하려면 예수님 당시의 가옥 구조를 알아야 한다. 베들레헴을 포함해서 이스라엘 전역에는 크고 작은 동굴이 많이 있다.

베들레헴 역시 크고 작은 천연 동굴이 많은데 그 당시 이스라엘 사람들은 그런 동굴 위에 집을 짓고 살았다. 사람들은 양과 염소, 말 등의 가축을 키우면서 몇 마리 정도는 주택 아래층의 지하 동굴에서 키우고 사람들은 그 위의 집에서 생활을 하기도 하였다.

이처럼 예수님이 태어나셨던 그 여관도 마찬가지로 지하에 동굴이 있었고 그 동굴에 말이나 여러 가지 가축을 키우고 있었다. 예수님의 부모였던 마리아와 요셉이 나사렛을 출발하여 예루살렘으로 가다가 베들레헴 여관에 들렀을 때는 이미 그곳에 각 지방에서부터 올라온 수많은 사람들이 예루살렘으로 가기 전에 이곳에서 머물고 있었기 때문에 방이 없었다. 하는 수 없이 마리아와 요셉은 여관 주인의 말대로 지하 동굴 속 마구간으로 가서 지푸라기를 침대 삼아 잠을 청하였고 결국 이곳에서 아기 예수님이 태어나 이곳은 중요한 성지가 되었

예수탄생교회

다.

　이곳 지하 동굴은 예수님이 부활 승천하신 이후로 초기 기독교인들의 기도처가 되었다. 그것을 못마땅하게 여겼던 로마의 하드리아누스 황제는 기독교 말살 정책의 일환으로 이곳에서 기도하던 기독교인을 모두 내쫓고 예수님이 돌아가신 골고다의 무덤처럼 로마의 신인 아도니스 신의 동상을 세웠다. A.D. 313년 로마의 콘스탄티누스 황제의 기독교 공인 이후 모친인 헬레나 황후가 319년 3월 31일, 이곳에 세워졌던 아도니스 신상을 치워 버리고 동굴 위에 예수탄생기념교회를 세운 것이다.

　하지만 그 교회도 오래 가지는 못했다. 교회가 세워진 지 100년 뒤 이곳에서 민란이 일어나면서 이곳은 불이 나게 되고 몇 개의 기둥과 벽만 남겨 놓은 채 잿더미가 되었다. 그리고 그 뒤에 비잔틴 제국의 유스티니아누스 황제에 의해 그 자리에는 다시 아름다운 교회가 지어졌는데 그 교회가 지금의 예수탄생기념교회이다. 지금 이 건물은 약 1,500년이나 된 역사 깊은 건물이다.

예수님을 만나기 위해서
통과해야 하는 겸손의 문

　A.D. 614년에 페르시아가 이스라엘을 침략하게 된다. 그리고 수많은 기독교 관련 건축물을 파괴하는 비극이 일어나지만 놀랍게도 페르시아 군인들은 예수탄생기념교회 만큼은 파괴하지를 않았다.

　왜 그랬을까? 교회 안으로 들어가면 예수님이 태어날 당시 상황을 벽화로 그려 놓은 것을 볼 수 있는데 그림 중에는 아기 예수님을 찾아와 경배하는 동방 박사 세 사람의 모습도 함께 그려져 있다. 그리고 그 동방 박사가 입었던 의상이 바로 페르시아의 조상 중에서도 높은 신분의 사람들이 입는 의상이었던 것이다.

아마 페르시아 군인들은 이 건물에 불을 지르고 파괴하기 위해서 연장을 들고 교회 안으로 들어왔을 것이다. 그러다가 건물 내부에 그려진 동방 박사를 보는 순간 '우리의 조상들이 다녀가고 경배하였던 사람이 태어난 장소를 어떻게 파괴할 수 있느냐.' 하면서 손에 들었던 연장과 횃불을 내려놓고 무릎을 꿇었던 것이다. 그래서 그 환란 중에도 교회 건물은 다행히 보전될 수 있었다.

교회 앞 넓은 광장에서는 교회 안으로 들어가는 문을 쉽게 찾을 수 없다. 대개 유럽에서 볼 수 있는 역사 깊은 크고 웅장한 교회 건물의 문은 그 자체만으로도 하나의 예술 작품이라고 할 수 있을 만큼 화

허리를 숙여야 들어갈 수 있는 겸손의 문

11. 베들레헴

려하고 아름다운 모습이다. 그런데 역사와 의미가 깊은 이 교회 건물에는 웅장하고 화려한 문이 보이지 않는다. 문이라고는 교회 건물 왼쪽으로 돌아가면 폭 80cm, 높이 120cm의 작은 문만 하나 있을 뿐이다. 그래서 사람들이 예수님의 탄생 장소로 가려면 반드시 허리를 굽히고 머리를 숙여서 들어가야만 한다. 이 문을 겸손의 문이라고 한다. 그렇다면 처음 이 교회를 지을 때부터 문을 그렇게 작게 만든 것일까?

이 문을 자세히 보면 원래 아치형으로 만들어져 있었음을 볼 수 있는데 그 문틀의 크기는 지금의 작은 문보다는 훨씬 크게 되어 있다. 이것이 바로 원래의 문이었다. 그런데 1500년경 그 당시 사람들 중에는 말을 타고 그대로 교회 안으로 들어가는 무례한 사람들이 많았던 것 같다. 그걸 보다 못한 교회 관리인들이 말을 타고 들어가지 못하고 허리를 숙이고 들어가야만 할 정도로 문을 좁게 막아 버렸고 그 문이 아직도 그대로 유지되고 있어서 교회 안으로 들어 가려면 키가 작은 어린이들 말고는 모두 허리를 숙이고 들어가야 한다. 대통령이든 교황이든 재벌이든… 예수님을 만나기 위해서는 모두 허리를 굽히고 고개를 숙여야 한다.

교회 안으로 들어가면 11개의 커다란 돌기둥이 양옆으로 모두 네 줄로 44개의 기둥이 서 있다. 교회의 전면에는 화려한 장식으로 되어 있는 제단이 있는데 하루에도 몇 차례씩 프란체스카 수도회에서 예배를 드리고 있다. 그리고 중앙 통로를 중심으로 왼쪽 구역은 아르메니안에서 관리하고 오른쪽 구역은 그리스 정교회에서 관리하고 있다. 예수님이 탄생한 곳에 세워진 교회이다 보니 어느 특정 종파가 소유하고 관리할 수 없기 때문이다.

교회 안의 바닥을 보면 나무로 된 판자가 깔려 있는데 그 나무판자는 뚜껑을 열어서 순례자들이 들여다볼 수 있도록 하였다. 그 밑에는 콘스탄티누스 황제의 어머니 헬레나 황후가 이곳에 처음 교회를 건축할 때 만들어진 모자이크 바닥이 아직도 남아 있다. 1,700년 전에 그 모자이크를 만들고 감동하며 예수님을 기억했을 여인 헬레나의 숨결을 잠시나마 느낄 수 있는 곳이다.

교회의 벽에는 12세기에 십자군에 의해서 그려진 여러 가지 벽화들을 볼 수 있다. 그 벽화의 내용은 그동안의 기독교 역사를 한눈에 볼 수 있도록 니케아 회의, 콘스탄티노플 회의, 에베소 회의, 칼케돈 회의 등 중요한 회의 장면을 그려 놓았다. 이 그림들을 감상하면서 제단 쪽으로 걸어가다 보면 제단의 오른쪽에 아래로 내려가는 작은 대리석 계단이 있다. 이 대리석 계단을 따라 내려가면 예수님이 탄생하셨던 마구간 동굴이 나오게 된다.

하나님의 아들이
아기로 태어난 동굴

예수탄생기념교회 내부의 중앙에 있는 대리석 계단으로 내려갈 때 전등불이 없었다면 아마도 캄캄하고 어두워서 한 치 앞도 볼 수 없을 것이라는 생각이 든다. 그만큼 그곳은 외부와는 철저하게 차단된 깊고 음침한 지하 동굴이었다. 그 당시 이곳에 말이나 가축들이 살고 있었다면 그 냄새 또한 코를 찌르고 숨조차 쉬기 힘들었을지도 모른다. 아마도 그 여관 주인 역시 이곳에 자주 들르기를 싫어하였을 만큼 이곳은 철저하게 외면되고 소외된 장소임에는 틀림없다. 예수님은 이런 곳에서 태어나셨다.

　지금은 이 지하 동굴의 크기가 폭 3.5m, 길이 13m의 비교적 넓은 공간이긴 하지만 원래 마구간의 크기는 훨씬 작았었다. 하지만 십자군 시대에 이곳에 좀 더 많은 순례자들이 들어와 예수님이 탄생하신 장소에서 예배를 드리기 위해 동굴을 더 넓혔기 때문에 지금의 크기가 된 것이다.

　지하 동굴로 내려가는 계단을 따라 들어가면 오른쪽에 마치 벽난로와 같이 생긴 대리석으로 만든 공간을 보게 된다. 그리고 그 안에는 열네 개의 날개로 된 별이 바닥에 장식되어 있다. 바로 이곳이 예수님께서 태어나신 장소이다.

　순례자들이 이곳을 방문하게 되면 무릎을 꿇고 이 땅에 평화를 주시기 위해 인간의 모습으로 내려오신 하나님의 독생자 예수 그리스도의 탄생을 축하하고 경배하기 위해 그 별에 입을 맞춘다. 이곳에서

예수님이 탄생한 장소에 있는 별

는 누가 조용히 하라고 시키지 않아도 큰 소리로 이야기하는 사람이 없다. 모두들 한결같이 엄숙하고 경건한 자세로 이 역사적인 장소에 함께 한다.

예수님이 탄생한 그 자리에 있는 별은 1717년 가톨릭에서 은으로 만들었는데 그 둘레에 라틴어로 '이곳에서 동정녀 마리아에게서 예수 그리스도가 탄생했다'는 글을 새겨 놓고 바닥에 장식한 것이다. 이 별은 14개의 날개를 갖고 있는데 그것은 마태복음에 있는 14대씩 끊어지는 예수님의 족보를 따라서 14개의 날개를 만들었다고 한다. 그리고 이 별은 또 다른 사연을 갖고 있다.

1853년 이 별 때문에 전쟁이 일어난 것이다. 그 당시 이곳을 관리하던 러시아 정교회에서 일방적으로 그 별을 떼어 버렸다. 이 지역을 점령해서 지배하던 오스만 터키가 그것을 알고는 러시아 정교회 쪽에 원상 복구를 요청했지만 러시아 정교회가 거절하자 전쟁이 선포되었고 그 전쟁은 마침내 크리미아 전쟁으로 이어졌던 것이다.

이 땅에 평화를 주기 위해 오셨던 예수님이 탄생한 그 자리에 장식 된 별로 인해 때 아닌 피비린내 나는 전쟁이 일어나게 되었다는 것은 또 하나의 역사의 아이러니가 아닐 수 없다.

현재 이곳은 동방 정교회와 아르메니안 교회, 로마 가톨릭 교회가 공동으로 소유하고 있다. 동굴의 벽은 검게 그을러져 있는 것을 볼 수 있는데 그것은 1869년 이곳에 뜻하지 않은 화재가 발생하였고 그로 인해 검게 그을러진 것을 그대로 방치해 왔기 때문이다.

2살 아래의 아이가 묻힌 성캐더린교회

이 동굴로 들어오는 반대쪽에는 밖으로 나가는 출구 계단이 있고 이 계단을 통해 밖으로 나가면 크고 화려한 현대식 건물의 교회를 만나게 된다.

이 교회는 1881년에 가톨릭에서 지은 성캐더린교회Church of St. Catherine이다. 교회 내부 정면에는 큰 파이프 오르간과 제단이 있으며 교회 내부 벽에는 예수님의 탄생에서 죽음에 이르는 과정을 부조로 조각해서 붙여 놓았다. 그리고 이곳에서 매년 진행되는 크리스마스 미사를 전 세계로 중계하며 지금도 하루에도 몇 번씩 이곳 베들레헴에 살고 있는 크리스천들이 찾아와 미사를 드리고 있다.

이 교회 오른쪽에 있는 좁은 계단으로 내려가면 또 다른 동굴이 있는데 이곳은 예수님이 태어날 당시 헤롯이 2살 이하의 남자아이들을 죽였을 때 죽은 아이들의 무덤이라고 한다. 이곳에 내려가면 어린 아이들의 뼈들을 볼 수 있다.

정문을 통해 밖으로 나가면 작은 정원이 하나 있는데 그 정원 중앙에는 큰 동상이 하나 버티고 서 있다. 이것은 성 제롬Jerome의 동상이다. 제롬은 기독교 역사에서 아주 중요한 인물 중의 한 사람으로 A.D. 386년 교황의 비서로 성지를 순례하러 왔다가 주님의 계시를 받고 이곳에 계속 남아 예수님 탄생 동굴 옆에 은둔하며 살면서 히브리어로 된 성경을 라틴어로 번역하는데 평생을 바치게 된다. 그가 번역한 라틴어 성경은 라틴 세계의 복음화에 큰 기여를 하게 되는 결정적인 역할을 하게 되었다.

(좌)
성캐더린교회

(우)
우유교회

예수님이 피난가시기 전에
젖을 먹은 우유교회

예수탄생기념교회를 나오면 다시 그 앞에는 커다란 광장이 있다. 그곳을 구유 광장이라고도 하는데 관광객과 순례객들을 대상으로 호객하고 있는 택시 기사들, 그리고 기념품 가게의 호객꾼들이 기다리고 있다. 엽서와 올리브나무로 만든 각종 조각품을 손에 들고 순례자들을 향해 하나라도 더 팔아 보겠다고 달라붙는 그들의 모습을 보면 예수님이 태어난 동네 베들레헴의 목자들의 후손들일지도 모른다는 생각을 하게 되어서 끈질기게 달라붙는 그들이 그다지 밉지는 않다.

그 광장으로 나와 예수탄생기념교회의 왼쪽으로 돌아보면 자동차 한 대가 겨우 통과할 수 있을 만한 골목길이 나온다. 그 골목길을 따라서 약 150m 정도 걸어가다 보면 오른쪽에 하얀색으로 아름답게 치장된 작은 교회를 하나 만나게 되는데 이 교회는 우유교회라고도 하고 우유 동굴Milk Grotto이라고도 한다.

　이곳은 예수님이 태어나신 후, 헤롯의 두 살 이하의 유대인 남자 아이를 죽이라는 명령 때문에 요셉과 마리아가 이집트로 떠나기 직전 이 동굴에 숨어 어린 예수님에게 모유를 먹였다고 알려진 동굴에 세워진 교회이다.

　그래서 우유교회라고 이름을 지은 것이다. 그래서 건물도 우윳빛으로 만들었으나 본데 실제로 이 교회의 밑에 있는 동굴에 들어가면 특이하게도 동굴의 색깔도 하얀색이다. 전설에 의하면 이 동굴의 색깔이 지금처럼 하얀색은 아니었다고 한다. 그런데 마리아가 예수님에게 젖을 먹일 때 모유 몇 방울이 바닥에 떨어졌고 그 이후로 이 동굴의 바위 색깔이 하얀색으로 변하게 되었다고 한다. 현재도 베들레헴을 찾는 많은 순례자들이 이곳에 찾아와 그 동굴에서 기도를 하고 묵상을 하는 모습을 볼 수가 있다.

　이 교회는 5세기경에 처음 세워졌고 그 후 14세기에 다시 세워졌으며 현재의 교회는 1872년에 다시 세워진 것이다. 그래서 그런지 다른 건물에 비해서 비교적 깨끗하고 아름답게 보존되고 있는 것을 알 수 있는데 교회의 입구와 곳곳에 아기 예수님을 가슴에 안고 있는 마리아의 모습을 조각으로 장식해 놓은 것을 볼 수 있다. 교회의 밖으로 나오면 바로 왼쪽엔 작은 방이 하나 있고 그 방 안으로 들어가면 벽면에 수많은 사람의 사진과 각종 사연이 담긴 편지들이 붙여져 있다. 이 사진과 편지는 이곳에 방문했던 많은 방문자 중에 아기를 낳지 못해 마음고생한 사람들이 이곳에서 기도를 한 다음 기적처럼 아기를 낳았다고 보내 온 감사의 편지와 사진이다.

정말 이곳에서 기도를 하면 몇 년 동안 아기를 낳지 못하던 여인들이 기적처럼 아기를 낳게 되는지는 잘 모르겠지만 이곳 관리자의 설명을 들으니 그 말이 사실이라고 한다. 하지만 이곳에서 기도를 하려면 얼마의 기부금을 내야 한다.

잠자던 목자들을 천사들이 깨운 목자의 들판

예수탄생기념교회에서 나오면 오른쪽으로 내리막길을 따라 약 2km 정도 걸어가다 보면 동방박사의 집이라는 뜻의 베이트 사후르 Beit Sahul라는 마을이 나온다. 이 마을은 예수탄생기념교회가 있는 곳에서 느낄 수 있는 복잡하고 번잡한 분위기와는 사뭇 다르게 조용하고 한적하다. 주변엔 들판도 있고 숲도 있다. 이 마을에 있는 소나무 숲 사이의 길을 따라 들어가면 새소리도 들리고 한여름에도 시원한 바람이 불어와 산책하기도 좋은 곳이다.

그런데 이 산책 길을 따라서 들어가면 조금은 특이하게 생긴 건물을 만나게 된다. 이 건물은 예수님이 태어날 당시 이곳에서 양 떼를 돌보던 목자들이 이동식으로 설치했던 텐트의 모양을 본떠서 만든 건물이라고 하는데 이 건물이 바로 목자의들판교회 Shepherd Field라는 곳이다. 이곳은 예수님이 태어날 당시 양 떼를 돌보던 목자들이 잠을 자던 중 천사들이 나타나 예수 탄생을 알렸고 그 소식을 들은 목자들이 베들레헴의 한 마구간을 찾아가 예수님의 탄생을 경배했다고 알려진 바로 그 장소이다. 이 건물 바로 옆에는 작은 동굴이 있는데 이 동굴이 그 당시 목자들이 잠을 자던 곳이다. 전에도 소개했듯이 베들레헴은 예루살렘 못지않게 고지대에 형성된 도시라 예수님이 태어나셨을 겨울엔 제법 차가운 날씨를 보인다. 겨울엔 비도 자주 내리지만 어떨 때는 눈까지 내리기도 한다. 한여름의 뜨거운 태양만큼은 아니지만 그래도 한낮의 태양 아래서 양 떼를 돌보던 목자들은 밤이 되면 이곳에 있는 자연 동굴로 들어와 밤이슬을 피하고 밤의 한기를 피하면서 잠을 잤을 것이다. 그때 목자들이 작은 모닥불을 피워 놓고 잠을 청했을 그 동굴이 바로 이 교회의 옆에 있다. 이 동굴은 그다지 깊은 동굴이 아니다. 그저 바위 밑에 대여섯 사람이 들어가면 이슬을 피할 수 있을 만한 도피처와 같은 곳이다.

이곳에 들어가면 동굴의 내부는 전혀 보수하거나 손을 댄 흔적은 보이지 않는다. 자연 동굴 원래의 모습을 그대로 간직하고 있기 때문에 지금도 그곳 어딘가에는 그 당시 목자들이 아무렇게나 벗어 놓았을 겉옷들이 널부러져 있을 것 같은 착각이 들 정도이다. 그리고 바닥 어딘가에는 그 당시 목자들이 피워 놓았을 모닥불의 흔적들이 남아 있을 것 같은 생각도 든다. 동굴의 끝부분에는 예수님 태어날 당시의 상황을 예쁜 인형으로 꾸며놓은 것들을 볼 수 있다. 이곳에 마련된 의자에 앉아 그 인형들을 바라보면서 그 당시 목자들이 들었을 천사의 음성을 상상하며 묵상을 하고 있으면 어디선가 크리스마스 캐롤이 잔잔하게 들려오기도 한다. 이곳은 하루 종일 스피커를 통해서 캐롤을 들려주고 있기 때문이다.

그 동굴을 나와 교회 안으로 들어가면 교회 건물이 무척이나 아름답고 정갈하게 정돈되어 있다는 느낌을 받게 된다. 1953년에 세워

(위)
목자의들판교회

(아래)
목자들이 잠자던
동굴 입구

진 이 교회 건물은 그 안의 공간도 그다지 크지 않지만 역시 이곳에도 여러 개의 의자가 있어서 그곳에 앉아 예수님의 탄생 소식을 전해 주던 천사들의 음성에 귀 기울이는 데 충분한 곳이다.

예루살렘의 물을 책임졌던 솔로몬의 연못

에돔 출신의 헤롯왕은 유대인들의 반란을 막고 환심을 사기 위해 예루살렘의 모리아산에 성전을 지어 줄 뿐만 아니라 예루살렘에 살던 유대인들을 위해 식수 문제를 해결해 주기로 한다.

그 방법은 예루살렘에서 약 12km 떨어져 있는 베들레헴의 인공 연못에서 어마어마한 양의 물을 모은 다음 예루살렘까지 수로를 만들어 공급해 주는 것이었고 이 인공 연못을 솔로몬의 연못 Solomon's Pool 이라고 부른다.

그리고 보면 헤롯은 헬라 문화를 좋아했던 것만큼이나 토목 공사와 건축에 대해서는 타의 추종을 불허할 만큼 뛰어난 지식과 의지를 가진 인물이었다. 지중해변에 만든 신도시 가이사랴에 수중 방파제를 만들었을 뿐만 아니라 멀리 17km나 떨어져 있던 갈멜산에서부터 물을 끌어오기 위한 도수교까지 만들지 않았나. 그뿐만 아니라 여리고에 겨울 궁전을 만들어 놓고 그곳에 필요한 물을 유대 광야의 와디 켈트라는 곳에서부터 끌어다 쓸 정도로 물 관리에 대해서는 거의 천재적인 감각을 가졌다고 볼 수가 있다.

솔로몬의 연못은 세 개의 연못이 계단식으로 되어 있으며 북서쪽 헤브론 골짜기 언덕 위에서 물길을 만들어 흘러 내려오는 물이 맨 위의 연못에 다 채워지면 그 다음 연못에 채워지는 식으로 되어 있다.

솔로몬의 연못엔 아직도 물이 고여 있다

위의 두 개의 연못은 헤롯 시대에 만든 것이고 맨 밑에 있는 것은 그 후에 추가로 만들어졌다고 한다. 원래 채석장으로 사용하던 이 연못의 크기는 폭 67m, 길이 120m, 깊이 6~7m 정도로 웬만한 수영장보다 훨씬 큰 편이고 2억 8천4백만 리터 정도의 물을 담을 수 있다고 한다.

이렇게 물을 모은 것도 모은 것이지만 이곳에서부터 12km나 떨어져 있는 예루살렘까지 적당한 경사를 유지하며 자연적으로 물을 끌어가는 좁은 폭의 수로 공사는 그야말로 압권이라고 할 수 있다. 어떻게 그 먼 거리를 적당한 경사를 유지하며 바위를 파내고 언덕을 넘으며 예루살렘까지 끌어 갈 수 있었을까? 아직도 남아 있는 헤롯의 수로를 보면 정말 감탄이 나오지 않을 수 없다.

여기서 공급받은 물은 예루살렘의 제2성전에 공급되고 나머지는 이곳에서 약 2km 떨어져 있는 인근의 헤로디움에도 공급되었다고 한다. 그런데 왜 이 저수 시설에 솔로몬의 연못이라고 이름을 붙인 것일까? 헤롯과 솔로몬왕 사이에는 천 년의 차이가 있는데?

전도서 2장 6절에 '수목을 기르는 삼림에 물을 주기 위하여 못들을 팠으며'라는 구절이 있는데 전설에 따르면 솔로몬왕은 빗물과 샘물을 저장하기 위한 저수지를 만들고 싶어 했을 뿐만 아니라 그의 많은 아내들이 목욕할 수 있는 장소를 만들고 싶어 했다고 한다. 그래서 후세의 사람들이 이 연못의 이름을 솔로몬의 연못이라고 부르기 시작했다고 한다.

헤롯의 또 다른 도피처 헤로디움

베들레헴에서 약 8km 떨어진 곳으로 베들레헴을 벗어나 넓은 들판을 달리다 보면 758m의 높은 언덕이 보이는데 그 언덕이 바로 헤로디움Herodium이라는 곳이다.

이곳은 B.C. 20년경, 그 당시 유대의 분봉왕이었던 헤롯이 별장 겸 요새로 건축해 놓은 곳이다. 헤롯은 에돔 출신으로 로마의 후원을 받아 최고 통치자로 권력을 잡게 된다. 하지만 타민족 출신으로 유대 땅을 통치하고 있다는 사실 때문에 그 당시 유대 백성은 헤롯에 대한 불신과 배척이 몹시 심했다. 그래서 헤롯은 언제 어디서 어떻게 유대 백성이 자신을 향해 반란을 일으키고 대항할지 모른다는 불안감에 늘 시달려야 했다. 그 불안감으로 결국 유대 땅 전역에 걸쳐 일종의 도피처인 요새를 여러 곳에 건축하게 된다. 그 도피처는 알렉산드리움, 하르카니아, 마사다, 마케루스, 가이사랴와 여리고 그리고 이곳 베들레헴 북쪽의 광야에 만든 헤로디움이라는 곳이다.

헤로디움은 원래 있던 산꼭대기에 요새를 만든 것이 아니라 허허

멀리서 본 헤로디움

헤로디움의 정상

　벌판에 흙을 쌓아 올려서 700여 m의 높은 산을 만들었고 그 산꼭대기에 밖에서는 전혀 공격해 올 수 없도록 높고 튼튼한 성벽을 쌓았으며, 그 요새 안에는 몇 년 동안 생활할 수 있도록 온갖 시설을 해 놓았던 것이다.

　고대 역사가 요세푸스에 의하면 헤롯은 이곳에 200개의 빛나는 대리석으로 정상까지 이어지는 계단을 만들어 놓았고 정상에는 화려한 궁정과 그 주변에는 네 개의 거대한 탑이 이 왕궁을 굳건히 지킬 수 있게 했다. 또 그 안에는 로마식 목욕탕과 산 북쪽의 중턱엔 멀리 예루살렘을 바라볼 수 있는 테라스와 산 밑에는 풀장도 만들었다. 물 한 방울 샘솟지 않는 이곳 유대 광야에 이런 시설을 유지하기 위해서는 멀리 베들레헴에서부터 물을 끌어오는 수로 공사도 당연히 뒤따랐고 그런 공사를 하기 위해선 수많은 인력과 돈이 필요할 정도로 대공사였지만 헤롯은 그것을 감행했고 마침내 완성하기에 이른다.

하지만 헤롯은 정작 살아 있을 때 이곳 헤로디움을 많이 사용하지 못했다. 그 대신 A.D. 70년 이스라엘이 로마에 의해 멸망당할 때 이스라엘 백성들은 여러 곳으로 흩어져 강렬한 저항을 하게 되는데 이곳 헤로디움도 그 장소 중 하나이다.

이곳에는 헤롯이 비상시에 와서 살기 위해 만들어 놓은 곳이기에 충분한 무기와 식량, 그리고 완벽한 방어 시설이 잘 되어 있었기 때문에 이스라엘 백성이 저항하는 데 부족함이 없었다. 그러나 다른 곳과 마찬가지로 이곳의 이스라엘 백성들도 로마의 맹공격을 이겨 내지 못하고 항복을 하거나 죽음을 맞이하게 되면서 그 튼튼했던 건물도 모두 파괴된다. 현재 이곳 정상에 올라가면 그 당시 세워졌던 탑의 일부분과 헤롯이 만들어 놓았던 목욕탕과 회반죽벽에 그려진 여러 가지 벽화들을 볼 수가 있다. 그리고 몇 해 전 헤롯의 무덤이 이곳 근처에서 발견되었다고 한다.

난산 끝에 숨진 라헬의 무덤

베들레헴에서의 모든 여행을 마치고 다시 예루살렘으로 돌아오는 길에 또 한 군데 들러야 할 곳이 있다. 그곳은 예루살렘에서 베들레헴으로 넘어가는 검문소 근처에 있는 라헬의 무덤Tomb of Rachel이다.

라헬은 이삭의 아들인 야곱의 두 번째 아내이다. 야곱은 나이 든 아버지에게 속임수로 형 에서를 대신해서 장자의 권한을 받게 된다. 그는 에서의 보복을 피해 집을 떠났고 외삼촌 라반의 집에서 살게 된다. 라반에게는 레아와 라헬이라는 두 명의 딸이 있었는데 야곱은 큰딸 레아보다는 둘째 딸 라헬을 더 마음에 두고 사랑하게 된다. 이 사실을 알게 된 라헬의 아버지 라반은 7년 동안 일을 열심히 하면 둘째 딸 라헬을 아내로 주겠다고 약속했지만 7년 뒤에 라반은 라헬 대신 레아를 야곱의 아내로 주었다. 야곱은 라반에게 항의하고 라반은 또 다시 7년 동안 일을 하면 이번엔 정말 둘째 딸 라헬을 주겠다고 약속한다.

14년간이나 일을 한 야곱은 결국 라헬을 아내로 맞이하게 되고 라헬은 야곱의 두 번째 아내가 된다. 그러나 라헬은 아기를 갖지 못했다.

야곱의 첫째 아내인 레아는 야곱과의 사이에서 르우벤과 시므온과 레위와 유다를 낳게 된다. 그것을 그저 옆에서 바라볼 수밖에 없던 라헬은 속이 상할 대로 상하다가 궁여지책으로 자신의 몸종 빌하라는 여인을 야곱과 동침하게 해서 아기를 대신 낳게 하는데 그렇게 해서 태어난 아기가 단과 납달리였다.

라헬의 무덤

11. 베들레헴

아기를 낳지 못하는 자신을 대신하여 자신의 몸종을 남편과 함께 동침하게 하는 일은 그 당시엔 용납이 될 수 있는 관습이었기에 가능할 수 있었다. 라헬은 비록 몸종에게서 태어난 아기일지라도 마치 자신의 아기처럼 정성스럽게 돌봐 주었다. 그 후 라헬도 하나님의 축복으로 아기를 갖게 되어 요셉을 낳았고 라헬이 베냐민을 임신하였을 때 야곱은 자기의 가족들을 데리고 장인 라반의 집을 떠나 고향으로 돌아가기로 마음을 먹는다.

라헬의 배는 금방이라도 출산을 할 것처럼 만삭이 되어 있었지만 낙타를 타고 머나먼 길을 이동할 수밖에 없었다. 이동 행렬이 베들레헴을 지날 무렵 라헬은 출산하게 되었지만 난산 끝에 그 자리에서 숨지고 만다. 이렇게 태어난 아기 베냐민은 태어나자마자 어머니를 잃게 되고 야곱은 슬피 울며 라헬을 장사 지내주는데, 그 무덤이 베들레헴에서 예루살렘으로 가는 길목에 있다.

라헬의 무덤에 들어가면 몇몇 이스라엘 여인들이 울면서 기도하고 있는 것을 볼 수 있는데 주로 아이를 낳지 못하는 여인들이라고 한다. 아기를 낳지 못했던 라헬이 아기를 낳았던 것처럼 하나님의 축복을 자신들에게도 내려 달라고 기도하는 것이다.

유대인들에게 중요한 성지로 되어 있는 이곳 라헬의 무덤은 입장료가 따로 없지만 늘 이곳에는 이스라엘 군인들이 삼엄하게 경계 근무를 서고 있어서 긴장감이 감돌기도 하고 때로는 베들레헴에서 작은 분쟁이라도 일어나면 곧바로 문을 잠가 안으로 들어갈 수 없게 된다.

이곳을 방문할 때에는 반드시 긴바지와 어깨를 가린 옷을 입고 들어가야 하고 남자들은 머리에 키파를 쓰고 들어가야 한다.

12 수천 년 동안 갈등이 끊이지 않는
헤브론

아브라함과 다윗의 도시

430년간의 이집트 노예생활을 끝내고 젖과 꿀이 흐르는 가나안 땅을 향한 이스라엘 백성들이 바란 광야에 머물고 있을 때 모세는 열두 명의 정탐꾼을 가나안 땅에 미리 보냈다. 그로부터 며칠 뒤 포도송이를 들고 돌아온 정탐꾼들은 가나안 땅이야말로 젖과 꿀이 흐르는 옥토라고 보고했다. 그 정탐꾼들이 찾아갔던 곳이 이스라엘의 남부 지방인 에스골 골짜기였고 그 에스골 골짜기는 헤브론 근처였다.

정탐꾼들이 젖과 꿀이 흐르는 땅이라고 표현하였을 만큼 헤브론은 이스라엘 지역 중에서도 유난히 과일이 많이 나는 비옥한 곳으로 유명하다. 사과, 무화과, 석류, 살구와 같은 과일과 특히 이곳에서 나는 포도와 멜론은 당도와 크기가 훌륭해 지금도 그 품질을 높이 평가받고 있다.

헤브론이 성경에 처음 등장하는 것은 아브라함 때였다. 아브라함이 하란을 떠나 가나안 땅에 머무를 때 그 땅에 기근이 일어나 이집트로 살 곳을 찾아 떠났다가 다시 돌아와 벧엘에 머물게 된다. 그러나 아브라함의 식솔과 가축들이 늘어나면서 자신의 종들과 조카 롯의 종들 사이에 크고 작은 싸움이 멈추질 않게 되자, 따로 떨어져서 사는 것이 낫겠다고 판단을 한다. 그래서 조카에게 그가 좌를 선택하면 자신은 우를 선택하고, 그가 동을 택하면 자신은 서를 택하겠다고 제안하면서 먼저 롯에게 살 곳을 선택하게 했다. 그러자 조카 롯은 요단강 동편 사해 남쪽 지역을 택했고, 아브라함은 서쪽인 헤브론을 선택했다. 그 후 헤브론에서 아브라함의 아내 사라가 죽게 되자, 그곳에 살고 있는 헷 족속의 소유였던 막벨라 동굴을 은 400세겔을 주고 구입한 뒤 사라의 무덤을 만들게 한다. 지금도 헤브론에는 사라의 무덤과 아브라함의 무덤이 나란히 자리 잡고 있다.

그 후 B.C. 1010년, 다윗은 사울왕이 죽자마자 헤브론을 임시 수도로 삼고 7년 반 동안 머물게 된다. 다윗이 사울왕의 질투로 인해 살해 위협을 받아 도망 다닐 때 이곳 헤브론 사람들의 도움을 많이 받았고 다윗 역시 헤브론 사람들에게 도움을 많이 주었던 관계가 있었기 때문이었다. 다윗은 이곳에서 분열되어 통일되지 않았던 이스라엘의 모든 지파를 하나로 모아 통일 이스라엘 왕국을 건설하였다. 그래서 헤브론이라는 지명에는 협정 또는 동맹이라는 뜻이 담겨져 있다.

그러나 다윗은 헤브론에서 이스라엘의 두 번째 왕으로 등극한 뒤 수도를 예루살렘으로 옮기기로 결정하게 되는데, 이때 헤브론 사람들은 다윗에 대한 배신감과 분노로 가득 차게 된다. 자기를 왕으로 세워 준 헤브론 땅을 버리고 예루살렘으로 수도를 옮긴다고 하니 당연히 배신감을 갖지 않을 수 없었던 것이다.

이후 다윗에 대한 헤브론 사람들의 감정을 알고 있었던 다윗의 아들 압살롬은 아버지 다윗에게 반역하기 위해 헤브론으로 내려와 사람들을 선동해서 예루살렘으로 진격하기도 했었다.

최초의 토지 거래가 있었던 헤브론

아브라함이 아내 사라를 장사 지내기 위해 헤브론에 살고 있던 헷 사람들에게서 은 400세겔을 주고 막벨라 동굴을 샀다는 사실은 오늘날의 유대인들에게는 중요하고 의미 있는 사건이다.

지난 2천 년 동안이나 나라 없이 전 세계를 떠돌다 1948년 이스라엘 땅에 나라를 재건한 유대인들이 이 땅을 자신들의 땅이라고 주장하는 이유는 자신들의 조상인 아브라함이 돈을 주고 땅을 산 최초의 토지 거래가 이곳에서 있었기 때문이라는 것이다. 더군다나 위대하게 생각하는 조상 아브라함과 그의 아내 사라의 무덤이 있는 헤브론은 유대인들에게는 말할 수 없이 중요한 성지이다. 그럼에도 불구하고 헤브론은 이스라엘의 오랜 역사 속에서 겪었던 수많은 환란을 예외 없이 그대로 다 받아야 했었다.

예수님 시대의 헤브론은 로마의 통치하에 있다가 십자군의 점령, 오스만 터키의 점령, 그리고 1917년부터는 연합군의 통치를 받다가 결국 1967년 6일 전쟁 당시 이스라엘의 탈환 작전으로 이스라엘의 수중으로 넘어갔지만 현재는 팔레스타인 자치 지역이 되어 있다. 그래서 헤브론에 가면 팔레스타인 자치 경찰들이 총을 들고 근무하는 모습을 곳곳에서 볼 수 있지만 팔레스타인 자치 지역임에도 불구하고 이스라엘 군인들도 헤브론 곳곳에 총을 들고 다닌다. 이들에게는 예루살렘이나 다른 지역에서 수없이 만나게 되는 이스라엘 군인들의 느슨한 모습이 없다. 언제 어디를 향해 총을 발사해도 될 만큼 정조준한 자세로 순찰하는 것을 보면 언제 어디서 총격전이 벌어질지 모르는 일촉즉발의 긴장감이 감돈다.

그렇다면 팔레스타인 자치 지역인데도 불구하고 왜 이스라엘 군인들이 완전 무장한 채 긴장한 모습으로 경계 근무를 하고 있는 것일까? 현재 헤브론의 인구는 약 12만 명의 팔레스타인 사람들이지만 이 헤브론 안에는 유대인 정착촌이 있고 그곳에는 약 4백여 명의 유대인들이 살고 있다.

전혀 개발되지 않은 지저분한 도시, 재래식 시장에서 풍겨 나오는

동물들의 피비린내, 그리고 흙먼지가 풀풀 날리는 복잡한 골목길, 짧은 거리를 지나는데도 수없이 어깨를 부딪히게 되는 팔레스타인 사람들, 그런 마을 한복판에 마치 교도소의 담장처럼 높은 담장과 철조망, 그리고 감시 초소에 둘러싸여 있는 도시 속의 도시, 키르얏트 아라바 Kiryat Arba라는 유대인 정착촌이다. 키르얏트 아라바는 구약성경 창세기 23장 2절에 헤브론을 기럇 아르바라고 표현한 그 지명을 유대인들이 그대로 사용하고 있는 것이다.

이들이 이곳에서 살고 있는 역사는 오래되었다. 이스라엘이 건국되기 훨씬 이전인 1917년부터 몇 백 명의 유대인들이 이곳 헤브론으로 들어와 정착하여 살기 시작했지만 1926년 아랍인들의 공격으로 유대인 공동체가 파괴되며 모두가 떠나가야 했고 1967년 6일 전쟁 이후 유대인들이 다시 들어와 본격적으로 정착촌을 이루며 살아가고 있다. 하지만 이렇게 팔레스타인 자치 지역에 유대인들이 들어와서 살고 있는 것을 못마땅하게 생각하는 팔레스타인 사람들은 지금도 유대인들을 향해 돌을 던지고 욕을 하며 어서 빨리 나가라는 항의와 시위가 끊이지 않고 있다. 그래서 언제 어떻게 과격한 팔레스타인 사람들에게 공격을 받게 될지도 모르는 위험 속에서 살고 있는 4백여 명의 유대인들을 보호하기 위해 헤브론의 깊숙한 곳까지 이스라엘 군인들이 들어와 총을 들고 지키고 있는 것이다.

그렇다면 유대인들은 이런 충돌과 갈등을 불러일으키면서까지 왜 이곳 헤브론의 깊숙한 곳에 들어와 살고 있는 것일까? 그것은 앞서 설명하였던 것처럼 헤브론이야말로 이스라엘이 첫 번째로 구입한 토지였으며 조상인 아브라함과 그의 가족들의 무덤이 있고 다윗이 첫 번째로 세웠던 고대 수도였기 때문에 반드시 이곳을 지켜야 한다고 생각하고 있다.

　1948년 이스라엘이 건국된 이후로 유대인들은 끊임없이 헤브론에 정착촌을 만들어야 한다고 주장을 하였고, 이스라엘 정부에서는 이 유대인들의 안전을 위해 다른 곳으로 이주할 것을 요구하였지만 그들은 고집스럽게 이곳을 지키고 있다. 그 어떤 위험과 충돌이 일어난다 해도 절대로 떠날 수 없다는 것이다.

　그러나 아브라함은 유대인의 조상인 동시에 아랍인들의 조상인 이스마엘의 아버지이기도 하다. 아브라함은 팔레스타인 사람들이나 유대인들이나 어느 한쪽도 소홀히 여길 수 없는 중요한 인물이고 그 인물이 잠들어 있는 땅이 헤브론이다. 그것이 두 민족 간의 끊이지 않는 갈등의 요인이고 씨앗이 되고 있다.

헤브론의 재래시장

1994년에 일어난 비극

　1994년 2월 25일 새벽 5시 45분, 헤브론에 있는 아브라함의 무덤 막벨라 동굴의 모스크에는 평상시와 마찬가지로 5백여 명의 아랍인들이 모여서 기도를 하고 있었다. 그때만 해도 이곳 아브라함의 무덤이 있는 막벨라 동굴 사원은 아랍인과 유대인이 같은 장소에서 시간차를 두고 기도를 하였다. 아브라함은 유대인의 조상인 동시에 아랍인들의 조상이기도 하기 때문에 어느 한쪽에게도 기도를 못 하게 할 수는 없었다.

　그날의 그 시간은 아랍인들의 기도 시간이었다. 알라신과의 대화, 알라신과의 기도, 그 시간은 아랍인들에게는 아주 엄숙한 시간일 수밖에 없다. 바로 그때 그 엄숙한 분위기에 휩싸인 아브라함 모스크의 입구에 한 유대인 남자가 스포츠 가방을 들고 나타났다. 아랍인들만 모여 있는 시간에 느닷없이 나타난 유대인을 모스크의 입구를 지키고 있던 아랍인 청년이 막아 세웠다. 두 사람 사이에는 약간의 긴장감이 돌았고 아랍 청년들은 계속 유대인 남자의 눈을 뚫어져라 쳐다봤지만 유대인 남자는 고개를 들지 못하고 머뭇거리고만 있었다. 그러다가 유대인 남자는 그 자리에서 뒷주머니에 꽂혀 있던 권총을 꺼내 아랍 청년을 향해 발사한 후 가방에서 M16 소총을 꺼내 들어 뚜렷한 목표도 없이 사방을 향해 쏘아 대며 안으로 뛰어 들어갔다.

　밖에서 난데없는 총소리가 들리자 모스크 안에서 기도를 하고 있던 5백여 명의 아랍인들은 혼비백산할 수밖에 없었다. 그러나 어느새 안으로 들어온 유대인 남자는 이들을 향해 무차별 총격을 퍼붓기 시작하였고 총에 맞은 아랍인들은 그 자리에서 비명도 지르지 못하고

1994년 비극이 일어났던 막벨라 사원의 아랍인 구역

피를 흘리며 쓰러졌다. 기도 소리만 매우고 있던 모스크 안은 삽시간에 피비린내가 진동하였고 바닥에는 뇌수가 흘러 발을 옮길 때마다 미끄러워 넘어지기까지 하였다. 이날 총기 난사 사건으로 인해 또다시 팔레스타인 아랍인들의 대규모 소요 사태까지 일어나게 되었고 결국 이스라엘 군의 발포로 또다시 19명이 숨지고 말았다.

헤브론은 누구의 땅일까?

2017년 7월 7일 유네스코는 아브라함의 도시 헤브론과 아브라함의 무덤인 막벨라 동굴을 이스라엘이 아닌 팔레스타인 세계 유산으로 등록함과 동시에 훼손 위기 세계 문화유산으로 올린다는 결의안을 채택하는 놀라운 결정을 내렸다. 이 결의안은 21개국으로 구성된 세계 문화유산 위원회에 제출되었고 무기명으로 진행된 투표에서 찬성 12개국, 반대 3개국, 기권 6개국으로 통과되었다. 정말 이들의 결정처럼 헤브론은 유대인 그리고 이스라엘과는 전혀 관계가 없는 오직 팔레스타인에게 속한 곳일까?

헤브론은 가장 오래된 유대 도시 중의 하나로서 성경에서도 87번이나 언급될 만큼 이스라엘과 떼려야 뗄 수 없는 곳이다. 창세기 23장에 기록된 것처럼 아브라함이 그의 아내 사라의 무덤을 산 곳이며 아브라함뿐 아니라 이삭, 야곱, 사라, 리브가, 레아, 룻, 이새가 헤브론에 묻혔고 갈렙은 여호수아에게 헤브론 지역을 할당받아 이곳을 점령하였으며 또한 헤브론은 아브라함이 가나안에 도착한 후 거주했던 곳이자 다윗왕이 기름 부음을 받고 7년 동안 다스렸던 곳이기도 하다.

유대인은 1929년 아랍인에 의한 유대인 대학살 포그롬으로 헤브론에서 살해되고 쫓겨나기까지 이 지역에 길게는 8백 년, 짧게는 백년 이상 거주했었다. 그후 1967년 6일 전쟁으로 이스라엘이 이곳을 탈환하였고 유대 공동체가 이 지역에 다시 세워졌다. 특히 논란이 되

이스라엘 군인과 대치 중인 헤브론 아랍인들

고 있는 것은 아브라함의 무덤 즉 막벨라 굴이라고 불리는 곳인데, 이 곳은 3,700년 전 성경에 기록된 대로 아브라함이 헷 족속에게서 산 곳으로 아브라함과 사라, 이삭, 리브가, 야곱, 레아가 묻힌 곳이다.

하지만 약 700년 전 무슬림 맘루크 왕조가 헤브론을 정복하면서 이 무덤을 모스크라 지칭하며 유대인들의 출입을 막기 시작했다. 이슬람이 이곳을 자신들의 성지 모스크라고 여기는 것은 아브라함을 선지자로 여기기 때문이다. 오직 그것뿐이다. 약 2,000년 전 헤롯왕에 의해서 지어진 이 무덤 건물은 지금까지도 그 형태를 온전히 유지하고 있다.

그럼에도 불구하고 왜 유네스코는 이토록 명백한 사실들을 부정하고 헤브론을 팔레스타인의 문화유산으로 등록한 것일까? 여러 가지 복합적인 요인이 있지만 근본적인 원인은 팔레스타인의 날조된 역사를 유네스코가 받아들였기 때문이다.

팔레스타인의 주장에 의하면 자신들은 가나안 땅 즉 이스라엘 땅에 7,000년의 역사를 가지고 살아왔다고 주장한다. 팔레스타인 민족은 헤브론에서 위대한 문명을 창조하며 살아왔고 에돔, 아모리, 미디안 족속과 같은 민족으로서 팔레스타인이라는 단어가 성경에 250번 이상 등장한다고 주장한다. 그래서 그들은 팔레스타인이 현재 이스라엘 땅의 실제 주인이며 이스라엘은 침략자요 이방인이라고 주장하는 것이다. 하지만 정말 그럴까?

팔레스타인이 이스라엘 땅의 원래 주인이라는 이들의 주장은 역사 기록과도 맞지 않을 뿐만 아니라 심지어 그들이 믿는 이슬람의 기록과도 일치하지 않는다. 이슬람 경전에서조차 이스라엘 땅에 대한 유대인의 권리를 인정하는 반면 팔레스타인 민족이라는 것은 등장하지도 않으며 이 민족이 이스라엘 땅에 거주했다는 그 어떠한 역사적 기록도 보여 주지 않는다.

당연한 것이다. 왜냐하면 이들은 아라파트에 의해 1964년에 형성된 민족이기 때문이고 또한 이들의 주장과는 반대로 성경에서도 팔레스타인이라는 단어는 단 한 번도 등장하지 않는다. 한마디로 이들은 이스라엘 땅과는 전혀 관계가 없는 민족임에도 불구하고 그들의 거짓말과 아랍 국가들의 지지, 미디어의 힘을 덧입어 이들의 날조된 역사는 인정을 받았으며 1974년엔 UN 회원국으로 2011년엔 유네스코에 당당하게 가입했다.

팔레스타인 사람들은 결코 여기서 멈추지 않을 것이다. 이들의 최종 목표는 이스라엘의 완전한 제거이자 그 땅에 팔레스타인 국가를 세우는 것이다. 실제로 이들은 지금도 이스라엘의 하이파, 욥바, 티베리아스, 텔아비브, 나사렛, 갈릴리, 네게브 도시가 모두 팔레스타인의 것이라고 자신의 국민들을 가르치고 세뇌하고 있다. 그러면서 현재 이 땅을 점령하고 있는 유대인들은 이 땅에 어떠한 문화, 역사, 종교적 연관도 없는 민족이라고 가르치며 팔레스타인의 땅과 문화, 정체성을 도둑질하려는 사기꾼으로 묘사하고 있다.

팔레스타인의 이러한 동기를 아는지 모르는지 유네스코는 그들이 합법적으로 이스라엘 땅을 야금야금 쟁취해 나가도록 합법적인 통로를 제공해 주는 역할을 하고 있는 상황이다.

쉽지 않은
헤브론으로 가는 길

헤브론은 예루살렘에서 남쪽으로 약 30Km 떨어져 있는 곳으로 자동차로 달려가면 30분도 채 걸리지 않는 가까운 거리인데도 불구하고 헤브론을 찾아가는 길은 쉽지가 않다.

예루살렘의 아랍인들이 주로 이용하는 버스 터미널에서 헤브론으로 가는 버스를 타고 복잡한 예루살렘을 벗어나 남쪽으로 내려가다 보면 베들레헴을 지나게 되고 그 옛날 이스라엘의 정탐꾼들이 보았다는 젖과 꿀이 흐르는 땅 헤브론을 만나게 된다. 그리고 버스는 헤브론 시내의 한복판, 우리나라의 시골 장터와 같은 복잡한 재래시장에 도착하게 된다. 그러나 이곳에서 아브라함의 무덤인 막벨라 사원까지 찾아가는 것도 그다지 쉽지가 않다. 그 어디에도 표지판이 없고 중요한 성지임에도 불구하고 안내소도 없다. 단지 그곳에 오가는 수많은 사람들에게 막벨라 사원이 어디있는지 물어보는 수밖에 없다. 그럼 그들도 가르쳐 주기가 참 난감하다는 표정을 짓는다.

왜냐하면 그곳을 찾아가기 위해선 수많은 골목을 이리저리 지나가야 하기 때문에 직접 손을 잡고 그곳까지 안내하기 전에는 말로 뭐라고 설명하기 애매하다. 그러나 어쨌든 그들이 가리키는 곳은 한결같이 재래시장 쪽이다. 일단 헤브론 시내 중심 로터리 바로 옆에 있는 재래시장으로 들어가면 그야말로 팔레스타인 사람들이 살아가는 삶의 현장을 그대로 볼 수 있는 또 다른 볼거리가 눈앞에 펼쳐진다. 마치 그 옛날 우리의 시골 장터에서나 볼 수 있을 만한 물건들, 예를 들면 디자인 감각이 떨어지고 마무리가 덜 된 듯한 옷가지들, 그리고 여기저기 조각이 떨어져 나간 마네킹에 아랍 여자들이 뒤집어쓰는 히잡을 걸쳐 놓고 파는 가게들, 아직도 뜨거운 김이 올라오는 양과 염소의 내장들, 사람들이 지나다니는 시장 한복판에서 이제 막 양의 목을 자르고 있는 푸줏간들, 눈으로 보기에도 엄청나게 달 것 같은 과자들, 설거지도 제대로 안 된 컵에 여러 가지 과일 주스를 짜서 파는 가판점들, 토마토와 가지와 호박들을 내놓고 파는 야채 장수들, 이런 모습들은 오랜 세월 현대화되지 못한 채 옛날의 모습을 그대로 유지하면서 살아가고 있는 팔레스타인 사람들의 현재 생활상을 그대로 볼 수 있는 것이다.

이 시장을 가로질러 가면 이번에는 좁은 주택가 골목길을 지나야 한다. 이 골목길은 우리 시골 마을의 골목길과는 분위기가 사뭇 다르다. 지붕이 덮여 있는 골목길, 지붕 위로는 또 다른 주택이 있는 골목길, 그래서 햇빛도 들어오지 않아 아마도 처음 이곳을 방문하는 사람들은 약간의 무서움도 느낄 정도이다.

이 좁고 구불구불한 골목길을 약 10분 정도 걸어가면 드디어 넓은 광장이 나오고 광장 바로 앞에 있는 거대한 요새와 같은 건물을 만나게 된다. 길이 30m, 폭 22m, 높이 18m의 이 건물은 사방이 온통 돌로 쌓여 있고 창문이 없다. 지붕 쪽엔 마치 유럽식 성벽처럼 올록볼록한 돌출 모양으로 장식되어 있는데 왠지 모르게 어색한 느낌마저 든다. 겉만 봐서는 도무지 이 건물의 정체를 알 수가 없다.

그런데 이 건물 속에는 아브라함과 사라 그리고 이삭과 리브가, 야곱과 레아의 무덤이 나란히 자리 잡고 있는 막벨라 동굴이 있고 막벨라 사원이라고도 불린다.

이 건물을 처음 지은 사람은 바로 헤롯왕이었다. 이미 설명한 것처럼 헤롯은 유대인들의 환심을 사기 위해 이스라엘 곳곳 유대인들의 중요한 장소에 커다란 건물을 건축했는데 그때 당시 헤롯이 건축한 건물 중에 하나가 바로 이곳 막벨라 사원이다. 이 장소엔 원래 아브라함을 비롯한 그의 가족이 묻혀 있는 동굴이 있었는데 그 동굴 바로 위에 동굴을 보호하기 위해서 커다란 건축물을 만들어 놓았다.

순례객들이 단체로 관광버스를 타고 이동할 때는 개인적으로 대중교통을 이용해서 다닐 때보다는 비교적 안전하다. 순례객들을 태운 관광버스는 예루살렘에서 아랍지역이 아닌 주로 유대인들이 이용하는 도로로 이동하고 안전하게 막벨라 사원 앞의 주차장까지 안내한다. 개인적으로 자동차를 이용하여 헤브론으로 갈 때에는 예루살렘에서 60번 도로를 이용해 남쪽으로 내려가면 약 46km 거리를 한 시간 정도 달려가면 막벨라 사원에 도착한다. 물론 막벨라 사원 근처에 이르러서는 길이 복잡하기 때문에 구글 맵에 족장의 동굴이라는 뜻의 Cave of the Patriarchs라고 입력해서 찾아가는 것이 제일 좋다.

반으로 나뉘어진
아브라함의 무덤 막벨라 사원

막벨라 사원Cave of Machpelah의 내부로 들어가는 문은 두 개이다. 하나는 유대인들의 전용 출입구이고 또 하나는 아랍인들의 전용 출입구이다. 그러나 외국에서 온 방문자는 어느 쪽 문으로 들어가도 상관이 없다. 1994년 이곳에서 일어난 총기 난사 사건 이전에는 출입구가 지금처럼 두 개가 아니었다고 한다. 하나의 출입구로 유대인과 아랍인들이 서로 시간 차를 두고 들어가고 나왔었는데 총기 난사 사건 이후로 아예 출입구를 두 개로 만들어서 서로 부딪히는 일이 없게 만든 것이다.

그러나 지금 어느 쪽의 입구로 들어가더라도 이스라엘 군인들의 엄격한 검문검색을 피할 수는 없다. 막벨라 사원 밖의 이곳저곳에서 보초를 선 이스라엘 군인들의 불심 검문을 받아야 하는 것은 물론이고 입구에 들어서서도 조금은 까다로울 정도로 금속 탐지기를 거치고 또다시 소지품 검사를 받아야 겨우 그 안에 들어갈 수 있다.

일단 유대인의 전용 출입구를 이용해서 안으로 들어가게 되면 그 안에는 몇몇 유대인들이 의자에 앉아서 미쉬나와 미드라쉬 또는 탈무드 같은 경전을 읽고 있는 모습을 보게 된다. 그리고 곳곳엔 여러 가지 기도책들이 책장에 꽂혀 있는데 아마도 이곳을 찾아온 유대인들이 꺼내 읽을 수 있도록 비치해 놓은 것 같다. 그 책을 읽는 공간을 중심으로 왼쪽으로 보면 벽에 나 있는 철창을 보게 된다.

그 철창 속엔 마치 커다란 상자와 같은 모양을 보게 되는데 이것이 바로 야곱과 레아의 가묘이다. 아니 좀 더 정확히 얘기하자면 무덤이 아니라 그들의 관이 안치되어 있는 것이다. 그리고 그 관도 그냥 상징적인 것일 뿐이다. 그러나 그 크기가 엄청나다. 유대인들은 그 철창 너머로 보이는 야곱과 레아의 관을 보면서 열심히 기도책을 읽고 기도를 하고 있다.

그리고 오른쪽으로 보면 역시 벽에 또 다른 철창이 있다. 그 철창 속에도 커다란 관이 보이는데 이것이 바로 아브라함의 관이다. 그 옛날 하란 땅에서 하나님의 명령을 받고 이 낯설고 먼 곳까지 찾아와 하

아브라함의
무덤이 있는
막벨라 사원

나님이 약속하셨던 것처럼 수많은 후손을 퍼뜨리고 잠든 믿음의 조상 아브라함이 그렇게 분쟁과 갈등의 땅 한가운데 자리 잡고 있는 것이다. 그리고 아브라함의 관이 자리 잡고 있는 방 맞은편에는 그의 부인 사라의 관이 있다.

　유대인 출입구를 통해 들어가서 볼 수 있는 것은 이것뿐이다. 아브라함의 아들 이삭과 그의 아내 리브가의 무덤도 이 막벨라 사원 안에 있지만 그 무덤을 보기 위해선 다시 유대인 전용 출입구를 나와 건물 뒤쪽에 있는 아랍인 전용 출입구로 들어가야 한다. 이곳으로 들어가면 이삭과 리브가의 무덤도 볼 수 있으며 또 아브라함과 사라의 무덤도 볼 수 있다. 야곱과 레아의 무덤은 이스라엘 쪽 그리고 이삭과 리브가의 무덤은 아랍 쪽, 아브라함과 사라의 무덤은 이스라엘 쪽과 아랍 쪽 모두에서 볼 수 있도록 중앙에 자리를 잡고 있는 것이다. 우리 같은 외국인 방문객이야 아브라함과 사라의 무덤 이쪽 저쪽을 전부 볼 수 있지만 유대인과 아랍인들은 아브라함과 사라 무덤의 어느 한쪽만 바라볼 수밖에 없는 것이 바로 이곳 막벨라 사원의 현실이다.

사울왕의 충신 아브넬의 무덤

막벨라 사원을 나와 다시 좁은 골목길로 들어가기 직전 오른쪽에 보면 파란색으로 된 작은 안내판에 Tomb of Abner이라고 적힌 것을 하나 발견할 수 있다. 바로 아브넬 장군의 무덤이 이 막벨라 사원 바로 옆에 자리 잡고 있다.

아브넬 장군은 사울왕의 훌륭한 군인이었다. 늘 사울왕 곁에서 때로는 경호대장으로 때로는 군 참모로 크고 작은 전쟁을 완벽하게 수행해 온 백전노장이었다. 그러나 사울이 기브아 전투에서 그의 아들 요나단과 함께 전사한 이후 아브넬은 재빨리 사울왕의 또 다른 아들 이스보셋을 앞세우고 요단강 건너 마하나임으로 피신을 하게 된다. 그리고는 그곳에서 이스보셋을 아버지 사울왕의 뒤를 이은 이스라엘의 두 번째 왕이라고 내세우지만 같은 시각 헤브론에서 다윗이 헤브론으로 모인 열두 지파의 장로들에 의해 통일 왕국의 왕으로 기름 부음을 받게 된다.

졸지에 이스라엘엔 두 명의 왕이 생기게 된 것이다. 그러나 이스라엘은 멀리 도망가 있는 이스보셋보다는 헤브론에 있는 다윗을 더 이스라엘의 지도자로 생각했다. 이런 사실을 안 아브넬은 결국 이스보셋을 포기하고 헤브론의 다윗을 찾아와 여러 가지 조건을 내걸고 협상을 하게 된다. 앞으로는 이스보셋이 아니라 다윗만을 이스라엘의 왕이라 여기고 목숨을 다해 섬길 테니 받아 달라고 부탁을 한 것이다.

물론 이런 협상과 타협은 다윗의 아량과 포용으로 잘되는 듯했다. 그러나 다윗의 오른팔이었던 요압 장군은 이런 협상을 못마땅하게 생각하였다. 요압 장군은 백전노장인 아브넬이 다시 다윗의 밑으로 들어오게 되면 자신의 설 자리가 위험하게 될 것이라고 생각했고 그 이전에 기브온에서 아브넬과의 충돌이 한바탕 있었던 터였기 때문에 아브넬에 대한 시선이 그다지 곱지는 않았던 것이다. 결국 헤브론에서 다윗과 협상을 마치고 돌아가는 아브넬을 요압이 뒤쫓아가 살해함으로 정권 교체 시기의 아브넬의 줄타기 인생은 막을 내리게 된다. 그때 죽은 아브넬 장군의 무덤이 바로 이곳에 있다.

현재 헤브론에 있는 아브넬의 무덤은 그다지 순례객들이나 관광객이 찾는 곳은 아니다. 그래서 그곳은 제대로 관리되어 있지 않고 찾아가기도 쉽지 않다. 때로는 문이 잠겨 있는 경우도 많다.

그 옛날 요단강 건너편 마하나임에서 이곳 헤브론까지 다윗을 찾

아브넬의 무덤

아와 바뀐 정권에 또다시 합류하여 살 길을 찾고자 했다가 결국 정적의 손에 죽은 아브넬의 무덤이 막벨라 사원 바로 옆에 있다는 사실이 새삼 인간 아브넬에 대한 흥미를 가질만 하게 한다.

수명을 다한 토라가 묻혀 있는
토라의 무덤

창세기 출애굽기 레위기 민수기 신명기의 모세 오경을 모세 율법 또는 토라라고 하고 토라가 적혀 있는 두루마리를 토라 스크롤이라고 한다. 유대인들은 13세 이상의 남자 열 명이 모여 사는 곳이라면 반드시 회당이 있어야 하고 그 회당 안에는 토라 스크롤이 있어야 한다. 토라는 아무나 쓸 수 있는 것은 아니고 반드시 서기관이 써야 하는데 송아지 가죽이나 양의 가죽에 써야 하고 토라를 기록할 때는 쓰는 사람 이외에 두 사람의 서기관이 뒤에서 지켜보고 있어야 한다. 왜냐하면 기록하는 사람이 실수로 잘못 기록하고도 그냥 이어 갈 수도 있기 때문이다. 만약에 실수로 잘못 기록하면 그 부분의 페이지는 잘라 버리고 새로 처음부터 기록해야 하며 토라를 기록하다가 하나님이라는 단어가 나오면 기록을 멈추고 목욕을 한 뒤에 써야 하고 사용하던 펜도 버리고 새로운 펜으로 써야 한다. 무기로 사용될 수도 있는 철이나 금속 펜을 사용하면 안 되고 정결한 동물의 깃털이나 갈대로 만든 펜을 사용해야 하고 천천히 묵상을 하면서 기록해야 한다.

이렇게 오랜 시간 정성을 들여 기록하다 보면 창세기에서부터 신명기까지 모두 기록하는 데 최소한 일 년 이상의 시간이 소요되기 때문에 새로운 토라가 필요한 공동체에서는 일 년 전에 예약 주문해야 하고 그 가격도 5만 달러, 한화 약 6천만 원 정도 할 만큼 고가이다. 간혹 종이에 인쇄된 토라도 있기는 하지만 사람이 쓴 토라가 아니면 회당 안에서 사용할 수 없다.

이렇게 만들어진 토라는 양쪽으로 둘둘 말아서 서로 만나도록 한 후에 끈으로 묶은 다음 천으로 만든 커버를 씌우고 회당 정면의 작은 벽장에 넣어 보관해야 한다. 이때에도 토라를 옆으로 눕히면 안 되고 반드시 세워야 하며 벽장 문을 닫은 다음 잠가야 한다. 그리고 벽장이 보이지 않도록 휘장으로 가려야 한다. 이렇게 유대인들에게 있어서 토라 스크롤은 중요한 존재이며 단순한 두루마리가 아니라 하나님의 말씀이 기록되어 있고 생명이 있는 존재로 여긴다. 그래서 유대인들은 토라 스크롤을 꺼내 읽을 때에도 손가락으로 짚어 가며 읽어선 안 되고 반드시 긴 막대기 끝에 손가락 모양이 장식된 토라 포인트를 사용해야만 한다. 토라 스크롤을 실수로 떨어뜨려 파손되거나 찢어지거

토라의 무덤

나 아니면 다른 이유 때문에 토라 스크롤에 큰 흠집이 생기게 되면 회당 안에서 사용할 수 없는데 이때에도 폐기해야 할 토라 스크롤을 아무 데나 버릴 수가 없다. 유대인들은 폐기해야 할 토라 스크롤을 불에 태워 마치 사람을 땅에 매장하듯 토라 무덤에 묻어야만 한다. 그 토라 무덤이 바로 헤브론의 오래된 유대인 공동묘지 안에 있다.

막벨라 동굴에서 이곳 토라의 무덤까지 거리상으로는 약 3km이기 때문에 승용차로도 갈 수 있고 걸어서 갈 수도 있는데 찾아가는 길은 쉽지 않다. 구글 맵에 Ancient Jewish Cemetery를 검색해서 가는 것이 비교적 안전하다.

현장에 도착하면 Old Jewish Cemetery와 Torah Scroll Section이라는 안내 표지판이 나오는데 이 표지판이 가리키는 곳에 가면 토라의 무덤이 있다.

토라의 무덤 정면에는 높이 3미터 정도의 커다란 토라 스크롤 모양의 돌기둥이 세워져 있고 바로 그 앞에는 대리석으로 된 제단이 있는데 그곳엔 다섯 개의 구멍에 유리로 덮개가 씌워져 있다. 그 속을 들여다보면 불에 태운 오래된 토라들의 모습을 볼 수가 있다. 이것들은 수명을 다한 토라들이며 마치 사람처럼 화장되어 매장되어 있는 것이다.

다윗의 아버지 이새와 나오미의 며느리 룻의 무덤

다윗의 부친이었던 이새는 베들레헴의 부자 보아스의 손자이다. 보아스는 이방 여인 룻과 결혼하였으니 이새의 할머니는 룻이고 따라서 이새 역시 부유한 집안이었으며 이새의 막내아들이 다윗이다.

다윗은 사울에게 쫓겨 다닐 때 아버지 이새의 안전이 걱정되어 한동안 모압 땅으로 보내어 살게 했는데 이새는 다시 유대 땅으로 돌아온 뒤에 헤브론에서 생을 마감한다. 룻 또한 베들레헴에서 가뭄을 피해 모압 땅에 와서 살던 엘리멜렉과 나오미 부부의 아들 말론과 결혼한 뒤에 시아버지와 남편이 죽자 미망인이 된 나오미와 함께 베들레헴으로 돌아와 보아스와 결혼하고 정착한다. 다윗의 아버지 이새 그리고 다윗의 할머니 룻의 무덤이 바로 베들레헴과 가까운 헤브론에 있다.

토라의 무덤을 나와 걸어서 얼마 되지 않은 곳에 텔 루메이다Tel Rumeida라는 이름의 유대인 공동묘지Old Jewish Cemetery가 있는데 바로 그곳에 두 사람의 무덤이 있다.

이곳이 이새와 룻의 무덤이라는 것은 1289년에서 1290년 사이에 이곳을 방문한 랍비 람반의 기록에도 나오고 1522년 랍비 모세 벤 모르데카이 바 솔라는 '헤브론 맞은편 산 정상에는 다윗의 아버지 이새가 묻힌 곳이 있다. 동굴을 내려다보는 작은 창문이 있는 멋있는 건물이 있다.'라고 자신의 책에 기록했다.

1948년부터 1967년 사이에는 헤브론 지역이 요르단의 영토였기 때문에 유대인들은 이곳에 접근할 수가 없었고 그 사이에 헤브론에 있었던 많은 회당들이 사실상 무너지고 말았고 이새와 룻의 무덤 역시 그대로 방치되어 있었다. 무너지지 않은 것만도 천만다행이었다.

1967년 6일 전쟁 이후 이스라엘은 이곳을 점령했고 1970년대에 Ben Zion Tavger 교수에 의해 본격적으로 발굴 작업이 진행된 후 그

이새의
무덤입구

제서야 일반인들에게 공개되었다. 그 이후에도 여러 차례 발굴 작업이 이루어졌고 2009년에는 새 단장을 했다. 유대인의 중요 절기 중에 하나인 오순절Shavuot 때에는 수천 명의 유대인들이 찾아와 이곳에서 예배를 드리기도 한다.

아브라함이 단을 쌓았던 마므레

헤브론을 벗어나 다시 예루살렘으로 돌아오는 길, 그러니까 헤브론에서 약 3km 떨어진 곳 오른쪽으로 보면 그 옛날 쌓아 올린 듯한 돌벽들이 하단 부분만 남아 있는 채 어지럽게 널려 있는 것을 볼 수가 있다.

누군가 이곳이 중요한 성지라고 설명해 주기 전에는 아마도 그냥 지나칠 수도 있을 정도로 다른 건축물에 비해선 초라하고 보잘 것 없어 보인다.

이곳은 하람 라마트 엘 칼일Ramat El-Khalil이라는 곳이다. 라마트는 높은 곳이라는 뜻이고 엘 칼일은 하나님의 친구라는 뜻이다. 다시 말해서 하나님의 친구가 있었던 높은 곳이라는 의미인데 하나님의 높은 친구란 바로 아브라함을 이야기하는 것이다.

아브라함이 조카 롯과 갈라진 후 맨 처음 자리를 잡고 살게 된 마므레Mamre 상수리 수풀, 바로 그 현장이다. 아브라함이 창세기 18장 서두에 묘사되어 있는 하늘에서 내려온 세 명의 방문객을 영접했던 곳이며 그때까지 자손이 없던 아내 사래에게 아들을 주시겠다고 하나님께서 약속하셨던 곳이다.

밤하늘의 수많은 별들을 가리키며 아브라함의 후손을 저만큼 많게 해 주겠다고 약속을 하시며 아브라함의 이름을 아브람에서 열국의 아버지라는 뜻의 아브라함으로 바꾸어 주신 곳, 그리고 아내 사래의 이름도 열국의 어머니라는 뜻의 사라라고 바꾸어 주신 곳이 바로 이곳 마므레이다. 그런가 하면 하나님은 아브라함의 모든 족속들이 할례를 받도록 명령을 내리셨으며 아브라함은 이곳에서 소돔과 고모라의 구원을 기도하기도 했었다. 그만큼 이곳은 이스라엘 민족의 조상 아브라함과 직결된 곳이고 의미 있는 장소이다.

그런데 놀랍게도 현재까지 마므레라고 알려진 장소는 이곳 말고도 여러 군데가 있었다고 한다. 지금으로부터 4천 년 전의 일, 워낙 오래전의 일들이 일어난 장소이기 때문에 그 정확한 위치에 대해서는 여러 고고학자들 사이에서도 의견이 분분했지만 그래도 현재까지는 이곳이 가장 정확한 마므레라고 알려져 있다고 한다.

현재 이곳에 가면 마치 허물어진 듯한 돌벽의 잔해들과 그 주변을 둘러싸고 있는 상수리나무가 있는데 이곳 사람들은 이 상수리나무가 바로 아브라함이 심은 나무라고 이야기를 하지만 사실 상수리나무는 그렇게 오래 살 수 있는 나무가 아니라고 한다. 그리고 이 돌벽의 잔해들이 아브라함이 쌓아 올렸다는 것은 아니다. 다만 이곳에서 발견된 여러 가지 유적들이 4천 년 전의 것이라는 사실을 볼 때 이곳은 분명 아브라함이 살던 곳이었고 그 어딘가에는 분명히 아브라함의 편린들이 떨어져 있을 것이 분명하다.

멀리서 보면
삭막한 광야 같지만
가까이 가면
속살 깊숙한 곳에
생명의 물이
흐르고 있다

13 6천 년의 세월을 간직한 고대 도시
브엘세바

아브라함이 우물을 발견했던
브엘세바

'일곱 우물' 또는 '맹세의 우물'이란 뜻을 가진 브엘세바는 이스라엘 남부 지역에 있는 도시이다. 사사기 20장 1절에 '이에 모든 이스라엘 자손이 단에서부터 브엘세바까지와 길르앗 땅에서 나와…'라고 표현하고 사무엘상 3장 20절에 '단에서부터 브엘세바까지의 온 이스라엘이…'라는 표현이 나오듯이 성경에서 이스라엘의 영토 범위를 이야기할 때 골란고원 북단에 위치한 단에서부터 남쪽 네게브 사막의 북쪽 브엘세바까지로 기록하고 있다.

브엘세바는 아브라함과도 밀접한 관련이 있는 도시였다. 아브라함은 아내 사라의 몸종이었던 하갈에게 떡과 물 한 가죽 부대를 가져다가 어깨에 메어 주고 아들 이스마엘과 함께 내보낸 이후 하갈이 방황할 때 '일어나 아이를 일으켜 네 손으로 붙들라 그가 큰 민족을 이루게 하리라(창 21:18)'는 하나님의 말씀을 듣고 우물을 발견한 곳이 브엘세바였다. 그 이후 아브라함과 아비멜렉 사이에 우물을 두고 서로 다툼이 일어났을 때 아브라함이 암양 새끼 일곱 마리를 아비멜렉에게 주며 우물을 사고 맹세한 곳도 브엘세바였다.

사무엘상 8장 2절에 보면 사무엘 선지자가 늙게 되자 두 아들 요엘과 아비야를 이스라엘의 사사로 삼은 뒤에 백성들의 문제를 재판을 통해 해결하도록 하였지만 두 아들 모두 아버지 사무엘과는 다르게 돈을 탐하여 백성들에게서 뇌물을 받고 재판 업무를 공정하게 처리하지 않았던 곳도 브엘세바였다.

갈멜산에서 바알의 선지자 450명과 아세라의 선지자 400명을 죽인 엘리야 선지자가 이세벨의 칼날을 피해 도주한 곳도 역시 브엘세바였으며 이스라엘의 첫 번째 왕인 사울은 아말렉 사람들을 대적하기 위해 브엘세바에 요새를 세웠다.

이토록 구약성경의 중요한 무대이자 이스라엘 남부 지역을 통치하던 중심 도시였던 브엘세바는 거의 2천 년 동안 여러 차례 파괴되고 재건되면서 광야를 떠돌며 양을 키우던 베두인들의 활동 지역일 뿐 도시로서의 기능을 제대로 한 적은 없었다.

20세기 초 유럽에서 팔레스타인 땅으로 이주해 온 유대인들은 그곳에서 오랫동안 살아왔던 아랍인들과 함께 브엘세바에 살기 시작했지만, 1928년에 유대인과 아랍인들 사이에 대규모의 충돌이 일어나 133명의 유대인이 죽고 339명이 부상당하는 일이 있었고, 1936년엔 유대인 버스에 대한 아랍인들의 테러가 발생하자 유대인들은 브엘세바를 등지고 떠나야만 했다.

고대 도시에서
근대 도시로
탈바꿈한 브엘세바

1945년 조사에서 브엘세바에는 5,360명의 무슬림, 200명의 기독교인, 10명의 유대교인 등 총 5,570명이 거주하는 것으로 밝혀졌는데 이 조사 결과가 1947년 UN에서 팔레스타인 분할안을 준비할 때 브엘세바엔 유대인이 살고 있지 않는 것으로 인식되어 아랍인의 영토로 확정지었다. 그래서 이스라엘 건국 당시만 해도 브엘세바는 이스라엘의 영토가 아니었고 오히려 이집트 군대가 주둔했으며 1948년에 일어난 이스라엘 독립 전쟁 때에는 이집트 군의 병참 기지였었다.

하지만 1948년 10월, 1차 중동 전쟁 당시 이스라엘은 브엘세바를 점령했고 그때부터 본격적으로 이스라엘의 남부 도시 브엘세바를 이스라엘의 근대 도시로 탈바꿈시키기 시작한다. 우선 브엘세바에 있던 도시와 주택 대부분을 철거했고 그곳에 새로운 주택과 높은 빌딩을 짓기 시작했으며 안정적인 물 공급 시설과 주요 도로를 건설했다.

브엘세바에는 중동 지방과 아프리카에서 이스라엘로 이주해 오는 수많은 유대인들이 자리를 잡기 시작했으며 90년대 이후부터는 구소련에서 유대인들이 이주해 오기 시작하면서 도시로서 그 기능을 완벽히 갖춰 나가기 시작한 것이다. 아파트 건물과 텃밭이 있는 유럽식 주택과 쇼핑센터와 학교가 세워지고 각종 관공서와 극장과 같은 서비스 시설들이 들어섰다. 1969년에는 네게브대학(나중에 벤구리온대학으로 개명)도 세워졌다.

1956년에는 22,000명이었던 인구가 1968년에 8만 명으로, 1983년에는 30만 명으로 증가했고 2019년에는 631,000명으로 늘어나 이제는 이스라엘에서 예루살렘, 텔아비브, 하이파에 이어 네 번째로 큰 도시가 되었다.

6천 년의 세월을 간직한
고대 도시 텔 브엘세바

다행스럽게도 성경 시대의 브엘세바는 현재 브엘세바 도시 중심에서 동쪽으로 약 9km 떨어진 언덕 위에 자리 잡고 있으며 현재는 텔 브엘세바Tel Beersheba 국립공원이다. 이집트에서 팔레스타인 지역으로 오가기 위해서는 반드시 거칠 수밖에 없는 요충 지역에 세워진 고대 도시 브엘세바는 오랜 세월 동안 도시가 건축되었다가 흙에 파묻히고 또 그 위에 세워졌다가 흙에 파묻히는 과정을 자그마치 6천 년이나 거쳐 왔으니 자연히 그 지대가 높아질 수밖에 없었고 그래서 고대 브엘세바는 언덕이라는 뜻의 텔Tel을 붙여 지금은 텔 브엘세바가 되었다.

텔 브엘세바
입구에 있는
제단 모형

　실제로 텔 브엘세바 국립공원의 언덕은 지난 6천 년의 세월을 고스란히 담고 있는 타임캡슐과도 같이 시대별로 건축물들의 흔적들이 남아 있다. 1948년 독립 전쟁 이후 1967년부터 이스라엘의 고고학자들이 발굴을 시작하여 텔 브엘세바는 모두 9개의 지층으로 형성되어 있으며 맨 밑에 있는 지층은 B.C. 4000년 시대부터 맨 위에 있는 지층은 B.C. 7세기 초까지 켜켜이 쌓여 있다는 것을 밝혀냈다. 그리고 그 위로 페르시아 시대, 헤롯 시대, 로마 시대의 건축물들이 남아 있다.

　국립공원으로 들어가자마자 오른쪽에는 네 귀퉁이에 뿔이 달린 제단을 볼 수 있는데 이것은 모형이고 발굴 작업 당시 발굴된 실물은 현재 예루살렘에 있는 이스라엘 박물관에 보관되어 있다. 입구에서 길을 따라 언덕 위로 올라가면 두터운 성벽 도시가 보이는데 그 성벽 도시 안으로 들어가는 입구의 왼쪽에는 오래되고 꽤 깊은 우물이 아직도 물 소리를 간직한 채 남아 있다. 돌을 던져 보면 한참 뒤에 물에 부딪히는 소리가 들려 그 우물의 깊이가 어느 정도인지 가늠해 볼 수 있다.

입구를 통해 성안으로 들어가면 성안은 마치 계획된 도시처럼 각자의 기능을 하는 건축물들이 잘 정돈되어 있고 도로도 잘 정비되어 있다는 것을 확인할 수 있었다. 수천 년 전에 이렇게 계획된 성벽 도시를 건축할 수 있다는 것이 그저 놀라울 뿐이다.

성안에는 사람들이 각자의 생활을 했을 주거지가 적당한 간격을 두고 만들어져 있고 많은 양의 곡식을 저장할 수 있는 전용 창고가 있으며 성에 살던 백성들이 한자리에 모여 중요한 일을 논의했을 중앙 광장까지도 갖추어져 있다. 이 모든 시설을 한눈에 내려다볼 수 있는 전망대를 만들어 놓았는데 이것은 발굴 작업 이후에 콘크리트와 철근 빔으로 제작한 것이다.

텔 브엘세바에서 가장 눈에 띄는 것은 성 밖의 물을 성안으로 끌

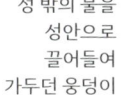
성 밖의 물을 성안으로 끌어들여 가두던 웅덩이

어들이는 시스템이다. 성의 입구에 있었던 우물은 외부의 공격으로 인해 성문이 닫힐 경우에는 사용할 수가 없기 때문에 성 밖에서 물을 성안으로 끌어들일 수밖에 없었다. 다행히 텔 브엘세바 근처에는 헤브론강이 있는데 우기에 비가 넘쳐 강이 범람하면 그 물을 수로를 이용하여 성안으로 끌어들인 다음 거대한 물 저장고에 물을 채우는 것이다. 성안의 남동쪽 끝에 깊이 17m의 사각형 웅덩이가 아직도 남아 있어 저장고 벽의 돌계단을 이용하여 맨 밑에까지 내려갈 수가 있다. 물 저장고의 맨 윗부분에는 성 밖에서부터 물을 끌어들이는 수로로 연결되어 있어 그곳을 따라 들어가면 성 밖까지 걸어 나갈 수 있다. 수로의 벽은 석회석으로 되어 있어서 나름대로 방수의 기능을 할 수 있게 해 놓은 고대인들의 지혜를 확인할 수가 있다. 땅속으로 연결된 수로를 통해 나오면 텔 브엘세바 성의 밖이고 국립공원으로 들어온 입구로 다시 돌아온 셈이 된다. 텔 브엘세바는 2005년 유네스코에 의해서 세계 문화유산으로 등록되었다.

이스라엘 건국의 아버지
벤구리온의 집

브엘세바에서 더 남쪽으로 네게브 사막을 향해 자동차를 몰고 달려가다 보면 끝없이 펼쳐지는 황량한 사막 길이 나온다. 말이 사막 길을 달리는 것이지 실제로 이곳을 달려가다 보면 눈이 몽롱해질 정도로 지평선이 이어지고 아무리 자동차의 에어컨을 틀어도 숨이 턱턱 막혀 옴을 느낄 수 있을 만큼 네게브 사막은 무덥고 황량하기 이를 데 없다. 그 사막을 약 40여 km 더 달려가다 보면 마치 사막의 작은 오아시스처럼 푸른 녹지로 둘러싸인 작은 키부츠 하나를 발견하게 되는데 이곳이 바로 Sde Boker 키부츠이다. 도대체 이 황량한 사막에 어떻게 푸른 나무들로 울창한 숲이 만들어질 수 있는 것일까?

정말 자연의 능력에 감탄할 수밖에 없게 되는데 사실 그 숲은 자연이 만든 것이 아니라 바로 네게브에 자리 잡은 유대인의 키부츠 사람들이 일궈 놓은 인간의 작품이라는 것을 알면 놀라지 않을 수 없다. 바로 이곳에 이스라엘 건국의 아버지라고 불리는 벤구리온 Ben-Gurion 이 머물던 집과 무덤이 있다. 도대체 왜 이곳에 벤구리온이 머물던 집이 있는 것일까? 이 키부츠와 벤구리온과는 어떤 관계가 있는 것일까?

1886년 10월 16일 폴란드 프원스키 Plonsk 에서 태어난 벤구리온은 원래 본명이 데이비드 구루에는 David Gruen 이었다. 그의 아버지 빅토르 그루에는은 동유럽에서 억압받는 유대인들에게 옛 고향 이스라엘로 돌아가야 한다는 사상을 보급시켰는데 벤구리온은 그 영향을 많이 받았다.

1906년 20살의 젊은 나이에 팔레스타인으로 돌아와 갈릴리 북부 지역에서 다른 유대인들과 함께 농부로 일하면서 팔레스타인 노동당의 활동 요원으로 활약하면서 그 기관지의 편집장 역할까지도 했었다. 하지만 그는 제1차 세계 대전 당시 연합군에 가담했다는 이유로 오스만 제국에 의해 미국으로 추방되어 그곳에서 러시아 태생의 파울라Paula를 만나 결혼하고 이름도 히브리식 이름인 벤구리온으로 바꿨다.

그 후 1919년에 벤구리온은 팔레스타인으로 다시 돌아와 시오니스트인 벤츠비와 함께 유대 군단을 결성하여 영국군과 함께 팔레스타인 전쟁에 참여했다. 그러다가 1933년 국제 시오니즘의 최고 감독 기관인 시오니즘 집행 위원회Zionist Executive에 들어가 2년 후에 위원장이 되었고 1948년 5월 이스라엘 건국과 함께 초대 총리가 되어 1953년까지 그 지위에 있었다.

이때 벤구리온은 전 세계에 흩어져 있는 모든 유대인들이 이스라엘로 돌아와야 할 것을 천명하고 특히 이스라엘의 남부 네게브 사막에 정착해야만 이스라엘이 살아남을 수 있을 것이라고 강조했다. 그때만 해도 이스라엘의 남부 네게브 사막은 그야말로 버려진 땅이었으며 사람이 살 수 없는 곳이라는 인식이 팽배해 있었다.

그러나 벤구리온의 생각은 달랐다. 이스라엘의

이스라엘
건국의 아버지
벤구리온

미래는 네게브에 있으니 네게브 사막을 살리면 이스라엘이 살 수 있고 네게브 사막이 죽으면 이스라엘도 살아남을 수 없다고 말했다. 그러면서 이스라엘로 돌아온 유대인들이 네게브 사막에 정착해서 키부츠를 형성할 수 있도록 온갖 행정적인 지원을 아끼지 않았다. 총리가 된 벤구리온은 제일 먼저 이스라엘 북쪽 지역에 있는 갈릴리 호수에서 수백 km 떨어진 네게브 사막까지 송수관을 연결해서 사막 한가운데에 물을 공급하기 시작했다.

드디어 사막에 나무가 자라기 시작했고 수풀이 우거지기 시작했으며 그곳에서 유대인들은 농사를 짓기 시작했다. 벤구리온의 이런 철학과 불도저식으로 밀어붙이는 리더십에 많은 이스라엘 국민들은 박수를 보내기 시작했고 그의 주장에 동조하기 시작했다.

1948년 5월 14일, 이스라엘을 건국시킨 벤구리온은 바로 그날 저녁부터 시작된 제1차 중동 전쟁을 맞이하여 타고난 리더십과 카리스마로 수많은 중동 국가의 군인들을 물리쳤고 전쟁을 승리로 이끌어 냈다.

국민들의 사랑을 한몸에 받게 된 벤구리온은 총리가 된 지 5년 후, 1953년 총리직에서 물러난 뒤에 운전기사에게 네게브 사막의 한가운데에 있는 Sde Boker라는 키부츠로 행선지를 바꿀 것을 지시했다. 그리고 그는 그때부터 약 20여 년간 이 키부츠에서 다른 유대인 농부들과 함께 삽과 곡괭이를 들고 농장에 나가서 일을 하기 시작했다. 남들에게만 네게브 사막에 정착할 것을 강요한 것이 아니라 본인 스스로도 공직에서 물러남과 동시에 사막으로 들어가는 솔선수범을 몸소 보여 준 것이다.

벤구리온은 4평도 안 되는 작은 방에 짐을 풀고 낮에는 농장에 나가 일을 하고 밤에는 서재에 앉아서 책을 읽고 또 책을 집필했다. 전직 총리라고 해서 특별 예우를 받은 것은 단 하나도 없었다.

벤구리온은 1955년부터 1963년까지 다시 총리가 되었다. 물론 63년에 총리직을 물러난 후 그가 돌아간 곳 역시 이곳 Sde Boker 키부츠였다. 그 후 1973년 12월 1일, 그는 이곳에서 파란만장한 삶을 마감했다.

지금도 Sde Boker 키부츠의 한쪽에 마련된 그의 생가는 마치 40여 년 전 시계가 멈춘 듯 그 모습 그대로 보존되어 관람객들을 맞이한다. 벤구리온이 머물던 집이 그대로 박물관이 되어 이스라엘 건국의 아버지를 그곳에서 만날 수 있게 해 놓은 것이다. 벤구리온의 정치적 신념을 기리기 위해 새로운 건물을 근사하게 재건축해 놓은 것이 아니라 실제 살았던 집을 손 하나 대지 않고 40여 년 전의 모습을 Ben-Gurion House라는 이름으로 그대로 남겨 놓았다.

벤구리온 하우스는 두 개의 전시실로 되어 있다. 하나는 네게브 사막에 정착하여 농사를 짓던 Sde Boker의 키부츠인들이 어떻게 농사를 짓고 살았는지와 그 당시 정치적 경제적 상황을 보여 주는 전시실이고 또 하나는 바로 그 옆에 있는 벤구리온의 집이다.

단층에 하얀색 벽으로 되어 있는 아담한 집에 들어가면 제일 먼저 현관이 나온다. 이곳의 한쪽 귀퉁이에 테이블이 놓여 있는데 40여 년 전 벤구리온이 이곳에 앉아 차를 마시며 책을 읽었던 자리 같아 보인다. 현재도 그 테이블에는 몇 개의 컵과 주전자가 그대로 보존되어 있기 때문이다. 그 현관문을 지나서 거실로 들어가면 5천여 권의 책이

(위)
벤구리온의 서재

(아래)
벤구리온의 침실

꽂혀 있는 작은 서재가 보인다. 그 서재에는 방금 전까지만 해도 벤구리온이 앉아서 뭔가 책을 보고 글을 썼을 것만 같이 책상 위에는 벤구리온이 쓰던 안경과 펜이 그대로 뒹굴고 있다. 원고 뭉치와 메모지도 쌓여 있다. 그 앞에는 바로 그 자리에서 벤구리온이 신문을 읽고 있는 사진이 세워져 있다. 그리고 각 부분에 대해서 설명해 놓은 그림도 있다.

벤구리온의 집이 다른 키부츠인들의 집과 다른 점이 하나 있다면 그것은 세계 각국에서 벤구리온을 만나기 위해 찾아왔던 손님들이 머물던 게스트 룸이 따로 있었다는 것이다. 이곳은 별 다섯 개짜리의 호텔 침실과는 전혀 다른 모습이다. 아무리 권위가 있는 세계의 정치 지도자들이 찾아왔다 하더라도 벤구리온과 똑같은 시설의 게스트 룸에 머물 수밖에 없다. 그것은 벤구리온의 철칙이기도 했다. 그 게스트 룸 바로 옆에는 벤구리온의 부인인 파울라 여사가 다른 키부츠 사람들과 마찬가지로 똑같이 음식을 준비하던 주방이 있는데 그곳 역시 여러 주방 기구들이 사용하던 그대로 보존되어 있다.

벤구리온 부부가 잠들었던 침실에는 아직도 주인을 기다리는 슬리퍼가 작은 카페트 위에 놓여 있다. 그는 과연 이 침대에서 잠들며 무슨 생각에 잠겼을까? 한때는 한 나라의 총리로서 세계 정치사를 쥐락펴락했다가 이제는 한낱 이스라엘의 남부 사막 한가운데 있는 작은 키부츠에서 농사일을 하며 천근만근 무거워진 자신의 몸을 주무르며 권력의 무상함을 한탄하다가 잠들었을까? 아니다. 벤구리온은 이 침대에서 네게브 사막이 푸른 숲으로 변해 가는 이스라엘의 희망을 꿈꾸며 잠들었을 것이 분명하다.

한 시대를 풍미했던 이스라엘의 정치인 벤구리온의 아직도 살아 있는 숨결을 느끼고 싶다면 이곳 Sde Boker 키부츠에 있는 Ben-Gurion House를 꼭 찾아가 볼 것을 권한다. 결코 찾아가기 쉽지 않은 길이지만 고생한 만큼 깨닫는 것이 많은 박물관이 될 것이다. 이곳에선 이스라엘 남부 사막의 성경적 배경에 대한 교육 프로그램, 워크숍, 세미나, 다양한 투어를 제공하고, 학습활동 프로그램을 지원하고 있으며 25분간 진행되는 벤구리온에 관한 『Formative Decisions』라는 다큐멘터리 영화를 볼 수도 있다.

아직도 그 사람들이 살고 있는
사마리아

야곱이 돌베개를 베고 꿈을 꾸었던 벧엘

예루살렘에서 60번 도로를 타고 북쪽으로 가는 순간 서안지구에 진입하게 된다. 만약 예루살렘에서 서안지구의 북쪽에 있는 도시나 갈릴리 호수를 가기 위해 구글 지도를 검색하면 예루살렘에서 1번 도로를 이용하여 서쪽으로 가게 한 다음 6번 도로를 이용하여 북쪽으로 올라가는 우회 경로로 안내하지 서안지구를 통과하는 60번 도로 쪽으로 안내하지는 않는다.

그래도 예루살렘에서 북쪽 사마리아 지역으로 가기 위해서는 어쩔 수 없이 60번 도로를 이용해야 하고 이곳을 통과할 때는 가급적 아랍 마을에 들르거나 도로에 주정차하지 않는 것이 좋다. 어쨌든 예루살렘에서 60번 도로를 이용하여 북쪽으로 약 20km 지점에 가면 벧엘 Bethel이 나온다.

벧엘은 원래 아브라함이 하나님의 부르심으로 갈대아 우르를 떠나 하란을 거쳐 가나안 땅에 들어와 최초로 장막을 쳤던 곳이었다. 그리고 이 땅에 기근이 들어 가족들과 함께 이집트로 내려갔다. 그뿐만 아니라 아브라함이 이집트에서 돌아온 뒤에 다시 단을 쌓고 여호와의 이름을 부른 곳도 벧엘이다.

형 에서를 대신해 아버지 이삭에게 축복을 받은 야곱은 브엘세바에 있는 집을 떠나 어머니와 아버지가 이르는 대로 밧단 아람에 있는 외삼촌 라반의 집을 향해 간다. 먼 길을 떠난 야곱은 해가 져서 어둡게 되자 돌을 하나 주워 잠을 청하는데 그날 밤 꿈에서 땅에서부터 하늘로 연결되는 사닥다리에 천사들이 오르락내리락하는 장면을 보게 된다. 그때 하늘에서 소리가 들리기를 '네가 누워 있는 땅을 내가 너와 네 자손에게 주리니 네 자손이 땅의 티끌 같이 되어 네가 서쪽과 동쪽과 북쪽과 남쪽으로 퍼져나갈지며 땅의 모든 족속이 너와 네 자

벧엘 유적지

손으로 말미암아 복을 받으리라(창 28:13~14)'는 하나님의 음성을 듣게 된다.

잠에서 깨어난 야곱은 머리에 베개로 삼고 있었던 돌을 가져다가 기둥을 세우고 그 위에 기름을 붓고 그곳 이름을 '하나님의 집'이라는 뜻의 벧엘이라고 불렀다. 그리고 야곱이 외삼촌 라반의 집에서 20년 동안이나 종살이를 하고 두 아내와 두 여종에게서 난 자식들을 이끌고 피난 생활을 마치고 돌아오는 길에 다시 들러 하나님의 축복을 재확인한 곳이기도 하다.

벧엘은 예전에 Baytin이라는 아랍 마을로만 알려져 있었지만 현재는 아랍 마을 뒤편으로 Beit El이라는 유대인 정착촌 마을이 생겼고 옆에 Khalom Ya´akov Antiquities Site라는 이름으로 보존 관리되고 있다.

이곳에 가면 비잔틴 시대의 건축물이 있고 십자군 시대의 성벽도

야곱이 베고 잤다는
돌베개

남아 있다. 특이한 것은 이곳에 바로 야곱이 누웠던 자리라고 하는 곳이 아직도 남아 있다는 것이다. 사람들이 그곳에 한 번씩 누워 사진을 찍기도 한다. 찾기 어려우면 주변 사람들에게 'Jacob's rock'이라고 물어보면 안내해 줄 것이다.

성막이 처음 세워졌던 실로

'안식의 장소'란 뜻이라서 그랬을까? B.C. 13세기경, 이스라엘 백성이 40년 동안 광야를 떠돌다가 드디어 요단강을 건너 가나안 땅에 들어온 이후 첫 번째로 법궤가 안치된 성막을 설치한 곳이 실로Siloh이다. 이스라엘 백성들이 실로를 발견한 순간, 이제야 비로소 법궤와 성막을 하나님께서 약속하셨던 가나안 땅에 안착할 수 있게 되었다는 마음에 얼마나 안도의 숨을 내쉬었을까? 그리고 이스라엘 온 회중이 모여 성막을 설치했다. 이곳에 설치된 성막은 엘리 제사장 때 블레셋과의 에벤에셀 전투에 법궤를 가지고 나갔다가 빼앗기기 전까지 369년 동안 머물렀다. 엘리 제사장의 두 아들 홉니와 비느하스가 전투에서 죽었다는 소식을 듣고 놀란 엘리 제사장이 의자에서 넘어져 목이 부러져 죽은 곳도 실로이다.

실로에 있었던 법궤는 에벤에셀에서 빼앗긴 이후 아스돗, 가드, 에그론, 벧세메스, 기럇 여아림의 아비나답의 집을 거쳐 드디어 예루살렘으로 들어오는 긴 여정을 거치게 된다. 그럼에도 불구하고 실로는 다윗이 예루살렘을 세우기 직전까지 그 지위를 유지했고 고대 이스라엘의 주요 종교적 장소가 되었다.

가나안 시대 때 흩어졌던 이스라엘의 모든 지파들이 실로에 매년

한 차례씩 모여 여호와의 명절(사사기 21:19)에 추수 감사절 축제를 벌였다. 이 축제에는 아마도 많은 여인들이 참석하여 춤을 추었나 보다. 그때 당시 베냐민 지파의 남자들은 실로의 포도원에 숨었다가 춤을 추러 온 실로의 여인들을 납치하여 데려다 아내로 삼아 종족을 유지했다는 이야기가 사사기 21장에 나온다.

텔 실로로 가기 위해서는 벧엘에서 나와 60번 도로를 타고 북쪽으로 약 18km 정도 가서 왼쪽에 있는 유대인 정착촌 마을로 들어가

(위)
실로에 있는
번제단의 모형

(아래)
실로의 전망대

는 길을 따라 몇백 m가다 보면 철문이 있는데 옆에 있는 인터폰으로 텔 실로에 가기 위해 왔다고 말하면 문을 열어 준다.

그 문을 통과해서 정착촌 안으로 들어가면 왼쪽에 텔 실로 유적지로 가는 길이 나오고 그 길을 따라가면 바로 현장을 볼 수가 있다. 3천 년 전의 일들이 일어났던 실로 언덕에 그 흔적이 지금까지 온전히 남아있을 리가 없다. 그 후에 이스라엘 시대와 로마 시대의 흔적들 그리고 비잔틴 시대의 유적들만 겨우 남아있을 뿐이다. 과거 이곳에 성막이 있었다는 것을 보여 주듯 성막 안에 있었던 제단의 모형을 관광객들을 위해 만들어 놓았고 언덕 위에는 성막에 대한 다큐멘터리 영상을 보고 텔 실로를 한눈에 내려다볼 수 있는 전망대가 설치되어 있다.

텔 실로는 과거 성막이 있었던 곳이라는 의미 때문인지 앞으로 예루살렘에 세워질 새로운 성전에서 제사장들이 입게 될 의복에 대해서 연구하고 만드는 일들을 하고 있다. 입구에는 그늘 밑에 앉아 코셔 실을 이용하여 천을 짜서 제사장복을 만들고 있는 여인들을 볼 수 있는데 이 여인들은 어쩌면 과거에 여호와의 명절 때 춤을 추러 나왔던 실로 여인들의 후손일지도 모르겠다.

이곳은 1926년부터 1932년 사이에 덴마크 고고학 팀에 의해 처음 발굴되기 시작했다가 6일 전쟁 이후인 1981년부터 3년간 이스라엘의 고고학 팀은 광범위한 발굴을 진행했다.

세겜으로 가는 길

현재는 나블루스Nablus라고 부르지만 성경에서는 세겜Shechem으로 불리는 곳으로 가는 길은 쉽지 않다. 예루살렘에서 북쪽으로 약 65km

떨어져 있는 세겜은 팔레스타인 자치 지역인 동시에 이스라엘에 대한 강경파들이 득세하고 있는 곳이며 또 이스라엘 안에 있는 여러 팔레스타인 자치지구 중에서도 이스라엘 군인들과 가장 충돌이 자주 일어나는 곳이어서 이스라엘 군인들의 검문검색이 심한 곳이기 때문이다. 실제로 이곳은 일 년에도 약 2백여 차례의 크고 작은 총격전이 벌어지는 곳으로 여행자들의 접근에는 그만큼 위험이 뒤따르는 곳이다.

예루살렘의 다마스커스 게이트 앞에 있는 팔레스타인들의 시외버스 터미널에서 나블루스로 가는 버스를 올라타는 것은 그리 어려운 일이 아니다. 예루살렘을 출발한 버스는 복잡한 시내를 빠져나와 잠시 후 한적한 시골길을 달리게 된다. 차창 밖으로 펼쳐 보이는 광활한 평야와 야산들 사이사이에 보이는 베두인 유목민들과 그 주변에 맴돌고 있는 양 떼를 보면 이렇게 평화로운 땅이 어쩌다 갈등과 분쟁의 땅으로 변해 있는지 그 원인을 다시 한번 생각해 보게 한다.

그렇게 버스는 약 한 시간 정도 달리다가 멈춰 서고 더 이상 가지 않는다. 버스 안에 있던 모든 승객들도 이곳이 마치 이 버스의 종착지인 것처럼 짐을 들고 내린다. 분명 이 버스는 나블루스로 가는 버스임에도 불구하고 나블루스 안으로는 들어가지를 못한다. 이곳이 바로 체크 포인트(검문소)이기 때문이다. 버스에서 내리면 그 앞에는 이스라엘 군인들이 지키고 서 있는 검문소가 보인다. 이 검문소를 통해서 나블루스 안으로 들어가는 것은 어렵지 않다. 그냥 검문소 옆에 나 있는 작은 길을 통해서 안으로 들어가면 된다.

그러나 나블루스에서 이 검문소를 통해 밖으로 나올 때는 말이 달라진다. 양철 지붕으로 되어 있는 검문소 안에는 수백 명의 나블루스 사람들이 검문을 받기 위해 줄지어 서서 기다리고 있다. 그리고 맨 앞에는 단지 한 사람만 이스라엘 군인이 앉아 있는 부스 앞으로 불려 간다. 그 이스라엘 군인에게 통행증을 보여 주고 왜 나블루스를 나가려는 건지, 나가서 어디로 갈 건지, 나갔다가 언제 다시 돌아올 건지를 대답해야 한다. 그러고는 허리나 가슴에 혹시 폭탄이 있는지를 확인하기 위해 웃옷과 바지를 걷어 올려서 확인시켜 줘야 한다. 그런 심문 과정은 사람에 따라서 그 끝을 알 수 없을 만큼 오래 걸리기도 한다. 그러니 기다리고 있는 수백 명의 사람들은 언제 자기 차례가 돌아올지도 기약할 수가 없다.

이곳에서 기다리고 서 있는 사람들은 남자건 여자건 그리고 어린 아이건 노인이건 아무 상관이 없다. 외국인 역시 나블루스 사람들과 마찬가지로 똑같이 줄을 서서 기다려야 하고 웃옷과 바지를 가슴과 무릎까지 걷어 올려야 했다. 이제 막 소년티를 벗은 앳된 모습의 이스

나블루스에서 나오기 위해 검문을 기다리는 사람들

지금은
나블루스라고
불리는 세겜

라엘 군인, 그들은 언제 어디서 폭탄이 터질지 모른다는 긴장의 눈과 피곤한 목소리로 이곳을 통과하는 사람들을 대한다. 도대체 이 지루하고 거추장스럽기만 한 검문검색은 언제까지 이어질 것이며, 이들은 과연 언제쯤이면 자유롭게 이 동네 저 동네를 돌아다닐 수 있게 될지, 이들에게 과연 그날이 오게 될 것인지 희망도 미래도 감히 생각하지 못하는 곳이 바로 세겜, 오늘날 나블루스의 현실이다.

　검문소를 통과해서 나블루스의 안쪽으로 들어오면 검문소에서 나블루스 시내까지 운행하는 노란 택시들이 수십 대나 줄지어 손님들을 기다리고 있는 모습을 볼 수 있다. 이 수십 대의 택시들은 정원이 모두 찰 때까지 기다렸다가 출발하고 각자의 목적지까지 데려다 준다.

검문소에서 나블루스 시내까지는 그다지 오래 걸리지 않는다. 택시에 앉아서 옆에 탄 사람과 잠깐 눈인사를 하다 보면 벌써 나블루스 시내로 들어오게 된다. 나블루스 시내는 전통적인 팔레스타인 사람들이 살아가는 모습 그대로이다.

지금으로부터 4천 년 전, 갈대아 우르를 떠난 아브람과 사래는 가나안 땅에 들어와 세겜에 도착하게 된다. 그리고 세겜에 있는 한 상수리나무 밑에 머물고 있을 때 하나님은 아브람에게 나타나셔서 이 땅을 가리키며 '이 땅을 너희 후손들에게 주겠다고 약속을 하셨고 아브람은 그곳에 제단을 쌓게 된다. 갈대아 우르를 떠나 오랜 여정을 거쳐 마침내 가나안 땅에 도착하였을 때 그간의 피곤했던 여정을 위로하듯이 하나님께서 선사하셨던 땅이 세겜이었다. 또 세겜은 여호수아가 온 회중을 모아 놓고 모세의 법을 낭독하였던 곳이며, 이스라엘이 남북으로 분리되었을 때 여로보암은 세겜을 북왕국의 수도로 삼았을 정도로 한때 이스라엘 땅 중에서도 위치와 역할 면에서 큰 부분을 차지하였다. 그러나 지금의 세겜은 그 옛날의 화려하고 아름다웠던 모습은 찾아볼 수 없다.

축복을 받은 그리심산과 저주를 받은 에발산

세겜의 도시 양옆에 높은 산 두 개가 버티고 서 있다. 마치 두 개의 산 가운데 푹 감싸인 듯한 모습이다. 그래서 세겜이라는 말의 뜻은 어깨이다.

두 개의 산은 해발 881m의 그리심산 Mt.Grezim 과 해발 940m의 에발산Mt.Ebal이다. 에발산은 그저 높이 솟아오른 민둥산에 불과하지만 그리심산은 산 중턱에 푸른 숲이 우거져 있는 것이 보일 정도로 나무가 심어져 있어 산다운 모습을 갖추고 있다. 똑같은 지역에 나란히 두 개의 산이 하나는 벌거숭이산이 되어 있고 또 하나의 산은 푸른 산이 되어 있다. 왜 그런 것일까? 그 이유는 여호수아 때부터 시작되었다.

이집트를 탈출한 이스라엘 백성들이 가나안 땅으로 들어와 아이 성을 정복한 이후 요단강을 따라 북쪽으로 행진하다가 얼마 후 그들은 왼쪽으로 서로 마주 대하고 있는 두 개의 산 곧 에발산과 그리심산을 만나게 된다.

에발산과 그리심산의 산꼭대기는 약 2,400m 정도, 바닥은 약 460m 정도밖에는 떨어져 있지 않았는데 특이한 것은 두 산 사이가 마치 자연적인 원형극장의 형태를 이루고 있다는 것이다. 그래서 산

왼쪽 산이
에발산
오른쪽 산이
그리심산

꼭대기나 산등성이에서 서로 간에 한눈에 바라볼 수 있으며 또 소리를 지르면 확성기가 없어도 다른 편이 쉽게 그 소리를 들을 수 있는 매우 특이한 구조로 되어 있다.

모세는 여호수아에게 명령한다.

'네 하나님 여호와께서 네가 가서 차지할 땅으로 너를 인도하여 들이실 때에 너는 그리심 산에서 축복을 선포하고 에발 산에서 저주를 선포하라(신 11:29)'

그리고 여호수아는 모세의 명령대로 선포한다.

'온 이스라엘과 그 장로들과 관리들과 재판장들과 본토인뿐 아니라 이방인까지 여호와의 언약궤를 멘 레위 사람 제사장들 앞에서 궤의 좌우에 서되 절반은 그리심 산 앞에, 절반은 에발 산 앞에 섰으니 이는 전에 여호와의 종 모세가 이스라엘 백성에게 축복하라고 명령한 대로 함이라 그 후에 여호수아가 율법책에 기록된 모든 것 대로 축복과 저주하는 율법의 모든 말씀을 낭독하였으니 모세가 명령한 것은 여호수아가 이스라엘 온 회중과 여자들과 아이와 그들 중에 동행하는 거류민들 앞에서 낭독하지 아니한 말이 하나도 없었더라(수 8:33~35)'

그때부터 그리심산은 축복의 산이 되었고 에발산은 저주의 산이 되어서 에발산은 지금까지도 벌거숭이산이며 그리심산은 삼림이 우거져 있다. 그래서일까? 사마리아 사람들은 이 그리심산을 거룩한 산으로 여겼고 놀랍게도 이 그리심산 정상에는 오랜 세월 동안 그 혈통을 잃지 않고 지금까지 유지하며 살아가고 있는 사마리아인들이 약 6백여 명 정도 있다.

사마리아 사람들

세겜 시내에서 다시 택시를 타고 그리심산 정상으로 올라가면 과연 이렇게 가파른 길을 이 낡고 시커먼 배기가스가 나오는 택시로 무사히 올라갈 수 있을까 싶은 생각이 든다. 그런데 그렇게 가파르고 높은 곳에도 나블루스의 가난한 사람들이 살고 있다. 그 옛날 우리나라의 산동네처럼 그들은 가난을 뒤집어쓰고 아무것도 정리되지 않은 채 힘겹게 살아가고 있다.

저 밑으로 내려다보이는 세겜 도시가 아찔하게 느껴질 때쯤 택시는 산 정상의 마을에 도착한다. 그곳은 지난 오랜 세월 동안 이곳을 떠나지 않고 살아가고 있는 사마리아 사람들의 마을이다. 이들은 왜 이곳에 살고 있는 것일까?

세겜은 이스라엘의 분열 후 북왕국의 수도가 되었지만 그 이후로 점점 쇠퇴의 길을 걷게 된다. 그리고 B.C. 721년 마침내 북이스라엘이 앗시리아에 의해서 멸망한 이후 이곳 사마리아 사람들은 앗시리아 사람들과 혼혈을 이루게 되는 정체불명의 도시가 된다. 그것을 예루살렘을 비롯한 모든 유대인들이 못마땅하게 여겨서 사마리아 사람들을 정통 유대인의 범주에서 제외하고 이방인으로 취급할 정도까지 이르게 된다.

그러다가 모든 유대인들이 바빌론으로 유배를 떠났다가 다시 이스라엘로 돌아온 뒤 에스라와 느헤미야를 중심으로 예루살렘의 성전을 재건축할 때 이곳 사마리아 사람들은 예루살렘의 성전과는 별도로 이곳에 또 다른 성전을 짓게 된다. 그동안 유대인들에게 소외를 당하고 차별을 받으며 살아온 사마리아 사람들은 이때부터 유대인과는 완전히 다른 생활을 하게 되며 유대 역사에서 완전히 잊혀지게 된다.

이렇게 독립적인 신앙생활을 하게 된 사마리아 사람들은 아브라함이 이삭을 바쳤던 모리아산을 현재 예루살렘에 있는 모리아산이 아니라 이곳 세겜에 있는 모래라는 곳으로 재해석을 하고 있다. 모리아와 모래는 발음이 서로 비슷하기 때문에 이런 해석을 하였던 것 같다. 그때부터 사마리아 사람들은 이곳 그리심산을 중심으로 단체 생활을 해 왔으며 자신들만의 신앙관으로 하나님을 섬기고 있다. 현재 이곳에는 약 6백여 명의 사마리아 사람들이 자기들만의 모세 오경을 읽으며 촌락을 이루어 살아가고 있는데 매년 그들의 유월절이면 그 옛날 자신들의 조상들이 그랬던 것처럼 양을 직접 잡아 희생제를 드리는 행사를 지금도 하고 있다. 이들의 유월절은 유대인들의 유월절과는 날짜가 다르다.

이곳에 가면 개인이 운영하고 있는 사마리아 박물관이 있고 그

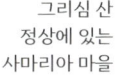
그리심 산 정상에 있는 사마리아 마을

박물관 바로 옆에는 유월절 때 양을 바치기 위한 제단이 마치 바비큐의 그릴과 같은 모습으로 준비되어 있는 것을 볼 수 있다. 그리고 산 정상에는 그 옛날 사마리아인들이 건축하였던 성전의 일부가 남아 있는 것을 볼 수 있다.

사마리아 유적지

15

세계에서 가장 오래된,
가장 낮은 곳의 도시
여리고

광야 생활 40년 만에 도착한
첫 번째 도착지

이스라엘 백성들이 430년 동안의 이집트 노예 생활을 마치고 40년간 이집트의 시나이반도와 요르단 등지에서 긴 여정의 세월을 보내다가 마침내 요단강을 건너 젖과 꿀이 흐르는 가나안 땅으로 들어섰을 때 제일 먼저 나타난 도시는 여리고였다. 그리고 여호수아가 이끄는 군사들은 6일 동안 매일 여리고 성벽 주변을 한 바퀴씩 돌았으며 마지막 7일째 되는 날에 성벽 주변을 일곱 바퀴 돌았을 때 기적처럼 여리고 성벽은 무너졌다고 여호수아서 6장 1~20절까지 기록하고 있다.

이때가 B.C. 1400년경의 일이었는데 사실 이 여리고성은 B.C. 10000년 전부터 사람들이 살고 있었으며 여호수아가 이스라엘 백성들과 함께 함락했을 당시에도 여리고성은 2층으로 쌓아 올려져 있었고 그 누구도 쉽게 무너뜨릴 수 없는 철옹성이었을 만큼 성벽 규모와 두께도 결코 만만치 않은 것이었다. 그만큼 여리고 성은 지구상에서 가장 오래전에 세워진 성벽 도시로 알려져 있다.

여리고는 멀지 않은 곳에 요단강이라고 하는 강이 있어 땅이 비옥했으며 이스라엘 전역에 걸쳐 어디서도 보기 힘들 만큼 샘이 풍부해서 오랜 세월 동안 사람이 살기에 꽤나 적합한 지역이었다. 더군다나 이스라엘의 예루살렘과 요르단의 암만 사이에 있는 중간 기착지로서 그 당시 이스라엘의 지중해에서 잡아 올린 해산물을 요르단의 내륙 지방으로 이동하기 위해서는 반드시 여리고를 거쳐야 하는 중요한 역할을 담당하였다.

여리고는 남쪽으로 약 16km 떨어진 곳에 사해가 있어서 그곳에서 나는 소금과 여러 가지 광물을 채취해 다른 곳으로 판매하는 무역업도 활성화되어 경제적으로 풍족한 곳이었다. 여리고는 지구상에서 가장 낮은 곳에 위치한 도시이다. 이곳은 해수면보다 250m나 낮은 곳에 위치하고 있기 때문에 해발 740m의 예루살렘에서 여리고를 가기 위해서는 계속해서 아래쪽으로 걸어 내려가게 된다. 그래서 이곳은 다른 곳에 비해서 일 년 내내 날씨가 무덥고 기온의 변화가 없어서 예루살렘에 사는 귀족들이 겨울에 이곳에서 시간을 보내다가 다시 예루살렘으로 돌아갔을 정도이다.

여리고는 예루살렘에서 약 27km 떨어져 있는 곳이기 때문에 여리고로 가는 길은 멀지 않다. 예루살렘의 다마스커스 게이트 앞에 있는 아랍인 시외버스 터미널에서 여리고로 가는 버스를 타고 내려가면 사막 한가운데에 푸른 숲으로 둘러싸인 작은 도시 여리고에 도착하게

여리고 도시 뒤에 유혹의 산이 보인다

된다. 또는 승용차로 1번 도로를 이용해 동쪽으로 달려가다 보면 유대 광야를 통과해서 약 30분이면 도착하는 비교적 가까운 곳이다.

 여리고는 1948년 이스라엘이 건국하면서 일어난 1차 중동 전쟁 당시 전쟁을 피해 팔레스타인 전역에서 이주해 온 7만 명의 팔레스타인 난민들이 이곳으로 몰려들어 흙벽돌을 쌓고 살아가는 난민촌이 되었다가 최근에는 팔레스타인 자치 지역으로 인정받아 지금은 비교적 안정된 생활을 하고 있는 곳이 되었다. 불과 몇 년 전만 해도 이곳 여리고 도시 입구에서도 이스라엘 군인들이 초소를 세우고 모든 차량들을 검문검색하는 등 꽤나 까다로웠지만 지금은 이스라엘 군 당국과 여리고시가 평화 협의를 한 후 모든 검색 초소가 사라져서 자유롭게 드나들 수 있다. 하지만 여리고는 서안지구 West Bank 에 속해 있기 때문에 행동에 유의해야 한다.

세상에서 가장 오래된 도시
텔 여리고

예루살렘에서 1번 도로를 타고 동쪽으로 가서 시내를 벗어나면 좌우로 황량한 유대 광야가 펼쳐진다. 그리고 동쪽으로 갈수록 해발 740m에서 아래로 내려가는데 역시 갑자기 해발이 낮아지는 것을 느끼며 귀가 먹먹해진다. 달리다 보면 오른쪽에 해수면과 똑같은 위치에 sea level이라는 안내판을 발견하게 되고 그곳을 지나면 그때부터는 바닷속으로 들어가는 것과 같은 해발 마이너스로 더 내려간다. 그러다가 또다시 해발 −200m라는 표지판을 보게 된 후 왼쪽으로 여리고Jericho라는 안내 표지판에서 좌회전해서 6km 정도 가면 팔레스타인 자치지구 여리고의 입구에 팔레스타인 자치 군인들이 지키고 있는 검문소에 도착한다. 이곳을 통과하는 데는 별 어려움이 없다. 검문소를 거쳐 도시 안으로 들어가면 잠시 후 커다란 로터리를 만나는데 그곳에서 좌회전을 해서 2.5km 정도 가다보면 오른쪽에 세계에서 가장 낮은 곳에 있는 세계에서 가장 오래된 도시 텔 여리고 또는 텔 술탄Tel as Sultan에 도착한다.

세계에서 가장 오래된 도시라는 이름답게 이곳은 많은 고고학자들의 관심의 대상이 되었다. 1868년 고고학자였던 찰스 워렌Charles Warren은 텔 여리고Tel Jericho에 대한 조사를 시작으로 1952년부터 1958년까지 영국의 고고학자 캐스린 캐넌Kathleen Kenyon의 발굴 작업까지 오랜 세월 동안 여러 차례 고고학적 발굴을 통해 텔 여리고가 B.C.

10000년 전부터 인류가 거주하기 시작한 세계에서 가장 오래된 도시라는 사실을 밝혀냈다.

이러한 발굴 작업을 통해 B.C. 10000년의 유적지와 함께 B.C. 9000년의 초기 신석기 시대 정착지에 지어진 진흙 벽돌의 둥근 집과 B.C. 8000년에 건축된 높이 8m, 지름 8m의 망대를 발굴해 냈는데 이런 구조의 망대는 그 기간 동안에만 발견할 수 있는 독특한 것이며 이런 종류와 시대의 구조는 세계 어느 곳에서도 발견되지 않았었다. 지하 7m에서도 7m 두께의 벽과 3m 너비의 두 개의 탑 사이에 있는 고대 성문이 발견되었는데 이 성문은 B.C. 1900년에서 1550년 사이에 지어졌다고 한다.

특히 고고학자들은 B.C. 14세기에 여호수아가 무너뜨린 유명한 여리고 성벽도 찾아냈고 진흙 벽돌 벽의 잔해는 성문 옆에 살았던 기생 라합의 집의 일부일 수 있다고 추측한다. 이로써 초기 청동기 시대의 여리고는 주요 중심 도시였으며 도시를 둘러싼 진흙 방벽과 함께 거대한 요새가 세워졌다는 사실이 밝혀졌다. 그뿐만 아니라 고고학자들은 진흙으로 된 여리고의 성벽이 어느 순간 일시에 파괴되고 무너졌을 것으로 판단하는데 그 시기는 B.C. 1400년경으로 성경에서 여호수아가 여리고 성벽을 무너뜨리고 그 안의 모든 것을 불사른 시기와 일치한다.

여리고 성벽의 길이는 약 600m였고 외벽은 5m 높이의 기초 성벽이 돌로 싸여 있고 그 위에 폭 2m, 높이 6~8m의 진흙 벽돌로 싸여 있었다. 성벽이 안쪽에서 바깥쪽으로 무너져 내렸고 그렇게 해서 생긴 경사로를 이용하여 여호수아 군대는 성안으로 들어갈 수 있었다.

텔 여리고
유적지

그 이후부터 발견된 유물은 거의 없었으며 전문가들은 여리고가 중심 도시로서의 기능을 잃어버렸다는 것도 알게 되었다. 여호수아서 6장 26절에 보면 '여호수아가 그 때에 맹세하게 하여 이르되 누구든지 일어나서 이 여리고 성을 건축하는 자는 여호와 앞에서 저주를 받을 것이라 그 기초를 쌓을 때에 그의 맏아들을 잃을 것이요 그 문을 세울 때에 그의 막내아들을 잃으리라'고 기록된 내용과 일치한다. 그 후 아합왕 시대에 벧엘의 히엘은 여리고에 도시를 건설하려고 했지만 그 과정에서 장남과 막내아들이 죽게 되고 시도는 멈춰졌다. B.C. 7세기에도 여리고에 사람들이 살고 있었다는 고고학적 발굴이 있었고 유다의 마지막 왕 시드기야가 도주하다가 이곳에서 바빌론에 사로잡혀 감으로써 이 도시는 한동안 역사속에서 사라졌었다. 그로부터 오랜 세월이 지난 후에 여리고에서 동쪽으로 약 2km 떨어진 곳에 새로운 도시가 생기고 헤롯은 그곳에 별장을 만들고 사람들이 모여 살기 시작했다. 이곳에서 예수님은 삭개오를 만나고 소경 바디매오를 만나 고쳐 주셨다.

텔 여리고의 고고학적 유적지는 약 1,200평의 넓이에 21m 높이의 작은 언덕이며 여호수아가 40년의 광야 생활을 마치고 마침내 가나안 땅으로 들어오자마자 단지 나팔 소리만으로 여리고 성을 무너뜨렸다는 성경의 이야기가 허구가 아닌 실제로 존재했던 역사적 사실이라는 것을 알려준다. 텔 여리고 유적지는 현재는 팔레스타인 아랍인들에 의해서 관리되고 있다.

더러운 물이 맑은 물로 변한
엘리사의 샘

텔 여리고의 입구 바로 왼쪽에 맑은 물이 솟구쳐 나오는 샘이 있는데 엘리사의 샘Elisha Spring Fountain이라는 곳이다. 열왕기하 1장과 2장에 보면 엘리야 선지자가 하나님의 부르심을 받은 뒤 불 수레를 타고 하늘로 승천하는 장면이 나온다. 이때 이 장면을 옆에서 함께 지켜본 사람이 엘리야의 제자인 엘리사였다. 엘리야는 벧엘에서부터 엘리사에게 따라오지 말 것을 부탁했지만 엘리사는 엘리야의 부탁을 듣지 않고 이곳 여리고까지 쫓아온 뒤 결국은 요단강까지 함께 건너게 된다. 정말 끈질기게 따라붙은 엘리사에게 엘리야는 마지막으로 묻는다.

"내가 하나님의 부르심을 받아 하늘로 올라가기 전에 너에게 해

1만 년 동안 물이 솟아나고 있는 엘리사의 샘

줄 것이 무엇이냐?"

그러자 엘리사가 대답을 한다.

"엘리야 선지자의 그 놀라운 능력을 갑절이나 물려받고 싶습니다."

그 순간 엘리야는 하늘에서 내려온 회오리바람과 함께 불 수레를 타고 하늘로 올라가고 그 모습을 지켜본 엘리사는 허탈한 마음으로 다시 여리고로 돌아오게 된다. 이때 여리고에 있었던 많은 사람들이 엘리사에게 다가와 말을 한다.

"당신은 엘리야가 갖고 있는 놀라운 하나님의 능력을 이어받게 된 것 같으니 능력을 보여 달라."

그 능력은 이곳 여리고의 샘들이 수질이 안 좋으니 고쳐 달라는 것이었다. 그때까지만 해도 여리고는 기온도 좋고 공기도 맑아 사람이 살기에는 불편이 없었지만 샘물의 수질이 탁하고 더러워서 그 물을 먹고 마시는 사람마다 피부병이 생기고 설사를 하는 등 식수로는 적합하지 않았었다. 그 말을 들은 엘리사는 여리고의 사람들에게 이렇게 말한다.

"깨끗한 그릇에 소금을 담아 가지고 오십시오."

사람들은 엘리사가 시키는 대로 그릇에 소금을 담아 왔고 엘리사는 그 소금이 담긴 그릇을 들고 샘으로 다가가 쏟아부으며 말한다.

"하나님께서 이렇게 말씀하셨습니다. 내가 이미 이 물을 깨끗하게 하였으니 지금부터는 이 물로 인하여 사람의 생명이 죽거나 유산하는 일이 없을 것이다."

그러자 놀랍게도 그 탁하고 더럽던 샘물이 순식간에 깨끗해졌으며 그 장면을 지켜보던 사람들은 놀라움을 감추지 못했다. 그때부터 여리고의 샘물은 깨끗해졌으며 지금까지도 매 분당 4천 리터의 생수가 쏟아져 나오고 그 물은 여리고의 이곳저곳에 흘러 도시 전체를 옥토로 만들고 있다. 지금도 엘리사의 샘에 가면 무성한 종려나무 사이의 벽에서 물이 콸콸 쏟아지는 것을 볼 수 있고 그 앞의 바닥에는 'The lowest place on earth 1300feet below sea-level 10,000 years old'라는 글씨가 모자이크로 새겨져 있다.

예수님이 사탄에게 시험받은 유혹의 산

엘리사의 샘에서 나와 서쪽으로 고개를 올려다보면 깎아지른 듯한 높은 절벽 산을 보게 된다. 그 산은 예수님께서 40일 금식 기도 후에 마귀로부터 시험을 받은 유혹의 산 Mt.Temptation이라는 곳이다.

예수님은 여리고에서 가까운 요단강에서 침례 요한에게 침례를 받으신 후에 이곳 여리고 근처의 유대 광야에서 40일 동안 금식 기도를 하셨다. 여리고는 지구상에서 가장 낮은 곳으로 한낮의 온도가 40도를 넘나드는 뜨거운 곳이다. 더군다나 유대 광야는 그 어느 곳에 나무 한 그루, 물 한 방울 찾을 수 없는 불모의 땅이다. 예수님은 이런 곳에서 더위와 허기, 그리고 갈증과 싸우면서 40일 동안 금식을 하며 기도하신 것이다. 그것은 인간의 육체적 한계에 대한 싸움이었다. 그렇게 죽음과도 같은 긴 시간의 금식 기도를 마쳤을 때 마귀가 예수님 앞에 나타났다. 그러고는 지칠 대로 지쳐 있는 예수님을 시험한다.

첫 번째 시험은 예수님을 이곳 유혹의 산 중턱으로 데려와 "당신이 정말 하나님의 아들이라면 이 돌들을 떡이 되게 하라"고 한다. 지난 40일 동안 그 무엇도 입에 대지 않은 예수님의 배는 이미 들어갈 대로 들어가 있었고 누가 뭐라고 말하기 전에 당연히 음식을 드시고 싶었을 것이다. 그러나 예수님은 마귀의 이런 제의를 보기 좋게 거절하셨다.

"사람이 떡으로만 살 것이 아니라 하나님의 입으로 나오는 말씀으로 살아갈 것이다."

그러자 마귀는 이번에는 예수님을 예루살렘의 성벽 위로 끌고 가 당신이 정말 하나님의 아들이라면 이곳에서 뛰어내리라고 시험을 한 다음 또다시 이곳 유혹의 산으로 예수님을 데려온다. 그러고는 유혹의 산 꼭대기에서 여리고 시내를 내려다보며 당신이 내게 엎드려 경

유혹의 산

배하면 저 밑에 보이는 여리고의 도시를 포함한 모든 것을 주겠다고 한다. 그러자 예수님은 "사탄아 물러가라"고 호통을 치시고 마침내 모든 시험을 이기셨다.

예수님께서 마귀와의 대결에서 승리를 이끄신 현장, 이곳이 여리고에 있는 유혹의 산이다. 이곳은 영어로 Temptation mountain이라고 하지만, 이곳 여리고 사람들은 예수님이 40일 금식 기도를 한 곳이라고 해서 40이라는 그리스어 콰란타나Quarantana에서 유래한 제벨 쿠룬틀Jebel Quruntul이라고 부르고 있다.

이곳에 도착해 보면 그 지역의 뜨거운 공기와 메마른 땅을 보면서 어떻게 예수님께서 40일 동안 금식 기도를 하실 수 있었으며 마귀의 유혹을 어떻게 이겨낼 수 있었을까 하고 조금이나마 생각해 볼 수 있는 곳이다.

그런데 이곳을 찾는 많은 순례자들은 냉방 장치가 된 관광버스를 타고 와서 유혹의 산 앞에 도착해 내린 다음 너무 뜨거운 나머지 기념 사진만 찍고 5분도 안 되어 버스로 다시 올라가는 경우가 많다. 아마도 예수님이 겪으셨을 더위와 허기를 이해하기보다는 그에 앞서 자신들이 너무 더워 예수님의 고통을 생각할 겨를이 없기 때문일 것이다. 그러나 이곳에 서면 예수님께서 온 생명을 다 바쳐 40일 동안 기도하셨을 그 기도 소리가 지금도 들려오는 듯하다.

키 작은 삭개오가 올라갔던 뽕나무

여리고는 베들레헴, 나사렛, 갈릴리, 그리고 예루살렘에 이어 예수님과 관련된 사연이 많은 곳이다. 예수님은 침례 요한으로부터 침례를 받으신 후 이곳에서 40일 금식 기도를 하신 것은 물론이고 북쪽 갈릴리로 가셔서 3년간의 공식 사역을 마치신 후 예루살렘으로 오시기 전에 이곳 여리고를 들르셨다. 예수님이 여리고에 도착했을 때는 이미 많은 사람들이 몰려들었고 그 뒤를 따랐다. 바로 그때 예수님의 방문 소식을 들은 두 명의 눈먼 사람이 예수님이 지나갈 때쯤 소리를 지르며 눈을 고쳐 달라고 했다.

이것을 보고 예수님의 주변에 있던 사람들이 조용히 하라고 윽박지르지만 눈먼 사람들은 계속해서 예수님에게 애타게 부르짖었다. 그 소리를 들으신 예수님이 두 눈먼 사람의 눈을 만지자 수십 년 동안 암흑 속에서 살아왔던 눈먼 사람들의 눈이 떠지는 기적이 일어나게 된 것이다.

　예수님의 이런 능력에 대한 소문은 여리고에 살고 있던 키 작은 세리장이었던 삭개오의 귀에도 들어가게 된다. 그래서 삭개오는 예수님의 얼굴이라도 한 번 보기 위해 무리들 속으로 들어갔지만 키가 너무 작아 예수님의 얼굴을 볼 수 없게 되자 옆에 있던 뽕나무에 올라가게 된다. 이 내용은 누가복음 19장 1~20절까지 자세하게 기록되어 있다.

　여리고에 가면 약 10m 정도 되는 커다란 나무에 철책을 둘러싸서 가까이 접근하지 못하도록 해 놓은 나무가 있는데 이것이 삭개오가 올라갔던 나무라고 한다. 그리고 이곳을 찾는 순례자들은 이 나무 앞에서 기념사진을 찍곤 하지만 그 나무가 정말 2천 년 전 삭개오가 올라갔던 그 나무인지는 정확하지 않다. 그런데 한 가지 이상한 부분이 있다. 분명히 누가복음 19장 4절에는 뽕나무라고 적혀 있는데 그 나무의 잎은 우리가 알고 있는 뽕나무와는 다르다. 사실 그 당시 삭개오가 올라갔던 나무는 뽕나무가 아니었다. 삭개오가 올라갔던 나무는 히브리어로 쉬크마, 영어로는 'Sycamore tree'라고 하는 돌무화과나무이다. 아마 오래전에 성경책을 우리나라 언어로 번역하는 데서 생긴 오류인 것 같은데, 어쨌든 삭개오가 올라간 나무는 뽕나무가 아니라 돌무화과나무이다. 최근에 새로 발간된 공동 번역 성경책에는 돌무화과나무로 고쳐져 있다. 히브리어로 쉬크마와 영어의 시크모아는 비슷한 발음이다.

　돌무화과나무는 수령도 오래가고 그 나무줄기는 튼튼해서 이스라엘에서는 건축할 때 목재로 많이 사용한다고 하는데, 나무의 열매는 맛이 없어 먹지 않는다고 한다. 그래서 이름도 돌무화과 또는 개무화과라고 부른다.

여리고에는 이런 돌무화과나무가 많이 있다. 아마도 그중에서 수령이 가장 오래되고 키가 큰 이 돌무화과나무를 삭개오가 올라갔던 나무라고 이야기하는 것이 아닐까? 이 나무가 진짜 삭개오가 올라갔던 나무라면 그 어딘가에 예수님의 얼굴을 보고 싶어 하는 삭개오의 마음이 묻어 있을지, 그리고 그 나무 그늘 어딘가에서 삭개오를 올려다보며 인자한 표정을 지으며 서 있었을 예수님의 자리를 찾을 수 있

삭개의 뽕나무로
알려져 있는
돌무화과나무

15. 여리고　321

을지 모르지만 사실 그 나무가 아니라 하더라도 키 작은 삭개오와 예수님의 극적인 만남을 머릿속으로 그려 볼 수 있는 장소이다. 여리고에 가게 되면 이 돌무화과나무를 꼭 찾아봐야 한다.

예수님께서 침례를 받으셨던 장소

마사다에서 나와 다시 90번 도로를 타고 북쪽으로 올라가면 예루살렘과 여리고를 향해 가는 1번 도로와 이어지는 삼거리를 만나게 되는데 이곳에서 우회전하여 5.5km를 더 가게 되면 오른쪽에 Qasr al-Yahud 간판을 보게 되는데 이곳이 바로 예수님의 침례 장소로 이어지는 길이다. 또는 예루살렘에서 1번 도로를 타고 사해 쪽으로 달려 내려가다가 남북으로 이어지는 90번 도로를 만나면 좌회전해서 예수님의 침례 장소로 갈 수 있다.

이곳 주변은 그야말로 사람이 살 수 없을 것 같은 삭막하고 황량한 광야이다. 2천 년 전 예수님보다 6개월 먼저 태어난 침례 요한은 이런 곳에서 약대 털옷을 입고 들판에 있는 꿀인 석청을 먹으며 '주의 길을 예비하라 회개하라 천국이 가까이 왔다'고 외쳤고 이 외침을 들은 자들이 나아와 바로 옆에 있는 요단강에서 침례를 받았다. 예수님이 요한에게 침례를 받고 물에서 올라오실때 하늘이 열리고 성령이 비둘기 같은 형체로 그의 위에 강림하더니 하늘에서 '너는 내 사랑하는 아들이라 내가 너를 기뻐하노라'는 소리가 들려왔다. 바로 그 역사적인 현장이 이곳이다.

그동안 이스라엘을 방문하면 갈릴리 호수 남쪽에 위치한 야드니트Yardenit라는 곳에 만들어진 순례자들을 위한 침례 시설에 가서 예수님의 침례를 상기하며 감동적인 침례를 받고는 하였지만 사실 그곳은 실제 예수님의 침례 장소는 아니었다. 고고학적으로 봤을 때 이곳이 진짜 침례 요한이 활동하던 곳이고 예수님이 침례를 받았던 곳으로 알려져 왔다.

그뿐만 아니라 이집트를 탈출한 이스라엘 백성들이 40년 동안 광야생활을 마치고 마침내 가나안 땅으로 들어올 때 바로 이 지역에서 요단강을 건너왔고 엘리야 선지자도 이곳에서 하늘로 올라간 아주 의미있는 장소이다.

이곳은 1967년 6일 전쟁 이전까지는 요르단의 영토였기 때문에 이스라엘을 찾은 순례객들에게는 접근할 수 있는 곳이 아니었다. 물론 19세기 말과 20세기 초에는 많은 순례객들이 이곳을 찾아오기도 했었고 근처에 교회와 수도원이 세워지기도 했었다. 하지만 6일 전쟁 이후 이스라엘이 점령하면서 요단강을 국경 삼아 군사 지역으로 남아있다가 2011년 이스라엘에 의해서 정비되고 순례객들을 맞이하기 시작했다.

이곳에 가면 왼쪽의 기념품 가게에서 일회용 침례 가운을 구입한 후에 걸어서 2분 거리의 요단강으로 들어가 침례를 받는 사람들도 많고 그것을 구경하거나 기도하는 사람들도 많이 볼 수 있다. 하지만 이곳은 이스라엘과 요르단의 국경 지역이다 보니 이스라엘 쪽에는 이스라엘 군인들이 지키고 있고 불과 넓이 4~5m의 강 건너편에는 요르단 군인이 지키고 있다. 한마디로 두 나라의 군인이 작은 강을 사이에 두고 서로 무장한 채 경계 근무를 서고 있는 것이다.

요단강에는 마치 국경처럼 부표가 띄워져 있는데 만약에 물속에 들어가서 침례를 할 때에는 이 부표 안에서만 움직여야지 자칫 실수하여 중심을 잃다가 부표 건너편으로 넘어가게 될 때에는 출국 절차 없이 국경을 넘은 것이기 때문에 심각한 외교 문제가 생긴다는 것을 명심해야 한다. 90번 도로에서 이곳 침례 장소로 들어오고 나갈 때에도 포장된 도로만을 이용해야 하는데 그 이유는 주변에 지뢰밭이 많기 때문이다.

예수님이 침례를 받았던 요단강

16 사해, 네게브

이스라엘 국토의 절반 이상을
차지하는 네게브 사막

이스라엘 국토의 면적은 우리나라 경상남북도의 크기에 해당하는 21,946km²로 5천 년의 유구한 역사를 가진 나라 치고는 크기가 크지 않은 작은 국가에 불과하다.

또 이스라엘 땅에서 사람이 비교적 편안하게 살 수 있는 지역은 전 국토의 약 5%에 불과하다. 그만큼 문명을 이루며 사람이 살기에는 조건이 열악하다.

우리나라 경상남북도에 해당할 만큼 작은 땅, 그중에서도 약 5%만 사람이 편안하게 살 수 있는 땅이지만 이 작은 땅에는 평야가 있고 사막이 있고 바다와 강, 그리고 호수가 있으며 북쪽 지방에는 고산지대도 있어서 한겨울 내내 눈이 보이는가 하면, 지구상에서 가장 낮은 지역에 여리고라는 도시가 자리 잡고 있을 정도로 변화무쌍한 곳이 이스라엘이다.

 네게브Negev라는 말은 히브리어로 남쪽이라는 뜻이다. 예루살렘에서 여리고 쪽으로 내려와 남쪽으로 내려가다 보면 왼쪽에 요단강을 끼고 그 건너편에는 요르단 국가의 국토가 보이며 오른쪽에는 끝없이 펼쳐지는 사막이 한눈에 들어온다.

 이스라엘의 사막은 사하라 사막에서 보는 그런 모래 사막과는 차이가 있다. 크고 작은 산봉우리와 언덕들이 끝없이 펼쳐지는데 이것은 지각 변동의 하나인 융기에 의해서 솟아오른 산이 아니다. 원래는 이스라엘 쪽 땅과 요르단 국가 쪽 땅의 지표가 연결되어 꽤나 높았었다. 그러나 이곳의 땅은 그다지 단단한 편이 아니어서 오랜 세월 동안 북쪽의 갈릴리 호수에서 흘러 내려오는 강물이 땅을 침식하면서 계곡이 생기게 되었다. 또 겨울이면 이곳에 내리는 빗물들이 요단 계곡으로 흘러들어 가면서 이곳 지표면을 깎아 침식 작용이 활발하게 이루어졌다. 그러면서 상대적으로 단단한 지반은 깎이지 않고 약한 지반만 깎아 내리는 현상이 일어나 작은 언덕들이 생기게 된 것이다. 그래서 흙을 만져 보면 손으로도 쉽게 부서질 정도로 단단하지 않다는 것을 알 수 있다.

 네게브 지역에는 크고 작은 계곡들이 많다. 한여름에는 비가 내리지 않다가 겨울철 우기가 되면 이곳의 계곡들에 물이 흘러내려 급물살을 일으킨다. 이렇게 해서 생긴 계곡을 와디Wadi라고 한다. 이곳 네게브 지역의 사막에는 일 년 동안 약 10일에서 30일 정도 비가 오는데 그 양이 약 200mm 정도밖에 되지 않아 이 땅에 식물이 자라기에는 부족하다. 가도 가도 자갈과 흙만 발에 차이는 이런 황무지가 이스라엘 국토의 절반 이상인 59%에 해당한다니 이스라엘 국가도 답답할 것이다.

그런데 놀랍게도 이 네게브 사막에 기적이 일어났다. 지금도 버스를 타고 이곳 네게브 지역을 지나다 보면 사막의 중간중간에 네모 반듯한 모양으로 푸른 숲이 우거져 있는 곳을 볼 수 있다. 그것은 이스라엘 사람들이 1967년 6일 전쟁 이후 이곳에 찾아와 그동안 쓸모없이 버려진 네게브 사막을 더 이상 방치하지 말고 뭔가 개발해 보자는 의지를 가지고 지하수를 찾아 사막 지방에서 잘 자라는 품종인 대추야자, 바나나, 사과, 오렌지, 토마토 등을 심어 과수원으로 바꿔 놓은 것이다. 그 작업을 이뤄 놓은 사람들이 바로 키부츠kibbutz 사람들이다.

그들은 건국 후 지금까지 약 1억 그루의 나무를 심었다고 하니 황무지를 옥토로 바꾸려는 그들의 의지와 노력에 감탄하지 않을 수 없다. 물도 없고 나무도 전혀 자라지 않았던 그 옛날 이곳 네게브 사막

황량하기 이를데 없는 네게브 사막

으로 다윗이 사울의 칼을 피해 맨발로 도망 다녔으니 지금도 이 사막 어딘가에는 그 당시 다윗이 도망 다니며 하나님께 울부짖었던 외침의 소리가 아직도 남아 있을지 모른다.

사해, 죽음의 바다에서 돈을 버는 바다로

예루살렘에서 1번 도로를 이용해 유대 광야를 지나 동쪽으로 약 35km 정도 내려가다 보면 왼쪽에 거대한 호수를 만나게 되는데 이것이 사해이다. 사해는 바다의 해수면보다 395m 낮고 수심도 약 400m까지 깊다. 사해는 이스라엘의 북쪽 지방에 있는 단에서 시작된 작은 물길이 갈릴리 호수로 들어가고 그 물은 다시 갈릴리 호수의 남쪽에 있는 요단강을 통해 흘러 들어가 요단 계곡을 지나 이곳 사해까지 흘러 들어온다.

갈릴리 호수는 단에서 흘러 들어온 물을 한동안 받았다가 다시 요단강을 통해 내보내는데 비해 사해는 일단 요단강을 통해서 들어온 물을 더 이상 내보지 않고 그대로 받아 둔다. 그러나 이곳의 지형이 워낙 낮은 곳이고 기온은 높아 사해로 들어온 물이 그대로 증발해 버린다. 한여름에는 하루 동안 약 25mm의 물이 증발해 버린다고 한다.

사해의 물은 무기질을 많이 포함하고 있어서 그 농도가 바닷물의 약 5배가 넘는 염도를 지니게 된다는 것이 이 호수의 특징이다. 아무리 수영을 못하는 사람이라도 이곳에 들어가기만 하면 아무런 노력을 하지 않아도 저절로 물위에 둥실둥실 뜨게 된다. 이런 염도는 사해의 남쪽으로 갈수록 더욱 심해진다.

사해에 누워 있는
사람들

    예루살렘에서 내려가자마자 볼 수 있는 사해의 북쪽은 눈으로 보기에는 다른 호수와 다를 바 없이 그냥 평범한 모습이지만 조금 더 내려가서 호수의 중간쯤 가면 호수의 주변에 있는 자갈들이 소금이 잔뜩 들러붙어서 하얀색으로 되어 있는 것을 볼 수 있다. 더 남쪽으로 내려가면 여기저기 소금 기둥이 솟아 있는 아주 특이한 모습을 볼 수 있는데 이것은 사해에서도 북쪽보다는 남쪽이 훨씬 더 염도가 높다는 것을 보여 준다.

    사해의 물을 손으로 만져 보면 농도가 워낙 진해서 마치 젤처럼 끈적끈적한 것을 느낄 수 있고 눈으로 자세히 보면 맑은 물에 꿀을 떨어뜨렸을 때처럼 뭔가 진한 소금 액이 물속에 흘러 다니는 것을 볼 수 있다. 그러니 이런 곳에 그 어떤 생명체도 살 수 없고 물 위를 날아다니는 새도 찾아볼 수가 없다. 생명체가 전혀 살 수 없는 물, 그래서 이 호수는 죽음의 바다로 불리고 있다. 그런데 이들은 왜 호수를 바다라고 하는 것일까? 그것은 역시 물이 귀한 지역이다 보니 길이 78km, 폭 18km, 넓이 1,015km²의 넓은 호수를 이들은 바다라고 표현하는 것이다.

이스라엘 사람들은 쓸모없는 죽음의 바다에서도 그 활용 가치를 찾아냈다. 연구 결과에 의해 이 사해 속에는 염화 마그네슘, 식염, 염화 칼슘 등 수많은 미네랄이 포함되었다는 것을 알게 되었으며 이곳에서 채취한 여러 광물질을 이용해 화학 제품을 만들어 냈고, 류마티스, 아토피 등의 질병에 치료 효과가 있다는 것을 알게 되어 현재는 피부병 때문에 고생하는 북유럽 사람들이 이곳으로 장기 여행을 와 호텔에 머물면서 병을 고치는 사람들도 꽤나 많다. 그리고 사해에서 채취한 진흙은 여성들의 피부 미용에 좋다고 해서 사해 머드 팩과 화장품을 만들어 많은 돈을 벌어들이고 있다.

이것이 바로 죽음의 바다를 황금의 바다로 바꾼 이스라엘 사람들의 놀라운 능력이다.

2천 년 동안 성경을 간직했던 쿰란동굴

사해 북단에서 해안을 끼고 약 5km 정도 남쪽으로 내려가다 보면 오른쪽 언덕 위에 현대식 건물 하나를 발견하게 되는데 이곳이 쿰란 Qumran 동굴 입구이다. 쿰란은 이곳 주변에 자리 잡고 있는 계곡의 이름인데 이곳은 지금으로부터 약 2천 년 전 사막 지역에서 살던 엣세

쿰란동굴

네Essene파의 주거지였다. 엣세네파는 그 당시 예루살렘이나 베들레헴 등 주요 도시에서 살면서 하나님을 섬기던 다른 유대인과는 다르게 이 사막 지역에서 외부와는 철저히 단절된 채 따로 살던 종파 중 하나였다. 그러나 B.C. 33년 발생한 지진으로 인해 그들은 삶의 터전을 잃고 이곳을 떠났다.

그때 이곳에 살던 엣세네파 사람들은 많은 살림을 그대로 두고 급하게 자리를 피했는데, 그 당시에 직접 손으로 썼던 성경 필사본을 항아리에 담아 동굴 속에 숨겨 놓고 떠났다. 그 후 이곳은 로마에 대항하던 이스라엘의 독립군들이 잠시 본거지로 사용했는가 하면, 비잔틴 시대에도 사용한 흔적이 있었다. 그러나 그때에도 이들 엣세네파 사람들이 항아리에 숨겨 놓았던 성경 필사본은 아무도 발견하지 못하였다.

　그 후로 2천 년이 지난 1947년, 이곳에서 양을 돌보던 베두인 소년이 잃어버린 양을 찾기 위해 이곳저곳을 돌아다니다가 계곡 쪽에 있는 작은 동굴을 향해 돌을 던지게 된다. 소년은 혹시 동굴 속에 잃어버린 양이 숨어 있다면 그 돌멩이에 놀라서 밖으로 뛰쳐나올 줄 알았던 것이다. 그러나 양은 뛰쳐나오지 않고 그 대신 동굴 안에서 항아리가 깨지는 둔탁한 소리를 듣게 된다. 그 소리에 호기심을 가진 소년은 동굴 안으로 들어갔고 그 동굴 속에는 2천 년 전 엣세네파 사람들이 숨겨 놓은 성경의 필사본이 항아리 속에 잔뜩 들어 있는 것을 발견하게 된다.

　이렇게 지난 2천 년 동안 고이 간직되었던 성경이 세상에 얼굴을 내밀게 되었다. 이 소년이 발견한 성경은 곧바로 사람들에게 알려졌고 고고학자들의 손에 들어가게 된다. 비록 훼손은 많이 되었지만 고고학자들이 네게브 사막의 건조한 날씨 때문에 부패하지 않고 잘 마른 채로 보존되어 있는 양피지 성경을 들여다보는 순간 구약성경의 이사야 전권인 66장의 내용이 고스란히 담겨 있어서 놀라지 않을 수 없었다. 그 양피지의 길이는 약 7m나 되는 엄청난 양이었다. 그리고 그 이사야서의 문장을 하나하나 해석해 나가는 동안 고고학자들은 또 한 번 놀라지 않을 수 없었다. 지난 2천 년 동안 수없이 복사되고 옮겨져 지금까지 전해 내려오는 구약성경과 다른 부분이 단 한 군데도 없었기 때문이다. 이것을 성경학자들은 사해 사본이라고 부른다.

　이로써 우리가 읽고 있는 성경이 오랜 세월을 지나오는 동안에도 전혀 변하지 않았다는 것이 확인된 것이다. 이때 발견된 양피지 성

(위)
에세네파들이
사용하던
정결 예식 장소

(아래)
2천 년 전에
에세네파 사람들이
사용하던 물건

경 사본은 지금도 예루살렘 박물관에 보관되어 있다. 현재 이곳 쿰란 유적지에 가면 그 당시 엣세네파 사람들이 살던 주거지 유적을 지금도 볼 수 있고 또 전시장 안에 들어가면 이곳에서 발견된 사해 사본의 당시 사진과 발굴 과정을 소개하는 영상을 볼 수 있다. 하지만 문제의 그 쿰란동굴은 계곡의 위험한 쪽에 자리를 잡고 있어서 일반 관광객들이나 순례자들이 접근하기에는 어렵고 그저 멀리서 볼 수 있다.

다윗이 사울을 피해 숨어 있었던 엔게디

쿰란 유적지를 나와 다시 사해를 끼고 약 35km 정도 남쪽으로 내려오면 지금까지 네게브 사막에서 보았던 황량한 모습과는 다른 숲이 우거진 곳이 나오는데 이곳이 엔게디EnGedi이다.

이곳 엔게디는 아브라함 때에는 아모리인들이 거주했고(창 14:7), 사울에게 쫓기던 다윗은 이 근처 동굴에 피신한 적이 있다(삼상 23:29; 24:1,3). 솔로몬 때에는 이곳에 포도원이 있었고 고벨화가 재배되었으며(아 1:14), 여호사밧 때에는 암몬, 모압, 에돔이 이곳을 유다를 치는 침투로로 이용하고자 했다(대하 20:1-2).

엔게디의 게디는 뿔 달린 염소를 말하는 것이고 엔이라는 말은 샘이라는 뜻으로 이곳에는 지금도 뿔 달린 염소들이 한가롭게 오가는 모습을 볼 수가 있다. 그리고 네게브 사막 지역에 모처럼 발견하게 되는 일종의 오아시스와도 같은 곳이다. 이곳은 나무와 숲이 우거져 있고 안으로 약 20분 정도 걸어 들어가면 시원한 물줄기가 위에서 아래로 쏟아져 내리는 작은 폭포도 만날 수 있다. 다른 곳에서 볼 수 있는 커다란 폭포는 아니지만 사막 한가운데에 이런 물줄기가 있다는 것이 신기하게 느껴질 정도이다.

엔게디는 다윗과 관련하여 이야기를 할 수밖에 없는 곳이다. 다윗은 사울왕의 궁정 악사로 들어가 왕의 총애를 받게 되고 사울왕의 딸

엔게디 폭포

인 미갈과 결혼까지 하게 된다. 하지만 사울왕의 미움과 질투를 받게 된 다윗은 미갈과 결혼하는 날 왕국을 도망 나오게 되며 그때부터 끝없는 유랑의 세월을 보내야 했다. 그때 다윗이 도망 나온 곳이 이곳 네게브 사막이었고, 그것을 알게 된 사울왕은 다윗을 죽이기 위해 이곳까지 쫓아온다.

　도대체 어디에 숨어 있을지도 모르는 다윗을 찾아 나선 사울과 그의 오른팔 아브넬 장군은 네게브 사막의 이곳저곳을 뒤지고 다닌다. 그러던 어느 날 사울왕은 엔게디까지 오게 되고 이곳의 한 동굴에서 잠시 볼일을 보게 되는데, 그때 다윗은 살금살금 그 동굴로 기어 들어가 볼일을 보고 있는 사울왕의 뒤쪽으로 다가가 사울왕의 옷자락을 칼로 잘라 나온다.

그동안 자신을 잡아 죽이기 위해 혈안이 되어 있는 사울왕을 얼마든지 죽일 수 있는 상황이었지만 다윗은 사울왕을 죽이지 않고 옷자락만 잘라 갖고 나온 것이다. 그것도 모른 채 볼일을 다 보고 나온 사울에게 다윗은 높은 계곡 위에서 소리를 지른다.

"보라, 내가 당신을 죽일 수도 있었지만 죽이지 않았다. 그 증거가 바로 당신의 옷자락이다."

사울은 깜짝 놀라고 다윗은 계속 이야기를 한다.

"나는 이렇게 당신을 죽일 수도 있었지만 죽이지 않았다. 그것은 내가 당신을 죽이고 싶어 하지 않는다는 것이며, 당신은 나의 적이 아니라는 것을 증명하지 않는가?"

그제서야 사울은 다윗의 깊은 뜻을 알고 엔게디를 떠나 다시 기브아로 돌아간다. 다윗을 찾아 혈안이 되어 있던 사울을 죽일 수도 있었지만 죽이지 않았던 그 현장이 엔게디이다.

지금도 엔게디에 가면 수많은 세월 동안 자갈밭에서 잠을 자며 사울왕이 왜 자신을 죽이려 하는지 그 이유를 찾아 헤매야 했던 다윗의 고독한 발걸음을… 그리고 고개를 숙인 채 다시 돌아가야 했던 사울의 발걸음을 찾을 수 있을지도 모른다.

엔게디는 1971년 국립공원으로 지정되어 이스라엘에서 가장 중요한 보호 구역 중 하나이며 소돔 사과, 아카시아, 대추, 포플러와 같은 대초원 지역의 식물과 나무가 자라고 있고 봄과 가을에는 200종 이상의 조류가 서식하고 있다. 엔게디의 샘물은 매년 약 3백만 입방미터의 물을 쏟아 내고 있으며 대부분의 물은 농업용으로 사용된다.

엔게디에서 자주 목격할 수 있는 게디(산양)

유대인 최후의 항전지
마사다

A.D. 67년에 일어난 반란

엔게디 국립공원에서 나와 다시 90번 도로를 타고 남쪽으로 내려가다 보면 왼쪽엔 사해와 오른쪽엔 끊임없이 크고 작은 산언덕이 널려 있는 유대 광야가 펼쳐진다. 그렇게 약 40분 정도를 달리다 보면 오른쪽에 이스라엘의 오랜 역사를 간직한 아주 높다란 산봉우리를 하나 만나게 된다. 그 산이 바로 이스라엘 백성들의 마지막 최후의 항전지인 마사다 요새이다.

이곳은 네게브 사막에 자리 잡은 곳인 만큼 여름철 한낮의 기온은 40도를 웃돌고 겨울철에도 30도를 넘는 일이 허다하다. 그럼에도 불구하고 이곳엔 늘 관광객의 발길이 끊이지 않고 특히 이스라엘 국민이라면 누구든지 꼭 한 번 이상씩 찾는 곳이다. 물론 외국에서 살고 있는 유대인들도 역시 휴가철을 이용해 이스라엘을 방문하고 이스라엘을 방문하게 되면 이곳 마사다를 반드시 찾곤 한다. 그것은 이스라엘 사람들 특히 유대인들은 이곳 마사다를 민족의 산, 자존심의 산으로 여기기 때문이다. 도대체 마사다는 어떤 곳이길래 유대인들에겐 민족의 산이 되었을까?

A.D. 67년, 당시 이스라엘은 로마의 지배를 받고 있었다. 로마가 임명한 에돔 출신의 헤롯이 분봉왕으로 오랜 기간 동안 통치하다 A.D. 40년에 죽게 되자 로마 제국은 다른 분봉왕을 세우는 대신 로마의 장교를 총독 자격으로 파견하게 된다. 팔레스타인 땅으로 파견 나온 로마의 총독은 이스라엘 백성에게서 세금을 거둬들이기 위해 인구조사를 실시한다. 이 같은 인구 조사는 곧바로 돈과 직결되는 문제기 때문에 이스라엘 백성은 심한 반감을 갖게 되고 전국 각지에서 반란이 일어나지만 로마의 무자비한 진압 작전으로 반란도 실패하고 만다.

그러나 A.D. 66년, 새로 부임해 온 총독은 겨우 잠잠해진 이스라엘 백성들의 반감을 부추기는 일을 저지르고 만다. 이스라엘 민족의 종교적 지도자인 대제사장의 제복을 빼앗고 성전에 보관되어 있는 많은 돈을 내야만 돌려주겠다고 하는 사건이 벌어진 것이다. 거기에다 설상가상으로 총독은 예루살렘의 성전 마당에 로마 황제의 동상을 세우게 되고 이를 못마땅하게 여긴 이스라엘 백성들이 동상을 부수는 등 대규모 반란이 또다시 일어나면서 반란은 삽시간에 이스라엘 전국으로 퍼지게 된다.

다급해진 로마는 마침내 본국에서 대규모의 군대를 파견하여 이스라엘 각 지방의 반란군을 진압했지만 워낙 반란의 강도가 심하고 견고한 성으로 둘러싸인 예루살렘만 남게 된다.

드디어 로마는 예루살렘 포위 작전을 하게 되는데 성안으로 들어가는 자나 나오는 자들을 모두 차단한 채 예루살렘을 완전히 봉쇄하게 된다. 예루살렘 성 안은 수많은 사람들이 식량과 식수의 부족으로 굶어 죽게 되고 그 안에서 인육까지 먹게 되는 사태까지 벌어지게 되며 여기저기서 강도가 들끓고 불에 타는 등 화려했던 예루살렘은 아비규환이 되고 만다.

이때 일단의 무리들이 이 예루살렘 성을 탈출하는 사건이 일어나는데 예루살렘 성 안에서 반란을 주도했던 사람 중의 하나인 엘리에젤 벤 야일Eleazar ben Yair은 한밤중에 로마 군인들의 철통같은 포위를 뚫고 969명을 이끌고 예루살렘 성 탈출에 성공했으며 그들은 곧바로 헤롯이 만들어 놓은 사해 바로 옆에 있는 마사다로 향했다.

헤롯의 피신처로 가자

마사다는 헤롯왕이 유사시 유대인들이 폭동을 일으키면 피신하기 위해 만들어 놓은 일종의 피신처였지만 그곳은 또 하나의 궁전과 다름없었다. 그곳엔 몇 년 동안 먹고 마실 수 있는 음식과 물이 보관되어 있었으며 무기도 있었고 몇 명의 로마 병사들이 지키고 있었다. 한마디로 말해서 마사다는 예루살렘을 도망 나온 유대인들이 피신하기엔 나름대로 안성맞춤인 곳이었다.

한밤중에 예루살렘 성을 빠져나온 969명의 유대인들은 밤새 사막 길을 달려 마침내 마사다에 도달했지만 정상으로 올라가는 길도 쉽지 않았다. 워낙 경사가 심한 산길이라 마치 뱀의 모양처럼 구불구불하게 연결되어 있었고 길도 워낙 좁아 발을 잘못 디디면 천길만길 아래로 굴러떨어질 수밖에 없었다. 천신만고 끝에 목숨을 걸고 올라

(위)
마사다 정상에
헤롯이 만들어 놓은
사우나 시설

(아래1)
곡식창고

(아래2)
2천 년 전 유대인들이
목숨을 걸고
올라갔던 뱀길

간 969명의 유대인들, 이제 그들은 한숨을 돌릴 수가 있었다.

다음 날 이들이 예루살렘 성을 빠져나간 것을 안 로마 군인들은 곧바로 마사다로 쫓아갔지만 그곳은 안에서 문을 잠그기만 하면 절대로 밖에선 들어갈 수 없는 난공불락의 요새와도 같았다. 하는 수 없이 마사다 밑에서 유대인들이 내려오기만을 기다렸지만 사막 전투엔 그다지 경험이 많지 않았고 더구나 물이 부족했던 로마 군인들은 무작정 기다릴 수만은 없는 노릇이었다.

그렇다고 해서 내려올 생각이 없는 유대인을 밑에서 마냥 기다릴 수는 없겠다고 생각한 로마 군인이 생각해 낸 것이 바로 경사로였다. 가파른 산길을 따라서 공격할 자신이 없으니 차라리 지상에서부터 산꼭대기까지 완만한 경사로를 쌓고 그런 공사가 진행되는 동안 한쪽에서 성을 부술 수 있는 공성 장비인 파성추를 만들자는 계획이었다. 그런 다음 경사로가 완성이 되면 파성추를 앞세워 성을 부수고 쳐들어가 그들을 모두 죽이거나 포로로 잡아 내려온다는 전략이었다. 물론 지상에서부터 마사다 정상까지 높은 앞쪽보다는 비교적 마사다 정상까지 거리가 짧은 뒤쪽에 경사로를 쌓기로 했지만 그럼에도 불구하고 지상에서부터 마사다 정상까지 경사로를 쌓는다는 것은 어찌 보면 정말 무모하기 짝이 없는 대공사였다. 하지만 그 작전은 곧바로 실행에 옮겨졌다.

로마의 병사들이 40도를 웃도는 뜨거운 사막의 태양 아래서 흙을 실어다 경사로를 만들기 시작했고 이런 모습을 정상에서 내려다보고 있던 유대인들이 이번에는 커다란 돌과 뜨거운 물을 아래를 향해 쏟아붓자 수많은 로마 군인들의 희생자가 발생하기 시작했다. 결국 로마 군인들의 경사로 공사는 중단될 수밖에 없었다.

로마는 다시 대책을 마련하기로 했다. 경사로 작업을 로마 군인들이 나서서 할 것이 아니라 예루살렘에서 포로로 잡은 유대인들을 끌어다가 작업에 투입하자는 것이다. 며칠 뒤 경사로 공사는 재개되었고 마사다 정상에서 이 장면을 지켜본 이스라엘 도망자들은 놀라지 않을 수 없었다. 그 공사 현장엔 예루살렘에서 포로로 잡혀 온 같은 유대인들이 있었기 때문이었다. 그들 중엔 가족도 있었고 친구도 있었고 애인도 있었다.

마사다 정상에 있던 유대인들이 더 이상 이들에게 돌을 던지거나 뜨거운 물을 쏟아부을 수가 없다는 것을 로마 군인들은 예상했던 것이다. 마사다 정상에선 이들이 점점 쌓아 올라오는 경사로를 속수무책으로 지켜볼 수밖에 없었고 마침내 3년 뒤인 A.D. 73년, 드디어 경사로는 완성이 되었다.

유대인들의 마지막 선택

그러나 여기서 로마 군인들은 엄청난 실수를 하게 된다. 3년간의 말도 안 되는 엄청난 대공사를 마침내 완성한 로마 군인이 저지른 실수란 과연 무엇일까? 그것은 그 당시 로마의 장군이었던 티투스가 경사로를 다 완성하고 곧바로 마사다 정상을 향해 파성추를 앞세워 진격하지 않고 다음 날 새벽에 총공격을 하기로 한 것이었다. 어차피 마사다 정상에 숨어 있는 이스라엘 도망자들은 이제 독 안에 든 쥐라고 생각을 했던 것이었다. 그러나 그날 밤 마사다 정상에선 지도자 엘리에젤 벤 야일이 969명을 모두 모아 놓고 연설을 한다.

"이제 우리가 그토록 걱정했던 로마 군사들의 경사로가 모두 완성되었다. 이제 분명 내일 새벽이면 그들이 이곳으로 올라와 우리를 공격하게 될 것이다. 이제 우리에게 남은 선택의 길은 단 세 가지다. 첫 번째는 그들이 내일 새벽에 쳐들어오면 우리도 무기를 들고 맞서

(위)
자살하기 위해
제비뽑기 했던
돌조각들

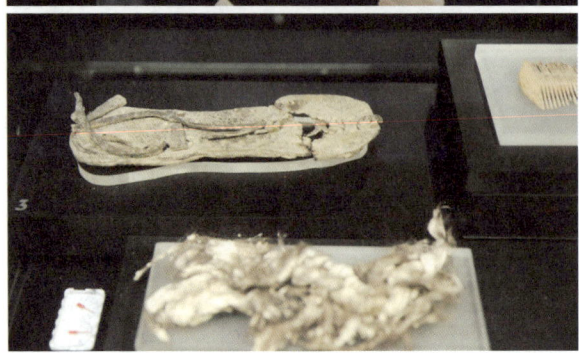

(아래)
마사다에서
발견된 신발

서 용감하게 싸우는 것이다. 그러나 우리는 분명 모두 죽게 될 것이다. 그리고 두 번째는 저들이 올라올 때 모두가 무릎 꿇고 기다리고 있다가 항복을 하는 것이다. 그렇게 되면 우리 남자들은 모두 죽거나 살아남은 자는 노예로 끌려가게 될 것이고 여자와 아이들은 노예로 끌려가거나 능욕을 피할 수 없게 될 것이다. 마지막 세 번째는 우리의 목숨이 우리의 손에 달려 있을 때 차라리 우리의 목숨을 우리 스스로 끊어 저들이 승리하지 못하게 하는 것이다. 자 이제 어떻게 할 것인가?"

엘리에젤의 연설을 모두 들은 유대인들이 선택한 것은 과연 무엇이었을까? 그것은 바로 세 번째 방법이었다. 자신들 스스로 목숨을 끊어 로마에게 승리의 기회를 빼앗는 것만이 진정한 승리라는 결론을 내리고 만 것이다. 참으로 참담한 일이었다.

먼저 969명 중에서 열 명의 대표자를 제비뽑기로 선발하고 이들이 나머지 959명의 목숨을 끊는 일을 담당하기로 했다. 이들 열 명은 그때부터 어떻게 하면 고통을 주지 않고 단 한 번에 목숨을 끊을 수 있는지를 훈련받는다. 그러는 동안 모든 사람들은 각자의 거처로 돌아가 목욕을 하고 옷을 갈아입은 뒤 무릎 꿇고 조용히 기도하며 죽음을 기다린다. 그리고 훈련을 마친 열 명의 대표들이 각 사람의 거처를 찾아다니면서 한 사람 한 사람씩 목숨을 끊어 버렸다. 그리고 최후의 한 사람은 전원이 죽은 것을 확인하고 성에 불을 지른 후 자결했다. 이로써 지난 3년간 그렇게도 버티어 왔던 마사다의 정상엔 단 한 명도 남아 있는 사람이 없게 되었다.

다음 날 새벽, 드디어 로마의 깃발을 앞세운 로마의 군인들이 경사로를 따라 마사다 정상에 올라왔고 파성추를 이용해 성을 부수고 그 안에 들어갔지만 마사다 정상에선 그들이 예상했던 피비린내 나는 그 어떤 전투도 벌어지지 않았다. 마사다 정상에는 불행 중 다행으로

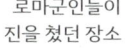

로마군인들이 진을 쳤던 장소

다섯 명의 아이들과 함께 지하 동굴에 숨어 있던 두 명의 여인들만 살아 있을 뿐 적막강산이었다.

치열하고 격렬한 전투가 벌어질 것을 예상했던 로마 군인들은 허탈하지 않을 수 없었다. 로마군과 맞서 전투를 할 상대들이 모두 싸늘한 시체로 줄지어 누워 있는 채로 발견되었기 때문이다.

A.D. 70년, 이제 이스라엘이라는 나라는 지구상에서 완전히 사라져 버렸다. 예루살렘과 이스라엘 전역의 포로는 로마로 끌려갔고 어떤 이는 아프리카로 또 어떤 이는 남유럽 쪽으로 도망가야 했다. 그리고 그때부터 시작된 디아스포라 즉 이산 생활은 2천 년이나 이어져야 했다. 모든 유대인들이 로마에 굴복하고 항복했을 때 스스로 목숨을 끊으며 끝까지 항복하지 않았던 마사다의 969명, 그래서 오늘날 이스라엘 사람들은 이곳 마사다를 가장 자존심 강한 민족적 성지로 여기고 있으며 이스라엘 군인들은 장교로 임관하기 전에 반드시 이곳을 들러야 하는 필수 코스로 삼고 있다.

다시는 이런 비극이 일어나지 않으리!

마사다는 국립공원으로 지정되어 있다. 그래서 이스라엘을 소개하는 안내 책자에는 반드시 마사다가 포함되어 있을 정도로 이스라엘 사람들은 마사다를 자랑스럽게 생각한다.

먼저 마사다에 도착하면 국립공원답게 안내소 건물이 현대식으로 잘 지어져 있다는 것을 알 수 있는데, 이곳엔 마사다 정상으로 올라가는 케이블카의 티켓 판매소와 기념품 가게, 그리고 식당 등이 있다. 이곳에서 마사다 정상으로 올라가는 방법은 케이블카를 타거나 직접 걸어 올라가는 것 두 가지이다.

요금을 내고 케이블카를 타면 약 3분 만에 정상으로 올라가게 되지만 이곳을 찾는 유대인들은 대부분 걸어서 정상까지 올라간다. 왜냐하면 이곳 마사다는 아무래도 케이블카보다는 직접 걸어 올라가는 것이 훨씬 더 2천 년 전 마사다 정상에 있었던 그 이스라엘 백성들의 심정을 느낄 수 있기 때문이다.

뜨거운 태양의 열기를 온몸으로 받으며 마사다 정상으로 걸어 올라가는 것은 말처럼 쉬운 일이 절대 아니다. 워낙 경사가 심하고 끝없이 이어지는 계단과 흙먼지 날리는 흙길이기도 하지만 뜨거운 유대 광야의 기온에서 산꼭대기를 걸어 올라가는 육체적 고통은 이루 말할 수 없다.

그러나 이곳을 찾는 이스라엘 국민들 그리고 해외에서 살고 있는 유대인들은 이곳에 오면 반드시 마사다 정상을 걸어서 올라간다. 마사다 정상으로 걸어서 올라가는 그 길이 바로 2천 년 전 이스라엘 백성들이 한밤중에 몰래 올라갔던 뱀의 길이다. 그 뱀의 길은 지금도 올라가려면 현기증이 날 정도로 가파르기가 이를 데 없다. 물론 쇠파이프로 된 난간과 같은 안전장치가 잘 되어 있지만 만약에 이런 안전장치가 없다면 아마도 잠시 중심을 잃었다간 천 길 아래로 떨어질 수도 있을 것 같다.

한여름 뜨거운 사막의 열풍을 나이 어린 자녀들과 함께 온몸으로 맞으며 걸어 올라가면서 왜 지금 우리가 이곳을 편한 케이블카를 두고 이렇게 걸어서 고생하며 올라가야 하는지를 자세하게 설명해 준다. 그러면서 어린아이들에게 자신의 조상들이 스스로 목숨을 끊어 가면서까지 소중하게 간직했던 민족의 자존심에 대해서 설명을 해 주고 아이들은 아버지의 그런 설명을 알아들었는지 못 알아들었는지 그것과는 상관없이 아버지와 함께 땀을 비 오듯 흘리며 엉금엉금 기어서 올라간다.

지금 우리가 힘겹게 올라가고 있는 이 마사다 산 정상을 2천 년 전 우리의 조상도 올라갔다. 지금은 정상을 정복하기 위해 올라가지만 2천 년 전 우리의 조상은 민족의 자존심을 지키기 위해 한밤중에 위험을 무릅쓰고 올라갔었다. 그것은 생존을 향한 몸부림이었고 칼과 방패를 든 로마 군인들에게 무릎을 꿇지 않기 위해 올라갔었다는 것을 아이들에게 온몸으로 직접 체험시키는 것이다.

이스라엘의 젊은이들도 이곳을 마치 동네 뒷산을 등산하듯이 열심히 뛰어 올라간다. 그들은 너무 더워 웃통을 모두 벗어젖히고 맨살을 드러낸 채 반바지 차림으로 부지런히 뛰어 올라간다. 그러면서 손을 높이 들어 보이며 이렇게 외친다.

"Never again Tregedy of Masada!"
"마사다의 비극은 다시 일어나지 않으리!"

마사다는 그저 작은 산이 아니고 단순한 유적지가 아니다. 2천 년 전에는 힘이 없어서 유대인들이 그렇게 로마의 군사력 앞에 목숨을 끊으며 저항을 포기할 수밖에 없었지만 이제는 더 이상 그 어떤 침략도 허용하지 않고 나라를 포기하는 일은 없게 할 것이라는 외침이다.

이스라엘의 초등학교와 중고등학교에서는 학생들에게 살아 있는 역사 교육을 시키기 위해서 반드시 학기 중에 이곳을 한 번 이상 방문하고 예전에는 이스라엘의 국방 장관이었던 모세 다이안이 이곳의 고대 전쟁사를 이스라엘 국방의 상징으로 보고 신병 훈련을 마사다에서 끝마치게 했었다.

이렇듯 민족 정체성을 일깨우기 위한 이스라엘 국민의 노력은 가히 눈물겨울 정도이다. 이러한 노력의 결과가 바로 오늘날 전 세계에서 가장 애국심이 뛰어난 민족, 민족 정체성이 분명한 민족이 될 수 있게 한 것이 아닐까?

우리 모두가 아는 것처럼 이스라엘 민족만큼 나라 없이 오랫동안 남의 나라를 떠돌아다니며 사는 설움을 받은 민족이 없다. 기독교의 입장에선 그것이 비록 예수님을 메시아로 인정하지 않고 십자가에 매달아 죽게 했던 가장 큰 죄를 지은 결과라고 볼 수도 있겠지만 그럼에도 불구하고 이스라엘 민족이 1948년 국가를 다시 건국하고 오늘날 전 세계에서 가장 영향력 있는 국가로 재 탄생할 수 있게 된 것은 역시 이스라엘 국가가 보여 주고 있는 민족 정체성에 대한 교육 때문이 아닐까 생각이 된다.

치열한 전투의 흔적들

이스라엘 역사에서 빼놓을 수 없는 이 역사의 현장은 그 뒤로 사람들의 기억에서 사라졌다. 물론 2세기에 유대인들이 잠시 탈환한 일이 있고 5~6세기에는 비잔틴 교회당이 세워지기도 했으나, 그 뒤 십자군들이 잠시 차지했던 시기를 제외하면 20세기가 되도록 그대로 방치되어 있었고 아랍 사람들은 이곳을 '앗사바'(저주받은 곳)라고 부르기도 했다. 그 뒤로 이 요새가 사람의 손이 닿지 않았던 것은 그만큼 이곳으로 올라가는 길이 험난하고 어렵기 때문이었다.

하지만 20세기에 들어서 비행기가 등장하고 유대 사막 위를 비행하다 조종사들에 의해 존재가 확인된 뒤, 1955~56년 이스라엘 고고학자들이 이 유적지 전체를 조사했고, 1963~65년에는 독일계 유대인 이갈 야딘이 세계 여러 지역에서 모여든 수많은 자원봉사자들의 도움에 힘입어 마사다 정상의 전 지역에 대한 대대적인 발굴 작업을 벌이면서 그동안 요세푸스의 역사책 속에서만 등장하던 사건의 현장들이 속속 드러나기 시작했다.

마사다 정상은 마치 높다란 산봉우리 중간 지점을 칼로 베어 낸 듯 평평한 운동장 같다. 마사다의 높이는 해발 40m에 불과하지만 바로 옆에 있는 사해가 해발 -400m이다 보니 실제로는 440m의 높은 산이다. 정상은 남북으로 길이 304m, 폭은 가장 넓은 곳이 608m, 면적은 7만 m^2에 이르는 넓은 마름모꼴 형태의 넓은 운동장 같고 정상의 주변은 평균 높이 3.7m, 전체 길이 1.3km의 두터운 성곽이 둘러싸고 있다.

마사다 정상으로
올라가는
이스라엘 군인들

(위)
로마군인들이
쌓아올렸던 경사로

(아래)
FOX-TV가 드라마를
촬영하기 위해
만든 파성추 소품

　　정상에는 헤롯이 비상시에 대피하여 살기 위해 만들어 놓은 화려한 궁전과 로마식 목욕탕 시설, 음식 창고 그리고 겨울철 우기에 내리는 막대한 양의 비를 모을 수 있는 수로와 75만 리터의 물을 담을 수 있는 거대한 물 저장고가 있어서 유대인들이 3년 동안 버틸 수 있었던 비결을 알 수가 있다. 유대인들이 사용하던 회당과 정결 의식을 하던 침례탕과 2천 년 전 유대인들이 아래에 있는 로마 군인들을 향해 내던지던 커다란 바윗돌도 아직까지 그대로 남아 있어서 그 당시 생존하기 위해 몸부림치며 치열하게 대항했던 유대인들의 숨결을 느낄 수 있다.

　　많은 관심을 끈 발굴물들 가운데 유대인 이름이 새겨진 질그릇

조각들이 발굴되었는데 이것은 마지막 남은 수비대원들이 먼저 죽을 사람을 정하기 위해서 마련한 제비뽑기 용도였던 것으로 보인다. 그뿐만 아니라 그때 당시 참수되었던 유골과 머리카락도 발견되었고 유대인들이 사용했을 바구니와 신발도 발견되었다. 이곳에서 발굴된 유물들은 마사다 국립공원 건물 안에 있는 마사다 고고학 박물관에 모두 보관되어 관람객들을 맞이한다. 마사다 정상에서 아래를 내려다보면 지상에 만들어 놓은 로마 군인들의 막사 자리를 확인할 수 있고 정상에서 뒤편으로 가면 로마 군인들이 쌓아 올린 경사로도 직접 눈으로 볼 수 있다.

    마사다의 슬픈 역사는 1981년 미국의 FOX-TV에서 4부작 미니 시리즈로 제작하여 방송했는데 실제 이곳 마사다에서 촬영하였다고 한다.

    현재 마사다로 올라가는 방법은 마사다의 정면에서 케이블카를 타고 올라가는 방법과 유대인들이 도피하기 위해 올라갔던 뱀길snake path로 걸어 올라가는 길, 그리고 마사다의 뒤쪽에 로마 군인들이 쌓아 올린 경사로를 이용하여 걸어 올라 가는 길이 있다. 이 경사로 길을 따라서 올라가면 정면에 있는 뱀길보다는 훨씬 쉽고 빠르게 올라갈 수 있는데 경사로로 올라가는 입구에 40년 전 미국 방송사가 이곳에서 촬영하기 위해 제작했던 촬영 소품인 파성추가 지금도 전시되어 있고 경사로 중간중간에 그때 당시 로마 군인들이 튼튼한 경사로를 쌓기 위해 경사로 사이에 나무 기둥을 집어넣었던 것을 지금도 눈으로 확인할 수 있다. 마사다 국립공원은 2001년 유네스코에 의해 세계문화유산으로 지정되었다.

18 갈릴리 남쪽 지역

사울의 시신이 매달렸던 벳샨

예수님의 침례 장소에서 나와 다시 90번 도로를 타고 갈릴리 호수를 향해 북쪽으로 약 한 시간 반 정도 달리다 보면 갑자기 우리나라의 고속도로에 있는 톨게이트와 비슷한 모습의 검문소를 만나게 된다. 지금까지 달려왔던 여리고나 요단강 근처에 있는 침례 장소는 모두 서안지구 지역이기 때문에 이곳을 벗어나 이스라엘 지역으로 들어가기 위해서는 검문검색을 받아야 하는 것이다. 어깨에 긴 총을 둘러맨 보안 요원들이 이곳을 지나가는 모든 차를 세우고 일일이 검색을 한다. 그렇다고 해서 겁을 먹을 필요는 없다. 검색 요원이 다가오면 창문을 열고 여권을 보여 주며 외국인임을 확인만 시켜주면 된다. 그러나 가끔 여권을 보고 자동차를 오른쪽으로 옮기라고 하여 그곳에서 자동차의 트렁크에 있는 소지품과 가방 등을 꺼내 일일이 확인 검사를 하기도 한다. 물론 이때에도 소지품 중에 위험한 물건이 나오거나 행선지를 불분명하게 이야기하면 안 된다. 그런 것만 아니면 시간이 조금 걸리기는 하지만 무사통과할 수가 있다. 그래서 이스라엘 여행을 할 때에는 반드시 여권을 언제든지 꺼내서 보여줄 수 있도록 소지해야 한다. 검문소를 지나서 조금만 더 가면 벳샨Bet She'an이라는 표지판을 만나게 되는데 이 표지판을 따라 좌회전해서 약 500m쯤 지나면 벳샨 국립공원 입구에 이르게 된다.

벳샨은 히브리어로 조용한 집이라는 의미이기는 하지만 이 조용한 마을 벳샨은 이스라엘의 첫 번째 왕 사울의 처참한 최후로 기억되는 아주 오래된 도시이다. 본인은 절대로 이스라엘의 왕이 되고 싶지 않다고 도망치던 사울은 제비뽑기를 통해 지명된 후 선지자 사무엘로부터 직접 기름 부음을 받으면서 이스라엘의 첫 번째 왕이 된다. 어찌 되었든 사울은 왕이 된 이후 비교적 평화롭고 안정된 이스라엘 국가를 이루고자 그동안 이스라엘을 끊임없이 괴롭혀 왔었던 블레셋, 모압, 암몬, 에돔과 맞서 싸웠고 그때마다 전투에서 승리하고 국가 건립의 초석을 다진 인물이었다.

하지만 블레셋과의 전투에서 골리앗을 맞아 고군분투하고 있을 때 혜성처럼 등장한 어린 다윗이 보기 좋게 골리앗을 쓰러뜨리고 이스라엘 백성들 사이에서 다윗의 인기가 치솟게 되자 사울은 그의 변덕스러운 성격과 우울증에다 다윗에 대한 시기와 질투심에 사로잡히면서 결국은 하나님께서 사울을 왕으로 세우신 것조차 후회하시는 지경에까지 이르게 된다. 그리고 마침내 사울은 벳샨 바로 옆에 있는 길보아산에서 벌어진 블레셋과의 전투에서 세 아들 요나단과 아비나답, 말기수아와 함께 전사하고 끔찍하게도 그의 머리 없는 시신이 벳샨의 성벽에 내걸리는 비참한 최후를 맞이하게 된다. 이 소식을 들은 다윗은 이곳에서 죽은 사울왕과 그의 아들 요나단에 대한 애절한 애도의 노래를 부르기도 하는 등 성경의 사무엘상에서는 사울의 참담한 말년과 관련된 장소로 기록되어 있다.

벳샨은 원래 이스르엘 골짜기와 요단 계곡 사이에 위치하고 있어서 지중해 해안에서 이스르엘 골짜기를 거쳐 요단 내륙 지역으로 가려면 반드시 거쳐야 하는 곳이다. 그뿐만 아니라 지금도 그렇듯이 과거에도 예루살렘에서 갈릴리 지역으로 가기 위해서는 반드시 거쳐야 하는 아주 중요한 위치였다. 거기에다 길보아산에서 솟아난 샘물이 하롯강을 이루어 약 15km를 흐르다 요단강으로 흘러 들어가는데 요단강으로 유입되기 직전에 벳샨이라는 곳을 지나게 된다.

그러다 보니 벳샨은 이스라엘의 다른 지역에 비해 땅이 비옥하여 사람들이 농사를 짓고 살면서 자연스럽게 도시가 커질 수밖에 없는 아주 중요한 곳이었다. 그래서 이곳은 한때 이집트가 점령했다가 다시 헬라가 점령하면서 이름도 스키도폴리스로 바뀌었고 다시 하스모니안 왕조 때에는 유대인의 도시로 되기는 하지만 A.D. 66년에는 로마에 대항하여 반란을 일으킨 유대인들이 이곳에서 집단 학살되기도 했으니 그야말로 온갖 풍상을 겪는 사연 많은 도시가 되었다.

그러다가 4세기 이후 비잔틴 시대 때에는 약 4만 명의 인구가 거주하면서 5천 명이 들어가 앉을 수 있는 대형 극장과 아마 요즘의 그 어떤 사우나 못지 않을 만큼의 화려한 시설의 목욕탕 그리고 길이 200m가 넘는 대형 도로에 쇼핑센터가 들어설 정도의 대규모 도시로 발전하게 된다.

이스라엘 서쪽의 해안가 가이사랴, 아코의 부둣가에서 내린 각종 물건들을 요르단으로 가져다 팔려는 장사꾼과 갈릴리에서 예루살렘으로 가다가 들른 사람들까지 뒤엉켜서 그야말로 생동감 넘치던 도시가 벳샨이었다.

벳샨의 중흥은 이렇듯 한때 찬란했지만 A.D. 749년 1월 18일에

벳샨

18. 갈릴리 남쪽 지역   359

일어난 엄청난 지진으로 웅장하게 하늘을 찌르듯이 버티고 서 있었던 수많은 돌기둥들이 모두 쓰러지고 도시 전체가 하루아침에 완전히 파괴되어 화려했던 벳샨의 영화는 흙더미 속에 묻혀 버렸다. 오랜 세월 먼지와 돌멩이들로 그 모습을 알아보기 힘들었던 벳샨은 1961년부터 시작된 발굴 작업으로 드디어 화려했던 옛 모습이 서서히 드러나기 시작했고 오늘날의 벳샨 국립공원으로 탈바꿈하게 되었다.

벳샨 국립공원 안으로 들어가면 폭 7.5m의 도로가 200m가 넘게 이어져 있으며 모자이크로 된 목욕탕과 거주지는 당시 이곳이 얼마나 큰 규모였는지 가늠해 볼 수 있다. 뿐만아니라 5천 명이 앉을 수 있는 폭 67m, 길이 102m의 대형 원형극장이 발굴되었고 지금도 이곳에선 각종 공연이 진행된다고 한다.

길보아산이 선물한 지상 낙원
샤흐네

벳샨 국립공원에서 나와 다시 90번 도로를 타고 북쪽 갈릴리 호수로 가기 전에 시간이 나면 들러야 할 이스라엘의 숨어 있는 보석과 같은 곳이 벳샨 가까이에 있다. 벳샨 국립공원에서 나와 6667번 도로를 타고 서쪽 방향으로 약 5km를 가다가 다시 669번 도로로 약 1km 정도 가다 보면 왼쪽에 Gan Hashlosha 국립공원이 나온다. '세 사람의 공원'이라는 뜻을 가진 이곳은 유대인 정착 초기 시대인 1938년에 이 지역을 개발하기 위해 찾아왔다가 요르단 군인들이 매설해 놓은 지뢰를 밟고 자동차가 폭파하면서 희생당했던 세 사람을 기리기 위해 세 사람의 공원이라는 이름이 지어졌다. 이들의 이야기를 소개한 다

샤흐네

큐멘터리 영화 'The Garden of Eden'은 2012년 7월 예루살렘 영화제에서 최우수 감독상을 수상하기도 했다.

장소의 이름에는 아픈 사연이 있기는 하지만 이곳은 미국의 유명한 잡지 타임스가 선정한 지구상에서 가장 아름다운 곳 베스트 10위 안에 든 곳이기도 하다. 샤흐네Sahne라고도 불리는 이곳은 바로 옆에 있는 길보아산에서 흘러 내려오는 온천물을 이용해서 만든 천연 온천 야외 풀장이 있는 국립공원이다. 이곳에는 벳샨 계곡에 여러 개의 보를 만들어 물을 가두어 놓고 일 년 내내 28도의 따듯한 물로 수영할 수 있도록 만들어 놓았는데 위쪽의 보는 깊이가 3-4m로 수영을 잘하는 성인들이 주로 수영을 하고 아랫쪽의 보는 깊이 1m 정도로 주로 아이들이 물놀이를 할 수 있게 해 놓아서 가족 단위의 물놀이를 할 수 있다.

이곳에 들어가면 멀리 보이는 길보아산을 배경으로 넓은 잔디밭이 펼쳐지며 그동안 이스라엘에서 보기 힘들었던 울창한 수풀이 방문자를 맞이하는데 곳곳에 마련되어 있는 야외 그릴에서 한가롭게 고기를 구워 먹고 식사를 하는 사람들과 바로 옆에 있는 천연 풀장에서 수영을 하고 있는 사람들을 볼 수가 있다. 말 그대로 에덴동산과도 같은 모습이다.

이곳에는 옷을 갈아입을 수 있는 탈의실과 샤워실이 있는가 하면 레스토랑도 있어서 바비큐 요리를 준비하지 못했다 하더라도 식사를 할 수가 있다.

안쪽에는 지중해변의 고고학적인 유물을 전시해 놓고 있어 그야말로 이스라엘 여행의 육체적 피곤함을 한꺼번에 씻어낼 수 있는 곳이기 때문에 단체로 이스라엘을 여행하는 사람들은 어렵겠지만 개인적으로 이스라엘을 여행하는 사람들에게는 꼭 한 번 방문해 피곤을 풀고 육체적 충전의 시간을 가져 볼 것을 추천한다.

19

예수님의 품속과 같은
갈릴리

예수님께서 사역하셨던 갈릴리 지방

갈릴리는 예수님께서 베드로, 안드레를 포함한 12명의 제자들을 만나 3년간의 공생애 기간을 보내셨기 때문에 기독교 역사에서 빼놓을 수 없는 가장 중요한 지역이다.

갈릴리 지역의 중심은 갈릴리 호수이다. 이 호수는 북쪽의 상부 요단강에서 흘러들어 온 물이 갈릴리 호수로 들어오고 그 물은 하부 요단강으로 흘러 내려간다. 그리고 그 물은 다시 사해로 흘러 들어가 뜨거운 열기로 이내 증발된다. 따라서 사해 주변은 사막과 황무지뿐이지만 갈릴리 호수 주변은 숲과 높은 산으로 둘러싸여 있다. 갈릴리 호수의 북쪽과 동쪽은 골란고원이 병풍처럼 높게 자리 잡고 있다. 그리고 남쪽에는 요단강을 따라 형성된 요단 계곡과 평원이 자리 잡고 있으며 갈릴리 서쪽에는 갈릴리의 중심 도시 티베리아가 자리 잡고 있다.

티베리아 도시는 호숫가에서부터 높은 언덕 위까지 자리를 잡고 있으며 갈릴리 호수는 높은 산에 둘러싸여 움푹 들어간 그릇에 담긴 물과 같다. 전체 국토의 대부분이 사막이고 광야인 이스라엘의 다른 지역에 비하면 갈릴리 호수 주변은 축복받은 땅임에는 틀림없다. 고대 역사가 요세푸스도 갈릴리에 대해서 소개하기를 '수많은 종려나무와 잘 정돈된 전 국토와 이 끝에서 저 끝까지 풍작을 가져다 주는 곳'이라고 하였다.

실제로 갈릴리 호수가 주변에는 아름드리 종려나무와 올리브나무와 무화과나무가 많이 심겨 있어서 한눈에 봐도 참으로 아름다운 호수라는 생각을 갖지 않을 수가 없다. 특히 해 질 무렵의 호숫가는 한 폭의 아름다운 풍경에 비교할 수 있으며, 이곳을 찾는 수많은 순례자들은 예수님 당시 고깃배를 그대로 재현한 나무배를 타고 찬송을

부르며 평생 잊지 못하는 감동의 시간을 가슴속에 간직한다. 그뿐만 아니라 골란고원에 올라가 아래를 내려다보면 그 넓은 갈릴리 호수가 한눈에 들어와 파노라마로 펼쳐지는데 이 장면 역시 직접 가서 보지 못한 사람들은 느낄 수 없는 환상적인 모습이다.

이스라엘 지역은 대체적으로 봄, 여름, 가을, 겨울의 사계절이 있지만 봄과 가을이 아주 짧아 여름의 뜨거운 태양이 작열하면서 끝이 없을 것 같은 건기인가 싶더니 곧바로 우기로 들어서는 겨울이 되었다가 또 어느새 여름으로 곧바로 넘어가 봄과 가을을 제대로 느낄 수가 없다. 성경에 여름과 겨울에 관한 이야기들은 자주 등장하지만 봄과 가을의 대한 이야기가 별로 기록되지 않은 것도 이 때문이다. 하지만 이곳 갈릴리 지역은 이스라엘 땅 중에서도 북쪽에 해당하기 때문에 지중해성 기후를 띠고 있다. 건조하지만 뜨거운 여름에서 비가 오는 겨울로 넘어가는 가을과 다시 겨울에서 여름으로 넘어가는 봄에는 이름 모를 꽃들이 형형색색 제 색깔을 제대로 내며 피기 때문에 자연의 아름다움은 그야말로 황홀하기까지 하다. 예수님은 이 아름다운 갈릴리 지역에서 3년간이나 사역을 하시면서 많은 설교를 하셨고 귀신 들린 자와 간질병에 걸린 자, 그리고 중풍병자들을 고치셨다.

역사에서 외면당했던 변방 도시
갈릴리

아름다운 도시 갈릴리는 구약에서 그다지 주목받지 못했다. 정치적으로도 그저 변방에 불과하여 솔로몬왕은 성전을 지으면서 레바논의 백향목 등을 수입하고 지은 빚을 제대로 갚지 못해 두로 왕에게 갈릴리 땅의 성읍을 20개나 주었고 두로의 왕 히람 역시 갈릴리 땅을 돈 대신 받게 된 것을 달갑게 생각하지 않았었다. 그뿐만 아니라 이스라엘 백성들이 바빌론에서 포로로 생활을 하다가 돌아온 뒤에도 갈릴리 땅에는 많은 사람들이 거주하지 않았었을 정도로 그 당시 이스라엘 사람들은 갈릴리 사람들에 대해서 그다지 좋은 평가를 내리지 않았다.

예수님의 수제자였던 베드로의 성격이 그랬던 것처럼 이곳 사람들의 성격은 좀 과격하고 혈기가 많았던가 보다. 그래서 예수님을 따르는 무리들을 가리켜 율법을 모르는 사람들이라고 혹평을 하기도 하였지만 이곳 갈릴리 사람들은 풍부한 물과 기름진 땅에서 얻게 되는 수많은 생선과 과일들로 중앙정부로부터 경제적 원조 없이도 잘 살 수 있었다. 하지만 그것은 이곳 갈릴리 지역이 주변 국가로부터 끊임없이 침략을 당하며 수난을 받게 되는 또 하나의 이유가 되었다. 먹고 살 수 있는 자원이 풍부한 것에 비해서 이스라엘 정부로부터 소외되어 있는 지역, 그러면서 쉴 새 없이 다른 국가로부터 침략을 당하게 되는 상황이 이곳 갈릴리 사람들을 더욱 화나게 하였나 보다. 결국 이곳 갈릴리 사람들은 국가에 강한 불만을 품게 되었고 A.D. 60년 이스라엘의 지배국이었던 로마에 항거하기 시작했으며 이 반란은 이스라엘 전국으로 퍼져 나가게 되었다. 그리고 마침내 로마는 이스라엘 전체를 파멸시키는 작전에 들어가게 되고 4년 뒤인 A.D. 70년에 이스라엘은 지도상에서 완전히 사라지게 된 것이다. 그러다가 637년 이슬람에 의해서 이곳 갈릴리 지역이 파괴되고 1099년에 십자군이 이곳으로 찾아와 다시 도시를 재건했다. 예수님의 주요 사역지였던 이곳을 복원하여 예수님 때처럼 아름다운 도시로 만들고 싶어 했던 것이다. 그때 십자군에 의해서 세워진 여러 가지 건축물 등의 유적지는 아직도 갈릴리 호숫가에 남아 있다.

그러나 그것도 오래가지 못했다. 1247년 이집트의 맘루크가 이곳의 십자군을 모두 내쫓고 십자군이 세웠던 도시 전체를 파괴하는 수난을 받게 된 것이다. 그러나 지금은 이스라엘에서 가장 유명한 휴양지로 변모하였고 수많은 관광객과 순례자들이 찾는 곳으로 변하였다.

현재 갈릴리 호수 주변에는 1948년 이스라엘 건국 이전부터 유대인들이 만들어 놓은 유서 깊은 키부츠들이 여러 개 있고, 시설 좋은 현대식 호텔과 쇼핑 상가들이 있어서 관광지로서 휴양지로서 전혀 손색이 없는 곳으로 자리를 잡았다. 그리고 하루에도 수천 명씩 방문하는 순례자들을 상대로 베드로 고기를 조리해서 판매하는 음식점과 카페, 호수 위를 떠다니는 유람선, 갖가지 물놀이 기구가 설치된 워터 파크, 갈릴리 지역의 문화를 영화로 소개하는 극장 등 갖가지 문화 시설들이 많이 준비되어 있다.

이스라엘의 생명수 역할을 하는 갈릴리 호수

갈릴리 호수는 남북으로 길이 21km, 동서로 폭 13km, 둘레가 55km나 되는 넓은 호수이다. 어떻게 보면 바다와도 같은 모습이다. 그래서 성경에서는 갈릴리 호수라고 하였으며 갈릴리 바다라고도 표현했다. 현재 이스라엘 지도에서 Lake of Galilee라는 표기보다는 Sea of Galilee라고 표기되어 있다.

그런가 하면 이곳 갈릴리 호수를 민수기 34장 11절에는 '긴네렛' 이라고 표현했고 마가복음 6장 53절에서는 '게네사렛'이라고도 했다. 긴네렛이란 히브리어 '긴노'에서 유래된 말인데 '긴노'란 하프라는 악기를 뜻한다. 이 갈릴리 호수를 하늘에서 내려다보면 하프처럼 생긴 모양이라고 해서 옛날 사람들은 긴네렛이라고 불렀던 것 같다. 그러나 분명한 것은 갈릴리 호수는 바다가 아니라 호수이며 이 물은 짠맛이 전혀 없는 민물이다.

그런데 여기서 한 가지 의문을 갖게 된다. 마태복음 14장에 보면, 예수님의 제자들이 배를 타고 갈릴리 호수 한가운데로 갔을 때 갑자기 높은 파도가 일어나 곤경에 처하는 장면이 나오는데 어떻게 바다가 아닌 호수에 높은 파도가 칠 수 있는 것일까?

갈릴리 호수는 아침에는 대체적으로 잠잠하지만 저녁에는 바람이 불어 물결이 일어나기도 한다. 그리고 겨울에는 호수의 바로 옆에 있는 골란고원에서부터 강한 바람이 불어와 약 1m 정도의 파도가 일어나는데 일 년에 한두 번씩은 약 5m가 넘는 파도가 일어나기도 한다. 아마도 제자들이 만난 파도도 그런 상황이 아니었나 생각된다. 이 호수는 수심이 평균 40m가 되는 제법 깊은 물인데 일명 베드로 고기라 불리는 생선을 비롯해 메기와 숭어 등 20여 종의 고기들이 살고 있다. 그래서 이곳 사람들 중에는 예전부터 호수에 나가 그물로 고기를 잡아서 판매하는 어업에 종사하는 사람들이 많았다. 이렇게 넓은 호수는 이스라엘 국토의 아주 중요한 젖줄 역할을 한다. 이스라엘 국민들이 사용하고 있는 식수의 30~40%를 이곳 갈릴리 호수의 물을 끌어다 생활 용수로 사용한다. 실제로 갈릴리 호수에는 이스라엘 전국으로 연결하는 상수도 파이프가 있는데 이런 대공사로 인해 물이 황금보다 더 귀한 예루살렘에서도 길거리에 있는 화단까지 물을 넉넉하게 공급해 줄 수 있게 되었다. 그래서 이스라엘 정부에서도 이곳 갈릴리 호수를 이제는 아주 중요한 전략적 요충지로 여기고 있다.

시리아가 골란고원에서 시작된 요단강의 물줄기를 갈릴리 호수로 들어가지 못하게 하려고 골란고원에 커다란 댐을 건설하기 위해 공사를 시작하자, 이스라엘은 그런 정보를 사전에 입수하고 미리 선제공격을 감행해 폭파하면서 시리아의 계획을 수포로 돌아가게 만든다. 이 전쟁이 1967년에 일어난 6일 전쟁이라고 불리는 제3차 중동 전쟁이었다. 이 전쟁으로 인해 시리아는 그동안 자신들의 영토였던 골란고원마저도 이스라엘에게 빼앗기는 수모를 겪게 되고 현재도 역시 골란고원은 이스라엘의 점령지가 되어 있다.

갈릴리의 중심 도시 티베리아

갈릴리 호수는 예루살렘에서부터 150km 떨어져 있어서 차로 약 2시간 이상 달려야 도착하게 된다. 벳샨에서는 다시 90번 도로를 타고 북쪽으로 약 40km의 구불구불한 길을 달리면 드디어 갈릴리 호수의 남쪽에 도착하게 된다.

자동차로 북상하면서 그렇게 아름답다던 갈릴리는 과연 내 눈에 어떤 모습으로 다가올까? 예수님이 3년 동안 계시면서 수많은 사람들에게 인자한 모습으로 설교를 하시던 장소는 과연 어디일까? 호숫가에 발을 담그고 손을 담그면 예수님의 체온을 느낄 수 있을까? 이런저런 호기심과 기대감을 갖고 자동차는 갈릴리를 향해서 달려간다.

오른쪽으로는 요단강과 요단강 주변의 푸른 녹지가 펼쳐지고 요단강 건너편으로는 요르단이 보이는데 중간중간에 국경 철책선이 눈에 보이기도 한다.

왼쪽으로는 작은 언덕들이 끝없이 펼쳐지는데 오랜 시간을 달려도 이런 풍경을 내다보는 데는 전혀 지루하지 않다. 그렇게 요르단 계곡을 오른쪽으로 끼고 한참을 달리던 자동차는 마침내 그림처럼 아름다운 갈릴리 호수 앞에 도착한다. 그곳에서 좌회전해서 또다시 갈릴리 호수를 오른쪽으로 끼고 달리다 보면 높은 빌딩들이 많은 도시가 나타나는데 그곳이 바로 티베리아Tiberia이다.

티베리아는 현대적인 도시로 갈릴리 지역의 중심 도시인데 2천 년 전에 이 도시는 아무도 찾지 않는 공동묘지 자리였다고 한다. 오히려 갈릴리 호수의 북쪽 지역인 막달라나 가버나움에 더 많은 유대인들이 살고 있었다. 그래서 예수님도 이곳 티베리아에서 활동하기보다는 막달라나 가버나움에서 더 많은 활동을 하셨다.

   이 지역의 이름은 헤롯왕의 아들인 헤롯 안티파스가 A.D. 18년에서 22년 사이에 이곳에 새로운 도시를 건설할 당시 로마 황제인 티베리우스의 이름을 따서 티베리아라고 부르게 되었다. 이 헤롯 안티파스는 살로메의 요구로 침례 요한의 목을 자른 인물이다. 그 당시 헤롯 안티파스가 만든 성벽의 길이는 4.8km나 되었고, 이곳에 크고 작은 공회당을 만들었지만 그 당시 유대인들은 공회당에 들어가는 것을 거절했었다. 그래서 헤롯 안티파스는 신변의 위협을 느껴 호숫가 쪽에 성벽으로 둘러싼 궁을 만들기도 했다.

   그러나 A.D. 70년 이후 예루살렘이 로마에 의해서 멸망하자, 예

티베리아 도시

루살렘의 유대인들을 포함해서 많은 유대인들이 이곳 티베리아로 몰려와 살게 되면서 유대인의 중심지로 변하게 된다. 그 후에 이곳에서 살던 많은 유대인들 중에 유명한 랍비가 탄생하게 되고 이곳에서 탈무드를 완성하기도 한다.

티베리아에서 호숫가 쪽으로 가면 검은 돌로 지어진 십자군 시대의 유적들이 아직도 자리를 잡고 있으며, 호텔과 각종 기념품들을 판매하는 상점들이 줄지어 있다. 그래서 갈릴리 호수를 방문하게 되면 주로 이곳 티베리아에 있는 숙소에 머물게 된다.

갈릴리를 한눈에 내려다볼 수 있는 아르벨

갈릴리 호수를 높은 곳에서 한눈에 내려다볼 수 있을까? 특히 예수님이 사역하셨던 갈릴리 북쪽 마을과 그 주변 풍광을 아주 높은 곳에서 내려다보면서 아름답고 평온한 갈릴리 호수의 분위기를 맘껏 즐길 수 있는 곳이 바로 아르벨Arbel 언덕이다.

티베리아 시내에서 나사렛으로 향하는 77번 도로를 타고 동쪽으로 약 3km 정도 가다 보면 오른쪽으로 7717번 도로가 나오고 이곳에서 다시 오른쪽으로 약 4km 정도 가다 보면 또다시 오른쪽에 Arbel이라는 표지판이 나오는데 이 길을 따라 들어가면 벌써부터 왼쪽에 펼쳐지는 깊은 협곡이 눈에 들어와 감탄을 자아내게 하는데 이런 모습을 감상하며 조금만 더 들어가면 드디어 아르벨 국립공원 입구가 나온다. 국립공원 입구에서 입장료를 내고 안으로 들어가 조금만 걸어가면 드디어 발밑으로 해발 181m의 깎아지른 듯한 절벽과 아름다운 갈릴리 호수가 파노라마처럼 펼쳐진다. 이 절벽 위에는 쥐엄나무가 한 그루 서 있는 것을 볼 수 있다. 지금은 이렇게 아름다운 갈릴리 호수를 한눈에 내려다볼 수 있는 훌륭한 전망대로 꾸며져 있어서 많은 관광객들이 찾아오는 곳이 되어 있지만 사실 아르벨 언덕은 유대인들에게는 슬픈 역사를 갖고 있는 곳이다.

 B.C. 37년 갈릴리 지역에서 활동하고 있었던 열심당원들은 헤롯 대왕에 대항하여 격렬한 전투를 벌였다. 세력적으로 불리했던 열심당원들은 결국 쫓기고 쫓기다가 이곳 아르벨산까지 도망을 와야 했고 그들은 천길만길 낭떠러지에 있는 동굴 속으로 피신해야만 했었다. 그러자 헤롯은 절벽 꼭대기에서 밧줄에 바구니를 달아 절벽 중간에 있는 동굴로 내려보낸 다음 그곳에 불을 지르며 숨어 있던 열심당원들을 공격했다. 열심당원들은 이러한 공격에 대항하여 장렬하게 맞서 싸웠지만 결국 그들은 모두 동굴에서 죽음을 맞이할 수밖에 없었다.

아르벨 언덕에 올라가면 갈릴리 호수가 한 눈에 보인다

요세푸스의 역사책에 의하면 이때 당시 열심당원 중에는 헤롯의 군사들에 의해 죽임을 당하느니 차라리 스스로 목숨을 끊는 것이 낫다고 생각하고 아내와 일곱 아들을 절벽 아래로 떨어뜨려 죽인 후 자신도 절벽 아래로 뛰어내린 사람도 있었다고 한다.

지금도 아르벨 공원 입구에 가면 그때 당시의 상황을 그림으로 자세하게 설명하는 안내판과 헤롯의 군사들이 절벽 아래로 내려보냈던 바구니의 모형이 전시되고 있는 것을 볼 수 있다. 절벽 꼭대기에서도 동굴로 내려가서 직접 들여다볼 수 있는 작은 길이 만들어져 있어서 시간이 된다면 이곳을 내려갔다 오는 것도 좋다. 시간은 약 4, 50분 정도 걸린다.

제2성전이 파괴된 후 아르벨 언덕은 유대인들의 중요한 거주지가 되었고 그때 당시 그들이 만들어 놓은 회당과 여러 건축물들이 아르벨 국립공원 입구의 왼쪽에 아직도 남아 있다.

일곱 귀신에 시달렸던 막달라의 마을

티베리아에서 약 5km 정도 북쪽으로 따라가면 오른쪽으로 빠지는 길이 나오는데 이 길로 들어가면 잘 정리된 막달라Magdala 고고학 유적지를 만나게 된다.

막달라는 헬라어이고 이 지역을 히브리어로 미그돌Migdol이라고 부른다. 미그돌이란 망대라는 뜻인데 갈릴리 지역을 지키는 망대가 이곳에 있어서 그렇게 붙여진 이름이 아닌가 생각된다. 망대가 있었다는 것은 그 당시에 군부대가 있었다는 뜻이고 자연히 이곳에는 젊은 군인들을 상대하는 매춘부들이 있었으며 이 마을은 도덕적으로 부패했었을 것이라는 추측을 하게 한다. 더욱이 이 마을은 예수님 당시 고기잡이와 아마 섬유의 직조, 그리고 염색 공업이 활발했으며 특히 이곳에 갈릴리 호수를 떠다니는 고깃배들을 만드는 조선 시설이 있어서 경제적으로 풍족한 곳이기도 하였다. 돈이 많은 군인들이 있고 여유가 있으면 자연스럽게 도덕적으로 느슨해질 수밖에 없는 것이다. 그렇다고 해서 막달라 마리아가 그 마을에서 매춘부 생활을 하였다고 볼 수도 없다.

막달라 마리아에게 어쩌다가 일곱 귀신이 들어가게 되었는지는 알 수 없지만 한두 귀신도 아니고 일곱 귀신이 들렸다는 것은 매우 심각한 것이었다. 나중에 예수님으로부터 고침을 받은 뒤에 자신의 재산으로 예수님을 섬긴 것으로 보아 어느 정도 풍족했을 것이라는 생각도 든다.

경제적으로 풍족하였던 여인에게 일곱 귀신이 붙게 된 사연은 과연 무엇이었을까? 그런 귀신 들린 자를 지켜보던 주변 사람들의 시선은 과연 어땠을까? 물론 본인의 고통은 더할 나위가 없었을 것이다. 그런 고통 속에 있던 마리아를 예수님은 한 번에 고쳐 주셨고 마리아는 예수님의 은혜를 잊을 수가 없었다. 그래서 막달라 마리아는 고침을 받은 이후 예수님이 갈릴리에서 떠나 예루살렘으로 가실 때 함께 따라갔고 예수님이 십자가에 매달려 돌아가실 때도 예수님의 어머니인 마리아와 함께 그 장면을 멀리서 지켜봤다.

그뿐만 아니라 막달라 마리아는 다른 여인들과 함께 안식 후 첫 날 새벽 미명에 향유를 들고 무덤을 찾아갔다가 예수님이 이미 부활

막달라 고고학 유적지

하셨다는 천사들의 이야기를 듣고 제자들에게 달려가 이 사실을 알리는 중요한 역할을 한 인물이기도 하다.

　　막달라 마리아의 고향, 그 당시 갈릴리 지역의 중요한 상업 지역이자 군사 지역이었던 막달라 마을을 방문해 보는 것도 꽤나 의미 있는 일일 것이다. 막달라 유적지는 2009년 이전까지는 2천 년 동안이나 땅속에 파묻혀 있었고 그 정확한 위치는 아무도 몰랐다. 하지만 2009년 갈릴리 호수 바로 앞에 게스트 하우스를 짓기 위해 기초 공사를 하다가 예수님 당시의 회당 터를 발견하게 된다. 그때부터 8년 동안의 고고학 발굴을 거쳐 원래 유적지의 약 10%만 발굴하여 순례객들에게 공개하고 있으며 원래의 계획대로 게스트 하우스와 순례객들을 위해 예배를 드릴 수 있는 교회를 만들어 놓았다.

예수님 당시의 배가 발견된
기노사르 키부츠

막달라 마을에서 다시 호수 길로 나와 북쪽으로 약 1km 정도 가다 보면 오른쪽에 기노사르 키부츠라는 입구 표지판을 만나게 되는데 이곳에는 특별한 것이 전시되어 있다.

1986년 갈릴리 지역은 2년째 이어지는 가뭄으로 인해 호수 물이 줄고 호숫가의 갯벌은 갈라지기 시작했다. 이때 호수 근처에 있는 기노사르 키부츠Ginosar Kibbutz에서 살고 있던 유발과 모세라는 형제는 바닥을 드러낸 호숫가의 갯벌에서 동전이라도 주을 생각에 나무 막대기를 들고 밖을 나섰다. 한참이나 갯벌을 이리저리 뒤지다가 이상하게 생긴 나무토막을 갯벌 사이에서 발견하게 된다.

그들은 그것이 나무배의 한쪽 모서리라는 것을 금방 알 수 있었다. 이곳에 배가 왜 가라앉은 것이었을까? 눈으로 보기에 최근에 가라앉은 배 같아 보이지 않아, 혹시 수천 년 전에 가라앉은 것은 아닐까 하는 생각으로 곧바로 이스라엘 문화재 관리국에 이 같은 사실을 알렸다.

문화재 전문가들이 현장에 도착했고 갯벌에 3분의 1쯤 나와 있는 나무배를 이리저리 살펴보았다. 배 밑창과 몸체를 쇠못으로 연결한 것으로 보아 철기 시대 이전의 배는 아니었다. 나무와 나무를 연결하는 부분을 살펴보니 이것은 분명 2천 년 전 로마 제국이 지중해를 누비던 시절에 배를 만들던 방법과 일치한다는 것을 알게 되었다.

그렇다면 이 배는 2천 년 전, 예수님 당시에 누군가가 이 갈릴리 호수를 다니다가 가라앉은 배가 아닐까? 흥분을 감추지 못한 문화재 전문가들이 갯벌을 파헤치자, 나무배는 원래의 모습을 그대로 드러냈다. 길이 8.2m, 높이 2.3m의 제법 큰 배였고, 소재도 고급스러운 참나무로 만들어진 배였다. 배의 이곳저곳에 수리된 흔적도 보였는데 수리된 곳은 참나무가 아닌 다른 나무로 덧댄 것으로 보아 그 당시에도 참나무는 귀한 나무라는 것을 알 수 있었다. 또 2천 년 전에 가라앉은 배라고 하기에는 너무나 놀라울 정도로 그 모습이 완벽하였으며 지금이라도 배를 물 위에 띄우면 사람이 올라탈 수 있을 것만 같았다.

　2천 년 전 갈릴리 호수에 떠다니던 배의 모습을 윤곽조차 잡을 수 없었던 전문가들은 모습을 드러낸 나무배의 모습을 보고 감격하지 않을 수 없었다. 그곳에서는 기원전 1세기에서 1세기 후반의 것으로 보이는 등잔과 유리그릇도 함께 발견되었다. 그래서 더욱 이 배가 2천 년 전의 것이라고 확신할 수 있었던 것이다.

　나중에 전문가들이 탄소 측정법을 이용해 조사한 결과로는 정확

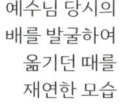
예수님 당시의 배를 발굴하여 옮기던 때를 재연한 모습

히 기원전 70년부터 기원후 70년 사이에 만들어진 배라는 것이 밝혀졌다. 그뿐만 아니라 배를 만드는 데 사용되었던 나무가 예수님의 제자가 12명이었던 것처럼 12종류로 만들어졌다는 것도 밝혀졌다. 그렇다면 이 배는 분명 예수님이 갈릴리에서 사역하실 때 호수 어딘가에서 열심히 고기를 잡고 있었을지도 모르고 또 어쩌면 예수님이 직접 이 배에 올라타셨을지도 모르는 일이다.

그런데 갯벌을 파헤쳐서 그 실체를 드러낸 이 배를 안전한 곳으로 옮길 방법이 문제였다. 자칫하다가는 섣불리 갯벌에서 배를 파내어 옮기다가 파손될 수도 있기 때문이다. 그래서 미라를 보존하는 방법을 이 배에 적용하여 나뭇조각 사이에 묻어 있던 개흙을 모두 떼어낸 뒤에 배가 안전할 수 있도록 합성 유리 섬유로 감싸고 폴리우레탄으로 배를 감쌌다. 그런 다음 배가 발견된 자리에서부터 깊게 물길을 파서 호수 물까지 둥둥 띄워 이동시킨 다음 이곳에서 가장 가까운 기노사르 키부츠로 옮긴 것이다. 이 작업 기간은 꼬박 열하루나 걸렸다. 현재 이 배는 기노사르 키부츠에 전시되어 있는데 누구든지 이곳을 방문해서 구경할 수 있다.

마태복음 5장의 현장
팔복교회

기노사르 키부츠에서 다시 호수 길을 따라 북쪽으로 가다 보면 높은 언덕길을 올라가야 한다. 그렇게 갈릴리 호수의 북쪽 지역에 이르면 갈림길이 나오는데 오른쪽으로 가면 타브가Tabgha가, 왼쪽으로 가면 팔복교회가 나온다.

팔복교회Church of the Beatitudes는 이 갈림길에서 한눈에 보일 정도로 오른쪽의 높은 언덕 끝에 자리 잡고 있다. 팔복교회는 마태복음 5장에 예수님께서 수많은 사람을 앉혀 놓고 여덟 가지 복에 대해서 설교하신 현장 가까이에 세워진 교회로 5세기경에 처음 세워졌지만 지금의 교회는 1936년에서 1938년 사이에 새로 건축된 건물이다. 특이한 것은 이 건물의 모양은 예수님께서 설교하신 여덟 가지 복을 상징화해서 팔각형의 모양으로 되어 있다. 교회 안으로 들어가게 되면 중심부에 있는 둥근 천장에 금색의 모자이크가 되어 있는 것을 볼 수 있고, 8개의 방향으로 나 있는 작은 창문에는 라틴어로 여덟 개의 복에 대한 성경 구절이 적혀 있다. 이 창문을 통해서 밖을 내다보면 저 멀리 보이는 갈릴리 호수의 아름다운 전경과 또 예수님께서 설교하실 때 수많은 군중들이 앉아서 설교를 듣던 그 언덕이 한눈에 들어온다.

교회 건물 밖으로 나와 갈릴리 호수가 내려다보이는 쪽으로 가면

팔복교회

작은 정원이 있는데 이 정원에는 수많은 종류의 나무들이 숲을 이루고 있고 특히 등나무가 하늘을 가린 작은 벤치는 여러 사람이 모여서 갈릴리 호수를 내려다보며 예배를 드릴 수 있는 공간이다. 이곳에 앉아 산들산들 불어오는 바람을 맞으며 예수님의 모습을 상상하고 묵상하는 것은 이스라엘 성지순례 중에서 백미 중의 백미라고 할 수 있다. 예수님은 이곳 어디선가 지금처럼 불어오는 산들바람에 머리카락을 흩날리며 설교를 하셨을 것이다. 그리고 그 설교를 듣기 위해 여러 곳에서 몰려든 수많은 군중들은 예수님의 말씀 한마디 한마디를 놓치지 않기 위해 귀를 쫑긋 세웠을 것이다. 그런 장면들을 상상하면서 이곳 정원의 벤치에 앉아 있으면 자신도 모르게 입에서 찬송이 흘러나오고 누가 시키지 않아도 조용히 앉아 눈을 감고 예수님을 묵상하게 된다.

그런데 한 가지 의문이 든다. 예수님께서 이곳에서 설교를 하실 때 어린아이와 여자를 제외하고 5천 명이 모여서 예수님의 설교를 들었다고 한다. 그렇다면 어린이와 여자들을 포함하면 적어도 만 명 이상이나 되는 어마어마한 숫자의 군중인데, 과연 마이크나 앰프도 없이 어떻게 단지 육성으로만 만 명 이상 되는 사람에게 설교를 전달할 수 있었을까? 그것은 예수님께서 이곳의 지형지물을 과학적으로 잘 이용하셨다는 사실을 발견하게 된다.

예수님의 설교 방식에 숨겨진 비밀

예수님은 갈릴리 지역에서 여러 차례에 걸쳐 많은 사람에게 말씀을 하셨다. 예수님께서 설교하신 방식은 크게 세 가지로 나뉜다.

첫 번째는 집을 방문해서 집 안의 마당에 앉아 설교를 하는 방식이다. 이때는 집 안의 마당에서 설교를 한다는 공간적인 제약 때문에 예수님의 설교를 듣기 위해서 많은 사람이 몰려들어 지붕 위에까지 올라가서 들을 정도였다.

두 번째는 소규모의 사람들을 모아 놓고 즉석에서 설교하시는 방식이었다. 예수님이 숲속에 앉아 계시거나 호숫가에 계실 때 예수님으로부터 뭔가 이야기를 듣고 싶어 사람들이 몰려들면 예수님은 설교를 하셨다.

세 번째는 '몇 월 며칠 몇 시부터 설교를 할 테니 듣고자 하는 사람들은 누구든지 모여서 예수님의 설교를 들으시오'라고 미리 광고를 한 후 행하는 대규모 설교 집회였다. 이런 설교는 오전에 주로 이루어졌다. 이때는 마태복음 14장 21절에 기록된 것과 같이 어린이와 여자를 뺀 숫자만 5천 명이 넘었다. 그러나 어느 나라의 군중들을 보더라도 항상 사람들이 모일 때는 어린이와 여자들이 남자 어른들보다 더 많은 법이다. 어린이와 여자까지 그 숫자를 포함한다면 최소한 만 명이 넘는 엄청난 인원이었을 것이다.

예수님 당시 갈릴리 북부 지역 작은 도시의 하나인 가버나움의 거주 인구가 약 천 명이었다고 하니 그 당시 만 명이라고 하면 정말 갈릴리 지역 전체와 인근 지역까지도 들썩일 수밖에 없는 일종의 대사건이었다. 그런데도 예수님은 그렇게 많은 사람에게 물고기 두 마리와 보리떡 다섯 개로 식사를 할 수 있게 하셨다. 그리고도 열두 바구니가 남았다고 한다. 이것은 분명 상식으로나 현대 과학으로도 전혀 설명할 수 없는 말 그대로 기적이었다. 아니 예수님만 하실 수 있는 이적이었다.

요즘도 약 백여 명의 사람들이 모여 있는 실내 공간에서 앰프나 마이크 없이 설교를 한다는 것은 매우 힘드는 일이다. 겨우 6, 70명 모여 있는 학원의 강의실 안에서도 강사들은 목에 마이크를 걸고 스피커를 통해서 강의를 할 수밖에 없다. 만약 5백여 명의 성도들이 모여 있는 예배당 안에서 마이크를 이용해서 설교를 하다가 갑자기 마이크가 꺼진다면 목사님의 목소리가 제대로 들릴까?

그러나 예수님 당시에는 마이크도 앰프도 스피커도 없었다. 더군다나 예수님께서 대규모 군중 집회를 하신 곳은 실내가 아니라 갈릴리 북부 지역의 야외였다. 이곳에서 예수님은 단지 육성만으로 설교를 하셨다. 그리고 만 명이 넘는 군중들은 예수님의 말씀을 토씨 하나 빠뜨리지 않고 전부 들을 수 있었으며 예수님의 말씀 중에 묻어 나오는 인간을 사랑하시는 하나님의 애틋한 사랑의 표현, 그럼에도 불구하고 아직도 죄를 짓고 있는 인간에 대한 안타까움의 감정이 절절히 묻어 있었을 것이다.

"심령이 가난한 자는 복이 있나니 천국이 저희 것임이라…"

이렇게 말씀하시는 예수님의 긴 호흡과 그 목소리에 담겨 있는 애절함과 따뜻함을 만 명 이상의 사람들이 고스란히 전달받을 수 있었고 감동과 은혜를 온몸으로 받아들일 수 있었다. 이게 가능한 일일까? 이것도 예수님이 보이신 또 하나의 기적일까?

그러나 이것은 기적이 아니었다. 이곳의 지형지물을 잘 이용한 또 하나의 과학이었다. 그리고 그 과학적인 방법은 예수님께서 대규모 설교 집회를 하신 그 현장에 직접 가서 봐야 이해할 수 있다.

과학적이었던 예수님의 설교

갈릴리 호수는 하늘에서 내려다봤을 때 하프 모양이고, 예수님께서 대규모 설교 집회를 하셨던 그 장소는 갈릴리 호숫가의 북쪽 지역이다. 갈릴리 북쪽 지역에서도 예수님께서 설교하신 그 장소는 약간 움푹 들어가 있는 곳이다. 한마디로 말해서 갈릴리 호수를 표주박의 모양이라고 했을 때 손잡이 부분이라고 생각하면 된다.

이곳은 상암동 월드컵 경기장의 관중석처럼 호숫가 주변이 언덕으로 되어 있어서 최대 약 2만 명 정도 앉을 수 있는 공간이 된다. 사람들은 예수님의 설교를 듣기 위해 이곳으로 몰려들었고 예수님의 열두 제자들은 설교하시는 예수님을 조금이라도 더 가까이서 볼 수 있도록 사람들을 줄지어 앉혔다. 그리고 이곳은 경사진 곳이라 조금이

라도 질서가 무너지게 되면 만 명 이상 되는 대규모의 군중들이 앞쪽으로 몰려서 압사 사고도 일어날 수 있는 곳이다. 그래서 더욱 더 제자들은 긴 장대를 들고 돌아다니면서 사람들을 줄지어 앉혔을 것이고 혹시라도 자리에서 일어나거나 떠드는 사람이 있으면 조용히 시키는 역할을 하였을 것 같다. 그렇게 예수님의 설교를 들을 준비가 다 되었다고 생각될 때 예수님은 작은 배를 타고 호수로 나가신다. 배를 타고 약 5m 정도 호수로 들어가면 소란스럽던 만 명 이상의 군중들이 숨죽인 듯 예수님의 입을 바라보게 된다.

"과연 무슨 말씀을 하실까?" 예수님은 이른 아침 중천을 향해 떠오르는 태양빛이 갈릴리 호수의 수면에 반사되어 마치 은하수처럼 반짝반짝 빛나는 배경을 뒤로 하고 서 계신다. 그때 호수의 안쪽에서부터 호수 바깥쪽으로 바람이 불어와 예수님의 머리카락과 얇은 옷자락을 살랑살랑 흩날릴 때 예수님이 입을 열고 말씀하신다.

예수님의 목소리는 선거에 나선 후보자들처럼 소리를 지르거나 목에 힘을 주지도 않는다. 그저 온화한 표정과 부드러운 목소리로 말씀을 하시지만 놀랍게도 나지막한 예수님의 목소리가 저 멀리 맨 뒤쪽에 앉아 있는 사람들의 귀에까지 들려온다.

어떻게 이런 일이 가능할 수 있을까? 갈릴리 지방의 하늘에 떠 있는 뜨거운 태양은 낮 동안 갈릴리 호수와 육지를 모두 뜨겁게 달궈 놓는다. 바다는 원래 육지보다 천천히 달궈지고 천천히 식는 성질을 갖고 있다. 그리고 공기는 차가운 곳에서 뜨거운 쪽으로 이동한다. 이것이 바람이다. 그래서 오전에는 바람이 바다에서 육지 쪽으로 불지만 해 질 무렵이면 육지에서 바다 쪽으로 불게 되어 있다.

더군다나 갈릴리 호수는 해수면보다 낮은 해발 마이너스 210m이고 호수의 동쪽에 깎아지른듯 버티고 서 있는 골란고원은 해발 1300m의 높은 언덕이다. 이 골란고원에서 호수 쪽으로 불어온 바람은 급강하되어 갈릴리 호수로 내려간다.

이렇게 많은 바람들이 갈릴리 호수로 모였다가 예수님이 설교하셨던 그 부분으로 빠져나가게 되는데, 이곳이 일종의 갈릴리 호수로 몰려든 모든 바람들이 빠져나가는 배기구와 같은 곳이다. 그 바람은 골란고원에서 불어온 센 바람이 아닌 한 번 걸러진 부드럽고 따스한 산들바람이다.

이때 예수님이 말씀하시면 입에서 나온 그 말씀은 호수에서 불어오는 바람을 타고 언덕의 잔디밭에 앉아 있는 만 명 이상의 군중들 귀로 흘러가는 것이다. 더군다나 그 당시는 지금처럼 소음이 심하지 않았던 때이다. 그리고 뒤쪽으로 갈수록 위로 향한 그 언덕은 자연스럽게 외부의 소음을 차단하는 방음벽 역할을 하였다. 예수님이 만 명이 넘는 대규모 군중에게 설교가 가능했던 것은 갈릴리 호수의 이런 지역적 특성을 잘 활용한 과학적인 방식이었기 때문이다.

기적을 베풀기 전 축사하셨던 오병이어교회

팔복교회로 올라갔던 길로 다시 내려오면 호숫가 근처에 삼거리가 나오는데 그 삼거리에서 좌회전을 하면 오른쪽 길모퉁이에 타브가라고 적힌 작은 간판을 만나게 된다. 그리고 그 길을 따라서 조금만 걸어가면 오른쪽으로 교회의 입구가 나오는데 그쪽으로 들어가면

오병이어교회

순례자들을 내려놓은 대형 버스들이 몇 대 주차되어 있는 커다란 주차장이 나오고 그 주차장을 지나 안으로 들어가면 현대식 건물의 교회가 눈에 들어온다. 이 교회가 오병이어교회Church of the Multiplication of the Loaves and Fishes이다.

교회 안으로 들어가면 정면에 작은 바위가 있는데 이 바위는 예수님께서 만 명 이상의 사람들을 먹이기 위해서 예수님의 제자가 한 소년으로부터 받아 온 물고기 두 마리와 보리떡 다섯 개를 축사하셨던 바위이다.

예수님은 호숫가에서 배를 타고 설교를 하시다가 식사 때가 되자 다시 육지로 올라오셔서 제자가 구해 온 물고기 두 마리와 보리떡 다섯 개를 이 바위 위에 올려놓고 하늘을 우러러보신 후 축복하신 다음 바구니에 담아 군중들에게 나눠 주기 시작하셨다. 만약 이 바위를 눈으로 직접 보고 손으로 직접 만져 본다면 분명 2천 년 전 이곳에 고기와 떡을 올려놓았던 제자들의 그 손길과 축사하시던 예수님의 손길을 느낄 수 있을 것이다. 하지만 그 바위들을 멀찌감치서만 봐야지 직접 만질 수는 없다.

    이 바위 앞에는 가로세로 약 1cm의 작은 돌로 촘촘하게 만들어진 모자이크가 자리 잡고 있는데 이 모자이크가 우리가 흔히 보았던 오병이어를 형상화한 모자이크이다. 그 가운데에는 바구니에 네 개의 보리떡이 담겨져 있다. 이 보리떡은 둥그런 형태의 모양으로 지금도 중동 사람들이 즐겨 먹는 피타라는 빵의 모양과 비슷하다. 우리나라에서 겨울에 먹는 호떡과도 비슷한 모양이다. 그리고 그 빵의 양옆에

오병이어교회 내부

한 마리씩 두 마리의 물고기가 세로로 세워져 있다. 이 물고기는 지금도 갈릴리 호수에서 많이 잡히고 있는 베드로 물고기와 똑같은 모양이다. 이 베드로 물고기는 이곳 갈릴리 호수에서 베드로가 잡았던 고기라고 알려져서 이름도 베드로 물고기라고 하는데 지금도 식당에 가면 피터 피쉬Peterfish라고 해서 기름에 튀겨 팔고 있다.

이 모자이크는 십자군 시대인 비잔틴 시대의 유물인 것 같다. 그런데 많은 신학자들과 고고학자들은 예수님이 이곳 어디선가에서 오병이어의 기적을 일으켰을 것이라는 심증은 갖고 있었지만 그 위치를 정확히 밝혀내지는 못하고 있었다. 그러다가 지난 1930년대 초 독일의 고고학자들이 갈릴리 호수 북서쪽을 발굴하다가 1,000년 전에 아랍인들에 의해 무너진 흙더미 속에 파묻혀 있었던 모자이크를 찾아내면서 이 기적의 현장을 발견하게 된 것이다. 그 후로 1936년에 그 모자이크 바닥과 바윗돌 위에 현대식 건물의 교회를 건축하고 성지로 인정받게 된 것이다.

예수님이 베드로에게 질문하셨던 베드로수위권교회

오병이어교회를 걸어 나와 오른쪽으로 약 200m 정도 호숫가 길을 따라 걸어가다 보면 오른쪽에 철문을 만나게 된다. 그리고 그 철문을 따라 안의 울창한 숲길을 걸어 들어가면 이제까지 본 교회 건물과는 다르게 검은색의 현무암으로 지어진 교회를 만나게 된다. 이 교회는 베드로수위권교회Church of the Primacy of Saint Peter이다.

예수님께서 예루살렘의 골고다 언덕에서 십자가에 못 박혀 돌아가신 후 제자들은 구심점을 잃고 각자 뿔뿔이 흩어지게 된다. 베드로 역시 예수님을 만나기 전에 그래 왔던 것처럼 이곳 갈릴리로 내려와 고기 잡는 일을 다시 시작한다. 지난 3년 동안이나 그렇게도 믿고 따라다녔던 예수님이 사라져 말할 수 없는 허탈함과 상실감으로 그물을 들쳐 메고 배를 타고 호수로 나가 밤새 그물을 내렸지만 새벽이 되도록 한 마리도 잡지 못했다.

안 그래도 마음이 허전한데 고기까지 잡히질 않으니 베드로의 실망은 이만저만이 아니었다. 공기가 차가운 새벽녘에 베드로가 지금 이 교회가 세워진 곳에 모닥불을 피우고 앉아 있을 때 십자가에서 돌아가셨던 예수님이 나타나셨다. 3년 동안 예수님의 수제자로 따라다녔으면서도 "나는 그분이 누군지 전혀 알지 못한다."라고 세 번씩이나 부인하였던 베드로의 눈앞에 예수님이 나타나신 것이다. 예수님을 보는 순간 베드로의 눈에서는 눈물이 앞을 가렸지만 아무런 말도 하

베드로수위권교회

지 못하고 그저 바라보고만 있었다. 예수님은 모닥불에 고기를 굽고 딱딱한 떡을 부드럽게 녹인 후 베드로와 함께 식사를 하시고 아무런 말도 하지 못하고 있는 베드로에게 이렇게 물으신다.

"요한의 아들 시몬아, 네가 나를 사랑하느냐?"

그러자 베드로가 겨우 무거운 입을 열었다.

"주여, 그렇습니다. 내가 주를 사랑하는 줄 주께서 아시나이다."

예수님은 이 자리에서 세 번씩이나 연거푸 베드로에게 물으신다.

"시몬아, 네가 나를 사랑하느냐? 시몬아, 나를 사랑하느냐?"

"주여, 그렇습니다. 주여, 그렇습니다."

결국 베드로는 그 자리에 허물어지듯 주저앉으며 통곡의 눈물을 흘리기 시작한다. 예수님은 무릎을 꿇고 앉아 베드로의 눈에 흐르는 눈물을 닦아 주시며 말씀하신다.

"가서 내 어린 양을 먹이라."

베드로수위권교회 — 내부는 예수님이 식사하셨다는 바위가 있다

예수님께서 베드로에게 어부로서의 삶이 아닌 진정한 하나님의 사람으로 그리고 예수님의 진정한 제자로 살아가라고 당부하신 말씀이었다. 그 후 베드로는 욥바를 거쳐 로마로 건너가 로마인들에게 복음을 전하게 되며 그곳에서 십자가에 거꾸로 매달려 순교하게 된다.

베드로에게 이런 말씀을 하셨던 그곳이 지금의 베드로수위권교회이며, 이 교회 안으로 들어가면 중앙 앞부분에 예수님과 베드로가 함께 식사하셨던 바위가 있다. 이 바위를 예수님의 식탁이라고도 한다. 그리고 교회의 앞마당에 검은 돌로 만들어진 조각 작품을 볼 수 있는데 이것은 베드로와 예수님을 형상화한 것이다.

이곳에서는 바로 갈릴리 호숫가로 걸어 들어갈 수 있다. 교회의 뒷마당에는 작은 자갈들이 넓게 깔려져 있고 찰랑이는 갈릴리 호숫가에 발을 담그거나 그 앞에 앉아 잠시 묵상을 하면 베드로를 찾아오셨던 예수님을 직접 만날 수 있을 것 같다. 이 교회 건물은 1939년에 세워졌다.

예수님의 마을 가버나움

베드로수위권교회에서 나와 또다시 오른쪽으로 약 3km 정도 가면 갈릴리 북쪽 해변의 가버나움Capernaum을 만나게 된다. 가버나움이란 '동네'라는 뜻의 카페르caper와 나움naum이라는 두 개의 단어가 합성된 것으로 나움이란 선지자의 이름일 거라는 추측은 하지만 그가 누구인지는 정확하지 않다고 한다.

예수님은 갈릴리 지역에서도 특히 가버나움을 주 활동 무대로 삼으셨다. 그 당시 가버나움은 인구가 천 명 정도밖에 안 되는 작은 마을이었지만 당시 이스라엘에 있던 세 곳의 세관 중 한 곳이 바로 이곳이었을 만큼 갈릴리 지역의 무역 중심지였다. 예수님은 이곳에서 많은 병자들을 고쳐 주셨다. 안식일에 귀신 들린 사람을 고쳐 주셨고, 바로 옆에 있는 베드로의 집에 가서 중한 병에 걸려 있는 장모를 고쳐 주셨다.

마가복음 2장 1~12절에 나오는 중풍병자를 고쳐 주신 곳도 이곳 가버나움이며, 안식일에 회당에 들어가셔서 오른손이 마른 사람을 고쳐 주셨고, 백부장의 중풍병 걸린 하인의 병을 말씀으로 고쳐 주신 곳이기도 하다.

이곳은 오병이어교회나 팔복교회, 그리고 베드로수위권교회와는 다르게 약 2세겔의 입장료를 내고 안으로 들어가면 예수님 당시의 유대인들이 어떻게 살았는지를 한눈에 볼 수 있는 유적지들이 많이 있다.

우선 눈에 띄는 것은 약 3세기에서 4세기경에 세워진 유대교 회당이다. 이 건물의 기초는 예수님 당시의 것이지만, 그 위의 석회석으로 되어 있는 부분은 나중에 증축된 것이다. 갈릴리 지역에는 검은색의 현무암이 많다. 그래서 티베리아에 남아 있는 십자군 시대의 건축물도 검은색의 현무암으로 지어졌고 또 베드로수위권교회 역시 검은색 현무암으로 지어졌다. 그런데 이곳 가버나움의 회당은 유독 검은색 현무암이 아닌 하얀색 석회암으로 지어졌다. 아마도 조각하기 힘들고 예쁜 선이 나오질 않는 검은색 현무암보다는 섬세하게 조각을 하면서 예쁘게 장식할 수 있는 석회암을 일부러 구해다가 만든 것이 아닐까 하는 생각이 든다. 그래서 그런지 이 건물은 가까이서 보면 마치 이탈리아 로마에서 볼 수 있는 대리석 조각처럼 섬세한 조각으로 장식되어 있다. 이 건물은 길이 24.35m, 너비 17.25m로 큰 건물은 아니지만 2층 구조로 되어 있으며 입구는 예루살렘으로 향해 있고 가버나움 마을 중심부에 자리를 잡고 있어서 이 건물의 권위와 역할이 어땠었는지를 가늠해 볼 수 있다.

현재 이 회당은 지붕이 없다. 이오니스크 형식의 돌기둥 4개가 그나마 버티고 서 있고 한쪽 벽만이 남아 있을 뿐이다. 그러나 이것만으로도 그 당시 회당의 규모와 이곳에서 이루어졌을 치열한 토론, 그리고 말씀을 읽어 내려가는 종교 지도자와 그 말씀을 듣기 위해 몰려들었을 유대인들의 모습을 상상해 내기에는 충분하다. 그리고 이 건물의 주변에는 회당에서 떨어져 나온 듯한 여러 가지 유적들이 전시되어 있는데, 그중에는 일곱 개의 불을 밝힐 수 있는 메노라와 바퀴 달린 수레 위에 실려져 있는 모세의 법궤, 그리고 다윗의 방패를 상징하

가버나움의 회당

는 별 등의 모양이 조각되어 있다. 그뿐만 아니라 그 당시 이곳 가버나움 지역에서 사용했을 기름 짜는 틀과 맷돌을 볼 수 있어서 주부들의 생활상을 잠시 엿볼 수 있기도 하다.

예수님의 제자 베드로의 집

가버나움의 회당 맞은편에는 좀 특이한 모양의 현대식 건물을 볼 수 있다. 이 건물은 두껍고 굵은 콘크리트 기둥으로 떠받쳐 있는 건물인데, 이 건물의 아랫부분에는 유적지가 있고 그 윗부분의 건물은 팔각형의 모양으로 예배나 미사를 드리는 용도로 사용되고 있다. 마치 아래층은 주차장으로 사용하고 그 위층은 사무실이나 음식점으로 사용하는 현대식 건축 구조와 비슷한 모양이다.

이곳은 가까이 가서 보면 조금 복잡한 구조로 되어 있는데, 현재 콘크리트 기둥으로 세워져 있는 건물까지 모두 4종류의 건물 구조를 갖고 있고 맨 아랫부분은 예수님 당시 베드로의 집이었다. 이런 모습에서 그 당시 가버나움의 가옥 구조를 대충 알 수 있고 또한 베드로가 어부였다는 것을 감안하면 평범한 가정집의 구조가 이런 구조였다는 것을 알 수 있는 곳이다.

예수님은 아마도 이 집에 찾아오셨을 것이고 이곳 어느 방엔가 분명히 들어가셔서 앉으셨을 것이다. 그리고 그 후 4세기경 건물의 흔적 위에 기독교인들은 가정교회를 새로 만들었다. 그래서 베드로의 집보다는 조금 큰 규모로 집을 짓게 되었다. 이 건물은 베드로의 집보다는 조금 더 두껍게 벽을 쌓아 올렸기 때문에 베드로의 원래 집과는 구분될 수 있다. 그리고 여기에서 사람들이 사용했을 것으로 보이는

멀리 보이는
건물 아래가
베드로의 집

수많은 십자가가 발견되었고 벽에는 헬라어와 라틴어, 아람어, 시리아어로 기록된 예수님과 관련된 낙서들이 발견되었다. 그 낙서들 중에는 예수님을 구주나 그리스도라고 표현한 것들도 있어서 여러 사람들이 모여 이곳에서 예수님을 기억하고 예배했을 것이라고 추정하고 있다.

5세기경에는 이 건물의 터 위에 또 다른 건물을 지었었다. 그 건물은 기존의 사각형의 건물 모양에서 벗어나 특이하게도 팔각형으로 되어 있다. 아마 5세기경의 기독교인들도 예수님께서 산상 보훈으로 알려 주셨던 여덟 가지 복을 기억하며 상징화된 건물을 지은 것이 아닐까 생각이 되는데 이 건물은 베드로의 가정집 바로 위에 세워졌던 가정식 예배당이 아닌 본격적인 교회 건물로 자리를 잡게 된 것이다.

19. 갈릴리 397

이런 세 가지 종류의 유적지가 혼재되어 있는 곳, 그래서 이곳에서는 유적지 바로 옆에 있는 안내판이나 안내 책자를 보면서 자세히 봐야만 베드로의 집, 4세기경의 가정식 예배당, 그리고 5세경의 팔각형 모양의 본격적인 예배당을 구분해서 관찰할 수 있다.

돼지 떼가 죽었던 거라사

가버나움을 나와 다시 호숫가로 도로를 따라 동쪽으로 이동하다 보면 작은 다리를 만나게 된다. 이 다리 밑으로 흐르는 물은 이스라엘 북쪽 지역인 헐몬산 자락의 단과 바니아스(바니아스는 가이사랴 빌립보를 가리킴)와 세네라에서 시작된 물이 하나의 냇물을 이루고 그 물이 흘러서 갈릴리 호수로 들어오는 것이다. 그래서 현재 요단강이라는 말도 히브리어로 요레드 단, 즉 '단에서부터 흘러나온다'는 말에서 유래되어 요단강이라고 부르게 된 것이다. 단에서 흘러 내려온 물은 물살이 거세다. 다리 밑으로 흐르는 물 또한 래프팅 하기 딱 좋을 정도이다.

다리를 건너서 한참이나 달리다 보면 호수는 건너편에 티베리아가 보일 정도의 정반대의 방향이 되는데 그곳 왼쪽에 정말 말 그대로 깎아지른 듯한 골란고원이 병풍처럼 서 있는 것을 볼 수 있고 더 달리다 보면 왼쪽으로 골란고원으로 올라가는 길이 나온다. 그리고 그 길의 입구에는 작은 유적지를 알리는 간판이 나온다. 이곳은 예수님께서 귀신 들린 사람 속에 있던 군대라는 귀신을 명하여 2천 여 마리의 돼지 떼에게 들어가게 해서 갈릴리 호수에 빠져 죽게 하셨던 거라사 Gerasa 마을이다.

유대인들은 모세의 율법에 따라 돼지고기와 발굽이 갈라지지 않은 동물의 고기는 먹지 않는다. 그런데 왜 이곳에 돼지가 있었던 것일까? 그것을 이해하려면 조금 전 설명했던 요단강의 다리로 다시 돌아가야 한다. 예수님 당시에는 이 강을 기준으로 해서 가버나움 쪽에는 침례 요한의 목을 잘랐던 헤롯 안티파스의 관리 지역이었고 강 건너편은 헤롯 안티파스의 이복형제인 빌립이 다스렸다. 그래서 이 강을 건너기 위해서는 세관을 거쳐야 했고 예수님의 제자였던 마태가 이곳에서 세금을 받는 세관원 일을 했을 것이다.

강 하나를 두고도 세금을 내야 할 정도로 분명히 다른 지역이었다. 그런데 이곳 거라사는 헬라 사람들이 사는 데가볼리, 다시 말해서 열 개의 디아스포라 지역 중에 하나였다. 그러니까 이곳은 유대인들이 살았던 것이 아니라 헬라 사람들이 살았던 곳으로 그 당시 헬라 사람들은 돼지를 집에서 키우고 있었던 것 같다.

예수님은 가버나움에서 강을 건너 헬라 사람들이 사는 거라사까지 가셨고 그곳에서 귀신 들린 사람을 고쳐 주시는 기적을 베푸셨다. 지금은 5세기경에 세워진 비잔틴 시대의 교회 유적만이 덩그러니 남아 있을 뿐이다.

갈릴리 호수가 한 눈에 보이는
골란고원 전망대

거라사 옆에 있는 급경사의 길을 따라 올라가면 갑자기 귀가 멍해지는 것을 느끼게 되고 마침내 정상 부분에 올라왔다고 느껴지는 순간 두 눈을 의심할 만큼의 장면이 펼쳐져 깜짝 놀라지 않을 수 없게 된다.

'아니 이렇게 높은 곳에 끝없는 평원이 펼쳐지다니…'

이곳이 바로 골란고원이다. 골란이라는 말은 가울론이라는 성읍에서 이름이 유래되었다고 한다. 지금은 이곳이 이스라엘의 땅이지만 1967년 6월 이전만 해도 시리아의 땅이었다. 시리아는 이곳 갈릴리 호수의 바로 옆에 있는 해발 1000m 높이의 골란고원에서 아래쪽에 있는 이스라엘을 손바닥 들여다보듯 훤히 들여다보고 있을 수 있었고 유사시에 그 높은 곳에서 대포를 쏘아 대면 이스라엘은 꼼짝없이 당할 수밖에 없었다. 하지만 이스라엘은 1967년 6월 5일 새벽, 제3차 중동 전쟁이라 불리는 6일 전쟁을 감행하여 북쪽에서 호시탐탐 침략의 기회를 노리고 있는 시리아를 향해서 총구를 돌리게 된다. 그러나 시리아의 최전방인 골란고원은 이집트의 시나이반도나 예루살렘의 좁은 골목길과는 근본적으로 다르다. 등에 아무것도 짊어지지 않고 맨

골란고원 전망대에서 내려다본 갈릴리 호수

손으로 기어오르기도 쉽지 않은 깎아지른 듯한 난공불락이었기 때문이다. 하지만 이스라엘 탱크는 무모하게 그 절벽을 향해 돌진을 하였다.

먼저 이스라엘 전투기들이 시리아의 벙커를 공격하면 시리아의 반격이 잠시 뜸해진 틈을 이용해 이스라엘의 탱크가 절벽을 향해 포탄을 쏘아 댔다. 그렇게 해서 작은 경사로가 생기면 이스라엘 군인들은 탱크의 캐터필러 밑에 자갈을 깔아 조금씩 조금씩 고원을 향해 탱크와 장갑차들이 올라갈 수 있었다. 그러는 동안에도 고원 위에서는 시리아 군인들의 총알이 이스라엘 군인들을 향해 소낙비처럼 내리꽂았다. 총에 맞아 피를 흘리며 쓰러지는 이스라엘 군인들을 옆으로 밀치고 또 다른 군인들이 그 자리에서 또다시 캐터필러 밑에 자갈을 깔고… 이것은 공격이 아니라 총알이 난무하는 전쟁터에서 벌어지는 일종의 토목 공사와 다름이 없었다.

천혜의 요새, 절대로 점령할 수 없을 것만 같았던 난공불락의 골란고원은 단 하루 만에 그렇게 무너지고 말았다. 절벽 아래서 해가 솟아오르듯 솟구쳐 오르는 이스라엘 탱크의 포신에 기겁을 한 시리아 군인들은 모두 도망가기에 바빴다.

현대사에서 두 번 다시 찾아보기 힘들 것 같았던 이 전투는 결국 이스라엘의 승리로 돌아갔고 골란고원은 이스라엘의 수중에 들어왔다. 현재 골란고원에는 모세의 장인 이드로를 정신적 지도자로 삼고 있는 이슬람의 한 종파인 드루즈Druze인 약 14만 명이 살고 있으며 1967년 6일 전쟁 때 피난가지 못했던 시리아 사람들이 살고 있는데 그들은 그때 당시 헤어진 가족과 40년이 되도록 만나지 못하는 이산의 아픔을 겪는 등 또 하나의 비극으로 남아 있다. 그 후로 이스라엘 사람들은 이곳에 정착촌과 키부츠를 만들어 비옥한 땅을 이용하여 많은 농산물을 수확해 내는 중요한 경제적, 군사적 지역이 되어 있다.

골란고원에 올라가면 전망 좋은 곳에서 갈릴리 호수를 한눈에 내려다볼 수 있도록 만들어 놓은 휴게소를 찾을 수 있고 이곳에서 바라보는 해 질 무렵의 갈릴리 호수는 아마도 평생 잊지 못할 감동으로 남을 것이다.

20 갈릴리 북쪽 지역

이스라엘 민족이
불태워 버린 하솔

애굽을 탈출한 이스라엘 백성들이 여호수아가 이끄는 대로 법궤를 앞세워 요단강을 건넌 뒤 길갈Gilgal을 차지했다는 소식이 갈릴리 북쪽의 성읍 도시 하솔Hazor의 야빈왕의 귀에도 들어갔다.

야빈왕은 그때 당시 인구 4만 명이라는 최대 규모의 성읍 도시의 지도자답게 재빠르게 북방 산지와 갈릴리 남부 지역 그리고 심지어는 갈릴리에서 한참 떨어져 있었던 헤브론 산지의 사람들, 아모리 족속, 헷 족속, 여부스 사람들까지 불러 모아 연합군을 만들어 하솔 근처 메롬강에서 이스라엘 민족과 맞서 싸운다.

하지만 하나님의 법궤를 앞세운 이스라엘 백성은 거칠 것이 없이 상대하는 모든 적들을 궤멸시키고 가나안 땅을 향해 나아가는 군사들답게 동맹군이라는 어마어마한 군사력도 순식간에 무력화시키고 만다. 그뿐만 아니라 그때 당시 가장 큰 성읍 도시였던 하솔을 점령하여 모두 불태워 버렸는데 얼마나 피해가 컸던지 그 후로도 한동안 이 도시는 재건되지 못할 정도였다. 야빈왕이 주도한 동맹군들이 여호수아 군대에 무릎을 꿇고 만 것이다.

비록 전쟁에 패배하기는 했지만 하솔이 동맹군을 결성할 수 있었던 것은 그만큼 세력이 컸다는 것을 의미한다. 물론 세력이 커지기 위해서는 절대적으로 위치가 중요하다. 서쪽의 지중해를 통해 내륙으로 들어온 동서로 가로지르는 길과 남과 북을 잇는 도로의 중심에 있는 곳이 바로 하솔이었고 비옥한 반달 지대의 전초 지점으로써 전략적으로 매우 중요하게 여겨졌다. 그래서일까? 하솔은 야빈왕 이후 B.C. 950년경 솔로몬왕에 의해 재건되었는데 이것은 팔레스타인으로 들어가는 북방 입구를 보호하기 위해서였다. 아무리 전략적으로 중요한 위치에 있고 그 당시 가장 큰 성읍 도시라고는 하지만 그때로부터 수천 년이 지난 지금 과연 그 흔적들이 남아 있을 수 있을까?

고라신에서 나와 다시 90번 도로를 타고 북쪽으로 약 18km 올라가면서 오른쪽에 로쉬피나 공항을 거치고 길가에 있는 맛있기로 유명한 햄버거 집을 지나자마자 오른쪽으로 하솔 국립공원 Tel Hazor national park 간판을 만나게 되는데 P턴으로 우회전하면 입구가 나타난다. 아무리 현대 문명이 발달한 현재를 살고 있는 우리들이라고 해도 이 입구를 통해 안으로 들어가는 순간 4천 년 전 이스라엘 백성들과 맞서 싸우겠다고 두 팔을 높이 들고 함성을 지르며 출전을 준비하던 하솔 주민들의 뜨거운 열기와 마주하게 되는 특별한 경험을 하게 된다.

고대 유적지 하솔은 이스라엘의 고고학자 이갈 야딘에 의해 1955

하솔 유적지

년부터 1958년 사이 발굴되었는데 그로부터 수십 년의 세월이 지난 지금까지도 여전히 발굴하고 있는 모습을 볼 수가 있다.

하솔 국립공원에서 꼭 봐야 할 것은 B.C. 14세기에서 13세기 당시 하솔왕 야빈이 만들었던 궁전의 터인데 이곳에서 의식을 했던 자리와 여러 기둥이 아직도 남아 있다. 지금은 궁전 터 위에 지붕을 만들어 보호하고 있지만 3천 년 이상 된 궁전 터가 아직까지 그 흔적을 남기고 있다는 것은 그야말로 신비로울 정도이다.

또 꼭 보아야 할 것은 솔로몬왕이 무너진 하솔을 재건하면서 만들었던 독특한 형태의 성문인데 이는 므깃도와 게셀을 재건하면서 만들었던 성문의 모양과 똑같은 형태를 갖고 있어서 동일한 설계자에 의해서 만들어진 것이 아닐까 추측한다고 한다. 성문의 형태는 위에서 내려다보면 양옆으로 세 개의 방이 있는 중앙 복도를 통과하는 구조인데 이렇게 성문에 여러 개의 문이 있는 이유는 그때 당시 곡식 창고로 쓰였다는 주장과 왕실 기병들의 숙소였다는 주장도 있다.

또 한 가지 중요한 것은 솔로몬왕 이후 백 년이 지난 뒤 아합왕 때 45m 깊이의 물웅덩이를 만들고 약 25m의 수로를 만들어 가뭄이 왔을 때 성읍 주민들에게 물을 공급하던 시설이 아직도 남아 있다는 것이다. 그리고 하솔의 고대 역사에서부터 최근 발굴하기까지의 과정을 모두 한눈에 알 수 있게 해 놓은 국립공원 입구 바로 옆의 하솔 고고학 박물관 Hazor Antiquities Museum도 잊지 않고 방문해야 한다.

2천 년 전 갈릴리 모습을 그대로 간직한 카츠린

2천 년 전, 예수님 당시의 갈릴리 사람들은 어떻게 살았을까? 어떤 집에서 살았고 무엇을 만들어 먹었으며 또 어떤 옷을 입고 살았을까? 이런 것들을 알 수 있는 방법은 없을까? 이런 질문에 대해 한 번에 대답을 해 줄 수 있는 곳이 바로 카츠린 고고학 공원이다.

하솔 국립공원에서 나와 다시 90번 도로를 타고 남쪽으로 4km 내려오다 보면 91번 도로를 만나게 된다. 이곳에서 좌회전해서 15km 정도 가다가 다시 9088번 도로를 만나면 한 번 더 오른쪽으로 좌회전한다. 이 길로 5km 가면 왼쪽에 카츠린 고고학 공원 Qatzrin Ancient park이

나온다. 또는 가버나움을 나와 87번 도로를 타고 오른쪽으로 약 40km 정도 가다 보면 왼쪽으로 좌회전하는 9088번 도로를 만나게 된다. 이 도로를 타고 다시 2.5km 정도 가면 오른쪽으로 고고학 카츠린 공원 Ancient Qatzrin park의 입구가 나타난다.

카츠린은 이스라엘에서 가장 높은 산인 헐몬산 밑자락에 있는 작은 이스라엘 마을로 이곳은 예수님 이후인 3세기에서 8세기까지 유대인들이 어떤 가옥 형태에서 어떻게 살림살이를 갖춰 놓고 살았는지를 자세하게 알 수 있는 곳이다. 8세기경 지진으로 인해 파괴되었던 이 마을을 1970년부터 발굴하여 지금은 히브리 의상을 입은 가이드들이 안내하는 훌륭한 고고학 공원으로 탈바꿈을 해 놓았다.

공원 입구로 들어서는 순간 나무숲이 반기고 공작새들은 느닷없는 관람객들의 왁자지껄한 소리에도 아랑곳하지 않고 여기저기 유유히 걸어 다니고 있다. 공원 안으로 들어가자마자 만날 수 있는 건물은 그때 당시 유대인들이 어떻게 살았었는지 카츠린 지역의 역사를 한눈에 볼 수 있는 영상을 보여 주는 전시관이다. 이곳에 들어가 벽 쪽에 준비되어 있는 의자에 앉아 있으면 사방의 벽에서 약 20여 분 동안 영상이 나오는데 이스라엘 사람들의 카츠린 사랑이 얼마나 큰지 멀티미디어를 통해 알 수가 있다.

박물관 건물 밖에는 옛날 이곳에 살던 유대인들이 포도주와 올리브오일을 어떤 방식으로 짜냈는지를 알 수 있는 거대한 압축기를 그대로 재현해 놓아 체험할 수 있게 했다.

박물관을 나와 작은 오솔길을 따라 걸어가다 보면 여기저기에 4세기경 유대인 가정집을 재구성해 놓은 작은 돌집들을 만나게 되는데

2천 년 전
어느 가정집의
모습을
재현해 놓은 곳

그 집 안으로 들어가면 부엌의 가재도구와 방 안의 나무 침대 그리고 창문을 통해 채광이 어떻게 되는지를 알 수 있도록 재밌게 해 놓았으며 구석구석에 배치해 놓은 여러 가지 고대 생활 모습을 느낄 수 있는 소품들을 구경하는 것도 또 다른 재미이다.

20. 갈릴리 북쪽 지역   409

누군가 저녁 식탁을 준비하다가 갑자기 사라진 듯한 분위기의 주방엔 주방 식기들이 그대로 놓여 있고 방 안에 들어가도 역시 누군가 방금 전까지 책을 읽고 잠을 자다가 잠시 방을 비운 것처럼 하나하나 세심하게 잘 꾸며 놓은 것을 볼 수 있다. 아직도 벽에 검은 그을음이 있는 등잔을 만지작거리다 보면 4세기경 이 집에서 생활하던 유대인이 불쑥 들어와 인사를 할 것만 같은 분위기이다. 이런 집들을 여러 채 만들어 놓았기 때문에 그때 당시 유대인들의 공동체 생활이 어떠했는지 정말 잘 알 수 있게 해 놓았다.

이 공동체 마을을 나와 또다시 오솔길을 따라 걷다 보면 거대한 돌기둥이 모여 있는 곳을 만나게 되는데 이곳은 6세기경에 세워진 회당의 유적이다. 지금도 지붕만 덧씌우면 예배를 드리기에 전혀 부족할 것이 없을 것처럼 비교적 형태가 잘 남아 있고 관람객들이 앉아서 간단한 예배를 드리거나 설명을 들을 수 있도록 의자를 정렬해 놓았다.

회당의 중심에 서면 회당 건물이 정확하게 예루살렘을 향해 건축되어 있다는 것을 알 수 있다. 유대인들의 일상과 그들의 신앙생활의 모습을 체험해 보고 싶다면 꼭 카츠린 고고학 공원을 방문해 볼 것을 권하고 싶다.

예수님께 책망받은 고라신

갈릴리 북쪽 타브가에서 90번 도로를 타고 북쪽으로 약 7km 올라가다가 오른쪽으로 이어지는 8277번 도로를 타고 우회전해서 또다시 약 2km 가면 오른쪽에 멀리 갈릴리 호수가 보이는 언덕에 자리잡

고라신의 유적

은 고라신 국립공원 Korazim national park 이라는 간판을 만나게 된다.
　'나무가 많은 곳'이라는 의미를 갖고 있는 고라신은 예수님 당시 가버나움과 벳새다에 이어 많은 사람이 살던 주요 도시 중에 하나였다. 그래서 고라신 국립공원에 들어가면 가버나움보다 훨씬 더 규모

있는 도시에 A.D. 1세기 당시 유대인들의 공동 거주지와 회당 건물, 유대인들이 정결의식에 사용했던 미크바mikvah의 흔적과 올리브유를 짜내던 압축기들을 보면서 그들의 화려하고 부유했던 생활상을 엿볼 수가 있다. 2천 년의 세월을 지나면서 많이 파괴되기는 했지만 그래도 주변에서 흔히 볼 수 있는 검은색의 현무암으로 세워진 건축물들의 흔적들은 원래의 모습을 충분히 상상해 볼 수 있을 만큼 남아 있다. 갈릴리 북부 지역까지 갔다면 이곳 고라신을 꼭 한 번 방문해 봐야 한다.

2천 년 전, 예수님은 가버나움을 떠나 반나절 거리의 이곳까지 걸어오셔서 회당과 거리에서 하늘의 왕국을 선포하며 병자들을 고쳐 주시는 등 많은 기적을 베푸셨을 것이다. 하지만 이곳 고라신 사람들은 예수님의 기적을 보고도 귀담아듣지 않고 비웃었을 것이다. 그래서 마침내 예수님은 마태복음 11장 20절~24절에서 결국 벳새다와 함께 이 마을을 향해 책망하신다.

'예수께서 권능을 가장 많이 베푸신 고을들이 회개치 아니하므로 그 때에 책망하시되 화가 있을찐저 고라신아 화가 있을찐저 벳새다야 너희에게서 행한 모든 권능을 두로와 시돈에서 행하였더면 저희가 벌써 베옷을 입고 재에 앉아 회개하였으리라'

그래서였을까? 고라신은 훗날 지진으로 도시 전체가 무너지고 파괴되었고 1962년부터 1964년까지, 1980년부터 1987년까지 두 차례에 걸쳐 대대적인 고고학적 발굴 작업이 진행되어 유적이 발굴되었고 국립공원이 되기 전까지 이곳은 그야말로 검은 돌의 폐허 덩어리로 남아 아무도 찾지 않는 음산한 곳이었다.

오래된 건축물의 흔적들인 기둥과 돌담 사이를 끼고 걷다 보면 2천 년 전 예수님께서 이곳에서 설교를 하시고 병자를 고치시는 모습을 보기 위해 어디론가 뛰어가는 유대인들을 만날지도 모른다. 아니 어쩌면 골목을 끼고 돌아설 때 저 멀리서 갈릴리 호수를 바라보며 서 있는 예수님을 만나게 될지도 모르겠다.

너희는 나를 누구라 하느냐 물으셨던 가이사랴 빌립보

갈릴리 호수에서 90번 도로를 타고 북쪽으로 올라가다 보면 저 멀리 산봉우리에 하얀 눈이 쌓여 있는 헐몬산이 눈앞에 들어온다. 헐몬산은 해발 2,814m로 해발 2,750m의 백두산보다 높은 산이다. 이 높은 산은 지질의 특성상 물이 잘 스며드는 산이라고 한다. 그래서 산봉우리에 쌓여 있는 눈이 녹게 되면 산속으로 스며들어 산 밑에 있는 여러 샘에서 다시 솟아나고 그렇게 솟아난 샘물들은 여러 개의 강줄기를 이루어 계곡을 따라 흘러가다가 이스라엘 땅에서는 보기 드물게 폭포까지 만들며 갈릴리 호수까지 들어가게 된다.

그래서 헐몬산 밑자락의 샘물 주변에는 수풀이 우거진 곳이 많은데 그중에 하나가 바로 이스라엘 최북단에 위치한 바니아스Banyas 또는 가이사랴 빌립보Caesarea Philippi라 불리는 곳이다.

B.C. 324년 알렉산더 대왕이 중동 전역을 점령하고 그 이후에 자연스럽게 그리스 문화도 들어오게 되고 이곳에 살던 사람들은 풍요로운 자연환경 속에서 살면서 자연의 신인 판Pan을 위한 신전을 짓게 되는데 그 신전을 파네온Panaeon이라고 불렀다. 그러니까 바니아스는 그

때 당시 판신을 위해 제사를 지내던 장소인 셈이다. 판신은 허리에서 위쪽은 사람의 모습이고 머리에는 뿔을 가졌으며 다리는 염소의 모습인데 워낙 춤과 음악을 좋아하는 명랑한 성격이라고 한다. 하지만 사람들에게 공포심을 주기도 했는데 그래서 당황과 공황을 의미하는 패닉panic이라는 말과 전 세계 유행병이라는 팬데믹pandemic이라는 말이 생기게 되었다.

원래는 그리스 지방에서 신으로 섬기다가 다른 나라로 퍼져 나가면서 동굴 속에 판을 모시는 사당을 만들게 되었다. 그 판신이 헐몬산 밑자락까지 들어오면서 커다란 동굴 속에 신전을 만들어 놓은 것이다. 그러나 B.C. 20년 최초의 로마 황제 아우구스투스(훗날 그의 이름을 가이우스 율리우스 카이사르 옥타비아누스로 개명함)는 이곳을 자신의 왕국으로 합병한 이후 헤롯 대왕에게 선물로 주게 되고 헤롯 대왕이 죽은 후 그의 세 아들 중의 하나인 헤롯 빌립이 이곳을 자신의 영토 중 수도로 정한 뒤에 아우구스투스를 위한 신전을 짓고 이곳의 이름을 로마 황제의 이름 카이사르와 자신의 이름 빌립을 합쳐서 가이사랴 빌립보라고 바꾸었다.

예수님도 그의 공생애 기간 중에 이곳을 방문하셨었다. 마태복음 16장 13절에서 20절까지 보면 예수님께서 이 도시를 방문했다는 기록이 나온다. 이곳에서 판신에게 제사를 드리러 오는 사람들과 제사를 드리는 모습을 보고 얼마나 가슴이 답답하셨을까? 그래서 예수님은 이곳에서 제자들에게 질문을 한다.

'사람들이 인자를 누구라 하느냐, 너희는 나를 누구라 하느냐'고 물으시자 제자들이 '더러는 침례 요한, 더러는 엘리야, 어떤 이는 예레

가이사랴 빌립보

미야 선지자 중의 하나라 하나이다'라고 대답한다. 그러자 예수님은 다시 한번 묻는다.

'너희는 나를 누구라 하느냐'

이때 시몬 베드로가 대답하기를

'주는 그리스도시요 살아계신 하나님의 아들이시니이다'라는 위대한 신앙 고백을 한다.

그러자 예수님은 마태복음 16장 17절과 19절에서 베드로에게

'바요나 시몬아 네가 복이 있도다 이를 네게 알게 한 이는 혈육이 아니요 하늘에 계신 내 아버지시니라 또 내가 네게 이르노니 너는 베드로라 내가 이 반석 위에 내 교회를 세우리니 음부의 권세가 이기지 못하리라 내가 천국 열쇠를 네게 주리니 네가 땅에서 무엇이든지 매

면 하늘에서도 매일 것이요 네가 땅에서 무엇이든지 풀면 하늘에서도 풀리리라'고 말씀하셨다.

 4세기 초, 콘스탄티누스가 더 이상 이곳에서 판을 위한 제사를 진행하는 것을 금지시키면서 한동안 이곳에 기독교 공동체가 거주했었지만 7세기경 아랍의 점령에 의해서 기독교 공동체는 사라지고 말았다. 그러다가 9세기 말에 십자군이 갈릴리 지역을 점령하자 무슬림들은 이곳을 자신들의 요새로 삼게 되는데 그때부터 아랍인들은 바네아스Paneas라는 발음을 못해서 바니아스라고 부르기 시작했으며 그래서 지금도 이곳을 바니아스라고 부르게 된 것이다. 원래 이곳은 1967년 6일 전쟁이 일어나기 전에는 시리아의 영토였다. 시리아는 이곳에 넘쳐 나는 물을 막아 군인들을 위한 수영장을 만들었을 뿐 역사적 가치를 발견하지 못하고 그대로 방치해 둔 상태였었다. 하지만 이스라엘이 6일 전쟁으로 인해 이 지역을 점령한 이후 이곳의 고고학적 가치와 주변의 풍부한 자연환경을 고려해 국립공원으로 지정하고 관광객들의 발걸음이 이어지도록 탈바꿈시켜 놓았다.

 국립공원에 도착해 주차장에 차를 세우고 그 안으로 걸어 들어가면 오른쪽에는 과거 판 신전의 유적터에서 발굴한 유물들이 야외에 전시되어 있는 것을 볼 수 있다. 조금 더 안쪽으로 걸어 들어가면 왼쪽에는 헐몬산 꼭대기에서 녹은 물이 산속으로 스며들었다가 산밑에서 다시 솟아 나오고 있는 샘물들이 시원하게 흘러가고 있는 것과 오른쪽에는 무화과나무들이 숲을 이루고 여행자들을 위한 돌의자들이 배치되어 있는 것을 볼 수 있다. 그리고 계속해서 길을 따라 들어가면 길이 70m, 높이 40m의 거대한 절벽이 눈앞을 가로막고 바로 그 밑에

가이사랴
빌립보의 신전

15m 높이에 넓이는 20m 정도의 커다란 동굴이 나타나는데 고대인들이 그 동굴 속에 판신을 위한 제단을 만들어 놓았었다. 그리고 오른쪽 절벽에도 신의 모습을 부조로 조각해 놓은 것을 볼 수 있는데 이걸 통해 그 당시 이스라엘과 페니키아에 만연해 있던 이방신 숭배 형태와 생활 양식들을 알 수 있다.

지금으로부터 2천 년 전에는 아마도 이 지역 사람들 수천 명이 모여서 이곳에서 제사를 지냈을 것이다. 그리고 그 모습을 보면서 예수님은 베드로에게 그런 질문을 하셨던 것 같다. 바니아스 국립공원 입

20. 갈릴리 북쪽 지역   417

구의 길 건너편에는 아그립바 2세의 궁전 터도 있다.

여로보암의 제단이 있었던 텔 단

여호수아는 가나안 정복 전쟁을 일단 마무리하고 정복한 땅과 정복하지 못한 땅을 각 지파에게 분배해 주는데 열두 지파들 중에 단 지파에게는 소라, 에스다올, 아얄론, 딤나, 욥바 같은 주로 지중해 해안가 같은 곳을 분배하였다.

하지만 그 지역은 이미 블레셋 민족이 차지하고 있었고 그들을 쫓아내기 힘들다고 판단한 단 지파는 북쪽 지방 라이스에 자리를 잡고 그 도시의 이름을 지파의 이름을 따서 단이라고 불렀다. 이 이야기는 사사기 18장 27절에서 29절까지에 자세히 나오는데

'단 자손이 미가가 만든 것과 그 제사장을 취하여 라이스에 이르러 한가하고 걱정 없이 사는 백성을 만나 칼날로 그들을 치며 그 성읍을 불사르되 그들을 구원할 자가 없었으니 그 성읍이 베드르홉에 가까운 골짜기에 있어서 시돈과 거리가 멀고 상종하는 사람도 없음이었더라 단 자손이 성읍을 세우고 거기 거주하면서 이스라엘에게서 태어난 그들의 조상 단의 이름을 따라 이 성읍을 단이라 하니라 그 성읍의 본 이름은 라이스였더라'고 기록이 되어 있다.

B.C. 930년, 솔로몬의 아들 르호보암이 북쪽 지파에게 무거운 세금을 부과하자 여로보암은 이에 반란을 일으키면서 왕국은 분열되었고 여로보암은 벧엘과 단에 금송아지 우상과 제물을 바치는 제단을 만들었다. 북이스라엘 백성들이 예루살렘으로 제사를 드리러 갔다가 르호보암을 따르게 될 것이 두려웠기 때문에 단과 벧엘에 금송아지

제단을 만든 것이다. 그래서 아모스 선지자는 아모스서 8장 14절에 '사마리아의 죄된 우상을 두고 맹세하여 이르기를 단아 네 신들이 살아 있음을 두고 맹세하노라 하거나 브엘세바가 위하는 것이 살아 있음을 두고 맹세하노라 하는 사람은 엎드러지고 다시 일어나지 못하리라'고 얘기했다.

열왕기하 10장 29절에는 '이스라엘에게 범죄하게 한 느밧의 아들 여로보암의 죄 곧 벧엘과 단에 있는 금송아지를 섬기는 죄에서는 떠나지 아니하였더라'며 단은 우상 숭배의 죄를 지적할 때마다 언급된 성읍이었다.

그뿐만 아니라 사무엘상 3장 20절에 '단에서부터 브엘세바까지의 온 이스라엘이 사무엘은 여호와의 선지자로 세우심을 입을 줄을 알았더라'고 표현하듯이 단은 이스라엘의 영토를 구분할 때 단에서부터 브엘세바까지라고 부를 정도로 이스라엘의 북쪽 경계를 가리키는

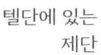
텔단에 있는 제단

곳으로 매우 중요한 곳이었다.

바니아스 국립공원에서 나와 99번 도로를 타고 남쪽으로 약 5.4km 내려오다 보면 오른쪽에 고대 단 유적지를 공원으로 만들어 놓은 텔 단Tel Dan 국립공원 입구를 만나게 된다. 텔 단 국립공원에 들어서면 사람들은 대부분 깜짝 놀란다. 지금까지 보았던 이스라엘의 모습과는 다르게 울창한 수풀이 우거지고 그 사이로 엄청난 양의 물이 흘러 내려간다는 것을 알게 되기 때문이다.

헐몬산의 밑자락 샘에서 솟아 나온 물이 요단강으로 흘러들어 가는 개울은 세 개인데 그 중에서 가장 큰 샘물이 솟아나는 곳이 바로 이곳 단이며 그 흘러가는 양이 너무나 엄청나고 소리 또한 막힌 가슴을 뻥 뚫을 만큼 요란하다. 어쩜 저렇게 맑고 깨끗한 물이 당장이라도 막힌 담을 뚫어 버릴 것 같은 기세로 한꺼번에 쏟아져 흘러가는지 그 물을 보고 있자면 정신이 몽롱해질 정도이다. 이 물들이 흘러가 요단강을 이루는 것인데 그래서 요단이라는 말도 단에서 흘러나온다는 뜻이다.

이 숲속에는 다양한 품종의 나무들과 습지 식물들이 자라고 있고 흘러내리는 샘물 주변에는 다양한 파충류와 벌레들이 서식하고 있으며 물속에도 다양한 종류의 물고기들이 헤엄치고 있다. 그야말로 아프리카 밀림 속을 헤치고 가는 듯한 분위기이다. 시원한 나무 그늘 밑에 만들어진 그야말로 수천 년 전에 만들어졌을 산책 길을 따라 가다 보면 물소리와 새소리에 흠뻑 빠져들게 된다.

숲길을 따라 걷다 보면 바닥 어디에선가 물이 졸졸 흘러나오는 것을 볼 수 있는데 그곳이 바로 요단강의 시초가 되는 샘, 에인 단Ein

Dan이다. 여기서 졸졸거리며 흘러나온 물이 작은 개울을 이루고 더 내려가서는 요단강을 만들며 더 내려가서는 갈릴리 호수에 물을 채우게 되는 셈이다.

샘을 지나 조금 더 걸어가면 드디어 왼쪽에 거대한 유적지가 나오는데 이곳이 바로 여로보암이 금송아지 우상을 세우고 제사를 지내던 제단의 자리이다. 여로보암은 예루살렘 성전의 제단보다 더 작게 만들면 백성들이 예루살렘을 그리워할까 봐 예루살렘의 제단보다 더 큰 가로 18m, 세로 18m 크기의 제단을 만들고 폭이 8m나 되는 계단을 만들어 놓았다. 현재 제단의 아랫부분은 돌로 되어 있지만 그 위에는 쇠 파이프로 구조물을 만들어 놓아 원래 제단의 크기가 어느 정도였었는지를 가늠할 수 있도록 해 놓았다.

열왕기상 12장 31절에 보면 여로보암은 제단뿐만 아니라 산당도 만들었다는 기록이 나오는데 여로보암이 만든 산당도 아직 그 흔적이 제단 옆에 남아 있다.

제단을 나와 오래된 돌길을 걷다 보면 작은 성문을 만나게 되는데 이 성문은 단순히 사람들이 출입하는 용도로만 사용했던 것이 아니라 성문 바로 바깥쪽에 마련된 자리에 왕이나 장로가 앉아 재판을 하거나 중요한 업무를 처리했다.

그때 성문의 바깥쪽에서 왕이 앉았던 자리가 아직도 그대로 남아 있는 것을 볼 수 있다. 그리고 조금 더 걸어가면 높이 7m의 아치형으로 된 가나안 시대의 성문이 나온다. B.C. 18세기에도 천여 명의 가나안 사람들은 이곳에 도시를 만들고 그 주변을 둘러싼 성벽을 만들고 성문을 만들었는데 거의 완벽한 모습의 성문이 발견되었다.

이렇게 자연적인 면에서도 아름다울 뿐만 아니라 고고학적으로도 중요한 이곳도 역시 이전에는 시리아의 영토였지만 1967년 6일 전쟁을 통해 이스라엘이 점령하고 지금은 국립공원으로 훌륭하게 잘 가꾸어 놓았다.

단 국립공원의 숲길

21

가난했던 동네 그러나 예수님의 동네
나사렛

가난했던 동네 그러나
예수님의 동네

갈릴리의 중심 도시 티베리아에서 77번 도로를 타고 약 20km 정도를 달리다 보면 계속해서 언덕 위로 올라가게 된다. 갈릴리가 해발 -210m 아래쪽에 위치해 있다는 것을 생각해 보면 갈릴리에서 출발한 자동차는 약 600m 정도 가파른 길을 올라가는 셈이다. 거기서 다시 754번 도로를 따라 좌회전해서 약 14km 정도 언덕길을 향해 계속 올라가면 갑자기 눈앞에 커다란 아랍 마을이 나타나는데, 이 마을이 예수님의 부모였던 요셉과 마리아가 살던 곳이며 또 베들레헴에서 태어나신 예수님이 이집트로 잠시 피난을 갔다 돌아와서 성인이 될 때까지 아버지의 일을 도와 성장하셨던 마을 나사렛이다.

나사렛이라는 도시의 이름은 구약성경에 단 한마디도 언급되지 않는다. 그만큼 나사렛은 이스라엘 역사에서 예수님이 태어나시기 전까지는 전혀 알려져 있지 않은 작은 시골 동네에 불과하였고 예수님이 태어나실 당시만 해도 나사렛 마을에는 약 150여 명의 사람들만이 옹기종기 모여 살고 있을 정도였다. 더군다나 나사렛에서 메시아가 나오겠냐고 반문할 정도로 다른 사람들 눈에도 보잘것없는 작은 마을이었다.

그러나 예수님의 탄생 이후로 예수님을 소개할 때 나사렛 사람 예수라고 표현할 만큼 유명한 동네가 되었고, 지금도 히브리어로 그리스도인을 가리킬 때 노쯔리라는 말을 사용한다.

나사렛이라는 지명은 구약성경에서 소개하는 나실인, 다시 말해서 나지리트nazirite에서 유래되었다는 말도 있고 또 히브리어의 나자레에서 유래되었다는 말도 있다. 히브리어로 나자레는 '가지'라는 뜻인데, 이 말은 이사야서 11장 1절의 "이새의 줄기에서 한 싹이 나며 그 뿌리에서 한 가지가 나서 결실할 것이요"라는 말씀에 따라 예수님이 그 나뭇가지의 줄기라는 의미로 지어진 이름이 아닌가 하는 해석도 있다.

이곳에 가면 예수님의 어머니였던 마리아와 아버지 요셉의 생가가 보존되고 있으며 특히 이 마을의 유일한 샘물이었던 마리아의 샘물이 아직도 물이 흘러나와 예수님의 어머니였던 마리아도 이 샘물에 와서 물을 길었을 것이라는 추측을 쉽게 할 수 있다. 그뿐만 아니라 예수님이 회당에 찾아가 랍비들과 함께 구약성경을 읽으시고 하나님의 말씀에 대해서 토론하였던 회당도 보존되고 있다. 그래서 이곳 나사렛은 전 세계 크리스천들이 이스라엘 성지를 방문할 때 찾아오는 중요한 성지가 되었으며, 지금도 이곳에 순례자의 발길이 단 하루도 끊이지 않는 중요한 도시로 자리매김을 하고 있다. 현재 나사렛은 약 5만 명의 아랍인들이 살고 있는데 그중에 절반은 기독교인이라는 사실이 아주 흥미롭다.

마리아가 천사들을 만났던
가브리엘교회와 마리아의 우물

나사렛 마을로 들어가면 넓은 중앙 도로가 나오는데 이 도로를 따라서 시내로 들어가면 오른쪽에 샘물이 하나 있다. 이 샘물은 대리석으로 되어 있는 벽면에 물이 나오는 구멍이 있어 지금도 물이 흘러나오고 있다. 이 샘물이 나사렛의 중요한 식수원인 마리아의 샘물이다. 이 샘물을 마리아의 샘물이라고 부르는 이유는 오래전부터 나사렛 사람들이 사용하였던 샘물인 만큼 예수님의 어머니였던 마리아 역시 이 샘물을 긷기 위해 찾아왔을 거라고 생각해서 마리아의 샘물이라고 한다.

하지만 지금 설명한 이 샘물은 엄밀한 의미로 마리아가 물을 긷던 샘물은 아니고 마리아가 진짜로 물을 길었을 샘물은 그 마리아의 샘물에서 약 100m 떨어져 있는 가브리엘교회 St. Gabriel's church & Mary's well 안에 있다. 이 교회의 안쪽 깊숙한 곳에 가면 오래전에 사용하였을 것 같은 깊은 우물이 있는데, 이 우물이 마리아가 물을 길었던 그 우물이라고 한다. 그러나 그 대리석으로 만든 우물의 물 역시 이곳 샘물에서 끌어간 것으로 같은 물이라고 해도 틀린 말은 아닐 것이다.

그런데 왜 이 교회를 마리아의샘물교회라고 하지 않고 가브리엘교회라고 이름을 붙인 것일까? 마리아는 이곳 가브리엘교회의 안쪽에 있는 우물에서 가브리엘 천사를 만나, "은혜를 받은 자여 평안할지어다(눅 1:28)"라는 말을 듣게 된다. 그 말에 놀란 마리아는 물을 긷던 양동이를 두고 집으로 뛰어 들어오게 되지만 가브리엘 천사가 다시 나타나서 "보라 네가 잉태하여 아들을 낳으리니 그 이름을 예수라 하라(눅 1:31)"는 말을 재차 듣게 된다. 이렇게 마리아가 이 교회 안에 있는 우물에서 가브리엘 천사를 처음 만나게 되어 가브리엘교회라고 불린 것 같다.

비잔틴 시대 때 이 우물 위에 교회를 세웠고, 십자군 시대에 다시 재건축되어 지금까지 보존되고 있으며 지금도 이곳에 가면 우물 밑으로 시원한 물이 흐르고 있어 순례자들은 준비되어 있는 작은 그릇으로 그 물을 마시기도 한다.

만약 이 교회를 방문하게 되면 이 물을 한 번쯤 떠먹어 보라고 권하고 싶다. 그 옛날 마리아가 이 물을 길어서 어린 예수님을 위해 음

마리아의 우물

가브리엘교회

식을 준비했을 것이고 또 아버지의 목공 일을 도우시다가 더워서 땀이 흘러 갈증이 나면 예수님도 분명히 이 물을 드셨을 것이기 때문이다. 나사렛에는 이곳 말고는 식수가 나오는 샘물이 없기 때문에 얼마든지 가능한 일이다.

천사가 찾아왔던 마리아의 집
수태고지교회

나사렛 시내에 들어서면 가장 큰 깔때기 모양의 회색 지붕을 볼 수 있다. 이곳은 마리아에게 가브리엘 천사가 나타나 예수님을 잉태하였다는 소식을 전해 주었다는 마리아의 집, 수태고지교회 Church of the Annunciation이다.

로마의 황제 콘스탄틴 대제의 어머니였던 헬레나 황후는 로마가 기독교를 국교로 공인한 이후 이곳을 찾아와 마리아의 생가에도 기념교회를 세웠다. 하지만 사연 많은 이스라엘 땅에서 그 기념 교회도 오래 가지는 못하였다. 여러 번의 붕괴와 재건축을 거치게 되면서 지금의 교회는 이탈리아의 유명한 건축가 조반니 무치오 Giovanni Muzio가 설계해서 1955년에 짓기 시작해 1969년에 완성된 건물로 이스라엘 성지에 있는 교회 중에 가장 큰 교회이다.

일단 이 건물은 나사렛 어느 곳에서 봐도 금방 눈에 띌 정도로 큰 규모인 데다가 겉모양 또한 회색 벽돌이 사용되어 나사렛 도시의 다른 아랍 건물과는 확연히 차이가 있다. 이 교회 입구에는 유명한 성지답게 크고 작은 기념품 가게가 많이 있는데, 육중한 청동문을 열고 안으로 들어가면 교회의 크기와 안에서 풍겨 나오는 분위기에 압도된다. 먼저 1층으로 들어가면 중앙의 커다란 동굴이 아랫부분에 자리 잡고 있는 것을 볼 수 있는데 이곳이 마리아의 집이다. 갈릴리에서 봤던 베드로의 집과 또 예루살렘에서 보았던 가정집의 모습과는 다르게 마

수태고지교회

마리아가
가브리엘 천사를
만났다는 동굴

리아의 집이 동굴이라는 사실이 좀 의아스럽다. 그 이유는 이곳은 그 당시에도 사람들이 얼마 살지 않을 만큼 가난한 동네였기 때문이다. 그래서 이곳의 가정집은 벽돌을 쌓아 올린 집이 아니라 동굴을 파서 그 안에 침실과 주방 등 살림살이를 갖춰 놓고 살았다. 그리고 그 동굴 위가 집의 지붕이 되고, 이곳에서 요셉과 마리아는 간단한 천막을 쳐서 곡식을 말리거나 목공 작업을 하였을 것이다.

어쨌든 이 동굴이 바로 마리아가 살던 집이었고 이 동굴과 바깥 세상으로 연결된 작은 창문으로 천사 가브리엘이 들어왔다. 그 당시의 상황은 누가복음 1장 26~33절에 자세하게 기록되어 있다.

"여섯째 달에 천사 가브리엘이 하나님의 보내심을 받아 갈릴리 나사렛이란 동네에 가서 다윗의 자손 요셉이라 하는 사람과 약혼한 처녀에게 이르니 그 처녀의 이름은 마리아라 그에게 들어가 이르되 은혜를 받은 자여 평안할지어다 주께서 너와 함께 하시도다 하니 처녀가 그 말을 듣고 놀라 이런 인사가 어찌함인가 생각하매 천사가 이르되 마리아여 무서워하지 말라 네가 하나님께 은혜를 입었느니라 보라 네가 잉태하여 아들을 낳으리니 그 이름을 예수라 하라 그가 큰 자가 되고 지극히 높으신 이의 아들이라 일컬어질 것이요 주 하나님께서 그 조상 다윗의 왕위를 그에게 주시리니 영원히 야곱의 집을 왕으로 다스리실 것이며 그 나라가 무궁하리라"

이 동굴을 발굴할 당시 바닥에서 모자이크로 된 작은 글씨가 발견되었다.

'주후 427년에 예루살렘 교회의 책임자인 코논이 기증한다.'

이런 흔적으로 보아 이 교회는 헬레나 황후가 지었던 교회가 무너졌다가 다시 A.D. 427년에 세워졌던 것 같다.

이곳에 가면 수많은 가톨릭 신자들이 찾아와 동굴을 향해 무릎 꿇고 기도하는 모습을 볼 수 있는데, 천장을 올려다보면 한 송이의 백합꽃이 동굴을 감싸고 있는 듯한 모습으로 건축되어 있는 것을 볼 수 있다. 백합꽃은 마리아를 상징한다고 한다. 2층으로 올라가면 그곳에는 큰 예배당이 자리 잡고 있는데 정면에는 거대한 벽화가 그려져 있고 양쪽 벽에는 아름다운 색상의 스테인드글라스로 장식되어 있다. 2층 교회에서 북쪽 문으로 나가면 작은 다리가 하나 있는데 이 다리의 아래쪽에는 초대교회 시절에 사용되었던 집터와 기름 짜는 틀, 곡식 창고 등의 유적들을 볼 수 있다. 그리고 이 교회 건물 밖에는 아기 예수를 가슴에 안고 있는 마리아의 모습을 세계 각 나라의 전통 의상을 입은 모습으로 모자이크로 만들어 전시해 놓고 있다. 아프리카에서 보내온 모자이크 그림은 흑인의 마리아와 흑인의 아기 예수를 볼 수

(위)
수태고지교회
1층

(아래)
수태고지교회
2층

있고, 중국에서 보내온 모자이크는 중국 전통 의상을 입은 마리아와 어린 예수를 볼 수 있다.

물론 우리나라의 가톨릭에서 제작하여 보낸 모자이크 작품도 전시되어 있는데 한복을 곱게 차려입은 마리아와 색동저고리를 입은 아기 예수의 모습이 그려져 있다. 그 모습은 세련되었다기보다는 좀 어색한 모습으로 그림을 그 정도로밖에 그릴 수 없었나 하는 아쉬움이 든다.

예수님의 아버지 요셉의 작업장
요셉교회

수태고지교회 바로 옆에는 예수님의 아버지인 요셉의 집터에 세워진 요셉교회Joseph's church가 있다. 이것으로 볼 때 예수님의 어머니였던 마리아와 요셉은 서로 앞집과 뒷집 사이였다는 것을 알 수 있다. 역시 요셉의 집도 동굴로 되어 있다. 그리고 그 동굴의 윗부분은 목수였던 요셉의 작업장이었다고 하는데, 그 당시 요셉은 동네 사람들이

요셉교회

가정에서 사용하는 여러 가지 크고 작은 가구들과 생활 집기를 만들었을 것이다.

요셉은 바로 옆집에 살고 있는 아름다운 처녀 마리아와 사랑을 하게 되었고 약혼을 했으며 곧이어 결혼식을 올릴 예정이었다. 그런데 마리아가 임신을 했다는 이야기를 듣고 처음에는 많은 갈등을 하였다고 한다. 과연 이 여인과 결혼을 해야 하는 것일까? 결국 두 사람은 성령의 중재하심에 마리아가 메시아의 어머니가 될 것이라는 사실을 깨닫고 결혼식을 올리게 되었던 것이다.

여기서 잠깐 유대인들의 결혼식 과정을 소개하면 결혼을 앞둔 신랑은 그 전 안식일에 모세 오경에 해당하는 토라를 낭독해야 한다. 낭독을 마친 신랑에게 사람들은 건포도를 머리에 뿌려 준다. 또 결혼을 하는 당사자인 신랑과 신부는 결혼식 때까지 경건한 마음으로 금식을 해야 한다. 그렇게 금식을 하고 결혼식을 함으로써 그 전에 지은 모든 죄는 잊혀지는 것으로 알기 때문이다.

결혼식은 실내에서 하든지 실외에서 하든지 후파huppa라고 하는 천막 밑에서 진행되는데, 후파는 네 개의 기둥으로 세워진 천막이다. 이것은 뜨거운 중동 지방의 태양 빛을 가리는 역할을 한다. 그리고 이 후파는 세상의 다른 공간과는 구별된 특별하고 신성한 장소라는 의미가 있기도 하다.

두 사람이 후파 밑에 서면 결혼식을 집례하는 사람이 케투바ketubba라고 하는 결혼 증서를 읽고 이 결혼 증서에서 얘기하는 서로 간의 약속을 죽을 때까지 지켜 줄 것인가를 신랑 신부에게 묻는다. 이 질문에 대답한 신랑 신부는 케투바에 각자의 이름을 적어 서명을 하고 결혼식 집례자는 유리컵을 땅에 떨어뜨려 깨뜨리는 의식을 거행한다. 이것은 한번 깨진 컵은 다시 원상 복구될 수 없는 것처럼 두 사람이 하나의 가정을 이루게 되면 그 어떤 일이 있어도 갈라설 수 없다는 것을 의미한다.

이렇게 결혼식이 끝나면 피로연을 갖게 되는데 조금은 긴 시간 동안 이어지는 결혼식 피로연이긴 하지만, 이런 결혼식을 통해서 가정을 이루게 된다. 바로 이곳 요셉의교회에서도 2천 년 전 마리아와 요셉은 그렇게 결혼을 하였고 일주일 동안 이곳에서는 노래와 춤이 끊이지 않았을 것이다. 그리고 그 후에 태어난 예수님은 아버지 요셉을 도와 목수 일을 배우셨을 것이다. 이곳 요셉교회는 1914년에 세워졌다.

2천 년 전 나사렛의 모습을 재현한 나사렛 민속 체험관

2천 년 전 나사렛은 과연 어떤 모습이었을까? 예수님은 어떤 집에서 사셨으며 요셉은 어떤 장소에서 목수 일을 하고 있었을까? 그 당시에 나사렛을 가 보고 싶다면 나사렛 민속 체험관을 찾아가면 된다. 나사렛 민속 체험관은 여러 명의 고고학자들의 고증에 의해 그대로 재현되어 있어 이미 외국의 유명한 방송사에서 성경과 관련된 다큐멘터리를 제작할 때 이곳에서 촬영할 정도로 유명한 관광 코스이다.

나사렛 민속 체험관은 수태고지교회에서 가깝기 때문에 걸어서 10분이면 도착할 수 있는 거리이다. 수태고지교회를 나와 큰 도로를 따라 약 200m 정도 내려오면 나사렛 빌리지 Nazarreth Village라는 안내 표지판을 발견하게 되는데 거기서 오른쪽 언덕길로 조금만 올라가면 나사렛 민속 체험관이다.

입구에서 입장료를 내면 작은 전시관으로 먼저 안내되는데 그 안에는 1세기경의 나사렛과 오스만 제국 시대까지 이르는 나사렛의 변화되는 모습을 그림과 도표로 설명하고 구석구석에 여러 가지 전시물들을 그럴듯하게 구성하여 전시관을 구경하는 것도 재미있다. 그리고 관람객들을 위한 안내 동선에 따라 움직이다가 드디어 전시관 밖으로 나서는 순간 나사렛 산등성이에 만들어 놓은 2천 년 전의 나사렛 마을이 눈앞에 펼쳐진다. 꽤 많은 가정집과 여러 개의 건물들 그리고 양과 말 같은 동물들을 가둬 둔 우리들이 보이고 여기저기 각자의 자리에서 2천 년 전의 의상을 입고 일을 하는 사람들도 보인다. 작은 오솔길을 따라 걸어가다 저만치서 양 떼 몇 마리를 몰고 오는 목자와 마주치면 씨익 하고 웃어 주기도 한다.

어느 가정집으로 들어가면 그 안에는 방금 전까지 주방에서 뭔가 요리를 하다가 잠시 자리를 비운듯 아궁이에는 나뭇가지가 검게 그을음을 내고 타고 있으며 방 안에도 역시 방금 전까지 누군가가 잠을 자다가 정리도 하지 않고 밖으로 나간 듯하다. 집 뒤편으로 돌아가면 그곳에는 여인이 옷가지들을 정리하고 있고 남자는 나무를 다듬고 있다. 이들은 모두 연기자들이다. 의상만 2천 년 전의 것으로 입었을 뿐 얼굴은 굳이 분장을 하지 않아도 검게 그을은 피부와 얼굴의 반을 덮은 검은 수염으로 인해 영락없는 나사렛 사람 같다.

집 안을 천천히 돌아보면 가재도구들은 어떤 것들이며 침대와 의자는 어떻게 만들었었는지 그리고 집안 구조는 어땠으며 어떤 재료로 어떻게 집을 만들었는지 금방 알 수가 있다. 그리고 골목길의 폭은 어느 정도이고 어디로 이어졌으며, 곡식 창고와 화장실은 어떻게 생겼는지 알 수 있다. 이곳을 둘러보는 것만 해도 한두 시간 만에 유대인들의 고대 생활사를 모두 공부할 수 있을 정도이다.

밖으로 나가면 넓은 들판에서 양 떼를 돌보는 사람들과 올리브기름을 짜는 사람 그리고 뭔가 연장을 챙기고 부지런히 걸어가는 사람도 만난다. 역시 모두 연기자들이다. 마을 한 켠에 있는 회당 안으로 들어가면 그곳엔 방금 전까지 두루마리 성경을 읽는 랍비를 지켜보던 유대인들이 모두 떠나간 듯 계단식 좌석에는 온기가 남아 있는 것 같다. 아마도 예수님은 이 마을에서 다른 아이들과 뛰어놀고 아버지 일을 도왔으며 이곳 회당 안에서 랍비의 강론을 어른들과 함께 들었을

21. 나사렛

것이다. 그야말로 내가 청바지에 티셔츠를 입고 손에는 스마트폰을 든 채 타임머신을 타고 2천 년 전 나사렛 마을로 순식간에 날아간 듯한 착각이 든다.

마을 한쪽에는 관광객들을 위한 식당도 있는데 이곳의 메뉴 역시 2천 년 전 나사렛 사람들이 먹던 음식을 팔고 있다. 주문을 받고 서빙을 하는 여인도 역시 옛날 의상을 입고 있으며 들려 나오는 음악도 역시 고대 유대인들의 음악이다. 이 정도면 정말 완벽하게 2천 년 전의 모습을 재현해 놓았다고 생각하기에 부족함이 없다. 여러 명의 연기자와 동물들 그리고 건물 구조와 마을의 모습, 소품 하나하나까지 고증에 의해 만들었다니 정말 대단하다는 생각이다.

입장료가 비싼 것이 단점이다. 단체로 나사렛을 방문하는 순례객들은 이곳을 방문하기가 쉽지 않겠지만 가족 단위나 개인적으로 나사렛을 방문하는 사람이라면 시간을 내서 이곳을 꼭 방문해 천천히 둘러보기를 바란다. 이곳에서 여러분은 어쩌면 요셉과 마리아 그리고 어린 예수님을 만날 수 있을지도 모르겠다.

22

인류 최후의 전쟁이 일어날
므깃도

나사렛에서 60번 도로를 이용하여 남쪽으로 약 12km를 내려가면 아풀라Afula라는 도시에 이르게 되는데 여기서 다시 65번 도로를 이용하여 서쪽 지중해 방향으로 달리다 보면 왼쪽으로 넓고 푸른 평야가 펼쳐진다. 이 평야가 이즈르엘Yizreel 평야이다. 이 도로를 이용하여 아풀라에서 약 14km를 가면 큰 사거리를 만나게 되는데 이 사거리의 오른쪽에 약 60m의 높은 언덕에 자리 잡은 텔 므깃도Tel Megido 국립공원이 나온다.

'주둔지'라는 뜻에 걸맞게 주변이 넓은 이즈르엘 평지와 갈멜산 끝자락의 높은 언덕에 자리 잡은 텔 므깃도는 전쟁을 하기에는 천혜의 좋은 자연 환경을 갖고 있다. 특히나 텔 므깃도는 동서남북을 연결하는 교차로에 있기 때문에 군사적으로나 무역, 교통 면에서 매우 중요한 전략적 요충지에 자리 잡고 있어서 과거에도 이곳에서는 크고 작은 전쟁이 수없이 치러졌었다.

애굽을 탈출한 유대 민족은 모세 이후 새로운 지도자 여호수아의 지휘 아래 요단강을 건너와 이곳 므깃도를 정복하여 므낫세 지파에게 주었지만(수 12:21) 여자 사사 드보라와 아비노암의 아들 바락이 므깃도 물 가 다아낙에서 가나안의 군대 장관 시스라와 싸워 이들을 물리치기도 했고(삿 5:19-21) 엘리사 선지자로부터 기름 부음을 받은 북이스라엘 왕국의 왕 예후는 곧바로 이즈르엘로 향해 진군하여 유다의 왕 아하시야를 므깃도에서 죽이고 정권을 잡은 곳이며 (왕하 9:27) 훗날 솔로몬왕은 하솔과 게셀을 정복한 이후 므깃도의 지리적 특성을 정확히 파악하고 이곳을 요새화했다. 특히 이곳에서 말 500필을 사육하면서 왕실 마병을 육성하기도 했었는데 솔로몬왕은 중동 지역의 말 교역을 독점하였으며, 애굽의 전투용 마차와 터키의 말들을 대량으로 싼 가격에 사들여 이익을 남기고 팔아 많은 수입을 올렸고, 또한 무역의 중심지이기도 하므로 각지에서 모여드는 수많은 카라반들로부터 세금를 거두어 수입을 올리는 등 평화 시에도 많은 수입을 올릴 수 있었다.

그 후에 북이스라엘의 왕 오므리와 아들 아합이 므깃도 도성을 더욱 견고하게 수축하고 큰 곡식 창고와 거대한 마구간 등을 다시 복구하였는데 특히 아합왕은 므깃도의 물을 해결하기 위하여 수직으로 약 36m의 깊이로 바위를 뚫고 파고 내려가서, 다시 수평으로 약 65m 길이로 바위 터널을 뚫어 성 밖에 위치한 수원에 수로를 연결시켰으며 이 수로를 통해서 물을 성안으로 끌어오기도 했었다.

하지만 역대하 35장 20절에 보면 유다 왕 요시야는 남쪽으로 내려오는 바빌론을 막기 위해 북진하는 애굽의 왕 바로느고와 맞서 므깃도에서 역시 치열한 전투를 벌이지만 활에 맞아 전사하면서 남유다는 급격한 쇠퇴를 맞이하게 된다.

므깃도에서의 전쟁은 성경 시대에만 일어난 것이 아니었다. 오스만 제국은 16세기부터 팔레스타인을 지배해 왔었는데 제1차 세계대전 후반인 1918년 9월에 팔레스타인에서 영국군을 지휘하던 앨런비 장군은 므깃도에서 터키군과 최후의 전투를 벌여 결국엔 항복시켰다. 이로써 약 400년간의 팔레스타인에 대한 터키의 지배를 종식시키고 영국이 위임 통치하게 되는 승리로 이끌었던 중요하고 유명한 전투가 벌어진 곳도 바로 이곳 므깃도였다.

이렇듯 므깃도에서는 오랜 세월 동안 크고 작은 전쟁이 많이 일어났었지만 므깃도가 중요한 것은 마지막 때에 이곳에서 어떤 일들이 일어나게 될 것인지를 성경에서 기록하고 있기 때문이다. 사도 요한은 요한계시록 16장 16절에서 마지막 때 악의 세력이 결집하여 하나님의 군대와 전투를 벌일 최후의 격전장을 아마겟돈이라고 표현하였

(위)
성 밖의 물을 끌어들여
보관하던 웅덩이

(아래)
솔로몬의 병거를
재현해 놓은 구조물

는데 아마겟돈이란 므깃도를 헬라어로 하르 메깃돈Har-megiddon이라고 부르며 음역하여 아마겟돈이라고 하는 것이다. 결국 인류 최후의 전쟁이 바로 이곳 므깃도에서 일어날 것이라는 이야기다.

현재 텔 므깃도 국립공원에 가면 입구에 작은 박물관이 있는데 이곳에는 각 시대별로 므깃도의 모습을 만들어 놓은 미니어처와 여러 가지 전시물들로 이해하기 쉽도록 설명하고 있다. 박물관을 나와 언덕 위에 있는 유적지로 발길을 향하면 시대별로 잘 발굴되어 있는 모습을 볼 수가 있다.

가나안 시대에 만들어진 포장된 작은 도로와 여러 개의 방을 볼 수 있는데 특히 조개껍데기로 마감된 세면실이 눈길을 끈다. 여러 개의 성문도 있는데 이 문들은 솔로몬왕 시대에 건축되었던 것들로 그 모양이 ㄱ자 형태로 되어 있는 것을 볼 수 있다. 이것은 적들이 성문을 향해 직진해서 공격해 오는 것을 막기 위한 것이고 아마도 이 성문의 바깥 문과 안쪽 문에 각각 감시소가 있었던 것으로 보인다. 또한 이곳에서 한꺼번에 30마리의 말과 동물들을 보관할 수 있도록 구멍 뚫린 기둥이 있는 마구간과 50대의 마차를 보관할 수 있는 방들과 아합왕 시대에 만들어 놓은 곡식 창고와 두께가 8m나 되는 두꺼운 성벽도 볼 수 있다.

텔 므깃도 유적지에서 가장 흥미로운 곳은 아합왕 시대에 만들어 놓은 급수 시설이다. 깊이 65m의 거대한 웅덩이로 돌계단을 따라 내려가면 아랫부분에 높이 2m의 터널이 나오는데 이 터널을 따라 약 80m 정도 걸어가면 성 밖으로 나가게 되는데 그곳에 아직도 물이 고여 있는 샘을 발견하게 된다. 아합왕은 성 밖의 우물에서 이 터널을 따라 물을 끌어와 깊은 웅덩이에 물을 보관했었던 것이다. 3천 년 전에 만들어 놓은 급수 시설이 아직도 거의 완벽에 가까울 정도로 보존되어 있는 것으로 보아 그 당시 토목 기술이 얼마나 뛰어났었는지를 알 수가 있다. 유적지 곳곳에는 시대별 상황을 지금도 조금이라도 느낄 수 있도록 솔로몬의 병거나 병사들의 모습을 조각품으로 장식해 놓아 므깃도 언덕 위에 자리잡고 있다. 금속으로 만든 병거에 앉아 있으면 3천 년 전 당시의 군사들이 함성을 지르며 군사 훈련하던 소리를 들을 수 있을 지도 모르겠다.

불의 심판이 있었던 갈멜산

하나님의 포도원 갈멜산

텔 므깃도 국립공원을 나와 다시 66번 도로를 타고 북쪽으로 가다 672번 도로를 타고 가면 나무가 무성한 산을 향해 올라가는데 이 산이 바로 엘리야 선지자가 바알 선지자들과 대결해서 승리했던 갈멜산이다.

'갈멜'이라는 단어의 뜻은 포도원이라는 뜻의 케렘Karem, 그리고 하나님을 일컫는 엘El이라는 단어가 합성되어 카르멜이 되어 '하나님의 포도원'이다. 갈멜산은 이름처럼 푸른 숲이 우거지고 땅속의 샘물이 많아 이곳에서 나오는 올리브와 포도가 이스라엘에서는 유명한 특산품으로 알려져 있다. 이곳은 가까운 지중해에서 불어오는 따뜻하고 습기가 많은 바람으로 인해 이스라엘의 다른 지역과는 다르게 나무가 무성하게 자랄 수 있는 지역적 특성을 갖고 있다. 그래서 구약성경 이사야 35장 2절에서는 아름다운 갈멜이라고 표현하였고, 아가서 7장

5절에서는 신부의 머리가 갈멜산의 초록색 잎으로 비교될 정도였다. 예레미야 50장 19절에는 "이스라엘을 다시 그의 목장으로 돌아가게 하리니 그가 갈멜과 바산에서 양을 기를 것이며"라며 풍요로운 산이라고 표현하였을 만큼 갈멜산은 푸르고 과실이 많이 나는 산이다.

게다가 갈멜산맥의 동쪽은 신약성경에서 에스드렐론평야라고 했던 이즈르엘평야가 자리 잡고 있는데, 현재 이스라엘의 지도에는 구약성경에서 표현하였던 것처럼 이즈르엘 밸리 Yizre'el Valley라고 표기되어 있고 남쪽에는 샤론평야가 자리 잡고 있다.

갈멜산은 이집트의 역사서에도 등장할 정도로 유명세를 갖고 있다. 이집트의 투트모세 3세, 그리고 람세스 2세와 3세 기록에 의하면 '거룩한 머리의 산'이라고 표현했는데, 이것은 이 산을 종교적 의미가 있는 주요한 산이라고 인식하고 있었던 것 같다. 그런가 하면 로마의 베스파시안Vespasian 장군 역시 유대 땅을 정복할 때 이곳 갈멜산을 먼저 찾아와 제우스신에게 제사를 드렸을 정도였다.

그러나 이 아름다운 갈멜산은 B.C. 860년경 아합왕 시대에 엘리야 선지자와 왕후 이세벨의 종교인 바알 종파의 선지자들이 한판 대결을 벌이는 역사적인 현장으로 구약성경의 중요한 페이지를 장식하게 된다.

엘리야의 한판 승부가 벌어졌던 무흐라카

무흐라카Muchlaka는 아합왕 당시 엘리야가 단신으로 바알 종교의 선지자들과 함께 대결하고 약속대로 그들의 목을 내리친 역사의 현장이다.

B.C. 869년 북이스라엘의 왕이 된 아합은 22년간 왕으로 권좌에 앉았다. 그런데 시돈의 왕 엣바알의 딸 이세벨과 결혼하면서부터 일이 꼬이기 시작하였다.

이세벨이라는 이름의 뜻은 순결 또는 동정이지만 이세벨은 자신의 이름과는 거리가 멀었다. 이세벨은 자기 나라에서 섬기던 바알을 사마리아 땅으로 가져와서 계속 섬기기 시작하였는데 아합왕 역시 아내 이세벨을 따라서 하나님을 버리고 바알을 섬기기 시작하였다. 이세벨이 가져온 바알 종교는 얼마 안 있어 사마리아의 많은 백성들까지도 섬기게 되어 그 당시 바알의 선지자가 850명이나 되었을 정도였다.

　예수님 당시의 제사장의 숫자가 약 480여 명이었다고 하니 구약시대의 사마리아 땅에 이렇게 많은 바알 종교의 선지자가 늘어났다는 것은 엄청난 규모로 뿌리내리고 있었다는 것을 의미한다.

　게다가 선왕 여로보암의 폭정에 못지않은 난폭하고 교활한 정치로 백성들을 비탄에 빠지게 하였다. 이것을 강력하게 지적하고 반대하며 나섰던 인물이 바로 엘리야 선지자였다. 그래서인지 아합왕은 엘리야를 무척이나 싫어하였다. 오죽하면 열왕기상 18장 17절에서 아합왕은 엘리야를 보는 순간 "이스라엘을 괴롭히는 자"라고 표현하였을 정도였다. 아합왕을 만난 엘리야는 드디어 하나님의 말씀을 전하게 된다. "앞으로 이 땅엔 수년 동안 비가 내리지 않을 것"이라는 일종의 선전 포고였다.

엘리야의 예언대로 그 땅에는 3년 6개월 동안 비가 내리지 않았다. 땅은 메말라서 갈라지고 산의 나무들은 서서히 죽어 가기 시작하였다. 백성들은 먹을 물이 없어 여기저기 물을 차지하기 위한 싸움이 이어졌고, 집에서 키우던 가축들은 목이 타서 죽어 갔다. 이대로 계속되다가는 국가의 존립조차 위기에 처할 정도였다. 그러자 바알 종교의 선지자들은 일종의 기우제와 같은 것을 지냈지만 여전히 비는 내리지 않았다. 그때 엘리야가 아합왕 앞에 나아가 "과연 당신이 섬기고 있는 바알과 엘리야가 섬기고 있는 하나님 중에 어떤 신이 참신이며, 누가 이 땅에 다시 비를 내리게 할 것인지를 확인해 보자."라고 제안을 하였다. 그 역사적인 대결을 벌였던 현장이 이 무흐라카이다. 엘리야는 역사적인 대결을 벌이기에 앞서 아합왕에게 몇 가지 단서를 단다.

"만약 바알의 선지자들이 기우제를 지낸 후 비가 온다면 나의 목을 쳐도 좋다. 하지만 그래도 비가 내리지 않고 내가 기우제를 지낸 후 비가 내린다면 너희 모든 바알과 아세라 선지자들의 목을 치겠다."

이곳 무흐라카 산꼭대기에서 마침내 바알 선지자 450명과 아세라 선지자 400명 모두 850명의 선지자들이 모여서 제사를 드리기 시작함으로 850대 1의 전쟁이 시작되었다. 바알과 아세라 선지자들이 자신들의 신을 향해 부르고 광적인 춤을 추면서 칼로 자신들의 몸을 베지만 아무런 응답이 없었고 바알은 나타나지 않았다. 하지만 엘리야가 하나님께 기도하자 하늘에서 불이 내려와 번제물을 태웠다. 그

갈멜산 정상에서 내려다 본 이즈르엘 평야

리고 하늘에서는 3년 반 동안 한 방울도 내리지 않던 비가 쏟아지기 시작한 것이다.

약속했던 대로 엘리야는 850명의 바알과 아세라 선지자들의 목을 내리치기 시작하였다. 비가 쏟아지는 갈멜산의 무흐라카는 피비린내 나는 현장이 되어 버렸다. 그동안 하나님을 버리고 이방 종교의 신을 섬기며 백성들에게까지 바알과 아세라를 섬기게 하였던 그 악행에 대한 분노가 그렇게 표현된 것이다.

현재도 이곳 무흐라카에 가면 1868년 세워진 카르멜 수도원이 있는데, 수도원의 앞마당에는 하얀색으로 된 엘리야 동상이 서 있다. 한쪽 발로 바알 선지자의 목을 밟고 서 있으며, 한 손에는 칼을 높이 들고 금방이라도 내리칠 것 같은 표정으로 서 있는 엘리야의 모습을 보면 그 당시 이방 종교에 대한 분노를 읽을 수 있다. 그리고 수도원의 건물 옥상으로 올라가면 사방으로 산 아래쪽을 내려다볼 수 있는데, 저 멀리 보이는 지중해와 이즈르엘 평야, 그리고 사마리아산까지 확인할 수 있도록 표지판이 되어 있다.

우리는 매일
낭떠러지로 달려가는
사람들이다

텔아비브

이스라엘 건국의 시작

24

이젠 시온으로 가자

'봄의 언덕'이라는 뜻을 가진 텔아비브는 에스겔서 3장 15절에 '이에 내가 델아빕에 이르러 그 사로잡힌 백성 곧 그발강 가에 거주하는 자들에게 나아가 그 중에서 두려워 떨며 칠 일을 지내니라'는 말에서 나왔다.

텔아비브는 지중해를 끼고 발달된 도시라 겨울에도 춥지 않고 따뜻해서 많은 관광객이 찾아오는 곳이다. 이곳에 가면 마치 미국의 맨해튼이나 우리나라의 강남처럼 고층 빌딩이 줄지어 있다. 이제까지 투박하고 야트막한 고대 도시와도 같은 모습의 이스라엘을 봤다면 이곳 텔아비브는 그야말로 현대 도시와 같은 모습이다. 특히 지중해 해안가에는 호텔과 각국의 대사관, 그리고 쇼핑센터들이 자리 잡고 있어서 바쁘게 움직이는 직장인들과 외국에서 찾아온 사람들로 늘 북적거리고 있다.

그렇다면 이스라엘 수도는 예루살렘인데 왜 이곳 텔아비브에 외국 대사관들이 자리 잡고 있는 것일까? 국제 관례상 대사관은 그 나라의 수도에 자리 잡게 되어 있다. 이스라엘은 1948년 텔아비브를 중심으로 건국을 한 뒤 1967년 6일 전쟁을 통해 요르단 국가의 영토로 되어 있었던 예루살렘을 빼앗아 이스라엘의 수도로 결정하였지만 국제 사회는 예루살렘을 이스라엘의 수도로 인정하는 데 동의하지 않았다. 이스라엘의 점령지를 수도로 정하게 되면 국제 사회 간의 분쟁이 생길 수 있기 때문이다. 그래서 국제 사회는 아직도 예루살렘을 이스라엘의 수도로 공식적으로 인정하지 않고 텔아비브에 대사관을 주재시키고 있다. 하지만 미국은 예루살렘을 이스라엘의 수도로 인정하고 2018년 5월 미국 대사관을 텔아비브에서 예루살렘으로 옮겨 왔다.

텔아비브를 소개하기 위해서는 알프레드 드레퓌스Alfred Dreyfus라는 사람을 이야기하지 않을 수 없다. 알프레드 드레퓌스는 유대인의 신분으로서는 보기 드물게 젊은 나이에 프랑스의 참모 본부에서 대위라는 높은 지위까지 올라간 인물이었지만 1894년 느닷없이 프랑스 주

알프레드 드레퓌스

재 독일 군무관에게 해군의 군사 기밀을 제공했다는 혐의로 체포된다. 드레퓌스의 스파이 혐의는 전혀 근거 없는 것이었고 그 당시 프랑스에 있는 유대인에 대한 은근한 멸시와 차별 대우에서 나온 억지였으며 유대인으로서 프랑스 군대의 요직에까지 진출했다는 것에 불만을 품은 군 내부의 모함이었다. 드레퓌스는 자신의 결백을 주장하였지만 그의 소리는 힘을 얻지 못하고 오히려 때를 기다렸다는 듯이 프랑스 언론들은 프랑스의 안보를 위협하고 프랑스의 영토를 차지하려는 유대인이라는 기사로 연일 대서특필하였다. 프랑스 전체는 불에 기름을 부은 듯 유대인을 향한 성토의 목소리가 넘쳐 나 그 누구도 드레퓌스의 무죄 주장에 귀 기울이지 않았다. 다행히 드레퓌스의 편이 되어 드레퓌스가 스파이를 하였다는 증거를 대라고 주장하는 사람들도 있었지만 참모 본부는 군사 기밀이라며 증거를 내놓지 않았다.

결국 드레퓌스는 비밀리에 진행된 군사 재판에서 억울하다는 호소에도 불구하고 종신형을 언도받은 뒤 아프리카의 외딴섬으로 끌려가게 되고, 이렇게 드레퓌스는 역사의 뒤안길로 사라지는 듯하였다. 그 일이 있은 후 3년 뒤, 프랑스의 참모 본부에서는 다르쥬 삐까르 중령이라는 장교가 또 다른 스파이 건을 조사하는 과정에서 드레퓌스의 사건이 처음부터 모든 것이 날조되었으며 진범은 에스떼라지라는 프랑스 장교였다는 것을 발견하게 된다. 삐까르는 드레퓌스와 군사 학교의 동기생이었다. 그러나 참모 본부는 삐까르 중령의 이 같은 이야기를 묵살하고 만다. 몇 년 전에 사건이 모두 마무리되었고 프랑스 국민들도 잊고 있는 마당에 이제 와서 옛 사건을 다시 끄집어내어 혼란을 일으키고 싶지 않았던 것이다. 그뿐만 아니라 오히려 참모 본부는 삐까르를 군사 기밀 누설죄로 체포함으로써 또다시 진실은 유대인을 싫어하는 프랑스 지식인층에 의해 빛도 보지 못하고 묻히는 듯하였지만 이 소식을 전해 들은 전 세계의 언론은 그냥 넘어가지 않았다.

"과연 프랑스는 진실을 숨기고 있는 것인가? 왜 피고인에게 단 한 번의 변론의 기회도 주지 않고 비밀 재판을 했으며 진범을 밝혀냈다는 일부의 주장을 묵살하는가? 프랑스 언론은 왜 가만히 있는가? 프랑스 언론은 죽었단 말인가?"

전 세계의 언론은 이 같은 기사를 연일 다루었으며, 프랑스 내부에서도 '재심을 해야 한다'와 '재심을 하는 것은 프랑스 재판을 우롱하는 것이다'는 식으로 국민들의 의견이 둘로 갈라지며 연일 데모와 소요가 이어지는 사태까지 벌어졌다.

1887년 에밀 졸라도 『로르로』라는 잡지에 '나는 고발한다'라는 제목으로 "드레퓌스는 무죄이며 진범은 따로 있다. 이 같은 사실을 프랑스 참모 본부는 모두 알고 있으면서 감추고 있다."는 내용의 칼럼을 기고했다. 이 기사를 읽은 프랑스 국민들은 폭동을 일으키고 에밀 졸라의 집으로 찾아가 돌을 던지는 등 사태는 심각해졌으며 에밀 졸라를 재판에 세워 1년이라는 형기를 받게 하고 투옥시킨다.

이로써 프랑스는 또다시 잠잠해지는 듯하였지만 스파이였던 에스떼라지는 영국으로 도망갔고 그의 범행을 덮어 주었던 측근이 자살하는 일이 벌어졌다. 영국으로 도망간 에스떼라지는 그곳에서 자신은 프랑스와 독일의 이중 첩자였으며 드레퓌스 사건이야말로 참모 본부의 장군들에 의해서 날조된 사건이라는 고백으로 책을 출판하고 말았다. 전 세계는 분노하기 시작하였고 각국의 프랑스 대사관 앞에는 성난 군중들이 몰려들어 프랑스의 국기를 불태우며 프랑스의 정부와 군의 부도덕을 궐기하는 사태까지 벌어졌다. 프랑스는 진퇴양난에 빠지고 말았다.

결국 프랑스는 아프리카 외딴섬의 차가운 방 안에서 좌절과 절망에 빠져 있던 드레퓌스를 다시 불러내 1906년 7월 12일 재판을 하게 되고 그 자리에서 무죄 선고와 함께 소령으로서의 군 복귀 명령을 내리게 된다. 다시는 프랑스 땅을 밟지 못할 것만 같았던 드레퓌스는 8년이라는 긴 세월을 참고 견디어 냈던 것이다. 유대인이라는 이유 하나만으로 받는 차별 대우, 남의 나라에서 얹혀사는 민족의 설움이 드레퓌스라는 인물을 통해 나타났던 대표적인 사건이었다. 이 드레퓌스의 사건을 프랑스에서 처음부터 끝까지 취재한 사람이 있었다. 헝가리 출신의 오스트리아 사람 헤르츨Theodor Herzl이라는 기자이다. 그는 이 사건을 취재하면서 더 이상 유대인들이 나라 없이 남의 나라를 전전하면서 살지 말고 이제는 고향 땅으로 돌아가 2천 년 전에 사라진 조국을 다시 세우자는 생각을 강하게 갖게 된다.

테오도르 헤르츨

그의 그런 생각은 『유대 국가』라는 책으로 발표되었으며, 그는 이 책에서 모든 유대인을 흥분시키는 시오니즘을 부르짖게 된다. 시온이란 예루살렘에 있는 산을 말하는 것이지만 결국 시온산이 있는 예루살렘을 의미하는 것이며 전 세계에 흩어져 있는 유대인들이 이 민족의 박해로부터 벗어날 수 있는 길은 예루살렘으로 돌아가 유대 국가를 건설하는 것뿐이라고 주장하였다.

이 책은 전 세계에 있는 유대인들에게 강한 자극을 주었으며 이때부터 유대인들의 활발한 팔레스타인 복귀 운동이 펼쳐졌다. 그들이 찾은 곳은 이스라엘의 텔아비브였다. 텔아비브는 귀국선에서 내리는 유대인들로 북적거리기 시작하였고 이때가 1909년의 일이었다.

하지만 엄밀히 말하자면 유대인들이 도착한 곳은 텔아비브가 아니라 그 옆에 있는 자파Jaffa 또는 야포Yafo라고 불리는 항구 도시였다. 유대인들은 자파에서 살고 있던 팔레스타인 아랍 사람들에게 합법적으로 돈을 주고 마을을 형성하기 시작했다. 하지만 1차 세계 대전 이후 동유럽의 유대인들이 돌아오는 숫자가 급격히 늘어나면서 유대인들과 아랍인들 사이에 크고 작은 충돌이 일어나기 시작했다. 특히 1921년 5월 1일 일어난 자파에서의 충돌로 48명의 아랍인과 47명의 유대인들이 사망하고 수백 명의 유대인과 아랍인들이 부상을 입었다. 이 충돌로 인해 유대인들은 자파를 떠나 텔아비브로 이주하기 시작했고 1920년 텔아비브의 유대인 인구가 2천 명에서 1925년에는 약 3만 4천 명으로 증가했다.

1937년에는 텔아비브의 유대인 인구가 15만 명으로 증가했는데 이것은 그 당시 팔레스타인에 있는 전체 유대인들 숫자 중에 약 3분

배를 타고
이스라엘로
돌아오는
유대인들

의 1이었다. 그때까지만 해도 유럽에서 팔레스타인으로 돌아오는 유대인들은 대부분 자파 항구를 이용해서 텔아비브로 향했지만 1936년에서 39년 사이에 자파에서 또다시 일어난 아랍인들의 폭동으로 인해 결국 텔아비브에도 항구를 만들어 자파 항구는 서서히 그 빛을 잃어갔고 텔아비브는 본격적인 현대 도시로의 발돋움을 시작한다.

1878년 만에 이뤄진 기적의 순간

1948년 5월 14일(히브리력으로는 5708년 이야르월) 금요일 오후 3시 30분, 그날은 안식일이 시작되는 날이자 1917년부터 시작된 영국의 위임 통치가 드디어 공식적으로 종지부를 찍는 날이었다. 평소 이맘

때쯤 다른 유대인 같았으면 안식일 저녁 식사를 위해 바쁘게 집으로 향하고 있었을 텐데도 텔아비브에 있는 바이블 박물관에는 비장한 표정의 유대인 남자들이 한사람 두 사람 모여들기 시작했다. 이들의 손에는 한결같이 14일 당일 아침 일찍 심부름꾼들에 의해 전달된 초청장들을 들고 있었고 다른 사람이 알아볼까 봐 모두들 조심스럽게 그리고 비밀스럽게 이 장소로 찾아왔다. 텔아비브의 박물관에는 건장한 유대인 남자들이 입구를 지키고 있었고 초청장을 확인한 다음에야 안으로 들여보내졌다. 이들이 이렇게 비밀스럽게 이 박물관으로 모여드는 이유는 무엇 때문일까? 그리고 그들이 모여드는 이유를 다른 사람들이 알면 어떤 일이 벌어지는 것이었을까?

이들은 이날 이곳에서 A.D. 70년에 로마에 의해 이스라엘이 멸망한 이후 1천 9백 년 동안 그렇게도 손꼽아 기다리던 이스라엘의 재건을 세계 만방에 선포하는 독립 선언식을 열기 위해 모여드는 것이었다.

박물관은 2층으로 구성되어 있는데 2층에는 이스라엘의 역사를 한눈에 볼 수 있는 각종 유물들과 그림들이 전시되어 있었지만 1층에는 약 3백 명 정도가 앉을 수 있는 세미나실로 되어 있었다. 이들이 모여든 곳은 1층에 있는 세미나실이었다. 그 세미나실 안으로 들어가는 순간, 모든 사람들은 그 장엄한 분위기에 압도되어 숨을 쉴 수가 없었다.

세미나실 정면에는 초록색의 커튼이 길게 드리워져 있었고 그 중앙에는 테오도르 헤르츨의 흑백 사진이 커다랗게 걸려 있었다. 그 사진의 양옆에는 세로로 그려져 있는 파란색의 줄무늬와 그 가운데 다윗의 별이 함께 그려져 있는 천이 양쪽에 드리워져 있었다. 그 앞에는 테이블이 길게 놓여 있었고 벤구리온을 비롯한 유대인 지도자들이 앉아 있었다. 테이블 앞에는 약 250여 명의 사람들이 이 역사적인 순간을 직접 목격하기 위해 찾아와 앉아 있었다. 그러나 사람들은 모두 모였는데 아직도 독립 선언문이 도착하지를 않았다. 독립 선언문을 작성하는 과정에서 수많은 의견이 오고 갔다. 그중에 가장 중요한 문제는 과연 새롭게 태어날 유대 국가의 이름을 무엇으로 할 것인가였다.

이때 의견으로 에레츠 이스라엘Eretz Israel, 에버Ever, 유대Judea, 시온Zion 등이 제안되었으며, 시오나, 이브리야, 헬즈리야 등도 후보로 올라왔다. 유대와 시온은, UN의 분할 계획에 따라 예루살렘(시온)과 대부분의 유대 산이 그들 영역에 포함되지 않는다는 이유로 기각되었다. 그 후 벤구리온은 새로운 국가의 이름을 '이스라엘'로 제안하였으며, 이는 6대 3으로 겨우 통과되었다. 당일 확정된 독립 선언문은 마지막 순간까지도 수정에 수정을 거듭하며 기록되었다. 그런데 이 독립 선언문을 행사장으로 전달하기로 임무를 부여받은 제에프 샤레프라는 사람은 아주 결정적인 실수를 하고 말았다. 행사를 앞두고 초읽기로 완성된 선언문을 기다리고 있기는 했지만 정작 그 선언문을 어떻게 행사장으로 가져가야 할지 그 교통편을 마련해 두지 않았던 것이다.

결국 그는 지나가던 차를 불러 세워 행사장까지 급하게 데려다 줄 것을 부탁했고 규정 속도를 위반하면서까지 급하게 달려갔다. 도중에 교통경찰이 속도위반으로 멈춰 세웠지만 샤레프가 지금 자신의 가방 속에 독립 선언문이 들어 있으며 급하게 행사장으로 가져가야

(위)
2천 년 만에
독립선언을 하는 장면

(아래)
지금도 그대로
보존되고 있는 모습

한다는 사정을 이야기하자 딱지를 끊지는 않았다. 결국 독립 선언문이 행사장에 도착한 시각은 행사 시작 1분 전인 3시 59분이었다. 손으로 일일이 작성된 독립 선언문이 드디어 벤구리온의 손에 들어왔다. 그 선언문 종이를 받아 든 벤구리온은 다시 한번 깊은 심호흡을 했다.

드디어 기념식이 시작되었다. 벤구리온은 의사봉을 두들겨서 선언식을 시작했고 곧이어 초대받은 250여 명의 손님들은 히브리어로 희망이라는 뜻의 하티크바 Ha Tikvah 노래를 불렀다. 이 노래는 나중에 이스라엘의 국가가 된다. 벤구리온은 아주 똑똑하고 분명한 발음으로 천천히 말을 꺼냈다.

"이제 완성된 문서를 읽어 드리겠습니다."

이날의 행사는 이스라엘의 소리 Kol Israel 라디오 방송국의 개국 첫 방송으로 팔레스타인 전체에 생중계되었다.

"우리 인민 평의회 의원은 이스라엘 땅의 유대인 사회와 시오니즘 운동을 대표해서 이스라엘 땅에 대한 영국의 위임 통치가 종료되는 오늘, 여기에 모였습니다… (중략) …우리들의 자연권이며 역사적인 권리에 기초하고 또한 UN 총회의 결의에 입각하여 이스라엘 나라로 알려지게 된 유대인 국가를 이스라엘 땅에 수립함을 선언합니다."

그렇게 벤구리온은 16분 동안 독립 선언문을 읽어 내려갔다. 그러고는 대중을 향해 마지막으로 입을 열었다.

"이스라엘 국가는 창립되었습니다. 오늘 회의는 이걸로 끝입니다."

이곳에 모여든 사람들은 그 장면을 보고 숨이 막힐 듯 감격에 겨워했다. 방송을 들은 사람들은 거리로 나와서 서로 어깨동무를 하고 춤을 추며 노래를 부르기 시작했고 전 세계의 언론들은 앞다투어 보도하기 시작했다. 그리고 독립 선언을 발표한 지 정확히 11분 만에 미국의 트루먼 대통령은 이스라엘 국가를 인정했으며 곧이어 UN 분할 계획안에 반대했던 이란의 샤 모하메드 레자 팔레비를 비롯한, 과테말라, 아이슬란드, 니카라과, 루마니아, 우루과이에서도 국가를 인정한다고 발표하였다. 그뿐만 아니라 1948년 5월 17일 소비에트 연방은 처음으로 이스라엘을 합법적으로 인정하였으며 폴란드, 체코슬로바

키아, 유고슬라비아, 아일랜드와 남아프리카 공화국이 뒤를 이었다.

그러나 아랍 국가는 커다란 충격에 빠지고 말았다. 이스라엘 국가가 탄생한 5월 14일 바로 그 다음 날인 5월 15일을 아랍 국가들은 재앙의 날이라는 뜻으로 나크바의 날이라고 정했으며 독립 선언을 한 지 얼마 지나지 않아 이스라엘에는 이집트, 이라크, 레바논, 시리아군들이 들이닥쳤다. 이것이 바로 제1차 중동 전쟁이자 이스라엘 독립 전쟁이다. 바로 이 역사적인 이스라엘 국가의 재탄생을 알렸던 텔아비브 박물관의 1층 세미나실은 Independence Hall이라는 이름의 박물관으로 탈바꿈되어 지금도 관광객의 발걸음이 끊이질 않고 있다.

텔아비브에서도 가장 번화한 곳이라 할 수 있는 로스차일드 거리는 마치 미국 뉴욕의 골목처럼 언제나 젊은이들로 북적거린다. 거리에는 노천카페와 작은 공원이 있고 반려견과 산책 나오는 시민들과

독립선언문의 가본이
예루살렘 국회의사당에
보관되어 있다

많은 사람이 운동복 차림으로 조깅을 하고 있어 작심하고 찾지 않으면 독립 선언 기념관을 찾기가 쉽지 않을 정도이다.

하지만 물어물어 찾아가 들어가면 그곳은 마치 문 하나를 사이에 두고 70여 년 전으로 돌아간 듯한 착각이 일어난다. 벤구리온이 지금까지 앉아 있다가 방금 전 어디론가 사라져 버린 듯 그 어느 하나 손을 대지 않은 채 그 긴박했던 순간을 그대로 정지시켜 놓았다. 그리고 어디선가 벤구리온이 그 당시에 독립 선언문을 읽어 내려가던 목소리가 스피커를 통해 나온다. 정면에 있는 테이블에는 아직도 마이크가 그 모습 그대로 세워져 있고 의자들도 변함없이 가지런히 정렬되어 있다. 그 의자에 앉아 있으면 그 당시 긴장감이 흐르던 공기가 코로 들어온다. 이스라엘은 그 역사적인 순간의 장소를 이렇게 박물관으로 만들어 이스라엘 국민들에게는 물론 전 세계에서 찾아온 관광객들에게 이스라엘 재탄생의 의미를 알려 주고 있다. 세미나실 양쪽의 작은 방에는 그때 당시의 상황을 발표한 뉴욕타임즈를 비롯한 외국 신문들, 그리고 독립 선언문을 수정하던 초고의 원본 등 자료들이 전시되고 있다. 한쪽에는 벤구리온의 목소리를 전국에 생중계하던 방송 장비들도 역시 전시되어 있다. 박물관이란 건물을 새로 짓고 오래된 유물들을 발굴해서 모아 놓은 것만이 아니라 이렇게 역사의 현장을 그대로 보존하는 것도 좋은 방법이라는 것을 알게 해 주는 곳이다.

현대 도시로 변모해 가는 텔아비브

독립 전쟁 당시의 이스라엘은 텔아비브를 임시 수도로 여기고 있었다. 그러다가 1948년 독립 전쟁 이후 자파와 텔아비브를 하나의 도시로 합병하고 1950년부터는 텔아비브-야파로 이름이 바뀌었다.

텔아비브는 독립 국가로서의 이스라엘의 수도로 그 역할을 감당해 나가기에는 부족함이 없었다. 유럽의 여러 도시와 폴란드의 바르샤바, 우크라이나의 오데사 등에서 텔아비브로 이주해 온 유대인들은 이곳에 있는 아랍인들의 허름하고 비위생적이며 정리되지 않은 주택들 대신에 깨끗하고 현대적인 도시를 만들고 싶어 했다. 도로를 만들고 전기 시설을 갖추며 모든 건물에는 우물이 아닌 수도 파이프를 연결하는 등 주민들의 건강을 위하고 현대적인 도시로서의 기능을 감당할 수 있도록 만들기 시작했다. 특히 텔아비브에는 나치 독일을 탈출한 건축가들이 모여서 모더니즘 건축물을 지었고 주로 하얗고 밝은 색상의 건물(대표적인 건물이 바우하우스-Bauhaus)들이 많아서 한때 화이트 도시로 알려졌었다. 그러다가 1960년대에 급속도로 늘어나는 유대인 이민자들에 의해 낡고 허름한 건물들을 허물고 그곳에 고층 빌딩을 짓기 시작했다.

1965년에 지어진 샬롬 메이어 타워Shalom Meir Tower 빌딩은 1999년까지만 해도 이스라엘에서 가장 높은 빌딩이었을 뿐만 아니라 중동에서 가장 높은 빌딩이었다. 텔아비브는 하루가 다르게 높은 빌딩이 들어섰으며 스카이라인을 아름답게 꾸며 나갔다.

하지만 1970년대 초반, 텔아비브는 날이 갈수록 천정부지로 올라가는 주택 가격과 건물 임대료, 높은 물가 그리고 교통 체증으로 인해 유대인들의 주거 지역과 상주 인구가 줄어들기 시작한다. 그 대신 텔아비브와 가까운 인근 도시로 거주지를 옮겨 가면서 텔아비브의 위성도시들이 발전하기 시작했고 텔아비브는 상업과 경제의 도시로 탈바

하늘에서 본 텔아비브 도시와 해안가

꿈해 가기 시작했다.

텔아비브는 현재 세계에서 25번째로 가장 중요한 금융 중심지로 선정되었고 이스라엘 전체 GDP의 17%를 차지한다. 또한 세계에서 가장 큰 다이아몬드 거래소가 있고 이스라엘 유일의 증권 거래소가 있는데 2006년 레바논과의 전쟁과 2009년 가자지구와의 전쟁이 일어났음에도 불구하고 그 다음 날 최고 거래를 이룰 만큼 위기와 재난에 대한 경제 복원력이 뛰어난 것으로 세계를 놀라게 하기도 했었다.

1972년에 문을 연 텔아비브의 첨단 기술 지구 기럇 아티딤Kiryat Atidim은 주요 세계 첨단 기술의 허브가 되었고 많은 국제 벤처 캐피탈 회사, 과학 연구소 및 하이테크 회사의 본사가 몰려 있으며 화학 가공, 섬유 공장, 식품 제조 업체들이 있다.

2013년 당시 텔아비브는 700개 이상의 스타트업 회사와 연구 개발 센터를 보유하고 있으며, 뉴욕시 다음으로 세계에서 두 번째로 혁신적인 도시로 선정되었고 미국 캘리포니아의 실리콘 밸리 다음으로 첨단 기술 스타트업 회사를 설립하기에 가장 좋은 지역으로 2위를 차지했다.

세계적인 경제 잡지 포브스Forbes에 따르면, 이스라엘에서 태어난 15명의 억만 장자 중 9명은 이스라엘에 살고 있는데 그 중에 4명이 텔아비브에 살고 있다고 한다. 텔아비브는 중동에서 가장 비싼 도시이며 세계에서 19번째로 생활비가 비싸다.

현재 텔아비브는 약 45만 명의 인구를 포함해 인근 도시까지 합치면 약 385만 명의 인구로 이스라엘 인구의 절반 가까이가 텔아비브 도시권에 집중해 있다. 이스라엘의 경제적, 기술적 중심이며 2007년에는 중동에서 가장 비싼 물가의 글로벌 도시가 되었다. 텔아비브는 세계에서 가장 많은 채식주의자가 있을 뿐만 아니라 그들을 위한 전용 식당도 많아 텔아비브는 채식주의자들의 수도라고 불릴 정도이다. 그리고 텔아비브는 일을 마치고 집으로 가기 전에 즐길 수 있는 술집과 클럽이 늘어나며 밤 문화가 발전하기 시작했다.

세계 최대의 동성애 축제가 열리는 도시

어느 나라의 도시든 밝은 면이 있으면 어두운 면이 있기 마련이다. 텔아비브라고 해서 예외일 수는 없다. 특히 짧은 시간에 여러 나라에서 이주해 온 사람들이 모여 살다 보면 각자 살아온 문화와 생활양식이 뒤엉켜 혼란을 주기도 한다. 유럽에서 충분한 자금을 가져온 사람들과 그렇지 못한 사람들 사이에 생기는 생활 수준의 격차도 크다. 그뿐만 아니라 홀로코스트의 아픈 기억을 가슴에 그대로 끌어안고 찾아온 사람들은 트라우마에 시달리는 등 정서적 혼란도 있다. 텔아비브는 그렇게 돈과 신앙적 절망감 뒤에 오는 쾌락을 향한 끝없는 도전이 뒤엉켜 있는 도시가 되었다. 그것이 텔아비브는 전 세계 모든 LGBT(레즈비언, 게이, 양성애자, 트랜스젠더)들이 가고 싶고 살고 싶어하는 성지로 우뚝 서게 만들었다.

텔아비브에서는 1993년부터 지금까지 매년 수십만 명이 모이는 중동 최대 규모이자 세계 최대 규모의 동성애 페스티벌이 열리고 있다. 텔아비브시는 페스티벌에 필요한 모든 재정을 지원하고 있다. 심지어 텔아비브 시장 론 훌다이는 텔아비브에서 열리는 동성애 축제를 이스라엘을 넘어 중동과 전 세계로 넓혀 가자고 밝히기까지 했다. 매년 열리는 동성애 축제의 마무리는 지중해 해변에서 난잡한 파티를 열고 나체로 거리를 활보하며 마약과 공개 성행위를 하지만 아무도 이를 말리지 않는다. 텔아비브에는 동성애자들을 위한 클럽과 술집, 사우나가 있고 동성애자를 위한 영화제가 열리며 동성애자들을 위한 해변가가 있을 정도이다. '텔아비브 거리에서는 남녀가 애정 표현하는 것이 더 이상하게 보인다.'고 말할 정도로 텔아비브는 온통 동성애에 물들어 있다.

텔아비브시에 따르면 인구 43만 명의 텔아비브 도시에서 동성애자와 성 소수자의 숫자는 25%에 달하고 이스라엘 전체 인구 840만 명 중에 약 10%가 동성애자라고 한다. 이게 바로 현재 이스라엘의 또 다른 모습이다. 그뿐만 아니라 2011년 10월 9일 텔아비브의 한 거리에서는 수백 명의 사람들이 모여 자신들의 종교가 무교임을 대외적으로 천명하는 행사를 가지기도 했다.

이스라엘에서 조직된 'Be free Israel'이라는 무신론자들의 단체가 주도한 이 행사에서 참가자들은 자신의 종교를 무교로 바꾼다는 서류에 서명을 했다. 이 행사를 주도한 단체의 대표인 '카르멜리'는 자신이 유대 민족에 속한 것은 맞지만 그렇다고 해서 꼭 유대교를 믿을 필요도 없고 믿은 적도 없다고 밝혔다. 그는 이 세상엔 분명히 신을 믿지 않는 사람도 존재한다는 것을 밝히고 법원에 나가 '나는 더 이상 신을 믿지 않는다.'고 밝힌 뒤에 자신의 ID 카드의 종교란에 더 이상 유대교가 아니라 무신론자라고 적어야 한다고 주장하기 위해 행사를 준비했다고 했다. 이 단체는 이제 더 이상 결혼이란 남자와 여자가 하는 것만이 아니라 그 제약에서 더 자유로워져야 하며 누구든지 종교와 신에서 자유로워져야 한다고 주장한다.

1991년에 조사한 결과에 따르면 현재 지구상에 존재하고 있는 국

텔아비브 해변을 가득 메운 동성애자들

가들 중에 이 세상에 신이 있는지 없는지 잘 모르겠다고 생각하는 불가지론자를 포함해서 결코 신은 존재하지 않는다고 믿는 무신론자들의 분포가 동독 88%, 러시아 27%, 영국14%, 미국 1% 그리고 이스라엘은 전체 인구 중에 26%인 것으로 조사되었다. 더 놀라운 것은 그로부터 24년이 지난 2015년 실시된 갤럽 조사에 따르면 이스라엘 사람들의 65%가 자신을 '종교적이지 않다' 혹은 '무신론자'라고 답했다. 왜 이스라엘에서 이런 일이 벌어지고 있는 것이며 하나님은 결코 존재하지 않는다는 무신론자가 많은 것일까? 그 이유는 바로 제2차 세계 대전 당시 일어났던 홀로코스트와 깊은 관련이 있다.

독일 나치 히틀러가 홀로코스트를 통해 자그마치 6백만 명의 유대인들을 여러 가지 잔인한 방법으로 집단 학살을 했을 때 유대인들이 얼마나 공포에 떨며 하나님께 기도를 했을까?

'하나님이 살아 계시다면 어떻게 이렇게 끔찍한 집단 학살을 보고만 계실 수 있습니까? 유대 민족이 정말 하나님께로부터 선택받은 민족이라면 이 끝없는 집단 학살을 멈춰 주어야 하는 것이 아닙니까?'

그렇게도 애타게 하나님께 기도했지만 결국 그들의 자녀와 부모들이 처참하게 죽어 가는 것을 보고는 결국 '아 하나님은 이 세상에 존재하지 않는구나'라는 결론을 내린 유대인들이 생겨날 수밖에 없었다. 물론 모든 유대인들이 다 그렇게 생각한 것은 아니었다. 그 와중에도 반드시 먹구름 뒤에는 밝은 태양이 있듯이 하나님은 영원히 변하지 않고 이들을 기억하실 것이라고 믿는 유대인들도 분명히 있었다. 하지만 민족 전체가 겪게 된 집단적인 트라우마가 결국 이스라엘 사람들 가운데 무신론자들이 많아질 수밖에 없게 된 원인 중에 하나가 되었고 결국 그들은 신이 존재하지 않는 이 세상에서 인간이 누릴 수 있는 최대의 성적 쾌락을 즐기자고 믿게 된 것일지도 모르겠다.

또 한 가지 이유는, 독일 나치가 유대인들을 포로수용소에 가두었을 때 동성애자들도 함께 가두었는데 유대인들의 입장에서는 동성애자들이 자기들과 함께 고통을 당하고 함께 죽어 가는 동질감을 느끼면서 동병상련의 감정이 생기지 않을 수 없게 된 것이다. 그런 면에서 유대인들은 동성애자들에 대해서 똑같은 상처를 입은 존재들이라고 생각했고 그들에 대한 차별이나 핍박은 하지 말아야 한다고 생각했다. 전쟁이 끝나고 이스라엘 국가가 생긴 이후 간신히 살아남은 동성애자들은 그나마 차별 대우하지 않는 텔아비브로 몰려들기 시작했고 그 이후로 텔아비브는 동성애자들의 천국이 된 것이다.

지금도 텔아비브는 거리에서 공원에서 해변가에서 어렵지 않게 동성애자들을 볼 수가 있으며 알코올 중독자와 마약 중독자들이 쓰러져 있는 모습을 너무도 자주 볼 수 있는 안타까운 도시가 되어 있다.

베드로가 환상을 본 욥바

텔아비브 해안가에서 남쪽으로 바닷길을 따라 약 30분 정도 걸어가다 보면 해안가에 텔아비브 도시와는 또 다른 분위기의 오래된 도시를 만나게 된다. 이곳은 올드 자파 또는 욥바Jaffa라고 불리는 곳이다. 예루살렘 성에는 자파 게이트라고 하는 문이 있는데, 이 문을 통해서 밖으로 나온 다음 문과 연결된 길로 따라가면 이곳 자파가 나온다고 해서 자파 게이트라고 한다. 그만큼 자파는 1909년 이후 신도시로 형성된 텔아비브와는 다르게 오랜 역사를 가진 도시이다.

구약성경에 욥바는 단 지파가 살았던 곳이고, 솔로몬 시대에는 욥바가 이스라엘로 들어오는 바다의 관문 역할을 하는 중요한 곳이기도 하였다. 그래서 솔로몬왕이 예루살렘에 성전을 짓기 위해 레바논의 백향목을 들여올 때 레바논을 출발한 배가 이곳 욥바항을 통해 들어왔었다. 그 당시 레바논에서 벌목한 나무는 이스라엘로 들어올 때 배에 싣고 오기도 하였지만, 놀랍게도 지중해는 위쪽으로 터키와 오른쪽으로 시리아와 이스라엘, 그리고 남쪽으로는 이집트와 리비아 등을 끼고 시계 방향으로 해류가 흐르고 있어서 이스라엘의 북쪽 지방에 있는 레바논의 해안가에서 벌목한 나무를 바닷물에 띄워 놓기만 해도 자연적으로 이스라엘을 향해 내려왔으며 이스라엘의 욥바항에서는 위쪽에서 떠내려오는 뗏목을 그저 건져 내기만 하면 되었다. 아마도 솔로몬왕 시대에도 레바논의 나무를 그런 식으로 이스라엘까지 가져왔을 것이며, 그 당시 욥바는 활발한 무역항이었던 것만은 확실한 것 같다.

요나가 하나님을 피해서 다시스로 가기 위해 배에 올라탄 곳도 이곳 욥바였다. 다시스란 지금의 포르투갈과 스페인 지역을 가리키는 곳으로 이스라엘에서 스페인과 포르투갈까지 가려고 했다는 것은 그만큼 욥바에 장거리행 선박들이 정박했었다는 뜻이기도 하다.

이렇듯 욥바는 항구로서의 역할을 톡톡히 해냈지만 구약성경에서는 중요한 사건의 배경으로 등장하지 않으며, 신약성경에서도 베드로와 관련되어 잠깐 등장하게 된다. 베드로는 예수님의 승천 이후 로마로 가기 위해 이곳의 피장 시몬의 집에서 머물다가 죽은 다비다를 살렸고, 이곳에서 하나님이 보여 주시는 환상을 직접 목격하기도 한다. 다비다를 살린 이후 베드로는 피장이었던 시몬의 집 지붕에 올라가 기도를 하는데 갑자기 하늘에서 보자기가 내려오고 그 보자기 속에는 부정한 짐승이 들어 있었고 이를 잡아먹으라는 하나님의 음성이 들렸지만 베드로는 그것을 거절하는 내용이었다.

지금도 욥바에 가면 피장 시몬의 집이었다고 주장하는 곳이 있다. 그 집이 진짜인지는 잘 모르겠지만 올드 욥바의 중앙 광장에서 오른쪽으로 보면 오래된 등대가 있고 그 등대의 왼쪽 아래에 피장 시몬의 집이라는 간판이 매달려 있는데 갈 때마다 문이 잠겨 있어서 안으로 들어갈 수는 없었다.

피장 시몬의 집

베드로가 본 환상이 그려져 있는 베드로기념교회

올드 욥바에는 아주 오래되고 큰 교회가 하나 있는데 이 교회는 베드로기념교회이다. 베드로가 로마로 가기 직전 이곳에서 머물다가 하나님의 음성을 들은 것을 기념하기 위해 만들어진 교회인데, 이 교회는 십자군 시대에 만들었던 교회의 터 위에 1654년에 다시 세워진 교회이다.

올드 욥바의 중앙 광장에서 해안가 쪽으로 자리 잡고 있는 이 교회 안에는 베드로가 죽은 다비다를 살려 내는 장면과 시몬의 집 옥상에서 보았다는 환상의 한 장면이 벽화로 그려져 있다. 그리고 올드 욥바에는 오래된 벼룩 시장이 있다. 이곳에 가면 지난 세월 세계의 각지에 뿔뿔이 흩어져 살다가 이스라엘 땅을 찾아온 유대인들이 세계 각

베드로기념교회의 야경과 내부

국에서 가져와서 사용했던 옛날 물건들이 잔뜩 나와 있어서 굳이 구입을 하지 않고 그냥 눈으로 구경만 해도 재미있는 경험이 될 것이다.

이스라엘의 마지막 여행지답게 텔아비브에서는 옷을 벗고 해수욕을 할 수 있다. 바닷가 곳곳에 자리 잡고 있는 탈의실에서 수영복을 갈아입은 후 몸을 지중해에 던지면 지난 이스라엘 여행에서 쌓였던 피곤과 스트레스는 한순간 날아가 버리게 된다. 곳곳에 수상 안전 요원이 지켜보고 있기 때문에 마음 편하게 수영할 수 있는 지중해 체험은 이스라엘 성지순례에서도 결코 잊지 못할 순간이 될 것이다

비행기 프로펠러까지 팔고 있는 벼룩시장

베드로기념교회에서 왼쪽으로 언덕길을 내려오면 도로 건너편에 백 년 전통의 벼룩시장을 만날 수 있다. 벼룩시장이란 오래된 가구나 매트리스에 살고 있는 작은 벼룩과 기생충이 있을 정도로 오래된 중고 물품을 파는 곳을 말한다. 이곳 욥바의 벼룩시장에는 곰팡이가 묻어 있는 오래된 중고 의류와 가구뿐만 아니라 비행기의 프로펠러, 오래된 카메라, 2차 세계 대전에 참전했던 어느 병사가 사용했을지 모르는 헬멧과 수통, 군용 망원경에서부터 미술 작품과 엽서, 오래된 사진과 메노라, 촛대, 놋쇠 제품 같은 아주 다양한 물건들을 팔고 있다.

욥바의 벼룩시장은 19세기 초부터 모여든 장사꾼들로부터 시작되어 20세기 초에 시장의 형태를 갖추었을 만큼 역사와 전통이 오래된 시장이다. 특히 1948년 이스라엘이 건국되면서 전 세계에서 이스라엘로 이주해 온 사람들이 경제적 어려움으로 아주 싼 값에 자신들

이 사용하던 물건을 내놓아 산더미처럼 쌓아 놓았다. 원래 누구의 물건이었는지는 몰라도 분명히 주방에서 애지중지 사용했을 그릇들과 아이들의 장난감, 거실에서 한가하게 들었을 LP판, 집을 수리할 때 사용했을 연장과 어색하게 카메라 앞에서 포즈를 취했던 오래된 사진들이 가지런히 정리되어 있는 사진첩, 페이지 중간마다 펜으로 메모까지 해 놓은 오래되고 고풍스러운 책들 그야말로 이곳에는 없는 것이 없다. 그 속에서 내가 맘에 드는 물건을 찾기 위해 뒤적거리다가 마침내 필요한 물건을 보물 찾듯이 찾아내고 가격을 흥정하다가 내 손에 들어왔을 때의 즐거움은 이루 말할 수가 없다. 물론 중고 물품 외에도 새 물건도 팔고 있어 다양한 쇼핑의 즐거움을 느낄 수 있는 곳이다. 이곳을 방문하면 마치 수십 년 전 유대인들의 생활이 어땠었는지를 잘 알 수 있을 만한 물건들을 마주하게 되어 굳이 물건들을 구입하지 않고 단지 구경하는 것만으로도 시간이 훌쩍 지나갈 정도이다. 이곳에서 물건을 구입하게 된다면 반드시 여러 상점을 방문한 뒤에 구매를 결정하거나 흥정을 하는 것이 좋다. 벼룩시장에서의 흥정은 당

벼룩이 그려져 있는
벼룩 시장 간판

벼룩시장

연한 것이고 상점의 주인들 또한 흥정을 예상하여 가격을 부르기 때문에 그냥 부르는 대로 가격을 지불하는 것은 금물이다.

　벼룩시장에서의 또 다른 즐거움은 아름답게 인테리어를 한 음식점을 방문하는 것이다. 넓은 벼룩시장을 걸어다니며 구경을 하다가 다리가 아프고 피곤할 때 노천카페나 음식점에 들어가 음식을 먹는 것은 욥바의 벼룩시장에서 즐길 수 있는 또 하나의 즐거움이다. 이스라엘을 방문하는 수많은 여행자를 상대하는 곳인 만큼 음식점의 메뉴도 다양하다.

　이곳은 역사가 오래된 곳인 만큼 주차 시설이 거의 없으니 택시를 타고 가는 것이 좋고 화장실은 음식점을 이용하거나 벼룩시장 바깥쪽에 있는 시계탑 근처의 공중화장실을 이용해야 한다. 벼룩시장의 개장 시간은 일요일부터 목요일은 오전 10시부터 오후 6시까지이고 금요일은 오전 10시부터 오후 2시까지며 토요일은 열리지 않는다.

한 여름엔 바짝 말라있던 계곡의 골짜기에도 봄이 오면 아름다운 꽃이 핀다

25

헤롯이 가이사랴 황제에 바친 해안 도시

가이사랴

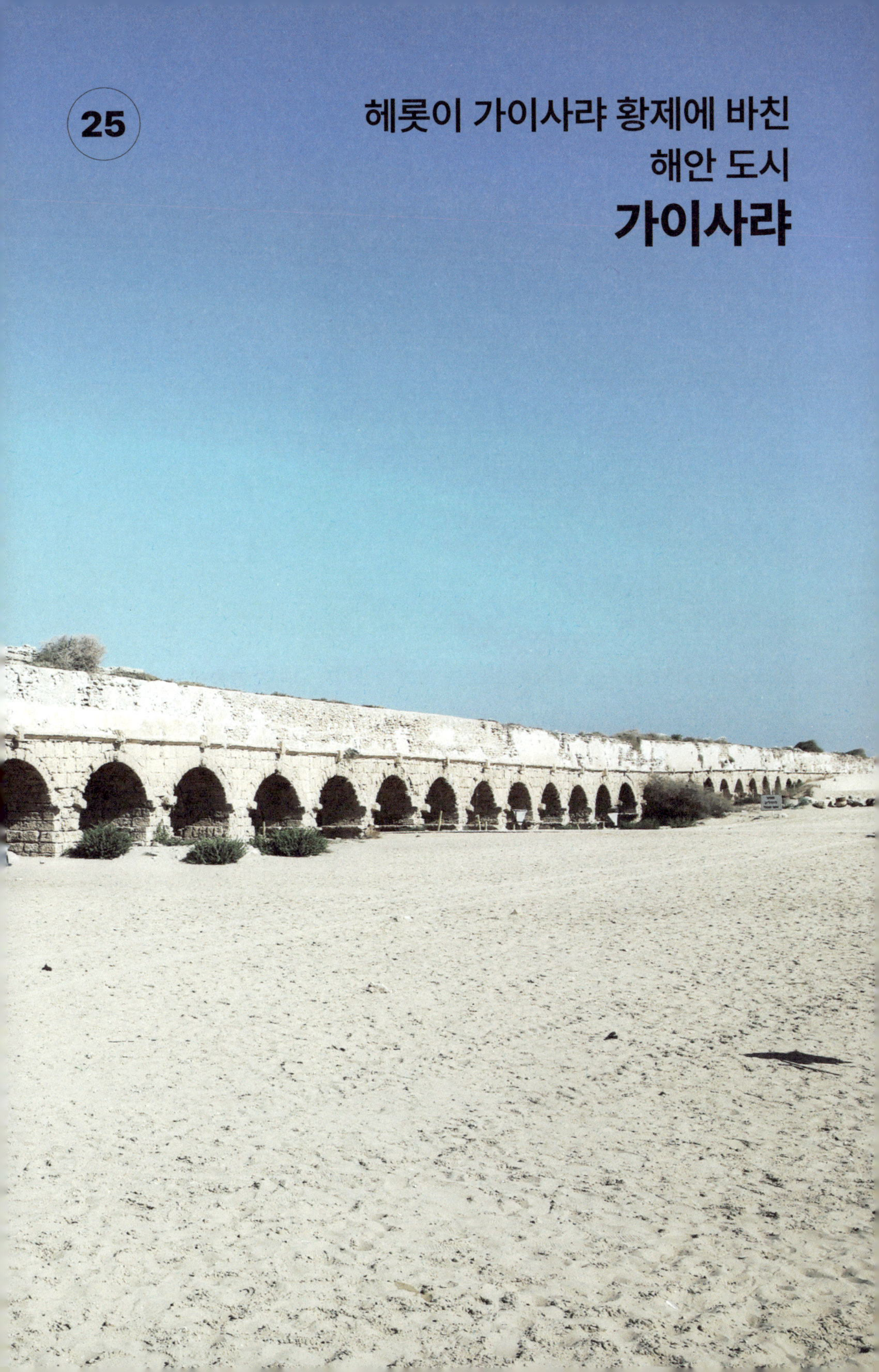

바울의 숨결이 담긴 도시
가이사랴

이스라엘의 남북을 달리는 도로는 크게 4개이다. 맨 오른쪽에는 이스라엘의 최남단 홍해 인접 도시인 에일랏Eilat에서부터 요단 계곡을 통해 최북단 골란고원의 키르얏 시모나Qiryat Shemona까지 이어지는 90번 도로와 남부 도시 브엘세바에서부터 구불구불한 내륙 도시를 따라 예루살렘을 거쳐 북쪽 서안지구를 통과해 나사렛까지 이어지는 60번 도로, 브엘세바에서부터 북부 도시 갈멜산까지 이어지는 6번 고속도로(이 도로는 유료 도로임), 또 하나는 남부 해안가 도시 아쉬켈론Ashkelon에서부터 지중해 해안가를 따라 서쪽 최북단 도시 로시 하니크라Rosh Hanikra까지 달리는 4번 도로이다.

텔아비브에서 4번 도로를 타고 북쪽으로 약 50km 정도를 달리다 보면 왼쪽으로 가이사랴로 좌회전하라는 안내판을 보게 되는데 이

길을 따라 들어가면 해안가 끝에 높다란 굴뚝이 세 개 있는 곳을 볼 수가 있다. 이곳은 쉬도트 얌sdot yam이라는 유대인들이 집단으로 공장을 운영하는 키부츠인데 이곳에 내리면 정면으로 가이사랴 국립공원 Casarea National Park이 나타난다.

가이사랴는 원래 페니키아 사람들이 만든 도시였지만 예수님이 태어나시기 전만 해도 폐허나 다름없던 곳이었다. 그러다가 B.C. 22년부터 헤롯왕이 이곳에 새로운 도시를 만들게 된다. 그 당시엔 이곳에 유대인이 아닌 사람들도 많이 살고 있었는데 헤롯이 유대인뿐만 아니라 비유대인들에게도 많은 관심과 애정을 갖고 있다는 것을 과시하기 위해 이곳을 선택했고 또 팔레스타인 땅과 로마로 연결할 수 있는 항구 도시를 만들기 위해 이곳 가이사랴를 선택했다.

헤롯은 팔레스타인의 분봉왕으로 있을 때 많은 도시를 건설하고 건축했다. 유대인들을 위해 예루살렘의 성전을 증축했고 이곳 가이사랴에도 비유대인들을 위해서 도시를 건설했다. 헤롯이 만든 가이사랴

2천 년 전에
만들어 놓은
경기장에서
아직도
공연이 펼쳐진다

는 로마와 거의 흡사한 모습의 도시였다. 이곳에 로마식 원형 경기장을 만들었고 로마식 건축물을 세우고 이 도시의 이름을 가이사랴라고 명명했다. 그것은 그 당시 로마의 황제 카이사르 아우구스투스의 이름을 따서 이름을 지었고 이 도시를 카이사르 황제에게 바쳤다. 그래서 나중에 이곳은 로마에서 파견된 총독이 거주하는 정치적인 중심지가 되기도 했었다.

  예수님을 십자가에 매다는 사형 선고를 내린 빌라도 총독 역시 A.D. 26년부터 10년간 이곳에서 살았는데 평소엔 이곳에 있다가 유대인의 4대 절기 때에만 예루살렘으로 올라갔던 것이다. 그래서 빌라도가 예수님을 처음 만나 사형 선고를 내리게 될 때에도 유대인의 유월절 절기 때문에 예루살렘으로 올라갔다가 제사장 가야바에 의해서 끌려온 예수님을 처음 만나게 되는 것이다.

가이사랴는 구약성경에는 그다지 많이 등장하지 않지만 신약성경의 사도행전에 집중적으로 소개된다. 바울이 가이사랴에 오랜 기간 동안 머물면서 신학적 이론을 정리한 곳이었기 때문이다.

이렇듯 가이사랴는 바울과 떼려야 뗄 수가 없는 도시이며 지금도 이곳에 가면 바울이 저 멀리 지중해를 바라보며 세계 선교를 향해서 꿈꾸던 그 계획과 그곳에서 예수님을 묵상하며 신학적 이론을 정립하던 그 야심찬 얼굴을 만나 볼 수가 있다.

4천 명이 들어가는 2천 년 전의 로마식 원형극장

가이사랴 국립공원 입구에서 입장료를 내고 안으로 들어가면 정면에 거대한 건축물을 만나게 된다. 헤롯이 만든 로마식 원형극장이다. 로마가 건축했던 수많은 건축물 중에 가장 자랑할 만한 것이 바로 원형극장이다. 로마는 백성들을 한자리에 모아 군중을 선동하고 그들에게 권력자의 위엄을 드러내기 위해 원형극장을 많이 만들었다.

그런데 이곳에 있는 원형극장은 현재 로마에 있는 콜로세움과 같은 완벽한 원형이 아닌 반원형으로 되어 있다. 마치 부채꼴 모양으로 되어 있는 이 반원형극장은 일반 관객들이 바다를 향해 앉을 수 있게 되어 있고 바다 쪽에는 무대가 설치되어 있다. 현재도 약 4천 명이 앉을 수 있을 정도로 거의 완벽에 가깝게 보존되고 있는 이 반원형극장은 놀랍게도 음향 효과가 뛰어나다. 무대에서 누군가 마이크나 앰프 없이도 이야기를 하면 객석의 맨 끝까지 정확하게 전달될 수 있을 만큼 음향의 원리를 잘 파악하고 만든 건축물이라고 할 수 있다. 어떤 자리에 앉아 있어도 또 아무리 많은 사람들이 앉아 있어도 무대 위의 주인공이 보이지 않는 경우가 없다. 그리고 객석은 로마의 콜로세움과는 달리 자리의 차별도 없다.

로마의 콜로세움은 신분에 따라서 앉는 자리가 5가지로 분류되지만 이 반원형극장은 그런 식의 자리 분류가 없다. 일단 극장 안에 들어오면 누구나 다 똑같은 신분으로 무대 위의 공연자가 펼치는 공연을 볼 수 있게 되어 있다. 물론 맨 앞쪽의 자리는 특별하게 좌석 옆에 손을 걸칠 수 있는 자리가 있기는 하다. 아마도 이 자리는 그 당시 빌라도 총독이나 베스도 총독 같은 사람이 앉아 있었을지도 모른다. 2천 년이 흐른 지금 누군가가 그곳을 찾아가 가이사랴의 이 반원형극장에 그 특별한 좌석에 앉게 된다면 그것은 아마도 빌라도 총독이나 베스도 총독이 앉았던 자리에 앉는 것과 다름없을 것이다.

이 반원형극장을 발굴할 당시에 이곳에서 빌라도 총독의 이름이 적힌 돌판이 발견되었고 현재도 전시되어 있지만 이것은 진품이 아니라 복사품이고 진품은 현재 예루살렘에 있는 박물관에 보관되어 있다.

현재도 이 반원형극장에서는 일 년에 몇 차례씩 공연이 이뤄지고 있다. 인도 출신의 뉴욕 필하모닉 지휘자인 쥬빈 메타Zubin Mehta나 미국의 유대계 바이올리니스트 아이작 스턴Isaac Stern 등 유명한 연주가나 성악가들이 이 무대에 서서 공연을 한다. 관객들이 객석에 앉아 발갛게 물드는 지중해의 일몰을 바라보며 공연을 감상하게 되면 그야말로 환상적인 장면이 따로 없을 정도이다. 2천 년이 넘는 세월을 간직한 고대 유적지에서 펼쳐지는 공연은 마치 지금이 2천 년 전인지 아니면 현재인지를 구분할 수 없게 된다. 그러나 또 한편으로는 이렇게 웅장하고 장엄한 반원형극장을 짓기 위해 얼마나 많은 세금을 거둬들이고 많은 인력을 동원했을지를 생각하면 그다지 마음이 편한 것은 아니다.

그렇게도 위세가 등등하던 로마 제국이 멸망하게 된 여러 가지 이유 중에 하나가 바로 이 원형극장 때문이라는 얘기도 있다. 로마인들은 생산과는 직접적인 관련이 전혀 없는 원형극장, 대중목욕탕 등의 거대한 건축물을 만드는 데 온 정성을 쏟았기 때문이라는 것이다.

말들의 경주가 펼쳐졌던 전차 경기장

1959년에 윌리엄 와일러 감독, 찰톤 헤스톤 주연으로 제작된 영화 '벤허Ben-Hur)에서 가장 압권인 장면은 약 15분 동안 진행되는 전차 경주 장면이다. 당시에 약 1,500만 달러나 되는 엄청난 제작비를 쏟아부어 만든 이 영화에서 전차 경주 장면을 촬영하기 위해 한 대에 1억 원이 넘는 카메라 6대로 엑스트라 1만 명, 트랙용 모래 4만 톤 그리고 유고슬라비아에서 실어 온 경주마 수십 마리를 투입하여 3달간 촬영했다고 한다. 만약 영화 벤허에서 이 장면이 없었다면 어땠을까? 영화에서 보듯이 당시 로마인들은 마차 경주를 오늘날의 F1 자동차 경주처럼 가장 스릴 넘치는 스포츠로 생각했던 것 같다. 영화 『글래디에이터』에서 보듯이 로마 사람들은 원래 검투사 경기를 좋아했었다고 한다.

수만 명이 둘러앉은 넓은 스타디움 안에서는 점령지로부터 끌고 온 체력 좋은 노예들을 검투사라는 이름으로 서로 치고받고 싸우게 하다가 결국 누군가 한 사람이 죽어야만 경기가 끝나는 이 스포츠에 로마인들은 매료되어 있었지만 너무도 잔인하고 폭력적이라는 말이 나오면서 그들은 자연스럽게 4마리의 말이 전력 질주하는 전차 경주로 눈을 돌린 것 같다. 그래서 로마에는 길이만 700m가 넘는 초대형 전차 경주장을 만들었을 정도였으니까. 그러니 로마 문화에 매료되어 있었던 헤롯이 가이사랴 신도시를 만들면서 마차 경주장을 만들지 않을 수 없었던 것 같다.

반원형 경기장을 나와 오른쪽으로 내려가면 길이 250m, 폭 50m의 넓은 트랙을 만나게 되는데 바로 이곳이 헤롯이 만든 마차 경주장이다. 이 경주장은 비록 로마에 있는 전차 경주장에 비해 규모가 작기는 하지만 그래도 12열의 객석이 있었고 그때 당시 약 1만 명의 관객

말들이 질주하던 소리가 지금까지도 들릴 것 같은 경기장

을 수용할 수 있었을 만큼 규모가 제법 컸었다고 한다.

2천 년 동안 지중해에서 불어오는 온갖 바람과 전쟁 속에서도 다행스럽게 남아 있는 전차 경주장의 모습은 비록 지금은 초라하기는 하지만 그래도 이 객석 어딘가에 앉아 있다 보면 어디선가 말들이 힘차게 달리는 말발굽 소리와 채찍을 휘두르며 더 빨리 달리라고 외치던 로마인의 목소리가 들려올지도 모른다.

거친 파도를 막는 방파제

가이사랴는 위치적으로 봤을 때 팔레스타인 땅과 로마를 비롯한 지중해 연안 도시를 바닷길로 연결할 수 있는 최적의 장소임에는 틀림없다. 하지만 가이사랴는 그렇게 먼 곳으로 떠나는 대형 선박을 관리하기에는 참으로 어려운 점이 많은 곳이다.

대형 선박이 정박을 하려면 수시로 불어오는 높은 파도를 피해서 안전하게 보관할 수 있는 만이 있어야 한다. 하지만 이스라엘의 서쪽 해안선에는 불행하게도 만이 있는 곳이 없다. 이스라엘의 지도에서 볼 수 있듯이 이스라엘의 서쪽 해안선은 마치 우리나라의 동해안을 보는 것처럼 밋밋하기 그지없다. 그 어느 한곳에도 대형 선박을 보관할 만한 장소가 없는 것이다. 그래서 생각해 낸 것이 바로 방파제였다.

방파제를 건설하는 것은 원형극장을 세우고 15km 떨어진 곳에서 물을 끌어오는 수로를 만드는 것 못지않은 고도의 공법이 필요한 대규모 공사였다.

수시로 파도가 밀려오는 곳에 계속해서 커다란 바윗돌을 가라앉혀야 한다. 웬만한 크기의 돌로는 파도에 쓸려 가 버리기 때문이다. 그러니 어쩔 수 없이 커다랗고 무거운 바위를 어디선가 캐내야 하고 그것을 운반해야 하며 그것을 바닷속에 가라앉혀야 한다. 한두 개나 수백 개 갖고는 턱도 없는 작업이다. 더구나 바닷물의 깊이는 약 4m나 되는데 바닷물 속에 가라앉은 바위가 마침내 수면 위로 그 모습을 드러낼 때까지 계속해서 쏟아부어야 하는 고되고 힘든 작업이다. 그렇게 해서 방파제를 만드는 것이다. 그런데 2천 년 전 이곳 사람들은 헤롯의 명령에 의해서 그 일을 감당했던 것이다.

불행 중 다행스러운 것은 바닷속에 단단한 석회암이 깔려 있었기 때문에 바윗돌이 단단하게 쌓일 수 있었다는 것이다. 그 당시 이곳에 두 개의 방파제를 만들었는데 하나는 길이가 600m 그리고 또 하나의 길이는 300m 정도 되는데 그렇게 만들어진 방파제는 2천 년이 지난 오늘날까지도 허물어지지 않고 그대로 모습을 유지하고 있으며 지금도 그 방파제 위를 관광객들이 걸어 다닐 수가 있다.

방파제

이 방파제 위를 걷고 있으면 2천 년 전 아마도 이 방파제 속에 정박해 있던 배를 이용해 에베소와 고린도, 갈라디아와 빌립보 등으로 향했을 사도 바울의 모습을 발견할 수 있을지도 모른다.

이곳을 통해 그리스도의 복음이 전 세계 곳곳에 번져 나가기 시작한 시발점이 되었다는 것을 생각한다면 그 느낌이 정말 새롭게 다가올 것이다.

그 후로 가이사랴는 십자군 시대 때 또다시 중흥기를 맞이하게 된다. 이미 오래전에 헤롯에 의해서 만들어진 훌륭한 항구 도시는 유럽에서 성지를 찾아오는 십자군들에게 중요한 도시로 자리 잡게 된 것이다. 그래서 현재도 가이사랴에는 비잔틴 시대 때 만들어진 여러 가지 건축물들이 남아 있는데 성채와 그 성채를 보호하는 해자까지 아직도 보존되어 있다.

해자는 성채를 보호하기 위해 성벽 주변으로 빙 둘러서 구덩이를 파 놓은 것인데 이곳의 해자는 특이하게도 인근의 바닷물을 끌어들여서 채우는 형식으로 되어 있다.

가이사랴에 물을 공급하는 수로

가이사랴에는 반원형극장 말고도 로마식 건축물들이 많이 있는데 그중에 대표적인 것이 바로 수로이다. 팔레스타인 지역에서 도시를 형성하는 데는 물이 제일 중요하다. 예루살렘도 기혼샘이 있기 때문에 도시가 형성된 것이고 나사렛이라는 도시도 마리아의 샘이 있었기 때문에 도시가 형성되었다.

그런데 가이사랴는 팔레스타인 땅에서 로마나 다른 지중해 지역과 연결하기에 최적의 항구이기는 했지만 이곳엔 안타깝게도 샘이 없었다. 그래서 생각해 낸 것이 이곳에서 약 17km 떨어져 있는 갈멜산에서 물을 끌어오는 것이었다. 일종의 도수관인 셈이다.

지금으로부터 2천 년 전 17km나 멀리 떨어져 있는 곳에서 물을 끌어오는 것이 과연 가능한 일일까? 로마는 세계에서 물을 제일 잘 관리했던 민족으로 알려져 있다. 현재 이탈리아의 수도 로마에는 약 300여 개의 분수가 있고 로마에서 약 30km 떨어져 있는 티볼리 공원에는 한 장소에 약 2천여 개의 분수가 밀집되어 있다. 그런데 놀랍게도 이 분수들은 수백 년 또는 수천 년 전에 만든 것임에도 불구하고 지금까지 그 물줄기가 끊이지 않고 있다는 것이다. 그리고 그 분수들은 전기나 어떤 동력을 이용해서 물을 뿜어 올리는 것이 아니라 순전히 물의 낙차를 이용해서 내뿜는 것이기 때문에 그렇게 오랜 세월 물줄기가 멈추지 않는 것이다.

실제로 로마의 땅 지하에는 약 80여 km의 길이로 물이 흐르는 도수관이 매설되어 있다고 하는데 그것 역시 이미 수천 년 전에 만들어 놓은 것이다. 이 정도로 로마 사람들은 물을 끌어오고 물을 사용하는 데는 타의 추종을 불허할 만큼 실력이 대단한 사람들이었다.

헤롯이 만든 마사다 요새 역시 그 높은 산꼭대기에도 물탱크를 만들어 놓았고 또 정상에는 사우나까지 만들어 놓았을 정도였으니까. 이 사우나의 안에 들어가면 바닥에 뜨거운 물이 흐르게 하고 그 위에 대리석 판을 깔아 뜨끈뜨끈하게 해 주는가 하면 그 뜨거운 수증기가 사방의 벽에 부착된 도관을 통해 벽에서까지 열기가 나오게 하면서 몸을 풀어 주었다고 한다. 그리고 사우나의 천장에도 역시 수증기

가 맺혀서 물이 바닥에 뚝뚝 떨어지지 않게 하기 위해 천장에 맺힌 물방울들이 양쪽 벽으로 타고 흘러 내려갈 수 있도록 홈을 파 놓은 것을 발견할 수 있다.

이 정도로 물에 대한 해박한 지식과 노하우가 있는 로마인들이 가이사랴에서 17km 떨어진 갈멜산에서 물을 끌어오는 일은 어쩌면 식은 죽 먹기였을지 모른다.

어쨌든 가이사랴의 해안가 쪽에는 마치 우리나라의 고가 도로처럼 약 900m 정도의 길이로 길게 아치가 세워져 있는 것을 쉽게 발견할 수가 있다. 워낙 해안가 쪽에 만든 수로라서 그랬는지 그 옛날 17km의 거대한 수로는 현재 바닷물에 침식되고 파괴되어 약 1km 정도만 남아 있게 되었다고 한다.

이 아치 위로 올라가서 구경할 수 있도록 전망대가 설치되어 있는데 이곳에 올라가 보면 아치 위에는 물이 흐를 수 있도록 커다란 홈이 파져 있는 것을 볼 수가 있다. 그리고 그것 말고 내륙 쪽에는 해안가 쪽의 높은 아치 위에 설치된 수로 말고 땅에서 불과 50cm가 정도밖에 안 되는 높이의 낮은 수로도 있다. 이 수로는 헤롯이 가이사랴를 건설할 때 만든 수로가 아닌 비잔틴 시대 때 만들어진 것으로 알려져 있다.

지중해 파도가 몰아치는 가이사랴

㉖ 현대 항구 도시
하이파

하이파Haifa는 이스라엘 지도에서 찾아보기가 쉽다. 지중해를 왼쪽으로 끼고 있는 이스라엘 국토의 서쪽은 마치 북에서부터 남쪽으로 미끈하게 내려오는 거의 사선과 같은 형태로 되어 있다. 그 미끈한 사선의 윗부분에 보면 마치 갈고리처럼 삐죽 튀어나온 곳이 있다. 우리나라의 동해안 밑부분에 있는 장기곶과도 같은 모양인데 이곳이 하이파이다.

가이사랴 국립공원에서 4번 도로를 타고 북쪽으로 약 40km 정도 올라가면 하이파 도시를 만날 수 있는데, 이곳은 이스라엘에서 예루살렘과 텔아비브에 이어서 세 번째로 큰 도시이다. 지금은 지중해를 통해 해외로 드나드는 많은 배들이 정박해 있으며 공업 단지와 하이테크 연구 단지가 밀집해 있는 곳이다. 그래서 하이파에 가면 이스라엘에서는 좀처럼 보기 힘든 기찻길과 기차역도 있으며 이곳에는 아주 짧은 구간이지만 6개의 역을 지나는 지하철도 있다. 이스라엘의 다른 도시와는 확연히 다른 분위기다.

또한 이곳에는 이스라엘 3대 도시답게 각국의 국기가 내걸린 고층 건물이 즐비하며, 다른 도시와는 다르게 안식일에도 차가 다니는 등 비교적 자유로운 분위기가 물씬 풍기는 곳이다. 하이파 시내에서 뒤쪽으로 지중해를 두고 바라보면 푸른 산이 보이는데, 이 산이 저 멀리 이스라엘의 내륙 지방에서부터 이어져 온 갈멜산맥의 끝자락이며, 이곳의 정상 부근에 있는 작은 동굴이 무흐라카에서 도망 온 엘리야가 잠시 숨어 있었던 곳이다.

850대 1의 대결전을 벌인 이후 엘리야는 이세벨의 복수를 피해 도망의 길을 떠나야 했다. 자신이 믿는 종교의 선지자들을 한자리에서 모두 죽인 엘리야가 이세벨의 눈에 곱게 보일 리가 없었던 것이다.

이세벨이 자신을 죽이려고 준비하고 있다는 소식을 들은 엘리야

는 무흐라카에서 떠나 갈멜산맥을 따라 도망가다가 갈멜산의 맨 서쪽에 있는 작은 동굴에 피신하게 된다. 그곳이 하이파에 있는 엘리야의 동굴이다. 이곳에서 엘리야는 잠시 몸을 숨긴 다음 이스라엘의 남쪽 지방에 있는 브엘세바까지 내려갔다가 이집트의 시내산까지 피난의 길을 떠났다.

이 산의 정상 부분에 있는 엘리야의 동굴로 가기 위해 자동차로 올라갈 수도 있지만 하이파 시내에서 갈멜산 정상까지 15분마다 운행하는 케이블카를 이용해서 올라갈 수도 있다. 갈멜산 정상에는 커다란 수도원 건물이 있는데, 이 수도원은 12세기에 세워진 갈멜 수도원으로 어린아이들을 위한 침례식이 많이 베풀어지고 있다. 이 수도원을 나오면 엘리야의 동굴로 가는 표지판이 세워져 있다. 이 표지판을 따라서 산등성이 밑으로 조금만 내려가면 엘리야가 숨었다는 동굴이 있다.

그러나 현재 하이파는 바하이Bahai라는 종교의 본산지가 되어 있다. 바하이교는 1844년 페르시아에서 발생한 신흥 종교인데 이곳 하이파에 중앙 본부가 자리 잡고 있다. 그 옛날 엘리야가 바알 선지자들을 처단하고 몸을 피하였던 하이파가 수많은 세월이 지난 지금 또다시 다른 종교의 본산지가 되어 있다는 것은 안타까운 일이 아닐 수 없다.

27

십자군의 도시
아코

사연이 많은 고대 도시

이스라엘의 왼쪽 지중해 연안은 정말 아름답다. 특히 4번 도로를 타고 남쪽에서 북쪽으로 쭉 뻗은 해안가 도로를 따라 달리다 보면 왼쪽엔 지중해의 파도가 몰아치고 오른쪽에 갈멜산 자락들의 경관이 펼쳐지는데 얼마나 아름다운지 모른다. 그렇게 달리다가 이스라엘의 거의 최북단 즈음에 가서 만나게 되는 오래된 도시가 바로 아코Akko이다. 아코는 오늘날의 유대인들이 모여 사는 현대 아코와 올드 아코로 나뉘어진다. 하이파와 아코 사이엔 만이 있고 천연 항구가 있어 오랫동안 공격 목표가 되어 왔다.

아코는 예루살렘 못지않게 정말 오래된 도시이다. B.C. 19세기경 이집트의 문서에도 기록되어 있을 정도였으니 최소한 4천 년 이상의 역사를 가진 셈이다. 사사기 1장 31-32절에 보면 '아셀이 악고 주민과 시돈 주민과 알랍과 악십과 헬바와 아빅과 르홉 주민을 쫓아내지 못하고 아셀 족속이 그 땅의 주민 가나안 족속 가운데 거주하였으니 이는 그들을 쫓아내지 못함이었더라'고 기록되어 있는데 이 말은 여호수아가 이스라엘 백성들을 이끌고 가나안 땅에 도착했을 때에도 악고에 살던 사람을 쫓아내지 못했다는 내용이다. 여호수아가 가나안 땅에 들어왔을 때가 기원전 13세기이다.

B.C. 336년 아코는 알렉산더 대왕에게 점령되었다가 뒤이어 이집트의 왕 프톨레마이오스 2세에게 함락되면서 한동안 아코를 돌레마이로 명명하기도 했다. 2천 년 전에는 헤롯왕이 이곳에 견고한 요새를 세웠으며 A.D. 70년 예루살렘이 무너질 당시 로마의 베스파시안 장군은 아코를 군대의 주둔지로 사용하면서 갈릴리 지역의 폭동을 진압하기도 했었다.

A.D. 636년 이슬람이 들어오면서 아코는 아랍의 매우 중요한 요새로 발전되었고 특히 북아프리카 정복을 위한 전진 기지의 역할을 할 정도였다. 하지만 아코의 역사에서 빼놓을 수 없는 것은 역시 십자군과의 관계이다.

십자군의 사령부와 오스만 제국 흔적

1095년 11월 27일 교황 우르반은 성지 탈환 계획을 발표한다. '신이 그것을 원하신다 Deus lo vult' 이 한마디의 위력은 대단했다. 중세 유럽의 독실한 그리스도인들은 하루하루의 사소한 죄가 쌓이고 쌓여 사후에 지옥에 가지 않을까 하는 두려움에 떠는 나날을 보내고 있었다. 그런데 성지 예루살렘을 탈환하기 위한 십자군에 참가하는 것만으로도 모든 죄가 용서된다고 교황이 약속한 것이다. 천국의 자리를 예약해 놓은 것이나 다름없었다.

십자군의 원정대는 프랑스를 출발해 라인강을 넘어 독일로 그리고 예루살렘을 향해 동쪽으로 동쪽으로 향했다. 이 십자군 원정대는 농민, 떠돌이 기사, 여자와 아이들까지 합하면 모두 10만 명 정도 되었다고 한다. 마침내 1104년 십자군은 예루살렘 정복을 위한 교두보로써 먼저 아코를 점령하고 십자군의 사령부로 자리 잡았다. 이때부터 1187년 이집트에서 올라온 살라딘에 의해 빼앗기기 전까지 약 80여 년 동안 아코는 십자군의 사령 기지이자 십자군의 도시로서의 역할을 감당하기 위한 발전을 거듭하며 화려한 시기를 보낼 수 있었다.

하지만 이슬람의 살라딘 장군에 의해 빼앗긴 이후 아코는 이슬람의 도시로 바뀌게 되었다가 또다시 1191년 3차 십자군 원정대에 의해 점령당했고 그로부터 100년 뒤인 1291년 이집트 맘루크 왕조에게 빼앗기면서 성지 팔레스타인에서의 십자군 지배는 종지부를 찍게 되었다.

십자군이 완전히 물러가기 전까지는 인구 5만 명의 매우 훌륭한 도시로 성장하며 오늘날 수많은 관광객들이 찾아가 볼 수 있는 여러 가지 훌륭한 건축물들을 남겨 놓았다. 올드 아코를 둘러싸고 있는 높다란 성벽과 십자군의 휴게실로 쓰였던 성 요한의 지하실, 성전 기사단들이 사용했다는 터널 그리고 훗날 이슬람교도들이 사용했던 대형 여관들이 아직도 건재하다.

올드 아코는 세계 문화 및 자연 유산 보호에 관한 1972년 협약에 따라 세계 문화유산으로 등재되면서 인류 역사의 소중한 유산이 되었다. 올드 아코에서는 중세 십자군들이 성지 예루살렘을 되찾기 위한 노력이 얼마나 대단했었는가 그리고 오스만 제국이 점령한 이후 그들이 남겨 놓은 흔적들은 무엇인지를 확인할 수 있는 기회가 될 수 있다. 그리고 영국이 위임 통치할 때 사용되었던 가장 큰 감옥 등 천 년 이상 역사가 편린으로 남아 있는 그 현장을 눈으로 보고 손으로 만지며 느낄 수 있다.

올드 아코로 들어가기 위해서는 현대 아코 도시를 통과해서 지중해 바닷가 쪽으로 가야 하는데 바닷가에 거의 다 이르면 왼쪽에 거대한 성벽을 발견하게 된다. 이 성벽은 십자군들이 세워 놓은 성벽에 1750년, 아코의 통치자인 자히르 알 우마르Zahir al-Umar가 새롭게 쌓은 성벽이다. 이 성벽의 높이는 10m에서 13m 사이이며 두께는 1.5m인데 성벽에는 동쪽 벽에 '랜드 게이트' 그리고 남쪽 벽에는 '바다문'을 설치했다.

이 벽은 1775년에서 1799년 사이에 다시 보강되었는데 어찌나 튼튼했는지 훗날 나폴레옹의 포위 공격에도 무너지지 않을 정도였다.

이 성벽을 따라가다 보면 왼쪽에 올드 아코로 들어가는 문이 보이고 그 문을 따라 성안으로 들어가면 오른쪽에 커다란 성채가 보인다. 이곳이 바로 예루살렘을 향해 진격해 들어가기 위해 만들어 놓은 십자군의 사령부 건물이다.

십자군의 본부였던
성 요한 기사단의 병원

남프랑스의 수도사 제라르는 유럽에서 성지 이스라엘 땅으로 오던 십자군과 성지순례객들 중에 병에 걸리거나 다친 사람들과 그들 중에 돈이 없어 치료를 받을 수 없는 사람들을 위해 예루살렘에 병원을 세운다. 그 이후에 아코에도 1110년 성 십자가 성당 북쪽에 있는 건물을 기증받아 병원을 설립해서 운영하는데 이들은 환자를 치료하는 것뿐만 아니라 전투에도 참가한다. 그래서 이들을 병원 기사단 또는 성 요한 기사단이라고 부른다.

이들이 만든 병원은 그 규모가 꽤나 컸고 그 병원이 아직도 남아 있다. 이곳을 병원 기사단의 요새 Hospitaller Fortress라고 부른다. 병원 기사단의 요새 안으로 들어가기 위해서는 기괴한 모습의 고목들이 줄지어 있는 정원 같은 곳을 지나야 하는데 입구에서 입장권을 구입한 후 안으로 들어가면 드디어 고딕 양식의 성채 안에서 천 년 전 십자군들이 갑옷을 입고 창과 깃발을 들고 분주하게 오가던 그 현장에 발을 들이게 되는 것이다. 이곳에는 당시 기사들이 사용하던 방, 순례객들의 숙소, 죄수들을 가두던 감옥, 광장, 하수 시설 등이 있는데 제법 큰 규모이다. 기둥의 방 Hall of Pillars은 약 400평 정도의 넓이에 높이 8m의 거대

(위) 성 요한 기사단의 병원 마당

(아래) 기사들의 방

한 기둥 15개가 세워져 있는데 그 규모로 볼 때 기사단의 회의실이었을 것으로 예상한다.

기사들이 모여서 식사를 했던 다이닝 룸 dining room은 천장이 더 높다. 식수를 공급하기 위한 빗물 수집 장비가 발견되었는데 요새의 지붕에서 물을 받아 이 공간으로 이동하게 한 것으로 보인다. 고고학자들에 의해 아름다운 방 Beautiful Hall으로 이름이 붙여진 공간은 순례자들을 위한 공공 휴게소 역할을 했을 것으로 추측된다.

죄수들을 가두던 방 Hall of the Imprisoned도 있는데 이곳의 벽에는 죄수들을 묶기 위한 고리를 벽에 박았던 흔적들이 수십 개 발견되었고 다른 방에 비해서 창문이 없을 뿐만 아니라 다른 방보다 훨씬 낮은 곳에 위치한다. 그래서 이 방을 죄수들을 가두었던 방이라고 추측하는 것이다. 아마도 십자군들 중에서 규율을 어기는 사람들이 있었을 것이고 이곳에 그들을 가두어 두었던 것 같다.

여름 시즌인 7, 8, 9월의 토요일에 이곳을 둘러보다 혹시 갑옷을 입고 한 손에는 깃발과 또 한 손에는 길다란 창을 든 십자군들을 마주치게 된다고 해서 혼란에 빠질 필요는 없다. 그들은 관광객들을 위해 분장을 하고 이곳저곳을 돌아다니는 연기자들이니까 말이다. 이스라엘 문화재 담당자들은 이 공간을 4천 년의 역사가 펼쳐지는 곳으로 바꾸어 놓았다. 비록 천 년 전에 건축된 건물이기는 하지만 비교적 완벽하게 보수해서 거의 원래의 모습으로 재현해 놓았을 뿐만 아니라 곳곳에 아름다운 조명과 각종 멀티미디어로 장소마다 이곳이 십자군 시대에 어떤 곳이었는지를 자세히 알 수 있도록 설명해 주고 있다.

현대 아랍인들의 재래시장
아랍 시장

병원 기사단의 성채를 나와 좀 더 올드 아코의 골목으로 들어가면 올드 아코의 남과 북을 가로 지르는 아랍 시장이 나온다. 현재 올드 아코 안에는 약 5만 명의 이스라엘 시민권을 가진 아랍인들이 살고 있는데 그들이 주로 생필품을 구입하고 외식을 하기 위해 이용하는 아랍 시장이다. 아마도 이 아랍 시장의 역사는 올드 아코의 역사만큼이나 오래되었을 것이다. 이 아랍 시장을 둘러보는 것도 올드 아코 여행의 또 다른 매력이다. 비록 우리가 보기에는 시대에 뒤떨어진 디자인이기는 하지만 아랍 사람들이 좋아하는 옷들이 즐비하게 널려 있

고 생선과 야채 그리고 과일들이 진열되어 있는 온갖 식품점들 앞에서 흥정을 하고 있는 광경은 보는 이들의 눈을 즐겁게 한다.

복잡한 인파들 속을 헤치며 걷다가 특히 점심시간 즈음에 아랍 시장을 걷다 보면 아랍 사람들이 식당 앞에 길게 줄 서 있는 것을 볼 수 있는데 그 집이 아코의 주민들이 좋아하는 후무스와 피타빵이 아주 맛있는 집이다.

올드 아코이기는 하지만 현대 아코인들이 살아가는 일상적인 모습을 보는 것은 올드 아코 여행에서만 느낄 수 있는 즐거움이다. 특히 아랍 시장 곳곳에 있는 오래된 골동품 가게를 찾게 되면 십자군 시대에 사용하던 물건이나 오스만 터키 시대의 물건을 운 좋게 발견할 수 있을지도 모르겠다.

아랍 상인들의 숙소 칸 알 움단

아코는 팔레스타인 지역으로 들어가는 중요한 입구였다. 지중해를 건너온 사람들이 일단 짐을 부리는 곳이었고 또 그렇게 한숨 쉬고 난 여행자들은 갈릴리를 위해 달려간다. 또는 갈릴리에서 온 사람들이 배를 타기 위해 머무는 곳, 이곳이 아코였다. 그러다 보니 아코에는 현지인뿐만 아니라 외지인들로 북적이는 곳이었다. 그들 중엔 여행객도 있었겠지만 무역을 하는 사람들도 있었을 것이다. 따라서 외지인들을 위한 편의 시설도 필요했다. 이른바 숙박업소가 필요했었는데 아코에 가장 큰 호텔이 지금부터 3백여 년 전인 1784년 오스만 제국 시절 여행객과 무역상들을 위해 건축된 여관 건물이고 이스라엘에서 가장 크고 잘 보존된 여관 건물이 칸 알 움단 Khan al umdan이다.

칸이라는 말은 여관이라는 뜻이며 움단이라는 말은 기둥을 말하는 아랍어이다. 그래서 이곳에 들어가면 수많은 기둥들이 줄지어 서 있는 것을 볼 수가 있는데 이 기둥들은 십자군 시대의 건축물 유적지에서 가져온 화강암으로 만든 것이라고 한다. 아마도 오스만 제국의

무슬림들이 오래전 십자군들이 세워 놓은 거대한 건축물들을 허물어 버리고 보란듯이 자기들의 여관 기둥으로 사용했던 것 같다.

1층은 물건이나 낙타를 보관하는 창고로 사용되었고 2층이 상인들을 위한 방으로 사용되었다. 중앙에 있는 넓은 마당은 언제나 개방되어 있어서 상인들로 북적였으며 먼 길을 달려와 다리가 풀려 주저앉은 낙타들과 이제 여기서 항구로 나가게 될 농작물들이 마대 자루에 담겨 널부러져 있었다.

3백 년 전 올드 아코에 2층짜리 대형 여관이라니… 거기에다 사방 어디에서나 보일 수 있도록 높은 시계탑까지 세워 놓았다. 이 시계탑은 1906년 정문 근처에 추가로 건설했다. 이 시계탑은 그때 당시 오스만 제국 전역에 세워 놓은 약 100여 개 이상의 시계탑, 그중에서도 팔레스타인 지역에만도 예루살렘과 하이파, 츠팟, 나블루스, 나사렛, 욥바 등에 세웠던 시계탑 중에 하나였다.

칸 알 움단 역시 아코의 올드시티와 함께 세계 문화유산으로 지정되었지만 과거 팔레스타인과 지중해 건너편의 무역상들의 쉼터이자 활발한 정보 교환 장소였던 칸 알 움단은 과거의 명성은 어디론가 사라지고 오늘날 생각 없는 주변 아랍 사람들이 내다 버린 생활 쓰레기만 나뒹굴고 있어 안타깝기 그지없다.

기사들의 비상 탈출구
기사단의 터널

1994년 아코의 도시 개발 회사가 올드시티 안쪽에서 배관 공사를 하다가 벽을 허무는 순간 뻥 하고 뚫리며 커다란 구멍이 발견됐다. 깜짝 놀란 인부는 곧바로 이스라엘 문화재 관리국에 이 같은 사실을 알렸고 공사를 맡은 회사와 함께 조심조심 더듬으며 그 안으로 들어선 순간 그곳엔 꽤나 오래되고 큰 터널의 내부가 눈앞에 펼쳐졌다.

이 터널은 천 년 전 올드 아코에 있던 십자군의 요새에서부터 바닷가의 항구까지 이어지는 전략적 지하 터널로 길이는 150m 정도였다. 요새에 있던 십자군들이 왜 지하 터널을 이용하여 비밀리에 항구까지 이동해야 했는지 그 구체적인 이유는 알 수 없지만 그래도 한꺼번에 꽤나 많은 숫자의 십자군들이 무기를 들고 줄지어 요새 밖으로 빠져나갈 수 있을 만큼 규모도 크고 튼튼해 보였다. 천 년이라는 긴 세월을 보내면서 올드 아코의 주인이 여러 번 바뀌고 그럴 때마다 자기들이 필요한 건물들을 새롭게 짓고 허무는 과정에서 아마도 이 터널의 입구가 막히고 터널은 깊은 어둠 속에 갇혀 버렸는지도 모른다. 그렇게 어둠 속에 파묻힌 지 몇 백 년이 지난 뒤 어느 날 드디어 벽은 허물어졌고 빛과 함께 사람들의 발길이 들어가기 시작했다. 이 터널은 발견된 지 5년 만인 1999년 8월에 터널의 일부가 일반인에게 공개되었고 2007년에는 터널의 전체를 공개했다.

칸 알 움단 입구 바로 맞은편에 기사단의 터널 The Templars' Tunnel로 들어가는 입구가 있는데 이곳에서 입장료를 내고 안으로 들어가면 발밑에는 물이 흐르고 그 위에 발판을 만들어 놓았으며 처음 몇 m가량은 허리를 약간 숙여야 할 만큼 높이가 낮다가 점점 갈수록 높이가 높아지는 구조로 되어 있다.

천장은 아치 형태로 되어 있고 150m에 이르는 양쪽 벽에는 그 옛날 십자군들이 이 터널을 빠져나가는 모습을 그림으로 그리고 영상으로 이해하기 쉽도록 보여 주고 있다. 지금은 들리지 않지만 천 년 전에 십자군들이 긴박하게 움직였을 그들의 숨소리가 돌벽 어딘가에 그대로 스며들어 있을 것만 같다. 그리고 터널 끝에 다다라서 밖으로 나가면 눈이 부시게 푸르른 지중해의 파도와 부서지는 포말들이 눈앞에 펼쳐진다. 그리고 왼쪽에 아름다운 등대 하나가 우뚝 서서 파도를 온몸으로 맞이하고 있다.

등대 옆에서는 올드 아코에서 태어나 자라고 있는 어린아이들이 반바지만 입고 높은 성채에서 관광객에게 자기들의 용맹함을 과시하듯 파도치는 바다로 뛰어내리는 모습들을 볼 수가 있다. 20여 년 전에 방문했을 때에도 아이들이 뛰어내렸는데 지금은 또 다른 아이들이 선배들의 뒤를 이어 뛰어내리고 있다.